Bevor er in der Mitte des 19. Jahrhunderts aufs Kinderzimmer festgelegt wurde, war der Kasper – etwa als Kasper La Roche des Wiener Volkstheaters – eine zentrale Figur der allgemeinen Lustspieltradition, in mannigfacher Weise mit den Figuren der Commedia dell'arte verknüpft und mit allen möglichen Hanswursten, Pikelheringen und dergleichen, die mit den englischen Komödianten populär geworden waren, korrespondierend. Norbert Miller und Karl Riha dokumentieren aber in ihrer Ausgabe nicht nur die Anfänge dieser Figur, sondern zeigen gerade auch, daß sie sich bis in die Gegenwart in aktuellen Literaturzusammenhängen gehalten, teilweise sogar in programmatischer Funktion als Verweis auf die Rechte derber Komik, surrealer Phantastik und Sprache als Wortspiel. Das belegen u. a. die Kasper-Adaptionen von Jakob Haringer, Joachim Ringelnatz, Max Kommerell, Walter Benjamin und H. C. Artmann. Der Band enthält etwa ein Dutzend ungekürzter Kasper-Stücke des 18., 19. und 20. Jahrhunderts und zahlreiche Illustrationen zu Geschichte und Gegenwart dieses komischen Helden.

insel taschenbuch 339

Kasperletheater für Erwachsene

KASPERLETHEATER FÜR ERWACHSENE

HERAUSGEGEBEN
VON NORBERT MILLER
UND KARL RIHA

MIT ABBILDUNGEN

INSEL VERLAG

insel taschenbuch 339
1. Auflage 1978
©-Vermerke S. 421 ff.

Insel Verlag Frankfurt am Main 1978
Vertrieb durch den Suhrkamp Taschenbuch Verlag
Umschlag nach Entwürfen von Willy Fleckhaus
Satz: Georg Wagner, Nördlingen
Druck: Nomos Verlagsgesellschaft, Baden-Baden
Printed in Germany

INHALT

HANS WURST UND KASPERL LARIFARI AUF DEM WIENER THEATER DES 18. JAHRHUNDERTS

Einleitung von Norbert Miller

Ein lebendiges Kasperle habe sein Ur-Ur-Ur-Großvater besessen, erzählt im verschneiten Waldhäuschen der Meister Fridolin seiner Familie. Von einem Zauberer hoch im Norden sei es ihm zugelaufen, ein Knirps mit übergroßer Nase und breitem Mund, mit einer vielfarbigen Zipfelmütze und einem bunten Kleid, der die sonderbarsten und merkwürdigsten Gesichter ziehen konnte und nur Unfug im Kopf hatte. Da habe der Ur-Ur-Ur-Großvater das Schnitzen von Heiligenbildern und von verschnörkelten Uhren aufgegeben und nur mehr Kasperlefiguren gemacht. Und so seine Söhne nach ihm bis herauf zum Meister Fridolin. Das wahre, das lebendige Kasperle sei jedoch verschwunden, niemand wisse recht wohin. So steht es am Anfang von Josephine Siebes langer und langgezogener Geschichte von den Abenteuern des wiedererweckten Kasperles. Die Streiche selber sind dann in märchenhaft-biedermeierlicher Verkleidung – hinter dem Wirbel um den Herzog, die Prinzessin Gundolfine, den Herrn Severin und das traurige Marlenchen leuchtet fernher das Orplid der Kasperle-Insel – die gleichen stereotypen Possen und Listen, Aufschneidereien und Ängstlichkeiten, die wir vom Kasperl des Marionetten- und des Puppentheaters her kennen. Kasperl Larifari ist für uns, Kinder wie Erwachsene, ganz eins mit der geschnitzten Figur in Flickengewand und Narrenkappe, deren fahrig-schlenkernde Bewegungen so genau zu den stehenden Rede- und Empfindungswendungen stimmen, zu dem »Seid Ihr alle da?« und dem »Habt's ein Geld aa?«.

Denke ich an meine frühesten Begegnungen mit dem Kasperl zurück – an seine Scharmützel mit Drachen, Geistern und der Polizei, die sich in der magisch zur Bühne verwandelten Tür zwischen Kinder- und Wohnzimmer ereigneten, oder an die kunstreicheren Räuber- und Zauber-Spektakel in Grinzinger Wirtsgärten oder im Münchner Theater an der Blumenstraße –, so hatte natürlich die Figur des Kasperl immer schon eine lebendige Individualität über den Theateraugenblick der erwachten Puppe hinaus, die sich im jubelnden Mitgehen des Publikums stets neu bestätigte. Die kindliche Phantasie umgab den liebenswerten Taugenichts und Helden wider Willen mit einer eigenen Aura, in der alle seine Eigenheiten und Sonderbarkeiten: seine Angst und seine Großsprecherei, der Hang zum Wirtshaus und zum Abenteuer, seine Schläfrigkeit im gefährlichen Moment und seine Blindheit vor drohend aufgesperrten Krokodilsrachen, sein anstößiger Vorwitz und sein jäh aufflammender Prügel-Zorn, aus dem Spiel heraus und in die Wachträume hinein wachsen konnten. Kasperl ist wie ein Kind in einer engen Welt der Erwachsenen, wo der König und der Polizist, der Wirt und die Großmutter über seine Späße und Streiche den Kopf schütteln. Seine Angst vor der Dunkelheit und vor drohenden Schlägen, sein ungezügelter, vor allen Folgen blinder Tatendrang, seine gutmütige Aufsässigkeit in allen Auseinandersetzungen fordern das Einverständnis, das Sich-Wiedererkennen bei großen und kleinen Kindern heraus. Sein erwartbarer Triumph am Ende ist so etwas wie die unklar gehoffte Utopie einer möglichen Kinderherrschaft für den *einen* Tag.

Und doch ist eine Identifikation mit dem Kasperl Larifari schwer vorstellbar. Er ist kindlich, aber kein Kind: er torkelt betrunken und anstößige Lieder singend aus dem Wirtshaus, er liebt und fürchtet seine zänkische Gretl, die ihrem vagabundierenden Ehegespons alle Tage den Kopf wäscht. Er unternimmt sogar unverdrossen immer neue und immer fruchtlose Anstrengungen, sich unter dem strengen Auge des Gesetzes mit Beruf und Gesellschaft seiner Duodez-Idylle zu arrangieren, obwohl ihn nur der Zusammenbruch der Ordnung zu ihrem Verbündeten und Retter machen kann. Kasperls kindliche Wirkung beruht auf seinem Erwachsensein. Unbewußt weichen die Kinder wohl noch stärker vor jenem anderen Grundzug des Fremdartigen zurück, durch den die Kasperl-Figur geprägt ist: bei aller Feigheit ist der Kasperl unverwundbar, bei allem Jammern zeigt er keinerlei Ermü-

dung. Trotz seiner Selbstvergessenheit und Schussligkeit ist er allen Kindern wie all seinen Partnern aus der Erwachsenenwelt an List und Erfahrung unendlich überlegen, die aber beide bei ihm wie seine Empfindungen ganz mechanisch einsetzen. Er ist lebendig, aber seine Lebendigkeit gehört zu einer anderen Welt als die seines österreichisch-bayerischen Dorfstaats aus Königsschloß, Gefängnis, Räuberhöhle, Wirtshaus und Gretls Wohnung. Auch zu einer anderen als die seines Publikums: es ist die Welt der belebten Marionetten, halb dem Puppenreich, halb dem der Kobolde und Klabautermännern zugehörend. Der Seppl und der Polizist, der reisende Engländer und sogar der Menschenfresser sind zum Holzschnitt vereinfachte Abbilder einer ständisch geordneten Theaterwirklichkeit, in der sich das Kind zurechtfinden kann. Das Käsperle ist nur es selber. Es repräsentiert nichts, es hat keine anderen Ziele als die Laune des Moments, und wo es sich der Geselligkeit der Erwachsenen oder der Kinder anbequemt, bleiben diese Verhältnisse beklemmend instabil, behalten seine Partner und Zuschauer eine gewisse Scheu vor der Unberechenbarkeit und Unnatur des hölzernen Bengeles.
Seit Graf Pocci vor rund 130 Jahren die ersten seiner Puppenkomödien um den Kasperl Larifari herausgab, hat sich dieser Typus der Figur, einmal populär geworden, nicht wieder verändert: niemand vor und nach Josephine Siebe ist auf die Idee gekommen, Traumbild *und* Marionette in die *eine* Gestalt des wahren, des lebendigen Kasperle einzuzwängen und ihr gar noch eine ganze Insel Purzelbaumschlagender und Gesichter-schneidender Verwandter als Hintergrund und Gegenwelt beizugeben. Nur als der *eine,* einmalige, unverwechselbare Kasperl Larifari hat sich Poccis Figur über hundert Jahre hinweg die Kinderbühne erobern können. Und nur als die lebendig gewordene Marionette oder Handpuppe gewann sie sich den Freiraum in der kindlichen Phantasie. Gewandelt hat sich in den langen Jahren das Verhältnis zu Kasperls Welt: Über ihr, die bei Pocci noch ganz die zeitgenössische Welt der süddeutschen Restauration und des Biedermeier gewesen war, hat sich inzwischen der Rost und Staub der guten alten Zeit abgesetzt, so sehr,

daß auch die unverwüstliche Laune des ewigen Spaßmachers sie nicht mehr wegzuniesen vermag. Die Spannung zwischen der Figur, ihrer Umgebung auf der Bühne und dem Publikum läßt sich nur mehr aufrechterhalten, wenn man die ganze Konstellation historisch auf Distanz rückt. Wie die Erzählungen der Josephine Siebe spielen auch die Stücke der Augsburger Puppenkiste und Otfried Preusslers Geschichte vom Räuber Hotzenplotz in den zum Märchen entgrenzten, ländlichen Gegenden irgendwo in den Voralpen und irgendwann zur Zeit des Grafen Pocci. Der Kasperle wirkt hilflos und ein bißchen jämmerlich in der Gesellschaft von Barby-Puppen und Action-Männern, von Weltall-Monstern und sprechenden Robotern. Er gehört so wenig in die durch Fernsehen und Werbung mitbestimmte Vorstellungswelt und Gegenwart des Kindes wie die Zinnsoldaten aus den friderizianischen und napoleonischen Kriegen, oder wie die Seeräuber mit schwarzer Augenklappe und Enterhaken. Er ist als Puppe allen Kindern ein Begriff, aber ein Stück Vergangenheit aus dem dunkel und schemenhaft vertrautem Bereich, der vorher dagewesen ist. Und sein Bild beginnt langsam zu verblassen: schon heute kennen die Kinder kaum mehr als die Umrisse seiner Figur und seiner Abenteuer. Kasperlespiele – das sind seit Max Kommerells Sammlung »Kasperlspiele für Erwachsene«. Die Autoren – und die Dramatiker im besonderen – besinnen sich auf ihn, auf seine Widerspenstigkeit gegen die etablierte Ordnung der Gesellschaft und des Theaters, auf seine Ähnlichkeit mit dem Clown im Zirkus und mit den komischen Figuren des Stummfilms, auf die absurde Qualität seines Wortwitzes. Kasperl wird da zum Gegenhelden, das von ihm beherrschte Theater zum verwirklichten Traum einer anderen, einer Bühne der Phantasie.

Ein lebendiges Kasperle als Urbild der Marionette? Zwar gilt Meister Fridolins Legende vom Ursprung der Kasperl-Schnitzerei nur im Rahmen seiner eigenen Geschichte, aber in der Tat lassen sich der Name wie der Charakter, die Gesichtzüge wie die stehenden Späße des Kaper Larifari auf ein lebendiges Urbild in der Wiener Barocktradition des 18. Jahrhunderts zurückführen: auf den Komiker Johann La

Roche. Als Sohn eines Lakaien am 1. April 1745 in Preßburg geboren, war dieser in ganz jungen Jahren als Hanswurst-Darsteller zu einer der vielen Wanderbühnen gegangen, die mit ihrem buntscheckigen Repertoire aus Haupt- und Staatsaktionen, Opern-Parodien und Stegreif-Burlesken – dazu gesellten sich später nach der Mode Rühr- oder Räuberstücke – seit damals mehr als hundert Jahren Deutschland durchzogen und die besonders in Bayern und Österreich nach wie vor lebhaften Zuspruch beim Publikum fanden. Es war ein Jahrmarktstheater, ganz auf den szenischen Augenblick und die Improvisation der Schauspieler gestellt, frei von aller dichterischen Ambition, ohne Ehrfurcht vor den Texten, die als Spielvorlage dienten. Gewiß war es eine pöbelhafte, vulgäre Spielart des Theaters, wie die aufklärerischen Kritiker unter den Zeitgenossen naserümpfend befanden, auf dem Zoten, Possen, Grimassen und platte Witze die Wirkung zu garantieren hatten, im günstigen Fall aber – und der war gar nicht so selten – boten solche Wanderbühnen ein mitreißendes und virtuoses Bewegungstheater, bei dem die Akteure ihre Sprache und ihren Körper gleich akrobatisch zu beherrschen hatten. Unbekümmert um das heroische oder läppische Sujet, um den Zusammenhang der Fabel oder die Geschlossenheit einer Szene regierte die komische Person, der Hanswurst oder der Pickelhäring, von Anfang bis Ende das Geschehen. Was immer an Handlung zwischen den Kulissen sich ereignete, war Spielvorwand für ihn und die kleine Zahl auf ihn eingeschworener Kumpane. Nicht nur die Aufführung, auch der Text der Stücke begab sich jeden Abend neu: aus der wechselnden Laune des Protagonisten, aus der wechselnden Konstellation des Publikums; denn dieses Theater lebte vom Einverständnis mit seinen Zuschauern, dem es alle Einheit der Handlung, dem es alle Bühnenillusion vorab aufopferte. Kasperls »Seid Ihr alle da?« hält formelhaft noch heute diesen konstituierenden, aller Guckkasten-Dramaturgie fremden Grundgestus des Hanswurst-Theaters fest.

Lange wechselseitige Gewöhnung war entsprechend die Vorbedingung für die Wirkung jeder Hanswurstiade. Und wir haben uns das Publikum des 17. und vor allem des 18.

Jahrhunderts – zusammengesetzt aus allen Ständen der bürgerlichen Gesellschaft – als so erfahren und so kompetent vorzustellen wie heute das Publikum der habituellen Fußballplatz- und Operngänger: mit einer sicheren Kenntnis der Regeln und Fertigkeiten, mit ausgeprägtem Gusto für die ungewohnte Nuance oder Variante und mit eingefleischten Vorurteilen, wie sie lange Jahre des Umgangs mit einem Steckenpferd verleihen. Bis in den Anfang des 18. Jahrhunderts hinein machten die Aufführungen der Wanderbühnen das eigentliche Theater aus. Das Drama als dichterische Gattung konnte, sofern es nicht durch Schule und Universität oder, wie im Fall des Jesuiten-Dramas, durch die Kirche protegiert wurde, demgegenüber kaum ernsthaft gedeihen. Die schon bei den Zeitgenossen umstrittene und im Nachhinein viel belächelte Vertreibung des Hanswurst, zu der sich 1727 in Leipzig Johann Gottsched, der Gesetzgeber der deutschen Aufklärungsästhetik, und die Schauspieltruppe der Karoline Neuber zusammentaten, war für die Schaffung einer eigenständigen deutschen Nationalliteratur und Nationalbühne eine notwendige und weithin eingesehene Voraussetzung. In Sachsen und im Norden Deutschlands verschwand dann binnen weniger Jahre mit Hanswurst und Harlekin das ältere Stegreif-Theater fast völlig von der Bühne und machte einem regelmäßigen, zunächst am französischen Vorbild geschulten, später eigenständigen Drama Platz. Nur in Bayern und im österreichischen Kaiserreich, die beide in ihrer gegenreformatorisch geprägten Kultur nach Spanien und vor allem Italien orientiert waren, hielt sich die barocke Theatertradition noch über Jahrzehnte hinweg zäh am Leben. Das *theatrum mundi* der geistlichen Schauspiele, der allegorische Prunk der Hof- und Festoper, der Pomp der Aufzüge und Zeremonien, das tolle Treiben der italienischen *commedia dell'arte*-Masken und die altvertrauten, derben Possen des Hanswurst, beide aufgehoben und gerechtfertigt in der barocken Weltordnung –, all das war so vielfältig in der feudal-ständischen Gesellschaft und im Leben des Einzelnen verwurzelt, daß auch noch so einflußreiche Kunstrichter durch ihr Verdikt nur wenig dagegen ausrichten konnten. Zwar sah sich die Hanswurst-Bühne

auch in Wien seit langem durch die Aufklärer-Partei des Hofs bedroht, aber in den kleineren Städten Österreichs und auf dem Lande war davon um 1750 noch kaum etwas zu bemerken. Da zahlte das Publikum, hochmögende Standespersonen wie Handwerker und Taglöhner, sein Eintrittsgeld vor allem, um einen berühmten oder einen neuen Possenreißer zu sehen.
Als solcher machte Johann La Roche zuerst sein Glück. 1764 stand er mit 19 Jahren das erste Mal auf der Bühne, und da er die großen Hauptrollen bei seiner Jugend nicht gleich übernehmen konnte, schnitt er sich wie viele Komiker vor und neben ihm eine der kleinen Chargen auf seine Person und ihre Eigenheiten zu: wie der Arlecchino der italienischen Stegreif-Komödie hatte auch der Hanswurst nach Namen und Temperament wechselnde Gesellen, jugendlicher und beweglicher zumeist als ihr Patron, schussligängstliche Bauernbuben, fahrige Domestiken oder kindlichlüsterne Herumtreiber, die halb ihren Lehrmeister und Kumpan nachahmten, halb nach Temperament und Witz sich als Kontrast zu ihm verstanden. Die ältere Wanderbühne war noch mit dem Riepl als Stichwortgeber für den Hanswurst ausgekommen. Mit der Einführung des Scapin hatte sich dann das Hanswurst-Theater dem komischen Ensemble nach Art der *comédie italienne* geöffnet, in dem der Hanswurst an die Stelle des Harlekin oder neben ihn trat. Der Seppl im Puppentheater ist der blasse Schatten dieser Assistenz-Possenreißer, die den Hanswurst durch das 18. Jahrhundert begleiten. Eine von ihnen, den Kasperl oder Kesperle, der schon vor ihm mehrfach bezeugt ist, appretierte sich Johann La Roche für sein Talent, und er war damit rasch so erfolgreich, daß er den neu kreierten Typus an die Stelle des Hanswurst setzen konnte. Von 1764 an spielte er fünf Jahre bei der Brunian'schen Gesellschaft, bis diese im Jahr 1768 nach Prag weiterzog. Dann engagierte ihn der Prinzipal Matthias Menninger für seine Truppe, die sogenannte »Badnerische Gesellschaft«, die ihren Namen von dem bei Wien gelegenen Ort Baden bezog. Mit ihr hielt Johann La Roche im Herbst 1769 seinen Einzug in die Kaiserstadt.

Es war ein kritischer Augenblick in der Geschichte des Wiener Theaters. In diesem Jahr war mit dem Tode des großen Komikers Gottfried Prehauser die mehr als 60jährige Herrschaft des Hanswurst über das Wiener Theater, am Kärntnertor zu Ende gegangen. Zu Ende war damit auch hier der dreißigjährige Krieg, in dem die kleine Schar französisch gebildeter Aufklärer erbittert gegen dieses Relikt einer finsteren und barbarischen Vorzeit angekämpft hatte. Dreißig Jahre hatte in Wien die barocke Tradition der Stegreif-Komödie, gestützt auf die breite Zustimmung seines Publikums, allen Angriffen des neuen Zeitgeistes widerstanden. Nicht einmal das Machtwort der Kaiserin hatte bis zum Tod des letzten Hanswurst vermocht, sein Ensemble am Erfolg zu hindern. »Der große Pan ist tot«, frohlockte nun der Wortführer der Hanswurst-Gegner, der bedeutende und verdienstvolle Jurist Joseph von Sonnenfels, den Prehauser noch kurz zuvor von der Bühne herab zur Person lächerlich gemacht hatte. Die Hofbühne duldete fortan keine Hanswurstiaden mehr. Alles Improvisieren, selbst jede Grimasse wurde mit Strafen belegt: Halb aufatmend wandten sich die Schauspieler des Kärntnertor-Theaters dem Regel-Lustspiel und damit der Literatur zu. Bei seinem Eintreffen in Wien sah sich so der Kasper Larifari in die Vorstädte abgedrängt, und es war ungewiß, ob er sich hier an der Peripherie – sommers wurde in Baden, im Winter in der Josephstadt gespielt – auf Dauer würde behaupten können. Die Zeichen der Zeit waren nicht günstig: überall in Europa waren – die Oper einmal ausgenommen – die Residuen des Barock lange verschwunden. Das bürgerliche Trauerspiel und die *comédie larmoyante* auf der einen Seite, das ausgefeilte Charakterlustspiel auf der anderen, beherrschten von Frankreich und England herkommend die Bühne. Noch fehlte es, zugegeben, in Deutschland an vergleichbaren dramatischen Leistungen, aber nur wenige Jahre trennen Kasperls Auftreten in Wien von den Bühnenerfolgen Lessings und Goethes. Und selbst in Italien, der Heimat des Stegreif-Theaters, hatte Carlo Goldoni durch seine Komödie inzwischen die Herrschaft der *commedia dell'arte* gebrochen. Die vereinzelten Rückgriffe auf den Märchenzauber des *théâtre de la foire*

in Frankreich wie in Italien entspringen bereits vorromantischem Geist, polemisieren aus verändertem Bewußtsein gegen die bequeme Vernünftigkeit der Aufklärung. Ganz *naiv* die barocke Tradition des Lachtheaters am europäischen Zeitgeschmack vorbei weiterzuführen, blieb Johann La Roche und seiner Kasperl-Figur vorbehalten.
Ein aussichtsloses Unterfangen? So sahen es die zeitgenössischen Kritiker, zumal ein Versuch, den Kasperl gleich zu Beginn seiner Wiener Laufbahn auf das Hoftheater zurückzuholen, leicht abgeschlagen war. Durch die Jahre hindurch ziehen sich dann die Prognostikationen, die Kasperl-Mode sei jetzt vorüber, der Pöbel im dritten Rang werde den Kasperl nicht mehr lange halten können, auch in Wien müsse doch einmal der Geist des Fortschritts über den reaktionären Schlendrian siegen. Aber Johann La Roche triumphierte, unangefochtener noch als sein Vorgänger Prehauser, über seine Gegner: fast 40 Jahre spielte er den Kasperl Larifari, erst in angemieteten Sälen in der Josephstadt und in Baden, später dann (1781) in dem für ihn errichteten Volkstheater in der Leopoldstadt. Alle Wechselfälle der österreichischen Politik während der Ära des aufgeklärten Absolutismus unter Joseph II. und während der Kriegswirren nach der Französischen Revolution, alle Wandlungen des Theatergeschmacks vom bürgerlichen Rührstück und der Sittenkomödie der 80er Jahre bis zu den Räuberballaden und zu den romantischen Sagen der Vorzeit überdauerten seine Streiche und Narrenspäße ohne Schaden. Als La Roche 1806 starb – fast auf den Tag genau zur selben Zeit wie das Heilige Römische Reich Deutscher Nation – hatte er das barocke Erbe eines vom Mimus und vom Impetus des szenischen Augenblicks abhängigen Theaters, das sonst in Europa lange vertan und vergessen war, über die Schwelle der Aufklärung hinweg gerettet. Adolf Bäuerle, Ferdinand Raimund und Johann Nestroy haben in ihren Lustspielen und Possen diese Tradition nur deshalb mit Erfolg dem klassischen Drama und dem Theater als moralischer Anstalt entgegenstellen können, weil La Roche die Kontinuität des Stegreif-Theaters auf der Bühne und im Publikum bewahrt hatte. Bei seinem Tod hatte denn auch die Figur des Kasperle für das Bewußt-

sein seiner Zeitgenossen und der Nachwelt den Hanswurst ersetzt und verdrängt. Seitdem heißt die komische Person auch auf dem Marionetten- und dem häuslichen Kindertheater Kasperl Larifari. Wenn Wolfgang Amadeus Mozart 1788 in seinem bekannten Kanon singen läßt:

Gehn ma in'n Prater,
Gehn ma in d'Hötz
Gehn wir zu'n Kasperl, zu'n Kasperl, zu'n Kasperl?

so ist damit vielleicht schon nicht mehr La Roche selbst, sondern sein hölzernes Double in den Buden des Wiener Praters gemeint: das lebendige Kasperle verwandelte sich schrittweise in die nach ihm geschnitzte Marionette. Allmählich raubte dabei, wie in Andersens Märchen, der Schatten seinem Herrn das Leben: schon für das Biedermeier waren der kindische Übermut, die grimassierende Beweglichkeit des Spiels, die lärmende Gleichgültigkeit gegen jede geschlossene Ordnung auf der Bühne und das ständige Animieren des Publikums in stereotyp einrastenden Redeformeln nur verständlich und erträglich, wenn es sich beim Kasperl nur um die Puppe eines Kobolds und beim Theater nur um ein Kindertheater handelte.
Gustav Gugitz hat in seiner Monographie: »Der Weiland Kasperl (Johann La Roche). Ein Beitrag zur Theater- und Sittengeschichte Alt-Wiens« (Wien – Prag – Leipzig 1920) alle die lange verstreuten Dokumente zum Wirken dieses großen Komikers zusammengetragen, Otto Rommel – unstrittig der beste Kenner und glänzendste Chronist der österreichischen Barocktradition – hat in den Einleitungen seiner Textausgaben und in der monumentalen Gesamtdarstellung: »Die Alt-Wiener Volkskomödie. Ihre Geschichte vom barocken Welt-Theater bis zum Tode Nestroys« (Wien 1952) Kasperls Aktivitäten verbindlich in den großen Rahmen der europäischen Theatergeschichte des 18. Jahrhunderts gestellt. Nach dem vorliegenden Material lassen sich in der Laufbahn La Roches drei Phasen mehr oder weniger deutlich voneinander abgrenzen: die erste Phase reicht von seinen Anfängen bis wenige Jahre nach Gründung des Kasperl-

Theaters in der Leopoldstadt (1764-1786). In ihr adaptierte La Roche den älteren Bestand der Hanswurst-Komik auf die von ihm neu geschaffene Figur. Hier wurde er vom Publikum als der wiedererweckte Harlekin gefeiert, in dem das Erbe aus dem »berühmten Kraut- und Sauschneidergeschlecht« Hanswursts und das der *commedia dell'arte* zugleich fröhliche Urständ feierten. In einer zweiten Phase, die von 1786 bis fast ans Jahrhundertende reicht, bemühten sich die Verfertiger von Kasperl-»Spielbüch'ln«, seine Figur in regelrechten Charakterlustspielen unterzubringen und zu motivieren, sie gewissermaßen für die besseren Kreise der Bürgerlichkeit zurechtzustutzen. Mit der Uraufführung von Karl Henslers »Donauweibchen« (1798) beginnt dann die dritte Phase, in der Kasperl Larifari als verängstigter Knappe durch eine wienerische Ritter- und Räuber-Vorzeit geistert. Die Zeitgenossen bejubelten diese neue Verkleidung als eine Rückkehr zu Kasperls wahrem Selbst: wenn auch stärker in die Episode abgedrängt, konnte er sich hier wieder frei entfalten und im phantastischen Umfeld der Volkssage leichter das Interesse ganz auf sich konzentrieren als in einem bürgerlichen Sittenstück Lessing'scher Provenienz. Genaue und reiche Kenntnisse besitzen wir heute nur von den beiden späteren Phasen seines Wirkens, während für seine Anfänge nur zwei ausgearbeitete Stücke, beide nicht ganz charakteristisch und beide nicht ganz früh, erhalten geblieben sind. Aus den Titel-Listen, die Gugitz und Rommel gesammelt haben, läßt sich zweifelsfrei nur ablesen, daß das Kasperle seinen Vorgängern nicht nur den Rang abgelaufen, sondern umgekehrt ihre Rollen und ihr Gehaben seinem Spiel integriert hatte. Will man sich daher von La Roches Leistung ein Bild machen, empfiehlt es sich, die erste Phase seines Auftretens durch ältere Texte zu repräsentieren, um so in Kasperls Vorfahren und in ihrer Spielanlage das Roherz seiner *vis comica* zu erkennen und zugleich die Entwicklung der Narrenfigur zu ihm hin anschaulich zu machen.

Das ältere Stegreif-Theater, seiner Natur nach unliterarisch, ja dichtungsfeindlich, kam in Italien wie in Deutschland fast ohne Text aus: da alles auf Bühnenpräsenz und auf das sich immer gleich bleibende Agieren der komischen Protagonisten abgestellt war, diente als Vorlage zumeist nur ein in Stichworten notierter Canevas der Handlung, der allenfalls so lange vom Prinzipal aufbewahrt wurde, wie die Truppe das Sujet im Repertoire behielt. Daß wir so gut wie keine frühen Kasperlstücke besitzen, ist der Regel-, nicht der Ausnahmefall. Nun hat uns ein glücklicher Zufall zwei Konvolute wienerischer Hanswurstiaden vor La Roche erhalten, in ganz unterschiedlicher Vollständigkeit und Textgestaltung, gewiß, aber doch hinreichend vollständig, um uns auch aus dem Abstand noch die Tradition lebendig zu vergegenwärtigen: In der Theatersammlung der Wiener Nationalbibliothek befinden sich die Handschriften von sechzehn Haupt- und Staatsaktionen für das 1709 erbaute Theater nächst dem Kärntnertor, als deren Verfasser der Pächter dieses Hauses und der erste sogenannte »Wiener Hanswurst«, Joseph Anton Stranitzky gelten darf (wenn auch zumindest eines der Stücke einem anderen, für den Prinzipal arbeitenden Theaterdichter zuzuweisen ist): es sind parodistische Nachahmungen gleichzeitiger Barockopern, die als Vorlagen für die beherrschende Rolle des Hanswurst hergerichtet wurden, breit ausgearbeitet im pathetischen Dialog und im Handlungsrahmen, skizzenhafter, aber immerhin punktuell zu kunstvollen Antithesen vorformuliert in den Anweisungen für den komischen Haupthelden. Keine andere Sammlung gibt einen vergleichbar reichen Einblick in die Welt der Harlekinaden als diese Wiener Haupt- und Staatsaktionen. Die andere Sammlung betrifft die Komödien, in denen zwischen 1737 und 1754 Stranitzkys Nachfolger Gottfried Prehauser und sein Partner Johann Joseph Felix von Kurz als Bernardon auftraten. Von diesen zahllosen und nur ganz locker gefügten Stücken, die sich ganz vom Dialog-Theater der älteren Hanswurstiaden entfernten und einer Frühform des Singspiels zuneigten, sind uns in den vier dicken Bänden der »Teutschen Arien, Welche auf dem Kayserlich-privilegirten Wienerischen Theatro in unterschiedlich producirten Comoedien, deren Titul hier jedesmahl beygerucket, gesungen worden« alle Musiknummern mit dem dazugehörigen Text, die ausführlichen, den Inhalt vorskizzierenden Titel und gelegentliche Szenenhinweise für

die einzelnen Nummern aufbewahrt geblieben. Hier fehlt zwar völlig der Dialog, aber die später – der Zensur gehorchend, nicht dem eigenen Triebe – dialogisierten Bernardon-Komödien aus Kurz' letzter Zeit zeigen nur, wie überflüssig, wie wenig eindringlich der aufgeschriebene Text für die quirlige Komik dieses unmittelbaren Kasperl-Vorläufers gewesen ist: alles war da Situation, Maschine, Mimus.
An den Anfang unserer Sammlung von Kasperlspielen für Erwachsene stellen wir je eine Probe aus den beiden erwähnten Sammlungen. Aus den Elementen beider rekrutiert sich Kasperls Komik der Frühzeit. In ihr blieb er halb der derbe, vor unflätigen und obszönen Witzen nicht ängstliche Hanswurst des Barock, halb der anmutig-leichtfüßige, listen- und verwandlungsreiche Pulcinell des italienischen Theaters wie Kurz-Bernardon vor ihm. Der »Triumph Römischer Tugendt und Tapferkeit oder Gordianus der Große« ist vielleicht das beste Beispiel einer Wiener Haupt- und Staatsaktion. Es ist 1724, zwei Jahre vor Stranitzkys Tod, entstanden und gibt sich seinem Aufbau nach als eine bewußt vergröbernde Bearbeitung der 1700 am Wiener Hof aufgeführten Oper: »Gordiano il pio« des Donato Cupeda. Das Gerüst der Maschinenoper: heroische Verwirrung einer Anzahl wechselseitig verliebter Personen von Stand, die durch lange Wechselfälle des Zufalls auf die Probe gestellt und schließlich belohnt werden, breite Entfaltung eines exotisch überhöhten Geschichtspanoramas zum Tableau einer repräsentativen Feudalordnung, ist in dem Stück ebenso beibehalten wie das immer gleiche Pathos der Leidenschaften und die für alle Helden gleiche Tonlage einer feierlich-überhitzten Affekt-Sprache. In diese kostbar gemeinte Fassung – und die Bühnendekorationen zumindest konnten offenbar mit den kostbaren Entwürfen der Bibiena-Schule am Hof wetteifern – wurde als Juwel der Wiener Hans Wurst eingelegt. Von der herkömmlichen Charge des in die Welt verlaufenen Hofnarren unterschied sich dieser durch seinen Aufzug als Salzburger Bauer. Geschaffen oder doch geprägt hat den neuen Typ eines regional festgelegten, den Bauern am Hof markierenden Pickelhärings der vermutlich aus Böhmen stammende, jedenfalls in Graz aufgewachsene Joseph Anton Stranitzky

(1676-1726), der nach einem Leben als Wanderschauspieler 1706 in Wien Fuß fassen konnte und der das Theaterspiel seiner Truppe, dank der ihm eigenen urwüchsigen und derbvitalen Komik, gegen die Herrschaft der italienischen Komödianten durchsetzte. Sein kleingewachsener und stämmiger Hanswurst: unter dem grünen Spitzhut das kohlschwarze Haar aus der Stirne und hinten zu einem aufrechten Knoten zusammengebunden, freie Augenpartie, gestutzter, die ganze untere Hälfte des Gesichts bedeckender Bart, altertümliche Narrenkrause, darunter dann die weit herabfallende, rote Jacke und gelbe, bis zu den Knöcheln reichende Hosen, so daß man noch die bäuerlichen Schuhe wahrnehmen kann – sein Hanswurst ist natürlich kein realistisches Abbild eines alpenländischen Bauern, sondern nur das Sinnzeichen einer bäuerlich-groben Lebenssphäre, die er aus alter Schwanktradition der Welt der Haupt- und Staatsaktion gegenüberstellt. In der Höhenluft des barocken Dramas hat ein Bauerntölpel von Hause aus nichts zu suchen und wird allenfalls – wie im Jesuitendrama Süddeutschlands – in randgelegenen Episoden geduldet. Der unermüdlich variierte und immer gleiche Witz von Stranitzkys Hanswurstiaden besteht nun in der spielerischen Verkehrung dieser dramatischen Weltordnung, im pedantisch durchgehaltenen Kontrast von Hoch und Niedrig. Als Diener oder Bote – in Statistenfunktion also – in das wohlgeborene Geschehen eingeführt, gerät Hanswurst in das gleiche Gewirr von Aufgaben, Prüfungen, Verkleidungen und Verwechslungen wie seine Herrschaften: Hanswursts Lustbarkeiten – das meint sein unvermutetes Auftreten in der falschen Rolle, »den lächerlichen Liebes-Ambaßadeur, curieusen Befelchshaber, vermeinten Todten, ungeschickten Mörder, gezwungenen Spion etc.« Die heroischen Römer und Morgenländer sind immer ganz Leidenschaft und Mut, Standhaftigkeit und Entsagung, Zorn und königliche Milde. Ohne Veränderung und Entfaltung des Charakters verkörpern sie als Person immer das Ideal, im Augenblick immer den Affekt. Hanswurst ist immer ganz Unflat und Zote, ganz kindische Ungeduld und Feigheit der Kreatur. In den Episoden, die das Szenar nur in Stichworten andeutet, breitet er seine eigene Welt behaglich und frei aus. Hier dient der Verweis auf die *lazzi*, die von der Figur bestimmten und im Zusammenprall mit stereotypen Bühnensituationen unweigerlich einrastenden Wort- oder Körpergesten, als simple Gedächtnisstütze für den mit seiner Rolle ganz verwachsenen Schauspieler. Überall sonst sind die Reaktionen streng antagonistisch zum Geschehen ausgerichtet: Hanswurst kehrt vor den Damen der Gesellschaft die immer unreinlichen Hosen um oder er versucht, auf seine Weise einem Toten ein Denkmal zu setzen. Er bricht in den wortreichen Schmerz mit schnöden Nachäffungen oder mit mehr als handgreiflichen Liebkosungen ein. Er greint und schreit vor Angst, stirbt fast vor Selbstmitleid, und steht jeder fremden Empfindung verständnislos gegenüber. Seine tölpelhaften Späße mit Verwundeten und Toten – in ihnen erinnert er oft an einen seiner selbst unbewußten Ubu – machen vor keinem Ekel und Grausen halt. Wenn er in einem der Stücke mit der Tochter um das abgeschlagene Haupt ihres Vaters für ein Trinkgeld feilscht und droht, den Kopf sonst in das »Gackheisl« zu werfen, so ist das nur ein besonders krasses Beispiel für viele. Diese archaische Fäkal- und Sexualkomik aus Infantilität, deren Urgewalt noch aus den erhaltenen Skizzen erkennbar wird, ist nicht auf sich gestellt, sondern Zug um Zug auf das Pathos der großen Aktion abgestellt: nicht von ungefähr sind Hanswursts Repliken auf seine höfischen Partner im Text wortwörtlich ausgeschrieben. Ein parodistisches, ein gesellschaftskritisches Element meint man in Stücken wie dem »Gordianus« zu bemerken, zumal Hanswurst als die komische Person mit dem Publikum in der lachenden Zwiesprache gemeinsame Sache gegen die standhaften Theaterhelden macht. Bedingt trifft das für Stranitzky ebenso zu wie für seine beiden Nachfolger, Prehauser und La Roche, für diese sogar stärker, da sie nachweislich das Tagesgeschehen mit in ihre Improvisationen einbezogen. Das satirische Element bleibt aber ganz im Rahmen der überkommenen Narrenweisheiten, d. h. es setzt das grundsätzliche Einvernehmen auch über die Rollenverteilung zwischen dem Herrscher und seinem lustigen Rat voraus. Auffallend ja, daß ohne Schmälerung ihrer Würde die Kaiser und Könige in unserem Stück aus ihrer Sphäre heraustreten und mit dem Hanswurst sich für eine Weile zu gemeinsamen *lazzi* verbinden können. Der Wiener Hanswurst der Haupt- und Staatsaktionen, dämonisch und kindisch zugleich, legt in den Grundzügen die Rolle bis zu La Roche herauf fest. Dessen frühe Auftritte müssen wir uns wohl ein wenig domestizierter, aber doch ähnlich inkommensurabel zu der ihm konfrontierten Ordnung auf der Bühne und auf der Welt vorstellen.

Der Sprung zum zweiten Stück: »Der aufs neue begeisterte und belebte Bernardon« überbrückt mehr als das Vierteljahrhundert, das zwischen den Aufführungsdaten – 1724 für den »Gordianus« und 1754 für die Burleske um Barnardons Wiederauferstehung (Höhepunkt seiner Beliebtheit auf dem Wiener Theater) – vergangen ist: in diesem Zeitsprung wird ein grundsätzlicher Wandel in der Auffassung von Rolle und Theater des Hanswurst deutlich. Stranitzkys Salzburger Sauschneider war wirklich noch eine Art Pan, ein halb mythischer, aus unvordenklichen Zeiten des Mimus in die Gegenwart hinein weiterlebender Feld- und Waldschrat, der alles Interesse auf sich versammelte. Auf der Bühne setzte er sich, nur von Chargen unterstützt, immer neu gegen eine ihm fremde und ihn kaum berührende höfische Welt ab. Die Stegreifburlesken aus der Zeit um 1750 sehen in Gottfried Prehauser (1699-1769) – ihn hatte 1725 Stranitzky dem Wiener Publikum feierlich als seinen Nachfolger anempfohlen – das äußere Bild des Hanswurst fast unverändert, auch die Elemente seiner derb-infantilen Komik sind, wenn schon abgemildert, die gleichen geblieben. Aber der Meister des grünen Hütchens, das in dem seit 1747 ausgebrochenen Hanswurst-Streit den Verfechtern eines freien Improvisations-Theaters als Kennzeichen diente, war geselliger als sein Vorgänger: seiner Vormachtstellung im Ensemble unbeschadet, hatte Prehauser den Hanswurst mit der *commedia dell'arte* versöhnt und ihn zu einer ihrer stehenden Masken gemacht. In den Jahrhunderten ihrer europäischen Wirksamkeit hatte die italienische Stegreifbühne das sinnverwirrende Spiel mit Traum und Wirklichkeit, mit Illusion und Illusionsaufhebung, mit der erdschweren Drastik von Sprache und Geste einmal und mit der fast abstrakten Kunstfer-

tigkeit, ja Künstlichkeit der Maske, auf eine heute kaum noch vorstellbare Höhe gebracht. Alle Schauspieler waren unverwechselbare Charaktertypen, in deren Leben sie während der Vorstellung ganz aufgingen, unsterblich und unveränderbar durch jedwedes Geschick, das ihnen nach der Laune des jeweiligen Szenariums zugemutet wurde. Und sie nahmen Abend für Abend neue Zufallsrollen an: als venezianischer Kaufmann, als chinesischer Minister oder spanischer Gesandter, als freche Kammerzofe, als Räuberbraut oder böse Märchenfee, vom Sujet vorgeschriebene Augenblicksrollen, durch die aber nach dem Gesetz der *commedia dell'arte* die Eigenart der Charaktermaske immer durchschimmern mußte. Ein unvergleichliches Theater entgrenzter Phantasie, das von Jacques Callot bis Carlo Gozzi, von E. T. A. Hoffmann bis zu Luigi Pirandello die Begeisterung der vorromantischen und romantischen Künstler gefunden hat. In dieses Ensemble-Theater hat Prehauser (jedenfalls in den uns erhaltenen Burlesken seiner Zusammenarbeit mit Kurz-Bernardon) die monolithische Gestalt des Hanswurst überführt. Nach Tracht und Mundart tritt der Salzburgische Bauernflegel neben die beiden Bergamasker Schelme, Arlecchino und Truffaldino, neben den Venezianer Pantalone und neben den Dottore aus Padua. Im Niemandsland einer zeitlosen Komödienwirklichkeit, in der jedes Wunder und jede Metamorphose möglich ist, treten da italienische und deutsche Masken zu ihrem unendlichen und unerschöpflichen, biographischen Roman zusammen, zu dem jedes neue Stück eine neue Episode beisteuert. Die *commedia dell'arte* brauchte nur den flüchtigsten Canevas, kaum mehr als die Umrisse des Geschehens und vielleicht ein paar Vers- und Liedeinlagen, dann ergänzte der improvisierte Dialog und die Pantomime die Skizze zum in sich gerundeten Stück.
Ein solcher Canevas liegt uns auch im »Wiederbelebten Bernardon« vor, unverständlicher an manchen Stellen noch als die italienischen Spielvorlagen, da nur einzelne Nummern und pantomimische Einlagen, nicht die bunte Fabel der Maschinenkomödie notiert ist. Protagonist des Spiels ist – den Magier einmal nicht gerechnet, der alle die Bühnenverwandlungen zu bewerkstelligen hatte – meist nicht der

Hanswurst selbst, sondern sein leichtfüßiger Spielgefährte Bernardon. Die Figur des Hanswurst ist behäbiger, eher statuarisch angelegt und braucht einen flinken Helfershelfer, um sich in der Hektik und Unrast seiner neuen Umgebung zu behaupten. Prehauser fand ihn in Johann Joseph Felix von Kurz (1717-1784), dem Sohn einer Schauspielerfamilie und dem Patenkind Johann Stranitzkys, der 1737 in das Kärntnertor-Ensemble eintrat. Er muß in der von ihm geformten Rolle des Bernardon von akrobatischer Beweglichkeit und Mundfertigkeit gewesen sein, immer aufgeregt, immer schusselig, immer in Gedanken noch seiner eigenen Flinkheit voraus, dabei voller Anmut in der Bewegung und von der liebenswürdigen Zutraulichkeit eines Kindes, das wahre Gegenbild seiner phlegmatischeren Partner. Nicht nur der Name seiner Figur ist italienisch, auch die Vorbilder seiner Kinderkomik stammen aus der italienischen, nicht aus der deutschen Stegreifkomödie. Kurz-Bernardon war es denn wohl auch, der die Öffnung der Hanswurstiade zur Märchen-Burleske beim Publikum durchgesetzt hat. Und das 18. Jahrhundert dürfte nach Carlo Gozzis berühmten zehn *fiabe drammatiche,* seinen gegen Goldoni gerichteten Märchenburlesken, nicht leicht ein weiteres Mal ein so vollkommenes Wundertheater gesehen haben, wie es das einzigartige Wiener Ensemble um Prehauser und Kurz zu erfinden und zu realisieren imstande war. Während des Streits um den Hanswurst hatte sich dieser also unmerklich aus Stranitzkys Bann gelöst und war zu einer Spielform der freien, vom Ensemble getragenen Burleske gelangt, die als letzte Synthese des Stegreiftheaters gelten darf. Für diese Spielform und für diese Komik konnten sich im Wien der beginnenden Aufklärung auch gebildete Literaten und Dramatiker wie Philipp Hafner einsetzen, der für das Ensemble eine ganze Anzahl dem regelmäßigen Lustspiel angenäherter Burlesken verfaßt hat. Für seine Komik konnte man gegen die engstirnige und moralsaure Vernünftigkeit der Gottschedianer Pamphlete schreiben, die niemand zugunsten von Stranitzkys ungebärdigen und rohen Scherzen gewagt hätte. Dazu kommt noch ein Zweites: Prehausers Hanswurst ist, ohne seine Eigenart preiszugeben, als Charaktertype umgänglicher, ziviler geworden. Er vermeidet das Ekelerregende in seinen Fäkalspäßen, er nimmt den Zoten den misogynen Ingrimm seines Urbilds Stranitzky, er zitiert in seinen Liedern italienische und französische Brocken, ja, er ist gelegentlich sogar auf eine feine Weise witzig, was ganz außerhalb von Stranitzkys Wirkungsmöglichkeiten gelegen hatte. Nicht von ungefähr war Prehausers bürgerlicher Lebenswandel wie später der von Kasperl-La Roche von untadeliger Ehrbarkeit, wo sein Lehrer noch aus seiner Zugehörigkeit zum Pöbel kein Hehl gemacht hatte. Im Rahmen des Möglichen war bei Prehauser der Hanswurst bereits bürgerlich geworden.

In das Umfeld der Burleske gehört auch das Fragment eines Hanswurst-Stücks – einer von zwei erhaltenen Entwürfen – aus der Feder von Wolfgang Amadeus Mozart. Das nicht datierte Bruchstück aus seiner Wiener Zeit gehört natürlich bereits in den Umkreis des Kasperl, der im Personenverzeichnis als Hausknecht des Herrn von Dummkopf ausgewiesen wird, der abenteuerliche Einfall mit den beiden Geliebten, die – auch noch entgegen ihrer gesellschaftlichen Rolle! – zur Zwergin und zur Riesin verwandelt sind, der durchgehende Hang zum szenischen Paradox und die italienische Atmosphäre des Stücks (das Liebespaar heißt denn auch Rosaura und Leander) – das alles sind noch Reminiszenzen an die Ära Prehauser und Kurz, die Mozart als Kind ja noch erlebt hatte.* Immerhin hatte Friedrich Wilhelm Weiskern (1710-1768), der Odoardo der Truppe und einer ihrer Textverfertiger, ihm das Libretto zu »Bastien und

* Das Fragment (Köchel-Verzeichnis Anh. 28, resp. 509c) dürfte im Frühjahr 1787 entstanden sein, erstes Zeichen einer Annäherung Mozarts an das Wiener Volkstheater. Eine von seinem frühen Biographen G. N. von Nissen erwähnte »unvollende deutsche Operette, die in der Manier Aehnlichkeit mit der Entführung aus d.Serail hat, und worin die Namen H. v. Dummkopf, Rosaura, Trautel, Leander, Casperl, Wurstl, Knädel etc. vorkommen«, kann wohl nur mit dem vorliegenden Stückanfang verwechselt sein. Daß Mozart hier mehr intendiert hatte als eine Selbstvergewisserung über die *dramaturgischen* Möglichkeiten des Kasperl-Theaters, ist unwahrscheinlich. In den gleichen Zusammenhang gehört auch der als Abbildung beigegebene Kanon: »Gehn ma in'n Prater, gehn ma in d'Hatz« (KV 558), dessen Niederschrift auf den 2. September 1788 datiert ist.

Bastienne« geschrieben. Und sowohl die Theaterbesessenheit war bei Mozart früh und berufsmäßig ausgebildet wie auch sein Sinn für den grob-fäkalischen »G'spas«, mit dem man sich und die Leut' tratzen und für einen Narren halten kann. Das phantastische Wunderwesen der Stegreif-Burleske und ihre Nähe zur Spieloper muß außergewöhnlich anregend für ihn gewesen sein: seine Zusammenarbeit mit Schikaneder für die »Zauberflöte« (1791), die ja eines der Hauptwerke der österreichischen Barocktradition auf dem Theater darstellt, hat ganz sicher in dieser frühen Begegnung mit den Bernardon- und Hanswurst-Stücken des 18. Jahrhunderts ihren ersten Anfang.* Seine Sympathie zu diesem Freimaurer-Märchen, dessen unmittelbar vorausliegende Version für den Kasperl Larifari in unserer Sammlung mit aufgenommen ist, galt denn auch vor allem Papageno und Papagena, die ganz in diese Sphäre skurril-liebenswürdiger Bühnen-Mirakel gehören. Mit wie kindlich-genuinem Vergnügen er an den einfachen Wirkungen dieser Komik selbst festhielt, zeigt am besten die kleine Geschichte, die er in einem seiner letzten Briefe an seine Frau (vom 9. Oktober 1791) erzählt: »[Nun] gieng ich auf das theater bey der Arie des Papageno mit dem GlockenSpiel, weil ich heute so einen trieb fühlte es selbst zu Spielen. – da machte ich nun den Spass, wie Schickaneder einmal eine haltung hat, so machte ich eine Arpegio – der erschrack – schauete in die Scene und sah mich – als es das 2:^{te}mal kamm – machte ich es nicht – nun hielte er und wollte gar nicht mehr weiter – ich errieth seinen Gedanken und machte wieder einen Accord – dann schlug er auf das Glöckchenspiel und sagte *halts Maul* – alles lachte dann – ich glaube daß viele durch diesen Spass das erstemal erfuhren daß er das Instrument nicht selbst schlägt.«

Das sich »tratzende« Zu- und Gegeneinander von Schikaneder und Mozart ist ein liebenswürdiges Exempel für den

* Nicht von ungefähr hat Joseph Haydn in ganz jungen Jahren die Musik zu einigen von Kurz-Bernardons Burlesken geschrieben, darunter als erste seiner Opernarbeiten 1751/52 die Vertonung des Singspiels: »Der neue Krumme Teufel«, so daß Mozart mit seinen Bemühungen um das volkstümliche Musiktheater sich auf das Beispiel seines verehrten Lehrers stützen konnte.

nach wie vor lebendigen Charme dieser Improvisationskunst auf der Bühne. Neu gegenüber allen älteren Zeugnissen für die Hanswurst-Komik ist bei Mozart jedoch die gespannte Aufmerksamkeit des Musikers auf das Wort und den Wortwitz: Stranitzkys Sprache lebte wie sein Agieren vom Kontrast des Niedrigen zum Hohen. Er persifliert, indem er gemeinen, bäurisch ins Breite gezogenen Vorstadt-Dialekt spricht. Und erst die Verbindung von Pöbelrede und grober Unfläterei auf der Bühne macht den Effekt aus. Bei der Truppe und Prehauser und Kurz-Barnardon umgekehrt verschwand der Dialog halb hinter der musikalisch begleiteten Pantomime, hier triumphierte der Bühnenzauber über das Wort. Bei Mozart ist das anders: wie die meisten Kinder liebt er von früh auf das leere Sprachspiel, wie es Abzählverse, Spottlieder und Unsinnsgeschichten in Reimreihen spiegeln. Aber anders als die meisten Kinder behielt Mozart den Spaß an den Sprach-Clownerien über die Kinderzeit hinaus bei und steigerte seine Anlagen in seinen Jugendbriefen (vor allem in den sogenannten »Bäsle«-Briefen an Anna Thekla Mozart) zu einer wahren Virtuosität des spielerischen Unsinns. Bei ihm hört sich das Reden gewissermaßen selber zum erstenmal zu, und darüber trennt sich die Sprache von ihrem Inhalt, um in der bloßen Klangverbindung zu neuer kombinatorischer Einheit zu gelangen. Sinn und Albernheit, Würde und Ranghöhe der Sprache sind da im Veitstanz der Vokabeln gänzlich aufgehoben: »Ich hoffe sie werden auch meinem brief trief, welchen ich ihnen aus Mannheim geschrieben, erhalten haben schaben, desto besser, besser desto! Nun aber etwas gescheüdes. mir ist sehr leid, daß der H: Praelat Salat schon wieder vom schlag getrofen worden ist fist. doch hoffe ich, mit der hülfe Gottes spottes, wird es von keinen folgen seyn schwein, sie schreiben mir stier, daß sie ihr verbrechen, welches sie mir vor meiner abreise von ogspurg voran haben, halten werden, und das bald kalt. . . . ietz wünsch ich eine gute nacht, scheissen sie ins beet daß es kracht; schlafens gesund, reckens den arsch zum mund; ich gehe izt nach schlaraffen, und thue ein wenig schlaffen. Morgen werden wir uns gescheüt sprechen brechen. ich sage ihnen eine sache menge zu haben, sie glauben es nicht gar können; aber hören sie morgen es schon werden. leben sie wohl unterdessen, ach Mein *arsch* brennt mich wie feüer! was muß das nicht bedeüten! – – vielleicht will *dreck* heraus? – ja ja, *dreck, ich* kenne dich, sehe dich, und schmecke dich – – und – – was ist das? – – ists möglich! – – ihr götter! – – Mein *ohr,* betrügst du mich nicht? – – Nein, es ist schon so – – welch langer, trauriger ton!« (Brief vom 5. November 1777).

Das alte Erbe Stranitzkys und der Kapuziner-Predigten nach Art des Abraham a Santa Clara ist so ganz in die kontrollierte Kindischkeit der Sprach-Allotria einbezogen, in diese Kunst eines fast absichts -und inhaltslosen Spiels mit den eigenen Rollen und mit dem Wort, daß es darüber seine ekel-urige Erdenschwere verliert. Hier sind wir – in Mozarts Briefen wie in seiner »Liebes-Probe«, dem sprachlich vollkommensten Dokument der Hanswurst-Komik – bereits in einer veränderten Zeit: auf dem Herrschaftsgebiet und unter der Regierung des Kasperl Larifari.

Aus der Provinz kommend und in Wien als der wiedergeborene Hanswurst gefeiert, muß Kasperls Komik in den Anfängen betont altertümlich gewesen sein: in der von Matthias Menninger, nach 1781 dann von Karl Marinelli geleiteten Badener Truppe war La Roche wieder der unbestrittene Alleinherrscher. Die Truppe war zunächst nur mittelmäßig, aber auch als durch die Verpflichtung der Schauspielerfamilie Sartory und des begabten Anton Hasenhut – sein Thaddädl begleitete fortan den Kasperl so wie einst Bernardon den Hanswurst – in den 80er Jahren das Theater in der Leopoldstadt seine Leistungsfähigkeit als Ensemble entschieden verbessern konnte, blieb der Kasperl Larifari, selbst der in die Episode abgedrängte Kasperl Larifari, die Attraktion jedes Bühnenabends. La Roche machte die Allianz mit der *commedia dell'arte,* in der er nur eine Maske unter anderen hätte sein können, von vornherein rückgängig. Alle Komödien und Schwänke wurden wieder entweder gleich für ihn angefertigt oder doch auf seine Person zugerichtet: barocke Haupt- und Staatsaktionen, Maschinenkomödien (wenn auch beides nur noch vereinzelt), Stegreifburlesken, Lustspielbearbeitungen nach Molière und Goldoni, eigens für ihn zurechtgezimmerte Possen, die ihn entweder in ungewohnter Umgebung oder bei ungewohnten Tätigkeiten zeigen. Wenn seine Rolle einmal keine Verkleidung forderte – und zum Wesen von Kasperls Komik gehört mehr noch als bei Stranitzky und Kurz-Bernardon die ständig neue Verkleidung, die er an einem Abend bis zu einem Dutzend Mal variierte –, so erscheint er wie seine Vorgänger als Bauer kostümiert, und auch nach Statur, Physiognomie und Auftreten muß er in seiner Frühzeit dem Hanswurst wie ein Bruder dem anderen gleichgesehen haben. »Kurz beisammen« und eher gedrungen, mit offenbar stark, bis zur Karikatur ausgeprägten Gesichtszügen, blatternarbig und mit lebhaften Augen, muß er immer noch an den alten Pickelhäring erinnert haben, muß sein Erscheinungsbild inkommensurabel zu aller ihn umgebenden Bühnenwirklichkeit gewesen sein. Wir haben kein authentisches Porträt, und wir haben keine authentischen Beschreibungen seines Spiels, die sich nicht auf seine späteren Jahre beziehen. Nur Indizien in Titeln und zufällig erhalten gebliebenen Stücken und die Tatsachen, daß die Zeitgenossen die dritte Phase als Rückkehr zu seiner ersten gefeiert haben, lassen uns die enge Bindung des Kasperl an das Vorbild des Hanswurst erkennen. Wie dieser gewinnt er seine Wirkungen aus dem Überspielen der Rampe: war Kasperl zu spät für seinen Auftritt, so genügte es, daß er die Tür seiner Garderobe öffnete und seinen jammernden Auftrittsseufzer: »Auwedl, auwedl!« rief, damit das Publikum vor dem zu lange geschlossenen Vorhang bereits in Begeisterung geriet. Auf dem Theater stand er dann, wie die Kritiker giftig bemerkten, wild gestikulierend vorn an der Rampe, um seinen Dialog mit den Zuschauern aufrechterhalten zu können: auch an den Geschicken von Bernardon und dem jüngeren Hanswurst hatten die Wiener lebhaften Anteil genommen, hier aber machte die Essenz des Theaters der enge Kontakt zwischen dem Kasperl und *seinen* Wienern aus. Zu dieser älteren Schicht gehören auch sein Grimassieren und sein ständiges Übertreiben jeder Bewegung, Reste einer dramatischen Körpersprache, die zwar dem Mimus von alters her selbstverständlich war, die aber in den aufgeklärten Zeitläuften

nach 1750 als reißerische Entartung jeder wirklichen Schauspielkunst gelten mußte. Daß Kasperl auf der Marionettenbühne lebendig geblieben ist, mag mit dieser Ausrichtung seines Spiels auf eine überscharfe Gestik zusammenhängen, die man wohl der Puppe, aber nicht einem Schauspieler mehr zubilligen wollte.
Kasperl war aber schon bei seinem ersten Auftreten mehr als die Wiederaufnahme des Hanswurst in das Wiener Theaterleben. Seine »G'spaß« konnten so unflätig und unreinlich sein, wie nur je die Fäkalkomik vor ihm, sein breit ausgewalzter, oft fast unverständlicher Vorstadtton stimmte ganz zu Stranitzky und fiel hinter die feinere, zur witzigen Charakterisierung einer Figur geeignete Komik Prehausers kräftig zurück. Aber neu am Kasperl war die unerschöpfliche Lust am Sprachblödeln, der wir bei Mozart zuerst begegneten. Noch der Kasperl im Kindertheater lebt ja von sprachlichen Mißverständnissen, von falschem Wörtlichnehmen und von der Unvereinbarkeit von der Sprache und den Dingen, die sie beschreiben will. La Roche muß ein Virtuose dieser naiven Sprachspiele gewesen sein, dem sich alle Begriffe und Sätze wie selbstverständlich im Munde verdrehten, der jeden Neben- und Hintersinn von seiner Figur und von der Situation des Augenblicks her aufblitzen ließ, nur um ihn dann bloßer Albernheit wieder zu opfern. Sprachüberfluß charakterisiert seine Figur: dieser schöpferischen Redundanz unterwirft sich willig das Geschehen auf der Bühne und die Logik des Zuschauers. Ignaz Castelli, der La Roche freilich nur noch in seinen letzten Lebensjahren gesehen hat, gibt uns in seinen Erinnerungen einen Eindruck von dieser Unsinns-Komik des Kasperl. Da La Roche viele Stücke aus seiner Anfangszeit bis ins hohe Alter auf dem Repertoire gehalten hat, mag Castellis Bericht als das einzig erhalten gebliebene Zeugnis eingerückt werden:

In einem Stücke kniet Kasperls Herr vor seiner Geliebten und erklärt ihr seine Liebe; da öffnet Kasperl die Tür und schreit herein: ›Steh' auf, alter Bettelstudent, d' Hosen g'hört nit dein!‹ und ist wieder verschwunden. In einem andern Stücke spielt Kasperl einen verstellten Stummen; als man ihn aber fragt, wie lang er stumm sei, antwortet er, sich vergessend: ›Vier Jahre!‹ Da er aber dann dies Versehen wieder gut machen will, so antwortet er im ganzen Stück auf alle an ihn gestellten Fragen nur immer dieselben Worte: ›Vier Jahre!‹ – Kasperl wird von den Türken gefangen. Er spricht mit ihnen, sie verstehen ihn aber nicht. Nun möchte er gerne hinausgehen, deutet daher auf die Tür und spricht: ›Aussi! Aussi! Aussi!‹ Die Türken verstehen ihn noch immer nicht. Da wird er zornig und schreit: ›Wart's, ös türkischen Waschein [Paschas = »Die Kasperlianer mußten bis zum Zerplatzen lachen, wenn Kasperl das Wort Waschel oder Ohrs statt Pascha aussprach«, zeitgenössischer Reisebericht 1790], ös werd's mi glei' verstehn, ih wir nur mein' türkische Sprach' loslassen, also hört's: Anari, Manari, Canari, aussi, aussi!‹ Und nun laufen die Türken und öffnen ihm selbst die Tür. – Käsperle kommt als Diener mit seinem Herrn, dem berüchtigten Don Juan, in einen Wald, in welchem sie einen Einsiedler vor seiner Strohhütte sitzend finden, und hier entspann sich ein Gespräch, welches ich wörtlich mitteilen will, um zu zeigen welche Albernheiten damals das wieherndste Gelächter hervorbrachten.

Juan: ›Käsperle! Geh' hin und frag' ihn, wer er ist!‹

Käsperle: ›Das g'schieht nit.‹

Juan: ›Geh' hin, ich befehl' es dir.‹

Käsperle: ›Era geht doch nicht hin.‹

Juan zieht den Degen: *›Wirst du gehen?‹*

Käsperle: ›Steckt's den Bratspieß ein, era geht schon.‹ Tritt mit vielen Lazzi von Furcht gegen den Einsiedler. *›Wer seid's ös?‹*

Einsiedler mit dumpfer Stimme: *›Ich bin ein frommer Waldbruder.‹*

Käsperle zurückprallend, daß er seinen Herrn fast niederstößt: *›Ui! Gnädiger Herr, gehen wir g'schwind fort.‹*

Juan: ›Was hat er gesagt?‹

Käsperle: ›Er hat gesagt, er ist ein Waldluder.‹

Juan: ›Du wirst ihn falsch verstanden haben, geh' hin, frag' noch einmal.‹

Wiederholte Lazzi der Weigerung, endlich fragt Käsperle wieder: *›Mein Herr läßt noch einmal fragen, wer's ös seid's‹*

Einsiedler: ›Ich bin ein Eremit.‹
Käsperle: ›Ui! Gnädiger Herr, da bleiben wir, er ist der Bruder Kredit.‹
Juan: ›Frag' ihn noch einmal.‹
Käsperle: ›Seid's amal g'scheit und sagt's aufrichtig, wer seid's?‹
Einsiedler: ›Ich bin ein Einsiedler.‹
Käsperle: ›Ja, gnädiger Herr, wir bleiben schon da, da geht's lusti zu, denn er is a Bierfiedler.‹
Juan: ›Frag' ihn, wovon er lebt.‹
Käsperle: ›Von was lebt's?‹
Einsiedler: ›Ich lebe von Wurzeln und Kräutern.‹
Käsperle: ›Ui! Gnädiger Herr, fahr'n ma ab, er lebt von Husaren und Reitern, er könnt' uns zwa ah fressen.‹
*Kann man sich einen größeren Unsinn denken als diese Szene? Und doch wurde sie von unausgesetztem Lachen begleitet.«**

Kasperls Räsonieren, Raunzen und Schwätzen, sein nimmermüder Versuch, alle Turbulenz auf der Bühne und in seinem Kopf mit der Sprache einzufangen, seine närrischen Verwirrspiele mit Sinn und Bedeutung – alles das hebt zugleich die aggressive Handgreiflichkeit seiner Grobianismen auf: wie bei Mozart haben die umgekehrten Hosen und die Hemdengewitter nicht die ekle Anschaulichkeit von Hanswursts Lustbarkeiten, sondern sind nur spaßhafte »Zwingworte« für die Phantasie. Das Im-Arsch-Lecken und Ins-Bett-Scheißen gewinnt die Unschuld der Redensart zurück. Nichts am Kasperl war mehr grobianische Vorzeit, alles in Sprache aufgehobener Spaß und Unfug, und mit subjektivem, wenn schon nicht mit objektivem Recht konnte sich einer von Kasperls Apologeten zu der Frage aufschwingen: »Wann hat er je etwas Schmutziges oder eine Zote gesagt?« Schließlich hat La Roche mit der derben Anlage seiner Rollenfigur geschickt die Beweglichkeit des Bernardon verbunden. In seinen Anfängen muß er, dessen behagliches Phlegma zu den hervorstechenden Eigenarten der beiden uns greifbaren Phasen seiner Schauspielerei gehört, von

* Zitiert nach Gugitz, S. 252 ff.

einer unvergleichlichen Quecksilbrigkeit gewesen sein. Das kleine Kind, vor der Welt der Erwachsenen so ängstlich zurückweichend wie vor allem andern Unbekannten, weinerlich und maulend, dann wieder blind aus dem Augenblick aufbrausend, dreinredend, nachäffend, und der grob-übermütige Troll und Kobold sind auch für La Roche die Muster seiner Infantilitäts-Komik. Aber sie sind nicht nur, wie schon bei Prehauser ins halbwegs Gesellschaftsfähige gemildert, sondern sie haben von Kurz-Bernardon die zutrauliche Anmut wirklicher Kindlichkeit beigefügt bekommen. Kasperl bleibt auch im unleidlichsten Moment liebenswürdig, bleibt im Einklang mit der Sympathie seines Publikums.

Seine Verkleidungen hatten von Anfang an nicht die Unvereinbarkeit seiner Existenz mit der höfisch geordneten Welt darzustellen gehabt wie in Stranitzkys Haupt- und Staatsaktionen, sondern die unermüdet-erfolglosen Bemühungen um eine Integration in die bürgerliche Geselligkeit: der alte Sau- und Krautschneider tritt jetzt als Hechel- und Mausfallenkrämer, als Limoni-Händler und als verstellter Barbier auf, er versucht sein Glück als Totenwächter und Kinderweib, als Fesseltrager und Rekrut, und der Kontrast zwischen Kasperls Natur und angenommenem Stände-Habit muß eine unerschöpfliche Quelle der Belustigung gewesen sein. Die meisten der Spielvorlagen für das Marionettentheater, wie wir sie aus Poccis Bearbeitungen kennen, haben in dieser ersten Phase von Kasperls Wirken ihre Gestaltung gefunden. Und auch die andere Variante, den unverbesserlichen, ganz und gar wienerischen Kasperl zu den Wilden zu schicken, seien es Muselmänner oder Menschenfresser, ist hier vorgebildet, ohne daß wir für die beiden Spezies des Kasperltheaters brauchbare Beispiele heute noch auffinden können. Auf dem Höhepunkt seines Erfolgs präsentierte sich Johann La Roche als Original und als Synthese der Barocktradition zugleich. Als 1781 das ihm gewidmete, später nur »Kasperl-Theater« geheißene Theater in der Leopoldstadt eröffnet wurde, zeigte der Vorhang genau diese Idee: »Auf der linken Seite desselben sitzt Hanswurst, mit schwarzem Flor behangen, und betrauert seine Verbannung vom Theater. Weiter in der Mitte des Vorhangs tanzen die Charaktere des

Wälschen Theaters, Scapin, Pierrot, Harlekin und Dottore, einen Reigentanz, aber an Hand und Füßen mit Ketten gebunden: andeutend, daß sie nicht mehr so frei auf dem deutschen Theater erscheinen dürfen. Auf der rechten Seite sieht man den Parnaß mit einem Schlagbaum, den ein grämischer, pedantischer Kunstrichter mit einer großen Rute bewacht und jenen Spaßmachern den Eingang auf den Parnaß verweigert. Indessen fährt Kasperle, von Thalien begleitet, oben in den Lüften auf einem geflügelten Wagen, dem grämischen Kunstrichter zum Trotz, den Parnaß hinauf; was ihm denn jeder gern vergönnt, der billig ist, lebt und leben läßt.« (Johann Fr. Schink in seinem 1783 erschienenen Buch: »Dramatische und andere Skizzen nebst Briefen über das Theaterwesen zu Wien«)

Nach 1780 greift auch im Wien des Josephinismus die Verbürgerlichung des Dramas und des Theaters um sich. Auch die Volkstheater in den Vorstädten sehen sich gezwungen, ihr Spiel dem allgemeinen Trend anzupassen: regelgerechte, im Dialog voll ausgeschriebene Stücke mußten es sein, mit einem rührenden oder einem moralisch befriedigenden Ende. Daß in ihnen die Figur des Kasperl nur schwierig unterzubringen war, lag auf der Hand. So suchte man aus der Wandlungsfähigkeit seiner angenommenen Rollen stehendes Kapital zu schlagen und ließ ihn einfache Handwerker, Dienstboten, Gastwirte und ab und an auch einen Räuber spielen. Aus seiner komisch-vorläufigen Bewährung in immer neuen Geschäften am Rande der Bürgerlichkeit wird Kasperl diesen Vorstufen zu einem Sittenstück und zur Lokalposse auf jeweils eine, freilich breit ausgeführt Charge reduziert. Ein Würtemberger war es, Karl Friedrich Hensler (1759-1825), ganz von der zeitgenössischen Literatur kommend, noch ganz unter dem Eindruck der bürgerlichen Trauerspiele Lessings, der Räuberdramatik im Gefolge von Goethes »Götz« und der aus dem Französischen übernommenen Milieustücke, der als Theaterdichter Marinellis den Anschluß der Kasperl-Bühne an die Literatur auf sich nahm. Hensler fand sich erstaunlich schnell in die Wiener Theateratmosphäre, er setzte allen dichterischen Ehrgeiz hintan und schrieb mit verwirrender Schnelligkeit und Sicherheit über achtzig Stücke für die öffentliche Aufführung und für die Unterhaltung des Publikums, nicht für die Kunst. Für sie zu schreiben überließ er, nach bescheidenem Selbstgeständnis, den großen Geistern. Der gute Ausgang war vorgegeben. Es galt nur, das jeweilige Genre des bürgerlichen Rührstücks, des Zeitdramas oder der Soldaten-, Räuber- und Wilderer-Klamotte effektsicher auf das vorgegebene Raster zu bringen. Dabei übertraf er im routinierten Handwerk bei weitem seine Konkurrenten, hatte auch einen sichereren Blick für das am Kasperltheater Machbare. Recht erträglich ist dennoch keines dieser Sittenstücke geworden, in denen Kasperl ungelenk versuchte, sich der selbstangelegten Fesseln zu entledigen. Ihr Verdienst liegt, geschichtlich gesehen, einzig darin, den widerspenstigen Kasperl des Stegreiftheaters an die Literatur zu gewöhnen. La Roche improvisierte weiter, und seine Spielvorlagen ließen ihm dazu auch Freiraum, aber allein in der *Episode!* Die qualvolle Mimikry, die La Roche an die Stelle seiner proteischen Verwandlungskunst setzen mußte, steckte der Augenblickslaune enge Grenzen und gab ihr die Verpflichtung, immer in den vorgezeichneten Gang der Dinge zurückzulenken. Der Schritt vom Canevas zur Komödie, vom freien Dialog mit dem Publikum zur Guckkasten-Illusion, von der Souveränität des nur sich selber agierenden Komikers zum komischen Schauspieler, der vorgezeichnete Typen durch seine Individualität ausfüllt, war unwiderruflich: die lange Entwicklung des Wiener Volkstheaters von Adolf Bäuerle über Ferdinand Raimund und Johann Nestroy bis in die Wiener Operette des Johann Strauß ist durch diese Veränderung Henslers allein möglich gemacht worden. Der Rat des einflußreichen Berliner Kritikers Friedrich Nicolai, dem Kasperl seine Jacke zu lassen, ihn aber in Volksstücke einzubeziehen, in denen sich seine Ungebärdigkeit zur natürlichen Einfalt und Gutherzigkeit läutern lasse, führte Hensler dabei freilich über die Grenze rasch hinaus, an der Kasperl dann durch jede andere Figur und durch jeden anderen Schauspieler ersetzt werden konnte. Die erhaltenen Lustspiele geben für die Charakteristik der Figur nichts her. Wie Rommel haben auch wir darum auf den Wiederabdruck von Stücken wie »Kasperl, der militärische Besenbinder« (1787) oder »Kasperl, der Schornsteinfeger« (1789) verzichtet.

Die Erlösung des Kasperl Larifari aus dem Joch einer widersinnigen Alltäglichkeit, die seinen Koboldanlagen und der Phantastik seines Spiels zutiefst fremd war, ergab sich durch einen nicht erwartbaren Umschwung der öffentlichen Meinung, auch und vor allem bei den Kunstrichtern, der nach 1785 einsetzte und die ästhetische Prämisse aller Aufklärungsästheten in Frage stellte, daß alle Kunst nämlich auf Wahrscheinlichkeit und auf Nützlichkeit hin auszurichten sei. Lange schon spielerisch angegriffen, unterliegt das eherne Gesetz, in dessen Namen gegen Hanswurst wie gegen Kasperl ehedem gefochten wurde, fast unmerklich der neuaufflammenden Vorliebe für das Märchen und überhaupt für das Wunderbare auf dem Theater. Die Phantasie, zunächst nur als Schwester des Verstandes angerufen, gab rasch ihrem Bruder das Nachsehen. Die vorromantischen Verserzählungen und Epen Christoph Martin Wielands und die »Volksmärchen der Deutschen« von Johann Carl August Musäus (1782-1786) fanden in Wien jetzt eine uneingeschränkte Zustimmung, wurden eifriger nachgedruckt und nachgeahmt als irgendwo sonst in Deutschland. Wien bildet eine bis ins 19. Jahrhundert reichende Wieland-Schule aus, zu der es kein Pendant in der Zeit gibt. Hier lagen ganz neue, in der Maschinenkomödie und in der Bernardoniade aber vorgebildete Möglichkeiten für das Wiener Vorstadttheater: die Erschließung der Komödie für die Märchenwunder einer halb wienerischen, halb orientalischen Feenwelt, in der das Fabelwesen und die Wiener Alltäglichkeit in ein Verhältnis wechselseitiger ironischer Spiegelung treten, und die Flucht in eine dem Märchen zugängliche Vergangenheit. Beide Wege scheint Hensler als erster gegangen zu sein, auf beiden ist ihm La Roche mit unterschiedlichem Erfolg nachgegangen. Schon 1785 brachte Hensler ältere Maschinenkomödien als Feenmärchen wieder auf den Spielplan (»Philibert und Kaspar im Reiche der Phantasey«) und gab seiner eigenen, ein wenig nüchternen Einbildungskraft die Sporen. Freilich war es ihm nicht selber gegönnt, hier die großen Triumphe zu feiern, sondern dem Wiener Joachim Perinet

(1765-1818) und dem großen Impresario Emanuel Schikaneder (1751-1812), die beide ihre Märchenwunder nicht allein an die Flugmaschinen, sondern auch an das vorwaltende musikalische Element der Bernardon-Stücke knüpften. Beide nehmen unbewußt eine wichtige Einsicht der Romantiker vorweg, daß nämlich das Wunderbare nur in der Musik als freiester Sprache der Dichtung seinen höchsten und einzig gemäßen Ausdruck finde. Die Überhöhung der Komödie zum Singspiel und zur bedeutsamen Märchenoper hebt das einstige Maschinenstück in den Bereich der romantischen Poesie. Wir alle kennen das *eine* Meisterwerk unter den durchweg bezaubernden »Operetten« der Zeit um 1790: Schikaneders und Mozarts »Zauberflöte« von 1791. In ihr war der Versuch gewagt, aus volkstümlich und schlicht gehaltenem Märchen, freimaurerischer Allegorie, einer zugleich schlichten und geheimnisvoll-tiefgründender Musik und einer über alle Erwartung großartigen Dekoration das Wunder wirklich zu machen, das Märchen greifbar vor die Sinne und die Phantasie zu rücken. Die Oper stand dabei in Konkurrenz zu einem ihr nur kurz vorausgehenden Kasperlstück Joachim Perinets, dem hier abgedruckten »Kaspar, der Fagottist« (aufgeführt am 8. Juni 1791 auf dem Leopoldstädter Theater). Gemeinsame Quelle war das Märchen: »Lulu oder die Zauberflöte« aus der von Wieland herausgegebenen Sammlung: »Dschinnistan oder auserlesene Feen- und Geistermärchen« (1786 ff.). Die verwirrende Vielfalt der magischen Gerätschaften, Entrückungen und Verzauberungen hat Perinet beibehalten, ja, durch die Beifügung der Kasperl-Handlung noch vervielfacht. Statt vielschichtiger Symbolisierung über einem ganz einfachen Grundriß wie bei Mozart, liebte Perinet das heitere Durcheinander immer neuer Überraschungen, dem die Musik des einfallsreichen und anpassungsfähigen Wenzel Müller (1767-1835) Konsistenz und den Zauber der Unwirklichkeit verlieh. Der Grazie dieser Singspiel-Kasperliaden – auch hier gibt der gedruckte Text nur eine Ahnung der geplanten und erreichten Wirkung! – ist auch die Figur des Kasperl angepaßt. Seine Kindlichkeit wird jetzt zum dominierenden Zug seines Charakters. Ihm bleiben noch alle elementaren Empfindungen der Angst und des Übermuts, aber unter Ausschaltung aller Relikte des Grobianischen. Kasperl wird zu einem wienernden *putto,* zu einem falsch gewachsenen Rokoko-Genius. »Kasper, der Fagottist« war beinahe so erfolgreich wie die »Zauberflöte«. Das Stück steht am Anfang einer langen Reihe von Singspielen, deren keines ihr Vorbild übertroffen hätte.

Seine Apothese aber erfuhr Kasperl in den romantisch-komischen Volksmärchen, mit denen Hensler den ihm gemäßen Zugang zum Wunderbaren fand. Vorbereitet durch eine lange Reihe erfolgreicher Bearbeitungen ritterlich-gespenstischer Abenteuerromane aus dem Pseudo-Mittelalter (»Das Petermännchen«, zwei Teile 1794, »Der Alte Überall und Nirgends«, zwei Teile 1795, nach Christian Heinrich Spieß oder »Das Faustrecht in Thüringen«, drei Teile 1796 f. nach Karl Gottlob Cramer), brachte er 1798 mit dem »Donauweibchen« die erste und erfolgreichste seiner Sagen aus der Vorzeit auf die Bühne. Musäus' Erfindung, die freischwebenden Märchenmotive jeweils als Ortssage einer bestimmten Gegend zuzuweisen und ihnen dadurch eine authentische Patina zu verleihen, machte sich Hensler für sein Theater zunutze: das »Einwienern« gehörte ohnehin zu den Voraussetzungen des Kasperltheaters. Nun konnte er die Anverwandlung aus der Travestie erlösen und ihr eine neue, eine poetische Qualität zudiktieren. Keine Lokalsage erzählt die Geschichte vom Donauweibchen, die so in sich stimmend erfunden ist, als greife sie mit der Selbstverständlichkeit des großen Romantikers auf Volkstraditionen zurück. Es ist wie ein Vorklang von Fouqués »Undine«, aber dichter in der Atmosphäre der Sage und näher am Lokalen. Ludwig Tieck hat das Märchen als eines der Grundbücher romantischer Dichtung geschätzt und selbst eine Umarbeitung versucht, viele der anderen Romantiker haben diese Bewunderung mit ihm geteilt. Auch Hensler bezieht die Musik in seine Wirkungsabsichten mit ein: Ferdinand Kauer, der zweite Kapellmeister am Leopoldstädter Theater, schrieb die Musik, deren Nachhall bis in die romantischen Opern E. T. A. Hoffmanns und Carl Maria von Webers hinein auszumachen ist. Aber bei ihm ist die Musik strenger der Sphäre des Wunderbaren zugeteilt, an der Kasperl als Knappe keinen starken Anteil hat. Im Spiel von Illusion und Desillusion, von Waldweben und lärmender Ritter-Kumpanei hat La Roche hier endlich die Freistatt für seine angeborene und in langen Jahren ausgefeilte Komik gefunden. Aus der Gegenwart ist er in eine sagenhafte Vorzeit entwischt, in der seine archaischen Pritschen-Späße und seine Kapriolen ganz natürlich zu seiner Umwelt stimmen, in der keine Improvisation ihn aus dem Gang der Handlung werfen kann. »Das Donauweibchen« ist Henslers und La Roches poetisches Vermächtnis. Hier hat sich, wenige Jahre vor seinem Tod, vor seinem beglückten Publikum Kasperl Larifari wieder auf den Thron des Wiener Theaters gesetzt. Aber sein angstschlotternder Knappe als Lieblingsrolle seiner alten Tage ist nicht mehr bloß der barocke Komödiant, er ist selber ein Stück romantischer Dichtung geworden.

Mit La Roches Tod 1810 ist die Barocktradition in unmittelbarer Linie erloschen. Ferdinand Raimund wird sie in gewandelter Gestalt wieder aufnehmen. Der Kasperl Larifari war damals bereits zum Inbegriff des Kindertheaters geworden. In zahllosen Marionetten hatte sich sein Bild über ganz Deutschland verbreitet, fast ehe er selbst von der Bühne abgetreten war. Heute gibt es nur noch *ein* lebendiges Kasperle: den ins Narrenkleid gehüllten Knappen und Hofmeister, der bei den Ritterspielen im bayerischen Kiefersfelden den frommen Ritterlegenden das Leben gegen die Konkurrenz des Fernsehens zu erhalten versucht. Aber: wer ihn noch sehen will, muß sich sputen.

Abb. 1: Hans-Wurst, Kolorierter Kupferstich um 1720.

TRIUMPH
RÖMISCHER TUGENDT
UND TAPFERKEIT
ODER
GORDIANUS
der Grosse
Mit Hanß Wurst

den lächerlichen Liebes-Ambaßadeur,
curieusen Befelchshaber, vermeinten Todten,
ungeschickten Mörder, gezwungenen Spion etc.
und waß noch mehr die Comoedie selbsten
erkhlaren wirdt.

Actores.

Gordianus *Römischer Kayser, Liebhaber der*
Sabina, *alß seine gewidmete Brauth, unter den Nahmen* **Drusilla,** *eine Tochter des*
Mysitheus *erkhlärter Beschützer der Gemeinde, und Vatter der Römischen Fürsten.*
Virginea *eine Tochter des Kaysers* **Pupienus,** *zuvermeinte Brauth des*
Octavius, *Vorsteher des Römischen Kriegesvolcks.*
Hw *ein lustiger Diener des Mysitheus.*
Blesa *eine Bediente der Virginea, verliebt in Hw.*
Riepl *ein Fischer, mit sein Comoraden.*

Persische.

Sapor *König von Persien.*
Oronta *seine Tochter, eine tapfere* **Amazonin,** *verliebt in*
Megabißes, *ein Persischer Fürst, und Feldtherr der Volcker.*
Feraspes *Obrister, heimlich in Oronta verliebt.*
Römische
Persische *Soldaten*

Actus Primus.

Scena 1 ma.

Der Schau-Platz ist ein Thron in offenen Feldt, auf welchen drey Sitze: ein Kayserlicher in der Mitte, und zwey andere minderprächtige, in niderer Stellung zu den Seiten gesehen werden, und von fehrne die Mauern und ein Thor der Stadt Babilon.

Gordianus, Octavius, Mysitheus, Sapor *gefeslet, und Soldaten. (Trompeten und Pauken.)*

Gordianus Daß Sternen Heer, der Himmel selbst, ô Römer, für Euch kämpfet.
Der Feinde Muth und ihre Wuth hat Euer Faust gedämpfet,
Kein stoltzer Goth noch Perser auch wird sich nunmehro zeigen,
Sarmatien selbst, ia alle Macht mus Knie vor Unß beugen.
Die weite Welt weiß allzu viel waß sey der Römer Lust,
Da weder Pfeil, noch Schwerdt und Lantz acht dero Heldenbrust.

Alle Lang lebe der unüberwindlichste Kayser Gordianus!

Gordianus Und ihr lebet mit mir, geliebte Römer. Alles ist überwunden, einzig und allein ist noch übrig zu bezwingen daß stoltze Parther Reich, alß die lezte Flamm der Aufruhrs Brunst. Aber noch heute wollen wir die Römische Fahnen in den Windt spillen laßen, wir selbsten wollen die Obsichten und die Gefahr des Blutigen Martis auf Unß nehmen, Euch aber, ihr Helden des Tyber-Strohms, derer Tapferkeit Unß die Lorber anbauet, sollen die Beuthen zukommen.

Octavius Allergnädigster Herr, unüberwindlichster Kayser, allzusehr sorgen Euer May. für die Wohlfarth ihrer untergebenen Römer; auch mir laßen Sie Antheil dieser Sorge, damit ich nicht den Nahmen eines trägen Feldherrn bey dem Volck erwerbe.

Gordianus Wir billichen dein Verlangen, aber laße zu,

weillen ich daß Haubt, daß ich auch ein Atlas sey, welcher für Euch alle den Last auf seinen Schultern trägt.

Mysitheus Allzugroß, mein Kayser, ist Dein Eyffer.

Sapor (Und für mich allzugrausam!)

Gordianus Der Eiffer eines Regenten kan sich niemahlens zu viel überschwemen.

Octavius Eß soll Euer May. auch diesen Ruhm niemandt strittig machen, denn wem ist nicht bewust, daß dieses der Spiegl aller Volkomenheit.

Mysitheus Du erquickest mein abgemattes Alter; du und daß gantze Volck haben mich zu einen Vorsteher von Rom gemacht; nachdem ich nun einen so tugendhafften alß tapfern Regenten ersehe, wollen sich gleichsam meine Geister vor Freuden verlihren. – Alles Volck ruffe mit mir,

Es bhlüe dieser Edle Zweig
Bis in die spatte Jahr!

Alle Eß blühe dieser Edle Zweig
Bis in die spatte Jahr!

Der besiegte und gefesselte Perserkönig Sapor muß nun zähneknirschend mit ansehen, wie der ihm treu ergebene Fürst Megabißes, der Verlobte seiner Tochter Oronta, ein Attentat auf Gordianus unternimmt und dabei scheitert. Die Großmut des römischen Kaisers schenkt dem Megabißes das Leben. Aber damit nicht genug: er gewinnt auch den geschlagenen Perserkönig zum Freund, indem er ihn seiner Fesseln entledigt und ihn wieder in seine Herrschaft einsetzt.

Scena 3.

Hw *zu Vorigen.*

Komet in einen artigen Auffzug per Stiffl und Sporn, eine changoran Peitschen habendt und darmit schlagendt. Saget, sie sollen einen Liebes Ambasadeur Blatz machen; ersihet den Mysitheus, lauffet zu ihm und fallet ihm umb den Halß. – Dieser lazzo kan öffter gemacht werden. – Fragt, welches der Kayser. – Es wird ihm gedeutet, und nachdem er narrische Complimenten gemacht, saget er, daß die Sabina, – saget es nicht auf, Mysitheus zupfet ihm, er solle nicht sagen Sabina sondern Drusilla, der Virginea Schwester seye sie, und daß Sabina grank zurück nach Rom. Hw aber will sich nicht halten lassen und gehet zu den Kayser, macht seine lazzi mit ihm nach Belieben, und will immer sagen, daß Sabina, seine Brauth, ankommen, wo Mysitheus ihm bald drohet, bald zupfet, baldt Geldt zeichet, bis endlich Hw sagt, daß sie erkrank nacher Rom zurück sey etc. Nachdem gehet er zu Octavius und verlanget auf eine artige manier ein Trinkgeldt. Extemporirn pro libitu, bis Octavius mit Hw abgehet, welchem aber der Kayser befillet anstatt seiner die Fürstinen zu empfahen. (Ab.)

Mysitheus hat dem Kaiser seine Tochter Sabina als Gemahlin versprochen, ohne daß Gordianus das Mädchen bisher gesehen hat. Um seine Liebe auf die Probe zu stellen, läßt Mysitheus dem Kaiser mitteilen, Sabina sei auf der Reise krank geworden und nach Rom zurückgekehrt. Die schöne Virginea, die Tochter des verstorbenen Kaisers Pupienus, sei statt dessen in Begleitung ihrer Schwester Drusilla nach Persien gekommen, um dort mit dem Feldherrn Octavius vermählt zu werden. Zu spät bereut Mysitheus seinen Plan. Die Mißverständnisse und Mißgeschicke nehmen ihren Lauf.

Scena 4.

Feraspes *mit Persischen Soldaten.*
Daß Theatrum praesentirt ein Waldt mit Balm und Lorber Baumen, auf der Seiten eine Gezelte. Von fehrne der Flus Euphrat mit einer Brücke, welche gemacht sein mus zum niedersincken, oder zum zerfahlen.

Feraspes Weil daß Glück sich stets verwendet, und nunmehr zu Rom gekehrt,
Hat mein kluger Witz und Sinn mich sondre List gelehrt,
Die weder Asien noch unser Krieges Macht
Bey solcher Bschaffenheit iemahlen hätt erdacht.
Ich hab die Stützen der Brücke schon dergestalt ge-

schwäget, daß der Kayser, der sonsten seinen Krieches Heer voran zu gehen pfleget, dieselbe kaum betrettend hinunter stürtzen wird. Zwischen jenen Waßerwöllen wird er seinen Durst nach den Königreichen recht löschen; wahrhafftig ein grosßes Unterfangen, welches daß Unrecht von Aßien rächen soll, und noch ein weith grösßeres, wann ich dadurch in den Hertzen der Oronta meinen Mitbuhler vorgezogen werde. Aber waß sehe ich allhier vor ein prächtiges Gezelt eines vornehmen Römers aufgeschlagen? aber ô Himmel! waß für Schönheiten komen heraußß. Zu allen Glück bin ich allhier. *Stellet sich beyseits.*

Scena 5.

Sabina, Virginea, Blesa *aus dem Gezelt.*

Virginea Groß ist die Liebesgewalt, nachdem sie weder nach Ruhe, noch nach Bequemlichkeit fraget. Doch verkehret sie jenen Hertzen, die beständig, daß Ungemach in Freuden. – Aber sage mir, geliebte Sabina, zu waß Ende mustu dich Drusilla, meine Schwester, nehnen, so dich deine Würdigkeit zu den Brauthbethe und Thron des jungen Kaysers beruffet?

Blesa Ist dann dieses fragenswerth? Die Weibßbilder, so lang sie jung, spreitzen sich ärger alß ein Katz in Zecker, wann sie aber etwas alt, nehmen sie auch mit einen schmutzigen Koch, oder – aber halt ein, hätte bald gesagt groben Hausknecht – verlieb. Also glaubt mein Fraulein auch ihren Schatz ein wenig bey der Nase zu zihen.

Sabina Hastu nun ausgeredet?

Blesa Noch nicht gar; ô ich wollte aus der Erfahrnheit wohl noch mehrer reden, und dieses nur darum, weillen ihr junge Dinger uns mit nichtes zu benambsen wist, als du alter Flederwisch, du alte Kuplerin; ô wie froh ist mancher, der ein altes Müterl bekombt, die ihm ein Junge zuführet.

Sabina Schweige, und sofehrn du noch ein Wortt redest, solst wieder nacher Rom.

Blesa Nur dieses nicht, denn waß wurde mein allerschönste Wurst dazu sagen.

Sabina So stelle dich dan zur Seite, und rede nicht ehe, alß du gefraget wirst. *Blesa stellet sich in eine artige Positur auf die Seiten.* Euch aber, geliebte Virginea, zu andwortten, sage ich, daß dieses nur mein Erzeuger gebiethet; er ist vernünfftig, und seine Befehle zu vollzihen bin ich schuldig, und will mir nicht zustehen, seine Gedanken zu erforschen.

Virginea Aber ist daß weißlich, daß so vornehme Fürstinen so unkundige Strassen feindlichen Lands alleine reisen und daß ihnen zugegebene Kriegsgeleit vor der Zeit zurucksenden?

Sabina Villeicht wurde dieses hochwüchtige Geheimnus, wann es mehrere wissendt, nicht recht sicher sein.

Feraspes (Ich kann ihre Reden nicht wohl verstehen, doch genuch, daß mich ihre Schönheiten entzücket; noch eine kurtze Zeit will ich ihren Gespräch den Lauff lassen, aber bald sollen sie nach meinen Willen leben.)

Virginea Eß werden ia zweifflsohne andere anlangen, unß einen sigeren Weeg zu bahnen?

Sabina Entschlage alle Furcht, gantz Persien hat seinen wiederspenstigen Nacken unter das römische Joch gebogen; vor Zeiten ware es nur eine Feindin, nun aber ists gar ein Dienstmagdt des Tibers worden.

Blesa (Die Zeit wird mir schon zu lang.) Wie ist es, werd ich nicht bald reden derffen?

Sabina Bis ich dirs erlauben werde.

Blesa Daß ist mir ohnmöglich, ehender kan man Flehe in der Finster absuchen, als ein altes Weib schweigend machen.

Sabina Schweige, ich gebiethe es dir!

Blesa Mit manier ersucht, so kan ich schon schweigen.

Feraspes (Ihre Reden sind seltsam, und diese Hesliche scheinet zu schertzen; aber gedulte nur, er soll dir schon vergehen.)

Virginea Ô daß wir doch bald unserer Geliebeten beglückseeliget wurden! Octavius wird mit Schmerzen mich, und dich der Kayser erwartten.

Blesa Und mich der Hw, der schönste aller schönen.

Feraspes (Waß vernehme ich, ist diese des Feldherrn und jene des Kaysers Brauth? ô Glück, wie günstig bistu mir!)

Sabina Komme Freundin, lasße unß eillen unsere Geliebte zu umfahen.

Virginea Ich bin es zufriden.

Blesa Und ich lauff auch mit. *Wollen abgehen.*

Feraspes (Nun ist es Zeit, fasße Muth mein Hertz.) *Stellet sich vor.* Haltet ihnen, ihr Schönheiten, gebet Euch gefangen.

Sabina Unbarmherziges Geschick!

Virginea Strenges Gestirne!

Blesa (Au we, wie wird meine Schönheit durchmustert werden!) Ihr Kerl, ich sage Euch, laßßet mich und meine Freulein mit Ruhe, oder ich will Euch ein Donnerwetter in Leib machen, daß Euch der Blitz in die Hossen soll schlagen.

Feraspes Halte daß Maul, du umbgekehrter Stifflpalck, umb deine Schönheit wird sich keiner reißen. Ihr Soldaten führet sie in jenes Schlos, so nächst den Euphrat liget.

Sabina Unverschämbter, handlet man also mit Fürstinen?

Feraspes Zürnet nicht, es ist vergebens; zur Gnade solt ihr nicht mit Fesel beleget werden, sondern Euren Geschick selbst nachgehen.

Blesa Ihr müst zimlich hungrig sein, weillen ihr so eillet, gewißlich mag Euch keine haben, weil ihr mit Gewalt Euch einige zuzueignen suchet, aber *hebt den Kittl auf* so viel gehört vor solche Bernheuter.

Feraspes Schweige, oder ich laß dich statt eines Beeren hätzen. *Reden so viel beliebt.*

Als Amazone gerüstet, kommt hier Oronta den beiden römischen Damen zu Hilfe und gebietet dem Obristen Feraspes, sie sofort freizulassen. Dieser ist heimlich in Oronta verliebt und nutzt die Gelegenheit, seinen Nebenbuhler Megabißes zu verleumden: die Entführung der Römerinnen sei in seinem Auftrag erfolgt. Oronta will Megabißes nicht wieder sehen, Virginea verspricht ihre Mithilfe bei der Rache an dem Meineidigen.

Scena 7.

Octavius *welcher die Umbarmung sihet, und* **Hw** *von fehrne.*

Octavius (Waß sehe ich? da ich komme meine Brauth zu bewillkommen, finde ich sie in den Armen eines anderen? Boßhaffter, dis soll dir dein Leben kosten!)

Hw (Jezt wischet Euch nur daß Maul ab, die Mahlzeit ist gewis schon vorbey. Da sihet man die Beständigkeit der Weibsbilder!)

Oronta Dein Edlmütiges Hertz, Geliebte, hat mich gantz bestricket.

Octavius (Geliebte! ô verfluchter Meineidt!)

Oronta Nun verändert wegen deiner der unterdruckte Königssitz, von dem ich beschimpfter entflohe, vor meinen Augen meine Gestalt.

Hw (Ey es wird sich wohl noch mehr verändert haben. Herr Octavius ihr müst ein gutten Magen haben, weil ihr solche Brocken verdauen könt.)

Virginea Versichere dich, daß du iederzeit die allergröste Freude meiner Seelen sein solst.

Octavius (Dieses kan ich nicht mehr erdulten. Hw gehe, ermorde die Boshaffte, ich werde hernach auch den unverschämbten Ritter zu erlegen wissen.)

Hw Ich soll sie ermorden? nein, das laß ich wohl bleiben, thut ihrs, sie hat mir nichts gethan.

Octavius Sofehrne du nicht wilst, soll dieses Schwerdt deinen Hals zerbrechen. *Zihet das Schwerdt.*

Hw Seyd kein Narr, oder ich schreu, daß mich die gantze Stadt hört.

Virginea Lebe wohl, ich verfüge mich in mein Gezelt, und weillen der Friede zwischen Asien und Rom allbereiten solle geschloßen werden, wollen wir in der Liebe kämpfen, umb zu sehen, wer in derselben die Oberhandt erhaltet. *Gehet in das Gezelt mit Blesa.*

Oronta Lebe wohl, geliebtes Hertz. *Last den Helm herabfahlen.*

Octavius (Nun Hw, zeige deine Tapferkeit, dieser Boshaffte soll sterben.)

Hw (Auf meine Tapferkeit habt ihr Euch schon zu verlasßen, aber daß bitte ich mir aus, daß ihr voran stehet.)

Oronta Ich gehe nacher Hoff, meiner beängstigten Seele Ruhe zu schaffen. *Will abgehen.*

Octavius *stehet ihr mit entblösten Gewöhr vor.* Vill eher sollstu in das Grab gehen, Verfluchter.

Hw *machet sich kühn, sagendt: heraus mit dir du Kerl, erschröcke vor meiner verteuffleten gurache etc.*

Oronta (Was will dieses seyn?) Ritter, was bringstu?

Octavius Krig und Todt.

Hw Quarck und Speck.

Oronta Du solst Beedes haben. *Zihet von Leder.* Komme und zeige deine Tapferkeit.

Octavius Bald solstu die Stärcke meines Armes füllen. *Sie streitten, und Hw verbirgt sich hinter Octavius. Es kan Oronta zu Zeiten thun, als wollte sie auf Hw hauen, wo Hw seine lazzi machen wird.*

Oronta Ergibe dich, dann diese Faust ist des Sieges schon gewohnt. *Sie fechten bis hinein. Hw bleibt und saget, es seye viel besßer weit davon, er möchte einen unverhofften Stos thun, und ein Log bekommen in Saecula Saeculorum, und dazu möchte ihm hernach der Lederer die Hand nicht abkauffen etc.*

Scena 8.

Gordianus *mit seinen Soldaten. Gehet voran über die Brukken, welche hernach zerbricht.*

Hw Potz 1000 da gehet der Kayser, und wann nur ietzt der Ritter da were, zu einen Dreckl solt er zusam gehauet werden.

Gordianus Großer Euphrat, der du flisßest und die Lorber meines Haubts stets erfrischest, trage Mitleiden mit einen Verliebten, der zwar gehet einige Schönheiten zu empfangen, aber zu seinen Schmertz der Seinigen verlustiget sein mus. – Aber wie, ô Himmel! die Brucken sencket sich, helffet! ô Himmel, ist niemandt vorhanden?

Hw Auwe, der Kayser ligt in Wasser, gutt daß er nicht vil nas wird auf den Bredern. Ho helfft, ist niemandt da? wart ich will hineinspringen, aber las bleiben, es ist doch nur Narheit. *Thut offt, als wolt er hineinspringen.*

Octavius *Wieder heraus, streittedt mit Oronta.* Du solst sterben!

Oronta Und du mit mir.

Hw H. Octavius! geschwindt, die Brucken ist eingefahlen und der Kayser ist ins Waßer gefallen. etc.

Gordianus *Zwischen der Scen.* Ach helffet, helffet!

Octavius Wehe, ich höre ihm noch ruffen, ich eille ihm zu helffen, komb Hw, spring mit mir hinein. *Hw weigert sich, wird aber mit Gewalt von Octavio hineingezogen, und haben ihren lazzo. Springt ins Waßer.*

Solchermaßen an ihrem Duell gehindert, schneidet Oronta ihre Herausforderung an Octavius in die Rinde eines Baumes. Da kommt Megabißes und wirft sich ihr zu Füßen. Sie heißt ihn einen Unwürdigen, der ihr Herz nicht länger besitzen dürfe. Auf seine verwirrte Frage, wann er sie je beleidigt habe, erwidert sie: »Frage nur dein Gewissen und die schönen Römerinnen«. Megabißes bleibt ratlos und verzweifelt zurück, da sieht er die Herausforderung und beschließt, an ihrer Statt mit dem römischen Ritter zu fechten. Inzwischen finden sich der gerettete Kaiser und die beiden Damen wieder ein: Octavius flieht seine vermeintlich treulose Frau, die nun ihrerseits an Verrat glauben muß, und Gordianus leidet Qualen, weil er sich durch sein Wort an Sabina gebunden weiß, aber zugleich seine zärtlichen Gesinnungen für Drusilla entdecken muß. Sabina (Drusilla) stellt ihn durch einen Brief auf die Probe, in welchem Sabina ihre Rechte an Drusilla abtritt. Zu ihrer Freude bleibt der tugendhafte Gordianus standhaft.

Scena 11.

Hw *mit* **Riepl** *mit etlichen Fischern.*
Extemporirn wegen der Erhaltung des Lebens. Hw bedancket sich, daß er ihm herausgefischet. Riepl aber will nicht zufriden sein, gibet vor, daß er ihm sein gantzes Netz zerrissen, welches

er ihm gutt machen soll; Hw protestirt, sagend, daß er ihm nichts schuldig; wer ihms geschafft, daß er ihm fangen soll, es wurde schon Neptunus ihme wieder heraus geholffen haben; Riepl will per forche bezalt sein; fangen an zu streitten, wo Hw eine lächerliche Positur stellet und vor Tapferkeit weinet, sagendt, er solte nur ietzo bald gehen, dann der Gifft ihme schon durch die Augen herausfliesße. Riepl will sich dawider stehlen, und da sie auf daß schlagen komen, kommet entzwischen:

Sapor überrascht Oronta bei den Zurüstungen zu ihrem Duell mit Octavius. Bei seinem königlichen Zorn untersagt er den Zweikampf. Feraspes naht sich und berichtet von seinem fehlgeschlagenen Attentat gegen den römischen Kaiser. Der ergrimmte Großkönig läßt den Obristen als Verräter festnehmen, der vergebens seine patriotischen Absichten bekundet.

Scena 15.

Mysitheus, Hw *und* **Römische Soldaten.**

Mysitheus Ist dies der Thäter der entsezlichen Entheiligung? der Frevler aus Persien?

Hw Ja, ia, daß ist daß saubre Birschl, daß mich, den Octavius und den Kayser hat wollen mit Waßer ersättigen. Warte nur, es sollen dir so grosße Tropfen auf deinen Buckl fahlen, daß der die Hitz hinten aufgehen soll.

Feraspes Ich verhoffe, daß ihr als meine Feinde, wofehrne nicht gelindere, iedoch gerechtere Richter als mein eigner König sein werdet. Ich weis, das die Rechtfertigkeit der Römer die Beweißthümer einer grosßen Treu belohnet.

Mysitheus Ja, ia, aber sie straffet auch ab die Laster eines abscheulichen Betrugs.

Hw Du kanst nur Gnad von mir erwartten; warte Kerl, ich will dich zwiffln, daß dir die Augen übergehen sollen; solstu ein so armes Wäsl, und den letzten Stammen eines so hohen Sauschneidergeschlecht mit Waßer außzutränkken suchen? ô, daß kan nicht anders als mit einer geknoperten Briglschupen abgeschwälet werden.

Sapor Wehrtgeschätzter Freundt Mysitheus, ich überlaße

ihm Euerer Rache, verfahret mit ihm nach Belieben, denn Euch hat er beleidiget. Du aber Hw empfahe die versprochene 3 Beutl mit Gold und laß dir angelegen sein, diesen Verräther auf das ärgeste zu tractirn. *Ab.*

Hw Ich bedancke mich, ietzt will ich so lang Wein sauffen, bis daß Waßer alles heraus. Du aber, du Hunds etc. solst erwartten, wie ich dir einschenken werde.

Feraspes Du Hundt, hätt ich dich in meiner Gewalt, ich wolt dich mit meinen Zähnen zerreisßen.

Hw Und da ich dich in meiner Gewalt, so will ich dir aufs Maul scheisßen.

Feraspes Grosßer Mysitheus, betrachtet doch, daß in einen schlauen Obristen die Listen eine Tugendt seyndt.

Mysitheus Aber nicht die Nachstellungen in Frieden.

Hw Bey mir wirds auch eine Tugendt heisßen, wann ich dich in Bock spannen werde, und etliche 100 Brigl auf den Buckl werde geben.

Feraspes Ô, diese Nahmen unterscheidet daß blose Glück: Jenes, was in den Beglickten eine Tugendt, wird bei den Unglückseelichen ein Laster geheisßen. Villeicht wurde dir jenes wieder den Sapor für eine Tapferkeit ausgerechnet, was mir wieder den Kayser ein Verbrechen ist.

Mysitheus Du irrest, Verräther, so du dein Hertz nach den meinigen abmesßest: ein Römisches Gemüth erwirbet redlich, aber stillet nicht gleich wie du die Siege.

Feraspes So erhalte mir durch eben diesen hohen Geist Verzeihung.

Mysitheus Hastu kein Hertz den Todt auszustehen, der du Hertz genuch gehabt, ein solches Laster zu begehen? ô fürwahr eine grosße Tapferkeit! Hw, führet ihm vor den Kayser; alßdann sollstu entweder gleich deine Straffe empfahen, oder in einen finsteren Kercker anfangen in deinen Entsetzungen zu sterben. *Ab.*

Feraspes Strenge Liebe, böses Gelück, grausame Götter!

Hw *hat seine lazzo mit abführen, welchen Feraspe nicht gehorchen will. Hw schlägt ihm, und er wiederstrebet; endlich gibet er sich gantz gedult darein und bittet Hw mit Weinen pro forma, er solle ihm nicht so böslich thun. Hw will sich nicht erweichen lassen. Feraspe saget, er wolle ihm* *einen Schatz offenbahren von vil 1000 Millionen, er solle nur nicht so hard mit ihm verfahren. Hw fangt an zu weinen, sagendt, dieses bewege ihm seine zarte Thränen zu vergisßen. Fraget wo er sey. Feraspe saget, neben den allergrosten Ceder Baum, er solle nur darnach suchen. Hw wird mit ihm vertraulich, und Feraspe, seinen Vortheil ersehendt, nimbt Hw bey dem Halß, als wolte er ihm erwirgen; die Soldaten stellen sich, als wolten sie ihm abreisßen, er aber achtet es nicht. Lasßet endlich Hw niederfahlen, und gehet ab mit Soldaten. (Hw bleibet als todt ligen.)*

Scena 16.

Blesa

Saget, daß sie ihren Schatz, den Hw, allenthalben suche und nicht finden könte. Ersihet ihm und glaubet ihm todt. Lauffet hinzu und fanget an zu schreien und weinen, ihm aufweckendt. Hw ermuntert sich, sagendt, last die Todten ruhn. Blesa saget, er seye nicht todt, er solle aufstehen. Hw saget, wer seine Seel ihme wieder hinten eingeblasen. Blesa saget, sein auserwählter Schatz. Hw springet gäh auf, sagendt: ist mein Schatz schon da? Blesa sagt: ia hier bin ich. Hw fallet wieder nieder sagendt, auwe, ietzt bin ich wieder todt, weil ich vor deiner verteuffleten Schönheit so geschrecket werde. Blesa sagt, was dieses sein soll, ob er sie verachte? Hw sagt, daß wann einer nicht sterben köne, so soll man ihm nur ein so altes Rabenas zu heurathen zwingen, er wird ehe zu sterben verlangen, als sie heurathen. Blesa erzühret und machet ihm auf. Hw kehret sich umb, einen Brumer schlagen lasßendt: ach nun hörstu selbsten, wie mein auffahrender Geist turnirt, er hat dir stat meiner geandworttet. Blesa sagt, er solle gedulten, sie wolle ihm wieder Andwortt geben. Fanget an ihm mit einen [unleserlich] zu schlagen. Hw springet auf, sagendt, weil du die Geister wieder in Leib gebracht, hab ich Kräffte genuch dich altes Luder zu bemeistern. Briglet sie wacker ab, und wird diesen Act ein Ende gemacht.

Actus 2 dus.

Scena 1 ma.

Daß Theatrum praesentirt Königl. Zimmer, darinnen 2 Tischlein; auf einen ligt die Kleidung der Oronta, auf den andern daß Armbrust, Schildt, Helm und Degen des Octavius.

Virginea, Sabina, Oronta *welche erst ferttig wird mit des Octavius Waffen anzulegen, wozu alle helffen.* **Blesa.**

Virginea Warumb ist nicht auch mir Handt und Hertz zum Waffen [führen] gegeben worden! nun solte es mir eben recht seyn entweder zu sterben, oder meiner ergrimbten Seele Rach zu verschaffen.

Blesa Ô mein marzebanernes Fräulein, erzürnet Euch nur nicht, es möchte sonst der Zorn in die Glieder schlagen, und darauß eine lebendige Liebe werden, dann daß gemeine Sprichwortt lautet, Liebe mus gezancket sein.

Oronta *ist indeßen völlig bewaffnet.* Freundinnen, ich bin euch höchst verbunden, durch Euer Zuthun werde ich denen Persern unbekant die vätterliche Obsicht und den Fleis derer, die meine Schritte beobachten, hintergehen. Ich verhoffe mich dieser Römischen Waffen, so mir genuch bekant, nicht unwürdig zu zeigen.

Virginea Durch dich allein werden sie jenen Ruhm, welchen ein meineidiger Ritter durch seine Untreu verschwärzet hat, wieder erlangen.

Blesa Habt nur acht, daß Euch daß Hertz nicht in die Hosßen fält; wann ihr endlich zwey, wie maniche, hättet, so war es sach, daß ihr es wenig achtetet.

Sabina Schweige Narrin, allzeit komestu mit deinen unnitzen Redensarthen. Geliebte Freundin Oronta, es erfreuet mich Euer Heldenmuth; diese Kleider zu bekomen ware ein leichtes, indeme sie des Octavii, und eben da er den Kayser nach dem Tempel begleitete, ich sie durch Blesa wegtragen lasßen; damit ihr aber unerkannt verbleibet, so will ich diese weibliche Kleidung mit mir nehmen. Du Blesa nehme sie und folge mir. *Ab mit Blesa.*

Mit Hilfe Virgineas rüstet sich Oronta mit den Waffen des Octavius, um den Wachen ihres Vaters zu entgehen. Sie verspricht Virginea, in Octavius auch deren Feind zu bezwingen. Vergeblich sucht diese Oronta von ihrem Vorhaben abzubringen und eilt ihr verzweifelt nach. Octavius sieht beide weggehen, er mißdeutet dies erneut als geheimes Einverständnis Virgineas mit dem fremden Krieger. Als daher der Kaiser mit den beiden Damen zu ihm tritt und ihm verkündet, Octavius solle noch heute mit Virginea vermählt werden, schweigt sein Feldherr und erinnert den Kaiser an seinen noch offenen Wunsch: Gordianus möge nunmehr Virginea nach Rom zurückschicken und ihm stattdessen ihre Schwester Drusilla zur Frau geben. Der Kaiser ist tief bestürzt, aber da er an sein Wort gebunden und zur Standhaftigkeit gegenüber Sabina verpflichtet ist, gewährt er die Bitte. Alle bleiben verzweifelt zurück: Der Kaiser, der seine unstatthafte Liebe unterdrücken muß, Sabina (Drusilla), die sich von Octavius' ungebetenem Liebeswerben verfolgt sieht, Octavius, der trotzig sich verstellt um seine Verlobte zu kränken, schließlich Virginea, die sich grundlos verstoßen sieht. Als sie ihn festzuhalten sucht, heißt er sie eine unverschämte Weibsperson:

Virginea Unverschambt Virginea? und einen so harten Streich wiederstehet mein Hertz nicht? und ist es zu diesen blosen Wortt unverschämbt nicht zu Eis gefrohren, nicht zersprungen? athmet auch wohl dieser vergiffte Lufft noch, in welchen dieser abscheuliche Nahmen erschollen? ô verfluchter Böswicht, du hast mich angegriffen, alwo ich am empfindlichsten. Was Wunder ist es, daß mein Hertz nicht in 1000 Stück zerspringet. Aber gedulte, sofehrne der Himmel nicht meine Rach ausübe, will ich alle Furien aus den brinnenden Phlegeton hervor ruffen; diese sollen deine verfluchte und boshaffte Seel also beängstigen, daß du noch wachendt noch schlaffendt eine Ruhe genisßen solst.

Reich Pluto Schwebl, Bech, gib Donner, Blitz und Bley,
Gib alles was die Höll nur nehmet ein Abscheu,
Richtschwerd, Stillet und Dolch und alle Mord gewöhr
Zu meiner Rache mir, kombt, fliehet, eilt daher.

Scena 4.

Hw *eillends heraus.*

Da bin ich, habt ihr mich geruffen?

Sie sihet ihm zornig an ohne waß zu sagen. Hw saget: Potz 1000, sie mus gewis die 4 hölische Richter gefresßen haben, weil sie so ernsthafft außschauet. *Will gehen.* Sie fraget ihm zornig, was er wolle. Hw neiget sich, sagendt: nichtes, er gehe schon etc. Sie: er solle bleiben. Hw: er wolle lieber gehen, dann er wisße wohl, daß ein zorniges Weibsbild ärger als alle Höll Furien. Will wieder gehen. Sie reisßet ihm zurück und fraget, ob er Hertz in Leib hätte. Hw: es wäre ihm zimlich khlein bey ihr worden. Sonst hätte er wohl Hertz, und zwar auf den Brustfleck. Sie reichet ihm einen Dolch, sagendt, er solle sie damit umbringen. Davor wolle sie ihm 1000 Ducaten geben. Hw sagt, wann sie einmahl todt, wie sie ihm dann selbe geben werde? etc. Er wolle es lieber bleiben lasßen, es möchte sonst die Rächnung sambt den Facit an Galgen komen etc. extemporirn so lang, bis sie endlich ihm fraget, ob er umb ein grosßes Geld nicht wolte den Octavius ermorden. Hw will anfangs nicht daran, nachdem sie ihm aber alles gering macht, verspricht ers, aber daß sie ihm nicht verrathe. etc. Könen von dieser Materi extemporirn pro libitu. *Ab.*

Im Garten des Palastes treffen Megabißes und Oronta aufeinander. Ihrer Rüstung wegen hält er sie für den römischen Ritter, sie wiederum mißversteht seine Absichten und glaubt, er fechte aus Liebe zu der Römerin für den feindlichen Ritter. Aufgebracht stürzen beide in den Kampf. Inzwischen klagt Sabina ihrem Vater ihr Leid. Dieser rät ihr, sich Octavius zuzuwenden, da er seinerseits von der Liebe des Kaisers zu Oronta überzeugt ist.

Scena 7.

Gordianus *und* **Hw**, *die vorige nicht sehendt.*

Gordianus *voller Gedancken.* Ihr angenehme Blumen, billich beneide ich euch, da ihr die Liebe der angenehmen Zevir wider genißet, wo hingegen mein Hertz von nichts als Schmertzen weiß. Hw sage mir, weil du mit diesen Schönheiten anhero gekommen, ist diese, so Drusilla sich nennet, nicht Sabina? mein Hertz will mir verneinen, daß sie Drusilla sey.

Mysitheus (Ô Himmel! daß ich doch Gelegenheit hätte den Diener zu ermahnen solches nicht zu offenbahren.)

Sabina (Mir solt er zugleich Schmertzen und Freude bringen.)

Hw saget, daß ers nicht anders wisse, denn sie hätten es also gesagt, und also müsse ers auch glauben.

Gordianus Rede die Wahrheit, du solst deiner Belohnung kein Ende wissen.

Hw Er glaube es: wann kein Anfang, so wird auch kein Ende nicht sein; (â parte) er wisse es wohl, aber er darffe es nicht sagen, (Herr Kayser, ich wills sagen). Gordianus: Ist sie Sabina? Hw: Nein, daß sag ich nicht, ihr habt es gesagt etc. Gordianus: du bist ein Narr. Hw: daß sag ich auch, es ware meine gantze Familie nicht gescheid, und ich bin der älteste nunmehro. etc.

Mysithes (Hastu gehöret sein Seuffzen nach dir?)

Sabina (Ich habe nur gar zu genaue Obsicht gehabt, aber – –)

Mysitheus (Schweige anjetzo, und verstelle dich.) – Gnädigster Herr, eben anjetzo ist eine Botschaft von Rom angelanget, daß meine Tochter verblichen.

Gordianus Unglücksellicher Zufahl!

Hw (Ey wie kan der alte Fuchs nicht lügen! Da stehet seine Tochter, und er sagt, sie sey todt.)

Sabina (Es ist nur allzuwahr, daß sie der Freude abgestorben ist.)

Gordianus Mir ist leid umb dich, daß du dein liebes und einziges Kindt verlohren hast, und ich beweine mich selbsten, dieweillen mir der Weeg gespüret, dich zu belohnen.

Mysitheus Daß Römische Heerr, welches ein würdigen Erben aus deinen Geblüth zum Thron erwartet, verlanget auch ein würdige Kayserin zu dein Ehebeth.

Sabina (Ach mir!)

Gardianus (Was vor ein Müßgunst der Sternen! Nun, da der Todt das Bindnus gelöset, hab ich Drusilla, die ich geliebet, Octavio zu einer Brauth gegeben.) Getreur Mysitheus, weillen all mein Thun und Lassen von deinen Rath hanget, so erwölle du mir eine Kayserin, erwölle sie, und durch dich soll sie mir angenehm seyn.

Sabina *zu Mysitheo.* Nun köntestu wohl – – – –

Mysitheus (Schweige!) *zu Sabina.*

Gordianus Rede doch, dann meine Pflicht soll iederzeit meinen Neigungen vorgehen; du bist verständig und getreu, darumb rede.

Sabina (Ach! daß er doch minder behutsam wäre!)

Mysitheus Ich kann nicht! doch man gehe zu dem Persischen König und begehre Oronta. *Ab.*

Sabina (Grausamer Vatter!)

Gordianus Wie soll ich dis verstehen? Mysitheus, du gehest von hinnen und läst mir schlechten Trost allhier. *Will abgehen.*

Sabina Wie, mein Kayser, erfüllestu dergestalten die letzte Bitte deiner geliebten Sabina?

Hw *welcher gantz in Verzuckung bißhero gestanden, fanget an, er habe mit Verwunderung ihnen zugehört, und der Kayser soll nicht glauben, was gesagt. Sabina drohet ihm. Der Kayser will das Geheimnus wissen, und Hw hat seine lazzo mit lachen und närrischen winken, immerzu sagendt: ich weis. Und da nach langen Fragen er gesagt, daß dis Drusilla sey, geht er ab.*

Sabina Ach, mein Kayser, sihe, sie schwebet als ein trauriger Schatten in mein Angesicht; höre nur was ihr stamlende Zung zu dir redet:

Hab ich deinen Sinn gefahlen,
War auffrecht dein Liebesschertzen,
Warumb thust mit Schimpf bezahlen,
Was noch lebt in meinen Hertzen.

Gordianus (Ich kan vor übermäsiger Liebe meine Sinnen

kaum bezwingen.) Ich habe der geliebten Sabina ihr Begehren dazumahl vollzohen, alß ich mich dir in Ocatavio geschencket.

Sabina Ich verlange aber dich allein, dieweillen ich deine, und nicht des Octavio Tugendt liebe.

Megabißes und Oronta, die ihr Schwert zerbrochen hat, kehren im Kampf wieder zurück und begegnen Octavius. Erste Mißverständnisse klären sich, aber nur um neuen Platz zu machen. So deutet Oronta an, Megabißes habe den Römer um Virginea berauben wollen. Octavius achtet auf ihre Worte nicht, da er zu spät einsieht, daß er Virginea Unrecht getan hat und seine Schuld nun nicht wieder gut machen kann.

Scena 9.

Hw *von hinten mit allerhandt Gewehr, hat ein artiges Solliloquium, auf was Weiß er ihm umbringen will: Nimbt die Pistollen und will schießen, zihet aber zurück, sagendt, er seye feuerschiech etc. Endlich nimbt er ein Schwerd und will hauen, zihet abermahl zurück sagendt, wenn er ihme den Kopf abhaute, würde man ihm vor keinen Mann erkehnen, weil der Mann daß Haubt etc. Ergreifft den Degen und will ihm erstechen; zihet aber wieder zurück und saget, daß ihm dieses ohnmöglich wäre, indeme er kein Bluth sehen köne, und andrerseits könne er die Löcher nicht ausstehen, dann es gebe so stinckende, die manchen den appetit auf etliche Monath verderben. Ergreiffet endlich ein Blaßrohr: dieses, sagt er, wird recht sein, da will ich ihm just auff daß Ruckradt zihlen, und ihm solches obschüßen, da gibts kein Loch, weil der Nagl khlein, und anderten werde er auch nicht sehen derffen, wie er sterbe etc. Will schüßen. Octavius keret sich ungefehr umb und sihet ihm, fragendt, was er wolle. Hw saget khlar heraus, daß er ihm umbringen wolle, er solle sich wieder stellen wie bevor. Octavius hat seine lazzi mit ihm, fraget endlich, wer ihm solches befohlen. Hw sagt: Virginea, und da er solches vernohmen, sagt er, er solle ihm nur ermorden,* *dieweillen ers 1000fach verdienet. Hw sagt, daß er es ohnmöglich mehr thun köne, indeme er gar zu barmhertzig. etc. extemporirn so lang beliebet, und Hw ab.*

Als sich Virginea und Sabina ihm nähern, wirft sich Octavius seiner Geliebten zerknirscht zu Füßen. Nur halb ist diese zur Verzeihung geneigt, da stellt aus gekränkter Eitelkeit Sabina den Ritter, der ihr eben noch feurig den Hof gemacht hatte und sie nun kaltsinnig beiseite schiebt, auf die Probe und gibt sich unvermutet als in ihn verliebt. Dies wiederum hört Gordianus, der sich zu seiner Qual unvermerkt eingefunden hat. Octavius und Sabina sind beide beschämt und verwirrt. Gordianus bleibt allein zurück.

Scena 12.

Mysitheus, Feraspes *gefeslet,* **Hw.**

Hw *zu Feraspes.* Gehe, du barmhertziger Held, oder ich mache dirs wie die Wälische denen Eseln; der Kerl fürchtet sich, als wann es die Warheit, daß er sterben müsße, wo der Narr doch weis, daß es nur Comoediantisch.

Mysitheus Grosßer Kayser, die Angelegenheit des niemahls beständigen Friedens mit Asien will, daß du mit Oronta die Vermählung tröffest.

Gordianus Oronta? ô wehe dieser Streich ertödtet mich fast.

Mysitheus Der Stammen eines so hohen Geblüths und ihre Schönheit ist werth, daß sie dir beygeleget werde.

Feraspes (Ach bitteres Verhängnus!)

Hw Pfui Teuffl, wie seuffzet der Kerl, ich habe eine solche Naßen voll bekomen, daß ich auf etliche Wochen genuch hab.

Gordianus (Ach Drusilla, du allein beschwerest meine Seel, doch bendige deine Begirden Gordianus.) Wer ist dieser in Feslen?

Mysitheus Es ist Feraspes, ein Verräther, welcher dich durch die zerbrochene Brucken zu stürtzen gesucht; Sapor übersendet ihm deiner gerechten Rache.

Hw Und mich hat er zu Todt gedroslet; wartte du Cranalie, iezt solst hencken.

Gordianus Man lasße ihm los.

Mysitheus Wie?

Hw Was? einen solchen Schelmen loslassen? daß wäre wieder alle Juralia.

Gordianus Er soll leben.

Feraspes Erfreulich Geschick!

Hw Herr Kayser, daß Arrestgeld mus er mir bezahlen.

Gordianus Dieses solstu auf deinen Buckl haben.

Hw Maximas gratias, ich will kein Bissen davon. *Schließt ihm auf.*

Gordianus Daß hohe Mitleiden der Ewigen Götter, denen es gefahlen hat mich zu retten, dienet dem meinigen zum Beyspiel.

Mysitheus Dieselben haben in dem Kayser die Tugendt erhalten, du aber erhaltest in dem Böswicht ein Kayser Mordt.

Hw Es ist wahr, einen solchen Schlanckl eine solche Schelmerey so hingehen zu lassen ist keine Manier, ich wolte ihm den Podex aus dem Genicht dröhen, wann ich dörffte.

Gordianus Schweige Einfalt. – Mysitheus du betrügest dich, weistu nicht, daß die vornehmbste Gabe der Fürsten die Mildigkeit ist?

Mysitheus Aber auch die Gerechtigkeit.

Feraspes Von dir allein, güttigster Monarch, werde ich daß Leben behalten; entschuldige eine Übertrettung, zu welcher die Begierde der Ruhmbarkeit und die Schuldigkeit der Treu mich bewogen haben.

Gordianus Die Treue ist lobwürdig, aber wann ins Künfftige die Ruhmbarkeit dich auffrichtet, so gebrauche daß Hertz und den Degen ehender als die Nachstellung.

Scena 13.

Octavius *eilendts heraus.*

Octavius Kayser! was verweilet man? der Persische Feldtherr hat den nicht geringen Überrest des zwar überwundenen, iedoch nicht verdilgten feindlichen Lagers wiederumb zusamgerottet und unternimbt sich, die nicht recht ausgelöschte Kriegesflammen wieder anzustecken.

Feraspes (Glückseeliche Bottschafft!)

Mysitheus Sihe da die böse Würckung einer dir schädlichen Gütte.

Hw Da haben wir den Teuffl! hätt ihr den Schelm auffhenkken lassen, so wurd er nichts angfangen haben.

Gordianus Schweiget, ein Vernünftiger weis, woran er stehet: eben diese, so du böse Wirckung einer schädlichen Gütte zu sein achtest, ist ein Vorbedacht der Ruhmherlichkeit. Der Himmel will nicht, daß ein Römisches Schwerdt in einen schläfferichen Frieden verroste. Auf, auf, ihr Römer, der Überrest der erlegten feindlichen Schaaren wird des Überwinders Angesicht, geschweigen deßßen Degen mit Zittern und Furcht ansehen müßßen.

Auf, auf, du Adlers Fluch, eil zu den Sieges Gräntzen,
Dann also mus ein Nahm in Gold und Marmor gläntzen.

Feraspes (Der Kayser gibt und nimbt mir daß Leben zu gleicher Zeit. Nicht seine Entrüstung, sondern seine Liebe ertödtet mich. Doch es falle von beeden bey solcher Beschaffenheit wer da will, so fält doch mein Nebenbuhler.)

Mysitheus Was verweillest dann du allhier, verächtlicher Feindt, warumb verfügest dich nicht zu deinen Undanckbahren? Gehe, flihe, aber hinterbringe zugleich, daß sie nur ihren Untergang erwartten.

Feraspes Ich gehe von hinnen, aber nicht wider demjenigen zu streitten, dem ich mein Leben schuldig. Der Himmel beschütze dich, grosßer Kayser. *Ab.*

Hw Gehe, daß du dir einen Spreil in Podex zihest, du Calmeiser, ich glaub daß der Kerl kein Xr Geld bey sich hat.

Gordianus *extemporirt mit Hw sagendt, er solle auch zu Feld zihen und seine Tapferkeit zeigen. Hw macht sich grosmütig und verspricht es, aber daß bitte er ihm aus, daß er allzeit inmitten der Soldaten stehen dörffe, sonst befürchte er, es möchte ein übles Aussehen gewinnen. Etc. extemporirn pro libitu.*

Octavius Großer Monarch, [es] ist keine Zeit zu verabsaumen, derowegen will ich mich zu denen Völckern verfügen und sie zu den Streit anfrischen.

Gordianus Gehe, wir selbsten folgen dir. *Alle ab.*

Hw *saget, daß es ihm fast gereue, er hätte sich geschämet vor so vielen eine Zagheit zu zeigen, nun aber komme sie haufenweis von hinten etc. Will abgehen.*

Scena 14.

Blesa.

Blesa kommet eillendts heraus den Hw fragendt wohin er wolle; Hw: zur Schlacht. Blesa: und ohne Schwerd und Bicklhauben? Hw: ay, die Soldaten werden mich schon beschitzen. Will abgehen. Blesa: So wartte doch, ich will dich völlig ausrüsten. Hw saget à parte, es wäre gleichwohl gutt sich vorsehen. Saget zu ihr, sie solle nur etwas verschaffen. Blesa lauffet ab und bringet eine narrische Rüstung von Töpfen oder andern Gezeig und leget den Hw an; in wehrender Anlegung redet sie immerzu von ihrer Liebe, Hw aber redet von den Anlegen und will nichts von ihrer Liebe hören, bis er endlich angeleget. Sodann bedankt er sich und nimbt Urlaub, sagendt, daß er lieber wolle erschossen werden, als sie heurathen. Gehet ab. Blesa fluchet und weinet, daß sie ein so treues Hertz vor ihm habe. Gehet endlich auch ab.

Unter Oronta und Megabißes haben sich in einem Wald die persischen Truppen zum Aufstand gegen die Römer gesammelt. Vergeblich sucht Sapor zum Frieden zu mahnen, Megabißes bleibt bis zum Ungehorsam gegen seinen König zum Kampf entschlossen. Auch Oronta folgt ihrem Vater nur aus kindlichem Gehorsam.

Scena 16.

Gordianus, Mysitheus, Octavius, Hw *und* **Römische Soldaten.**

Gordianus König Sapor, *in die Scena redendt* wertester Freundt, verbleibe zur Bewahrung der Burg.

Octavius Fürwahr ein grosßes Vertrauen in einen neuen Freundt.

Mysitheus Aber billiches in einen König, dem man Gutthat erwiesßen.

Gordianus *gegen Megabißes gehendt.* Nun kome ich, ô Hochmütiger, dasselbige Leben, so ich dir geschencket, wieder abzufordern.

Megabißes Sehet mir den Auffgeblasenen! Kayser, du hast mir daß Leben geschencket, bekene es, aber ich zeige dir, daß mir solche Gab unangenehm, nachdeme du alß ein unrechtmäsiger Besitzer von Asien mir auch zugleich meine Brauth rauben wilst. Darumb mache dich nur fertig zum Streit, dieser Tag soll zeigen, wer das Recht erhältet.

Hw Ô mein Kerl, es wird dir sehen und hören vergehen, wenn dich unsere mit rotter Laugen zwagen werden, dann sie seindt das Metzgen schon gewohnt.

Octavius Undanckbahrer Feindt! zu deinen Untergang solstu erfahren, wem du beleidiget. Auf, auf ihr tapfere Römer, ergreiffet die Waffen.

Mysitheus Ich schwöre bei Jovis Donnerkeul, daß ihr Meineidige in Eueren Bluth alsobald erstücken solet. Zun Waffen, zun Waffen!

Gordianus Streitet, überwindet, und bekrönet Euere Haubter mit Siegesgräntzen. Zun Waffen, zun Waffen! *Hier geschihet daß Gefecht.*

Hw *hat entzwischen seine lazzi mit unterschidlichen Figurn, sowohl der Tapferkeit alß der Zagheit. Eß wird der Perser Macht überwunden, und da alles vorbey, lauffet Hw hin und wieder, wird endlich von denen Persern gefangen und abgefürth, wobei er nach eigenen Belieben seine lazzi machen kann.*

Actus 3tius

Scena Prima.

Daß Theatrum praesentirt den Vorhoff des Königlichen Pallasts.

Oronta, Feraspes *und* **Römische Soldaten** *zu Beschitzung desselben.*

Oronta Der Krieges Gott ist wiederumb entrüstet,
Der Liebes Gott niemahlen müßig steht
Der Krieg die Königreich verwüstet,
Und Lieb die Seele hintergeht.

Feraspes Gnädigste Fürstin! – – –

Oronta Wann Du mich ie für eine solche erkennest, sage mir, ob sich Megabißes unterstanden die Römerinen zu entführen; rede nur die Warheit und verdople nicht den Betrug. Den ersten will ich dir verzeihen, aber den anderen solstu gewis mit deinen Leben bezahlen.

Feraspes Eben bin ich komen denselben zu verbesern. Aber erlaubet, schönste Prinzesin, daß ich bevor das allgemeine Geschick beweine, weillen der Himmel die blutige Geisl von Asien nicht abgeleget. Nun hat unsere Tapferkeit auch die lezte Krafft verlohren, der Kayser hat obgesieget.

Oronta (Feindseliches Gestirn!) *Zu den Soldaten.* Gehet, gehet, und leget ab Euere Waffen, welche zu nichtes mehr dienen. *Soldaten gehen ab.*

Feraspes Euer Hoheit zeigen sich betrübet, wo doch daß Kayserliche Brauthbeth auf sie warttet? ô wohl eine grosße Verstellung! Megabißes ist würdig, mit blutigen Zähren zu beweinen, weilen er so getreu in Waffen, alß unglücklich in der Liebe ist.

Oronta Waß redestu? ist Megabißes auch in der Liebe getreu?

Feraspes Die Entführung der Römerinnen war in mir nur ein Eyffer, durch welchen ich den Persischen Thron einen grosßen Vortheil beylegen wolte, welches mir von Euch als eine Schuldt ausgerechnet worden, dahero ich solche auff den unschuldigen Feldherrn gelähnet. (Die Eyffersucht stehet iederzeit den schwägeren Mitbuhler bey.)

Oronta Waß vernehme ich? Bistu, Boshaffter, die Ursach, daß ich eine so treue Liebe beleidiget? *ziehet den Degen* davor solstu, Verräther vor meinen Augen sterben.

Feraspes *fallet auf die Knie.* Ach Gnade – – –

Oronta Aber wohin verlihre ich mich? Meinen Königlichen Versprechen nachzukommen verzeihe ich dir, dann mein Degen wurde mehr vor Schamhafftigkeit als vor Bluth errötten in einer so verächtlichen Brust. Alsobald entweiche meinen Angesicht, mehr deine Unwürdigkeit, als mein entrüstes Gemüth ertheilt dir Verzeihung.

Feraspes Ach Fürstin – – –

Oronta Gehe Boshaffter, gehe, verlohrner und unnützer Frevler.

Feraspes Ich gehe Eueren Zorn zu vermindern. (Ach Hertz, du bist verlohren!) *Ab.*

Oronta Gehe, daß dich der Blitz verzöhre. – Warumb hab ich doch daß treue Hertz beleidiget?

Sabina glaubt nunmehr in Oronta die eigentliche Nebenbuhlerin um die Liebe des Kaisers zu entdecken. Darum versucht sie diese gegen Megabißes eifersüchtig zu machen, damit sie ihre Aufmerksamkeit nicht länger auf Gordianus richtet. Darüber gerät Oronta erneut in Zorn gegen ihren Liebhaber.

Scena 3.

Megabißes, Hw *gefeslet. Soldaten.*

Megabißes *sagt, daß er ihm nur der Ursach hieher gebracht, damit man von der Burg ersehen möge, wie auf eine grausame Arth er ihm ermorden wolle. Hw bittet, weinet und ruffet umb Gnadt, Megabißes aber will sich nicht erbahrmen. Schlaget unterschiedliche Todt vor. Hw hat allezeit seine Contradition nach Belieben. Endlich ersihet Megabißes, daß niemandt die Burg beware. Saget zu Hw, daß er ihm das Leben schencken wolle, sofehrne er ihm alles entdecke, wie es in der Burg beschaffen, und wann die gelegenste Zeit zum Antgriff etc. Hw verspricht es und hat* *eine artige Beschreibung der Burg. Endlich saget Megabißes:* Nun, meine Getreue, zeiget Eueren Muth, die Burg ist ohne Beschitzer, und wird ein leichte Sach sein sie überweltigen. Du aber gehe voran und zeige den Weeg.

Hw *sagt, sie sollen ihm nur folgen etc. Sie gehen ihm alle nach.*

Scena 4.

Oronta.

Oronta Weichet zurück, Verräther, und du, abtriniger Megabißes, entfehrne dich aus meinen Augen, Oronta allein ist genuch die Burg zu beschitzen. Aber was sehe ich? ist dieses nicht Hw, ein Diener des Mysitheus?

Hw Ô Potz 1000, wie wirds mir gehen. *Fallet auf die Knie und bittet umb Gnadt; er verstehe es gern, daß er alles verrathen wollen, aber dieses hätte er aus Furcht deß Todtes gethan, weil ihm Megabißes ermorden wollen. Oronta saget, sie wolle ihm nichts thun, aber zu seinen Herrn wolle sie ihm bringen, alldorten soll er sein Urtheil empfahen. Hw bittet und wird auf Befehl der Oronta indessen abgeführt.*

Megabißes Holdseeliche Oronta, leget ab jenen unbillichen Zorn, welcher mich entseelet.

Oronta Schweige und gehe von hinnen, oder du solst sterben.

Megabißes Ist dann Oronta selbst ihren eigenen Nutzen zuwieder und denen Beweisthümbern eines getreuen Liebhabers, der für sie streittet, schädlich?

Oronta Sie wiedersetzet sich nur den Hinterlisten eines Untreuen.

Megabißes Wie, meine Göttin, ich ein Untreuer, ein Verräther?

Oronta Gehe nur, deine Thatten zeigen genuchsam wer du seyest. Gehe, oder der erste Angriff kostet dein Leben.

Megabißes So nehme es, tyrännische Göttin; reisße heraus dieses Hertz, dis dich so treu geliebet, und überreiche es deinen neuen und glückselicheren Liebhaber. Bißhero hab ich es vor deiner Hand genugsam beschitzet, nun aber biethe ichs deinen Grim dar. *Bemühet sich die Brust zu eröffnen.* Was verzihestu? stosße zu, sihe ich selbsten bahne dir den Weg zu meiner verachten Brust, damit du deine ungerechte Rache vollzihen könest.

Oronta (Wer wurd nicht sagen, er seye getreu!) Backe dich, du ruchloser, dein Bluth, mit schändlicher Meineidigkeit beflecket, ist nicht würdig, daß es meiner beschimpften Liebe angetragen werde. Darum gehe nur. *Wendet sich umb, ihme nicht ansehendt.*

Megabißes Wohl, ich gehe, grausame, ich eille, grausame Schöne, aber nur zu meinen Todt. Bin ich von dir verspottet, der ich dich iederzeit angebettet, verlang ich nicht fehrner zu leben. Aber ich schwöre, mich bevor an denjenigen zu rächen, der mich unglücklich, und dich treuloß gemacht. *Ab.*

Oronta. Wie trefflich weis er sich zu verstehlen, ia sein häslicher Meineidt stimet so gar mit allen seinen Gebärden übereins. Der Verräther will mich einer Untreu beschuldigen, da er doch in derselben vergraben liegt. Ich verstehe dich, Boshaffter, du müsßgönnest nicht dem Kayser mein Hertz, wohl aber mir den Thron, und eben dir zu Trutz will ich des Römers sein. Aber wird wohl mein Hertz den Stich empfinden? ia, ia, es leide nur. *Ab.*

Gordianus hält seinen siegreichen Einzug. Um dem Kaiser nicht zu mißfallen, verstellt sich Octavius und heuchelt wieder Liebe zu Sabina. Virginea ist zuerst verwundert, dann empört.

Scena 6.

Oronta, Hw *welcher gefeslet von Soldaten geführet wird.*

Oronta Hier, grosßer Kayser, übergibe ich deiner Rache einen treulosen Böswicht, einen Verräther, welcher dich sambt all deiner Macht zu verrathen willens war, da Megabißes die Gelegenheit ersahe, deine Bürg zu übereillen.

Hw *will sich purgirn und wird nicht zur Rede gelassen. Der Kayser und Octavius haben ihre Foperey nach Belieben, wo Hw allerhandt Ausflüchten sucht, und endlich abgeführet wird mit Vermahnen, daß er sich zum Todt bereithen soll etc. Hier kann extemporirt werden nach Belieben.*

Gordianus dankt der Oronta für ihre Hilfe bei der Niederschlagung des Aufstandes und entfernt sich, von ihr und Sabina begleitet. Allein zurückgeblieben klärt Octavius seine Geliebte über den Grund seiner Verstellung auf und verspricht, auch Sabina alles zu offenbaren. – In einem anderen Teil des Gartens lösen sich nun auch die Mißverständnisse zwischen Oronta und Sabina: Oronta will zunächst auf Megabißes verzichten und in die Heirat mit dem Kaiser einwilligen. Das wiederum entlockt Sabina das Geheimnis ihres Anschlages. Die Unschuld des Megabißes wird abermals erwiesen, und die beiden Mädchen wollen gemeinsam für ihr Glück streiten. Sabina versucht, auch ihren Vater zum Helfer zu gewinnen. Er verspricht ihr, sofern Gordianus nicht Oronta zur Gemahlin nehme, Sabina seine Zuneigung wieder zu verschaffen. Dankbar umarmt sie ihren Vater. Der herzueilende Octavius sieht die Umarmung, glaubt an einen Ehebruch und eilt, jedes gegebenen Versprechens ledig, zum Kaiser.

Scena 11.

Hw *in der Gefängnus, voran* **Blesa.**

Blesa saget, daß sie vernohmen es seye ihr Liebster in Verhafft. Nun hätte sie durch ihre freue Kunst denen Wächtern einen Schlaff gemacht; sie wolle sehen, wann er ihr warhaffte Treu verspreche, daß sie ihm erledige. Hw lamentiret im Kercker, und Blesa näheret sich ihm fragendt, wie es ihm ergehe etc. Hw hat seine lazzi mit Lamentirung und Erzehlung seines Ellends: daß nemblich die Leuse so sehr bey ihm einquartiren, daß sie sich gantz Regimenterweis postiren, es sei sein Abtritt so voll, daß alle Nachkönig zusamhaltendt 1000 Jahr zu führen hätten etc. Blesa tröstet ihm und sagt, wann er der ihrige sein wolte, so wäre sie bereith, ihm heraus zu helfen. Hw sagt â parte, er müsße schon alles versprechen, bis er loß und freu, alsdann könne er gleichwohl nach Belieben thun. Verspricht ihr alle Lieb, und sie gehet umb eine Leiter, Strick und Eisenfeil, welches sie ihm reichet, die Leiter aber lähnet sie heraus an. Hw komet endlich heraus, und sie liebkoset ihm, Hw aber hat einen Eckl an ihr, nemlich ihre Mängl ihr vorwerffendt, wo Blesa mörcket, daß er sie nicht liebe; fraget, ob er ihr Mann seyn wolle. Hw: nein. Sie kommen endlich in einen Disput und gehen rauffender ab. Hinten zu.

Oronto will den Gordianus bitten, sie und Megabißes zu vermählen. Da stürzt zur Unzeit ihr Liebhaber, der den Anfang des Gesprächs belauscht hat, auf den römischen Kaiser los, um ihm den Besitz Orontas streitig zu machen. Abermals bewährt sich Gordianus' Großmut: die Liebenden können sich in die Arme sinken. Octavius tritt auf und zwingt den Kaiser, den Eheburch an Drusilla und Mysitheus nach römischem Recht streng zu ahnden: beide sollen im Angesicht des Heeres zum Tode verdammt werden. Damit ist der letzte Knoten geschürzt.

Scena 14.

Feraspes, Hw *und Soldaten.*

Feraspes Mächtigster Monarch, dieser Üblthäter, welcher allbereith zu dem Todt verdamet war, ist schon auser der Stadt gewesßen, die Flucht zu nehmen, habe ihm aber zu allen Glück noch ersehen und hieher bringen wollen.

Gordianus *extemporirt mit Hw, fragendt, wer ihm entlasßen. Hw sagt, daß er alles gestehen wolle, sofehrne ihm Gnadt widerfahre. Etc. Er solle reden. Sagt, daß die Blesa ihm den Werckzeug hineingegeben, und er hätte ihr die Liebe versprochen, er aber verlange sie nicht. Darumb hab er lieber wollen wieder fortgehen. Etc. Gordianus saget, daß er sterben müsse, was es dann seye umb ein Handtvoll Leben. Er selber werde bald sterben. Etc. Hw sagt, er hätte noch keinen appetit. [Gordianus] befihlet, man solle ihm auch in das Lager bringen, wo Mysitheus und Drusilla werden hingerichtet werden, damit er seinen Herrn noch einen Trost geben köne. Hw hat seine Verwunderung darüber und fraget, was er dann gethan. Etc. Wird abgeführt von Soldaten.*

Scena 16.

Ein freues Feldt, in der Mitte ein grosßes Gezelt mit Thron, auf der Seite andere mindere Gezelte.
Gordianus *auf dem Thron.* **Mysitheus, Octavius, Virginea, Sabina, Hw** *gefeslet.* **Blesa** *und* **Soldaten.**

Gordianus Das Geschick will, ô Römer, daß einer von meinen besten Freunden einer Misßethat schuldig sey: entweder Mysitheus mit Drusilla ungebührlicher Neigungen, oder Octavius Lästerung halber. Den einen lossprechen ist den anderen verdamen. Ich möchte Beede gehrn der Strenge unserer Gerechtigkeit entzihen, dann ich bin dem einen daß Leben, dem andern den Thron schuldig, doch Beede zu erledigen ist mir nicht erlaubt. Ich will nicht von den Weeg der Gerechtigkeit, welchen sie mich erlehrnet, abweichen, noch will ich auch, daß meine Löffzen ihnen das Todtesurtheil sprechen. Darumb steige ich von dem Thron, überlasße euch das Reich und werde ein Gemeiner, damit ich als ein solcher jene Freunde erbitte, welche ich als ein Kayser weder lossprechen noch verdamen kann.

Mysitheus Traumbt mir?

Sabina Bin ich verirret?

Gordianus *steiget von Thron und legt Cron und Scepter ab.* Durch diesen gefürchteten Scepter und geheiligten Lorbergrantz, durch diesen hohen Thron, den ich verlasße, verlang ich das Leben eines Freundes zu einen Geschanck.

Virginea O unvergleichliche Tugendt!

Sabina Und ohne Beyspill.

Octavius Euer May. geben dem Lorberkrantz einen kostbahren Werth.

Mysitheus Und dem Kayserlichen Thron die schönste Zierd.

Octavius Ich wiederruffe meine Anklagen.

Mysitheus Und ich bestättige sie zum Wiederspill vor wahrhafft. *Umbarmbt Sabina.* Komme in diese Arme, Sabina, meine geliebte Tochter.

Sabina Ach Erzeuger!

Gordianus Seine Tochter?

Octavius Ô frembder Zufahl!

Gordianus Mysitheus, was soll dieses sein? dieses Sabina, deine Tochter? und warumb hat mans mir verhellet?

Mysitheus Ich habe die Neigung gegen die unbekannte Sabina ausnehmen wollen, damit deine Tugendt ihren eigenen Trieb keine Gewalt anthäte.

Gordianus Ach beglückte und höchsterwünschte Erkhlärung! Sabina hat mich mit den ersten Anblick ihrer himmlischen Liechter verwundet, ich verbarge die Wunde umb dich in deiner Tochter, und nachgehends den Octavius, meinen Freundt, in seiner Brauth nicht zu beleidigen.

Octavius Ich habe allein die Virginea geliebet, aber durch die Waffen bethöret, habe ich sie meineidig geglaubet, als ich sie von Oronta umarmet sahe.

Mysitheus Seltsame Zufälle des Glücks und der Lieb!

Gordianus Nun wird mir erlaubet sein, angebettene Göttin, dich als meine Brauth zu umbfahen.

Sabina Ich schätze mich glückseelich, einen so tugendhafften alß großen Breutigam zu haben.

Virginea Und ich werde ia Linderung meiner Schmertzen bey dir, geliebter Octavius, finden.

Octavius Dieses Hertz will alle deine Schmertzen vergraben, und davor lauter Süsßigkeit reichen. Ich drücke dich an meine Brust und schwöre dir Ewige Treu.

Blesa (Weil dann alles vergnügt, so will ich sehen, damit ich auch vergnüget werde.) Gnädigster Herr Kayser, ich habe bei solcher Freude auch ein wenig vorzubringen. *Extempore: saget, daß sie ihr den Hw zu einen Mann ausbitte. Hw protestirt, daß er als ein Junger Gesell sterben wolle. Blesa aber höret nicht auf, so wohl für sein Leben als seine Liebe zu bitten. Gordianus sagt, er habe den Todt verdient, also müsße er sterben. Hw will sterben. Es wird aber für ihm gebetten, und wird ihm daß Leben ertheilet mit dieser Condition, daß er die Blesa heurathe. Hw will lieber sterben als sie heurathen, und extemporirn pro libitu.*

Gordianus Was ist dis für ein Waffengetös, was will dieser Aufruhr bedeuten?

Scena Ultima.

Sapor, Megabißes, Feraspes *und* **Persische Soldaten** *mit blossen Gewöhr alle.* **Oronta.**

Alle Eß sterben diejenige, so den Kayser zu stürzen verlangen.

Sapor Alsobaldt, undanckbahre Römer, gebet dem allerwürdigsten Kayser seinen Thron, oder diese Säbel sollen in Eueren Bluth gefärbet werden.

Mysitheus Große Stärcke der Tugendt!

Octavius Sie wird sogar in denen Feinden beschützet!

Sabina Man bettet sie an!

Virginea Sie bezwinget sogar die Beneider!

Oronta Villeicht werden unsere Waffen denen Römern selbst zeigen, was sie einen Römischen Helden schuldig seindt.

Megabißes Und villeicht wird des Kaysers Geschick und seine Tugendt, welche beleidiget, noch unter unseren Fahnen zu streitten kommen.

Mysitheus Edlmütiges Hertz!

Octavius Ruhmbarer Betrug!

Sapor Eß lebe ein so würdiger und so grosmütiger Kayser!

Feraspes Der Tugendhaffte!

Megabißes Der Unüberwindliche!

Oronta Der Gerechte!

Gordianus Grosßer König und desßen würdige Tochter, streitbahrer Fürst, wehrteste Freunde! die Deuthungen Eurer Liebe schreibe ich in mein Hertz. Aber hier ist Euere Tapferkeit unnötig, ich habe mich freuwillig von Thron begeben, jedoch meine getreue Mitkämpfer haben es nicht zugelassen. Oronta, dieses ist die angebettene Schönheit, die dir vorgekommen *auf Sabina deutendt.*

Oronta Sie verdienet es.

Sapor Sie ist es würdig.

Sabina Euerer Gunst, und nicht meinen Verdienst mesße ich solche gutte Meinung zu.

Gordianus Ach wie hoch bin ich der Oronta verbunden, welche an dir einen Helden mir zum Freundt macht *zu Megabißes.*

Megabißes Mein Leben, ô Kayser, war ich dir schuldig, aber indeme du mir Oronta gibst, hastu mir noch ein angenehmers geschencket.

Feraspes Das grosmütige Beyspill des Kaysers erwerbe mir von Euch, schönste Fürstinen, Vergebung meines Verbrechens.

Oronta Es ist alles vergesßen.

Sabina Ich lösche sie aus meiner Gedächtnus.

Virginea Und von mir sind sie längstens verbanet.

Gordianus So sind wir dann alle vergnügt.

Hw als ich nicht . . . Gordianus fragt warumb? Hw: weillen er einen so alten Fuchsbalck zum Weib bekommen, wo er mit weniger Mühe eine junge bekommen könte. Gordianus: er solle sich nur willig darein begeben, denn daß Leben seye süß. Hw: aber noch süsßer ein junges Weib. Etc. Es seye das Beste, daß er nach der Comoedi wieder abwechseln köne. Etc. nach Belieben.

Vers.

Gordianus Wann die Regierungslast auf Tugendt ist gegründet,
So weichet aller Greyl, und flihen alle Plagen,
Daß Glück sich selbsten beugt und Freudengräntze bindet,
Die heut ein jeder soll auf seinen Scheutln tragen.

Sapor Deine Tugendt – – – – – –

Megabißes – – – Tapferkeit,

Oronta – – – – – – – – Dein Grosmuth

Feraspes – – – – – – – – – – – – und dein Siegen

Sapor Die zeigen, das du seyst den grosßen Göttern gleich,

Mysitheus Drum mus auch alles dir zu deinen Füsßen liegen,

Octavius Ja must mit Jupiter regiren alle Reich.

Sabina Ich wendt mich nun zu dir, du Seele meiner Seelen,

Virginea Und ich umbarme Dich, du Labsall meiner Brust.

Gordianus Eß soll auß diesen Hertz nichts als die Treue quehlen.

Octavius und aus den meinigen die süße Liebeslust.

Blesa Mein Schatz, mein Wurst, mein Kindt, du Butter meines Hertzen!

Hw Du Beer, du Wolff, du Rindt, du Sau und Schlangenbruth!

Blesa Laß brennen immerdar dein hönigsüße Kertzen.

Hw Ja, ia, ein Baurenquarck, dann meine ist zu guth,
Und weil ich gar wohl weis dein Lecken und dein Naschen,
So laß ich mein Credenz dir immer offen stehn:
Der Safft geht offt so dinn, du könst daß Maul auswaschen,
Nur wünschen wolt ich auch, daß dir den Hals verkhlen.

Finis.

DER AUFS NEUE BEGEISTERTE UND BELEBTE BERNARDON

Nebst Zweyen Pantomimischen Kinder-Balletten,
Unter dem Titul:
Die Erste Der durch Magische Kraft
und durch Würkung der Göttin Lachasis
wieder aufs neue Belebte Bernardon.
Die Anderte:
Das wankelmütige Frauenzimmer,
Oder La fille Coquette.

Abb. 2: A. I. Seligmann, Joseph Anton Stranitzky, zeitgenössisches Gemälde.

Avertissement.

Ich unterfange mich abermal mit einem Stück von meiner völligen Erfindung aufzuwarten, und da meine letzte Comödie die genannte Gelsen-Insul so glücklich ware, zum öfteren auf hohes Verlangen repetiret zu werden, so hoffe ich mit diesem Werke um so viel mehr ein vergnügtes Schicksal zu erleben, weilen es nach meiner wenigen Einsicht in allen Stücken besser ausfallen solle, besonders die Pantomimen, die nur deswegen müssen bewundert werden, weilen die allzugroße Jugend der Kinder die Ausdrückungen der Affecten zu jedermans Vergnügen vollkommen einen geneigten Beyfall finden werden. Die Mühe, die ich dabey hatte, denen Kindern die natürlichen Actionen, und die Tänze einzuprägen, ist leicht zu erachten, und da ich von Natur etwas ungedultig bin, so kan man sich leicht vorstellen, daß es zu Zeiten mit denen Kindern empfindliche Verdrüßlichkeiten müsse abgesezt haben; Genug, ich verspreche für diesesmal etwas zu zeigen, was sowol Herz als Auge ergötzen wird, und Wienn noch nie gesehen hat.

Aria I.ma Duetto.

Von **Bernardon** *und* **Rosalba.**
Bernardon, welcher von Odoardo erschossen worden, liget tod auf dem Theatro, Rosalba seine Amantin beweinet ihren erblichenen Bräutigam, und fangt auf folgende Art an zu singen.

Rosalba. Könnt ich mich, Geliebter schatten!
Auch in Grab mit dir vergatten,
So Wolt ich mit tausend Freuden
Alle Art des Todes leiden,
Wäre nur dein Geist bey mir.

Bernardon kommt unter Donner und Blitz als Geist aus der Erden, und singt.

Bernardon Sieh die nie erhörten Sachen,
Und was wahre Lieb kan machen,
Ich komm auch als Geist zu dir.

Rosalba *ganz fröhlich.* Bist du da? O mein Verlangen!

Bernardon *fröhlich.* Ja mein Schatz! laß dich umfangen.
Traurig. Stad, bald hät ich mich vergessen,
Daß der Tod mich hat gefressen.

Rosalba Ich weiß nicht, was sterben heist.

Bernardon *seufzet.* Aber ich, ich bin ein Geist.

Rosalba Das macht nichts, bleib nur bey mir.

Bernardon *traurig.* Nein als Geist ists mir verbotten,
Ich muß in das Reich der Todten,
Bleibt ein Geist zu lange aus,
Kommt er gleich in das Zucht-haus.
Lebe wol ich muß von hier.

Rosalba *weint.* Tod! was hast du mir genommen,

Bernardon *ängstig.* Laß mich, ich möcht Schläg bekommen.

Rosalba Liebster Geist! ach bleib bey mir.

Bernardon Lebe wol ich scheid von dir.

NB. Die letzten 2 Stroffen werden von beyden repetiret.

Hier fangt die erste Pantomime an.

Nomina deren tanzenden Pantomime-Kindern als:
Antonia Kurzin, *als Mahl-Narr*
Dominica Souvirant, *als Hunds-Narr*
Johannes Julio, *als verliebter Narr*
Joseph Kurz, *als Jackel*
Maria Anna Julio, *als Music-Narr*
Leonora Kurzin, *als Carakter-Närrin*

Das Theater stellet einen Garten vor, im Prospect ist eine Grotte zu sehen. Leander in der Gestalt eines Zauberers citiret unter der Musique mit stummen Gebährden etliche Zauberer zu sich, er zeiget ihnen, daß sie einen grossen Mörsel bringen sollen, welches auch geschiehet, alsdann befihlt er den Cörper des toden Bernardons in den Mörsel zu legen, es werden auch noch unterschiedliche Gliedmassen von allerhand theatralischen Caracteren hinein geworffen, ein Zauberer fängt an alles in dem Mörsel zu zerstossen; endlich kommt Feuer aus demselbigen, Leander, welcher solches für ein gutes Zeichen hält, giebt mit seinem Zauber-Stab ein Zeichen, sogleich verwandelt sich die hintenstehende Grotte in einen grossen Laboranten-Ofen, auf welchem ein kupferner Kössel in vollem Feuer stehet, Leander befihlet die zerstossenen Gebeine in den Kessel zu schütten, das Feuer wird durch die Zauberer mit Blase-Bälken noch mehr angeblasen, der Schmelz-Ofen nebst dem Kessel zerspringt, und wird aus selbigen ein ganzes Theater mit Portal- und Scenen, welches ein Zimmer von einem Mahler-Narren praesentiret, in diesem Zimmer ist ein Kind von 5 Jahren, welches den Mahler-Narren vorstellet, das Kind tanzet seinen Caractere, und nach vollendetem Tanz schliest sich der Kessel wie vor, das Theater verschwindet, und das Kind wird durch die Zauberer wieder in den Kessel geworffen, die Glut wird abermals angeblasen, der Kessel zerspringet wieder, und stellet ein Zimmer von einem Hunds-Narren vor, in welchem sich ein anderes Kind in der Gestalt eines Hunds-Narren eben von 5 Jahren befindet, das Kind tanzet ebenfalls seinen Caractere, und wird nach geendigtem Tanz wie vor durch die Zauberer in den Schmelz-Ofen ge-

worffen. NB. Diese Verwandlung geschiehet auf nemliche Art, so oft wie folget: Drittens, ein Zimmer von einem verliebten Narren, ein Kind von 7 Jahren tanzet seinen Caractere. Viertens, ein Zimmer von einem tummen Narren, ein Kind von 7 Jahren tanzet als Jackerl seinen Caractere. Fünftens, ein Zimmer von einem Music-Narren, ein Kind von 9 Jahren tanzet als Music-Narr seinen Caractere. Sechstens, ein Zimmer von vielen theatralischen Caracteren, ein Kind von 9 Jahren, welche mit allen diesen Caracteren begleidet ist, tanzet folgende Entreen. Erstlich, ein Tambourin. Zweytens, als Türkin. Drittens, als Barcarollin. Viertens, als Französin. Fünftens, als Arlequinin. Sechstens, als Scaramutzin. Siebendens, als Holländerin, nach vollendetem Tanz, wird das Kind wie vor in den verschlossenen Schmelz-Ofen durch die Zauberer geworffen, und der Leander den guten Fortgang seiner Zauberey ersiehet, um ein gewünschtes Ende seines Verlangens zu erreichen, ruffet er in folgender Aria die Hülfe des Jupiters an.

Aria 2da.

Von **Leander.**

O grosser Jupiter!
Die Sach ist angefangen,
Ach stille mein Verlangen,
Schick deine Hülfe her,
Du kanst ja alle Sachen
Ganz leicht und glücklich machen,
Erfülle mein Begehr
O grosser Jupiter.

Sogleich nach der Aria höret die Music auf, und unter Donner und Blitz kommet Attrapos in der Luft auf einer Machine, welche folgende Verse recitiret.

Attrapos Verwegne haltet ein, umsonst ist euer Bitten,
Den Lebens-faden hat mein Messer abgeschnitten,
Des Bernardons sein Geist schwebt in Elisens Reich,
Dort lebet er vergnügt, dort ist ihm keiner gleich,
Er will auch nicht mehr her, es kan auch nicht geschehen,

Daß man, was tod schon ist, soll wieder lebend sehen.
Und so befehl ich euch, halt mit der Arbeit ein,
Sonst solt ihr gleich, wie er, von mir des Todes seyn.

Sogleich kommt Lachasis auf der andern Seiten ebenfalls auf einer Machine in der Luft.

Lachasis Wie? Attrapos wilst du so trotzig widerstreben
Dem Willen und Befehl, den Jupiter gegeben?
Den Lebens-faden schnitt dein Messer zwar entzwey,
Doch Lachasis ist da, ich knipfe ihn aufs neu,
Fährt in der Arbeit fort, ich will sogleich das Leben
Dem toden Bernardon zu euer Freude geben.
Des Jupiters Befehl, der soll erfüllet seyn,
Das steht in meiner Macht, das kan ich ganz allein.

Attrapos Was tod ist, bleibet tod.

Lachasis Für diesesmal doch nicht,
Und wann dein stolzer Sinn noch ferner widerspricht,
So wirst du, sag ich dir, die Straffe bald empfinden,

Attrapos Wie soll dann meine Kraft und meine Macht verschwinden?
Das stunde mir noch an! wohl, ich verlasse dich,
Doch nehme dich in acht, ich wet, du denkst an mich.

Attrapos fährt zornig auf der Machine ab.

Lachasis Auf du entwichner Geist! Auf ihr zerquetschten Glieder
Ergänzet euch! wie vor, belebet euch nun wieder,
Damit die ganze Welt alsdann erfahren soll,
Was Lachasis vermag, ihr aber lebet wol.

Lachasis fähret auch wieder auf der Machine durch die Luft ab.

Sogleich fängt die zur Pantomime gehörige Musique nebst denen zauberischen Ceremonien wieder an, es zerspringt zum letztenmal der Kessel, und es zeiget sich eine Scheuren oder Stadl, in welchem ein Nest, wo eine Henne auf einem grossen Ey sitzet, und brütet, das Ey zerfält, und alle vorige Caracters derer Kinder kommen aus dem Ey auf Hühner- und Hahnen: zu letzt aber Bernardon in seiner vorigen Gestalt auf einem grossen Hahn geritten. Alle singen unter wehrendem Herumtanzen folgenden Chorus.

Nr 3. Chorus.

Ha! Ha! Ha! Ha! Ha! Ha!
Jetzt bin ich wieder da,
Ganz ghorsamer Diener,
Ein ganz neuer Wiener,
Der ist wieder da.
Ha Ha! Ha! Ha! Ha! Ha!
Das hat mich verdrossen,
Wie man mich erschossen,
  Das war mein Treu schlecht.
Jetzt hat man mirs Leben
Aufs neu wieder geben,
  Und das ist auch recht.
Drum bin ich wieder da,
Ha Ha! Ha! Ha! Ha! Ha

Jetzt fängt der Tanz von Hühner und Hahnen an, zuletzt reitet Bernardon mit seinen Kindern ab, und endiget sich hiermit der erste Actus.

Nr 4. Duetto

Von **Rosalba,** *als einer verstellten Straßburgerin, und* **Bernardon,** *als ihrer alten Mutter.*

Bernardon Meine Tochter! wilst du heyraten?
Rosalba Ja Mama! ich will einen Mann,
  Mama! wanns nur möcht gerahten.
Bernardon Liebstes Kind! das kommt auf dich an,
  Sag' mir nur, wie wilst ihn dann haben?
Rosalba Ach Mama! just so muß er seyn:
  Reich, und niedlich,
  Appetitlich,
  Wie ein Engel,
  Ohne Mängel,
  Niemals murrisch,
  Niemals kurrisch.
Bernardon Zu viel, Tochter! wilst du haben.
Rosalba Sonst, Mama! wird er nimmer mein.

Bernardon Tochter! den ich dir hab gewiesen.
Rosalba Ja, Mama! der muß es wol seyn,
Er ist auch schön,
Und wol-gewachsen,
Und hochgeboren,
Und auch aus Sachsen,
Auch niemals feindlich,
Sonst allzeit freundlich.
Bernardon Bravo! Tochter, der seye dein.
Rosalba Ja, Mama! der muß es seyn.

N^r 5. Aria

Von **Bernardon,** *als Bruder des Democritus.*
O du arme Welt!
Du nimmst ja nicht in acht
Daß jeder Augenblick das Leben kürzer macht.
O du arme Welt!
So bist du jetzt bestellt,
Auf Vortl, und auf Lügen,
Den Nächsten zu betrügen,
Sein Glücke zu beneiden,
Die Ehre abzuschneiden,
Bald singen,
Bald springen,
Bald sauffen, bald ranzen,
Bald spielen, bald tanzen,
Bald Steyrisch,
Bald Schwäbisch,
Hanackisch
Slavakisch,
Bald walzen umatum,
He sa rum rum,
O du arme Welt!
Wie bist du jetzt bestellt.

Hier fängt die anderte Pantomime an.
Actores.

Eleonora Kurzin, eine affectierte Dame, unter dem Namen Charlotte
Joseph Kurz, ein affectierter Cavalier, unter dem Namen Silvio, sodann als Astrologus, zuletzt als Götzenpfaff
Antonia Kurzin, als Colombina, sodann als ein desperater Offizier in einer Welt-Kugel, zuletzt als Braut in einem weissen Kleid
Dominica Souvirant, als Bernardon, zuletzt als Bräutigam in einem weissen Kleid
Maria Anna Julio, als Cavalier unter dem Namen Mario, stellt zuletzt einen Bräutigam in einem weissen Kleid vor
Johanna Weiskernin, als Anselmo
Joannes Julio, als Odoardo

Statisten, 4 Knaben als Laquayen, 2 Bären, und viele, so bey denen Hochzeitceremonien im Tempel in weissen Kleidern erscheinen, nebst noch einem Götzenpfaffen.

Bernardon kommt ganz schläfrig in der Finster mit einer Laterne, und klopfet bey Odoardo Haus an, Odoardo schleicht heimlich heraus; Bernardon, so den Odoardo nicht siehet, ist ungedultig, daß ihm Colombina nicht das Haus, wie sonst gewöhnlich, aufmache, klopfet noch einmal stark an, trift aber statt dem Haus den vor der Thür stehenden Odoardo. Dieser im Zorn schlagt in der Finster herum, Bernardon lauft ab, Odoardo den Schelm zu erwischen, stellt sich wieder an das Haus; sogleich kommt Silvio, zeiget, daß er zu seiner geliebten Charlotte ins Haus will, und stoßt in der Finster an Odoardo: Dieser schlägt wieder um sich. Silvio, in der Meinung es sey ein Rival, ziehet den Degen, stoßt auf dem Theater herum, endlich findet er das Haus offen, und gehet ins selbige ab. Bernardon kommt wieder, rennt den Odoardo in der Finster übern Hauffen, und lauft auch zu seiner Colombina ins Haus ab. Odoardo stehet ganz stropirt auf, und hinket ebenfalls wieder in sein Haus. Es zeiget sich ein Zimmer, in welchem Charlotte bey ihrem Nacht-tisch sitzet, sich schmin-

ket, und mit Aufputzen beschäftiget. Colombine steht hinter ihr, und frisirt ihr die Haare. Und da Colombine die Charlotte nicht nach ihrem Gusto accomodiret, gibt sie ihr eine Ohrfeigen. Colombine fängt an zu weinen. Es wird geklopft. Charlotte befiehlt aufzumachen; Colombine aber, weil sie eine Ohrfeigen bekommen, ist zornig und macht nicht auf. Endlich fängt Charlotte an zu bitten. Colombine laßt sich besänftigen, und geht ab, die Thür aufzumachen. Es kommt Silvio; dieser schenket der Charlotte einen Ring: Beyde setzen sich an den Tisch. Alsdann kommt Colombine mit Bernardon; Beyde sind vergnügt, und Colombine singt folgende

Nr 6. Aria

Liebe mich,
Wie ich dich
So will ich mein Herz dir schenken,
Und auf keinen andern denken,
  Ja, du solst mein Alles seyn;
Wirst du aber weiter gehen,
So solst du gewißlich sehen,
  Daß ich dann zu deiner Peyn,
  Nimmer will die Deine seyn.

Gleich nach der Aria wird geklopft. Charlotte in der Meinung, daß es ihr Vatter sey, ist hierüber samt allen übrigen in Ängsten, endlich verstecket sie den Silvio in ein Neben-Zimmer, Colombina aber den Bernardon untern Tisch. Sogleich kommt Odoardo, und fragt die zwey, ob sie keine Mannsbilder gesehen? diese stellen sich ganz unschuldig; Odoardo sucht im Zimmer nach, findet den Bernardon untern Tisch, und jagt ihn nebst Colombina ab, alsdann kommt Mario, der Charlotte anderter Amant, sie zeiget sich voll Freuden. Silvio kommt von hinten zornig, stost sie beyde auseinander. Die beyde Amanten duellieren mit denen Degen. Charlotte will Friede machen, beyde Amanten zeigen sich über sie erzörnet. Charlotte wird ganz desperat, will sich mit einer Schnur erwürgen, in der Meinung, ihre Amanten sollen ihr zu hülfe kommen. Da sie aber Beyde verächtlich tractiren, nimmt sie die Schnur vom Hals, wirft selbige ihnen vor die Füsse, und fängt an zu weinen. Die Amanten gehen zu ihr, wollen sie wieder begüttigen; Charlotte aber bleibt in ihrer vorigen Stellung. Endlich knien die Amanten nieder: Charlotte gibt sich zu frieden, und zeiget, daß sie von beyden einen erwählen will, gehet zu ihren Nacht-tisch, nimmt zwey Strohalm, und welcher das Längste bekommen wird, soll ihr Bräutigam seyn. Mario trift das Los, und bekommt die Charlotte. Sogleich kommt Colombine und Bernardon geloffen, und zeiget, daß ein grosser schwarzer Mann zu der Thür herein kommet. Es erscheinet der rechte Bernardon in schwarzem Kleid; die andern seynd forchtsam, knien vor seiner nieder, Bernardon heißt sie aufstehen, und befihlt dem kleinen Bernardon einen Sessel zu bringen; solches geschiehet, Bernardon setzt sich, verspricht ihnen in ihrer Liebe zu helffen. Es wird abermal inwendig geklopfet, die andern zeigen wegen Odoardo ihre Forcht. Bernardon verstecket die zwey Amanten unter seinem Rock, und gehet alsdann ab. Es kommt Odoardo mit Anselmo; Colombina schleicht sich auch ab. Odoardo zeiget Charlotte, daß Anselmo ihr Bräutigam sey. Diese will durchaus nicht. Odoardo ist zornig, und will sie schlagen; sogleich kommt Silvio als Astrologus; hinter seiner wird von Bedienten eine Welt-Kugel heraus getragen. Silvio zeiget unter allerhand Actionen, daß er ihnen was Curioses weisen will; endlich schlägt er auf die Welt-Kugel, diese gehet auseinander, und verwandelt sich in ein Postament, auf welchem Colombina als ein desperater Offizier stehet. Sie springt herunter, drohet die alten umzubringen, und will nicht haben, daß Anselmo die Charlotte heyraten soll. Endlich erkennet sie Odoardo, und dieser nimmt ihr den Hut, die Peruque, und den Bart weg, ziehet ihr das Kleid aus. Colombina, und Charlotte lauffen voller Forcht ab. Odoardo und Anselmo sie verfolgend, auch ab. Sogleich stellet das Theater einen Garten vor, in welchem hinten ein Sommerhaus zu sehen ist. Charlotte und Colombina kommen geloffen, wissen nicht, wo sie sich hin verbergen sollen, endlich ritiriren sie sich an die Seite, und ein Monstrum, welches vor ihnen aufgehet, verbürget sie. Odoardo und Anselmo kommen geloffen, und, da sie die Monstra sehen, seynd sie anfänglich in Forchten, endlich nemmen sie sich das Herz zu sehen, was darunter stecke. Sogleich verschwinden die zwey Monstra, und es kommen zwey Bären, welche mit denen Alten ihre Foperey haben. Alsdann kommt der rechte Bernardon wieder in schwarzen Kleid, verjaget die zwey Bären, befihlt denen Alten die Liebe des Mario und der Charlotte zu billigen, diese sind zu frieden. Bernardon gibt ein Zeichen, das Sommer-Haus verwandelt sich in einen Tempel mit Gallerien. Oben auf der einen Gallerie stehet Bernardon, und Colombina als Braut und Bräutigam in weissen Kleidern, in der mitten Silvio als Götzen-Pfaf, auf der andern, und hintern Gallerie stehet Charlotte, und Mario als Braut, und Bräutigam ebenfals in weissen Kleidern, und ein Götzen-Pfaf auch bey ihnen in der mitten. Die Zwey Gallerien lassen sich unter Piano-Musik herunter; auf denen beyden Seiten Partere eröffnen sich ebenfals die Gallerien, und es kommen viele mit weissen Kleidern, und Kränzen gezierte Hochzeit-Leute in Ordnung auf das Theatrum gegangen. Hier geschiehet die Copulation von Silvio mit Charlotte, Mario, Colombina, und Bernardon. Endlich geben sie sich dem Odoardo, und Anselmo zu erkennen, diese willigen ein, Anselmo wünscht ihnen Glück. Hier folget ein Pas de deux von Colombina, und Bernardon, zuletzt endiget sich die Pantomime mit einem Contre danse.

Actus III.

Aria 7ma.

Bernardon *als tummer Jackerl.*

O Jeges potz tausend wie bin ich voll Freud,
Ich bin ganz dakemma, ich bin nit mehr gscheit.
Gelt ja mey liebs Bieberl
  Die Isabella,
Die hat dich recht lieberl
  Von Herzen ey ja,
Sie hat mir heut geben
Riebisel Ziweben,
  Viel Pfersn
  Und Kerschn,

Kries-knedl,
Pastetel,
Schotolati und Thee,
An Milli Fe Fe,
Und nacher ä schönes Ne Ne.
Zuletzt hat mey Schatzerl
Auf ä gute Nacht
Mir geben ä Schmatzerl,
Und das hat recht kracht.

Aria 8va.

Rosalba *als Hanns-Wurst stellt sich betrunken.*
Es kan bey meiner Treu gewiß nichts schöners seyn,
Als die Isabella und die ist jetzo mein.
Ju he, sa sa, frisch übern Tisch
Geschmirt ist nicht gemahlt,
Mein Herr der kriegt an Flederwisch,
Damit ist er bezahlt.
Die Isabella, die ist weck,
Monsieur Octavio
Jetzt heist es halt schleck Bartel schleck,
Herr Ochs in Folio.
Dann das so liebe Mädl,
Die ist jetzt meine Braut,
Der Diener frist das Brätl,
Dem Herrn bleibt das Kraut

Das Theater stellet einen Keller vor, Leander als Zauberer, zeiget dem Odoardo, Isabella und Hannswurst, daß in diesem Keller ein großer Schatz verborgen seye. Diese bitten den vermeinten Zauberer, ihnen den Schatz zu entdecken, Leander gibt das Zeichen, der Keller verwandelt sich in einen mit vielen über das ganze Theater lauffenden Bögen, Schätzen und Kostbarkeiten gezierten Saal, Dorinte, Rosalba und Bernardon seynd darinnen. Odoardo, da er diese drey tod vermeinten Personen erblicket, ermordet sich aus Verzweiflung. Isabella wird vor Rache rasend, und singet mit Hannswurst folgendes.

Nr. 9. Duetto

Isabella Ich fülle in der Brust ein rechtes Höllen-feuer,
Ich börste fast vor Zorn, vor Rache und vor Wut,
zu Hanns Wurst. Komm her, verschlinge mich grausames Ungeheuer,
Hanns Wurst *forchtsam*
Ach wär ich dasmal fort, das wär für mich recht gut.
Madame, ich bin der Bräutigam,
Isabella *freundlich.* Ja, ja, ich kenne dich,
Du bist, der mir mein Herze nahm,
sie umarmen sich.
Ach! komme.
Hanns Wurst. Da bin ich:
Isabella *rasend, stost Hannswurst von sich.*
Fort Basilisque, fort Crocotil,
Nach Blut geht nur dein Durst.
Hanns Wurst. Bey meiner Treu, das ist zu viel,
Ich bin ja der Hanns Wurst.
Isabella *freundlich.* Mein Engel, komm umarme mich.
Hanns Wurst *forchtsam, umarmet sie.* Was wird wol noch daraus.
Isabella *mit Dolch.* Stirb Mörder, Schelm hab ich dich.
Hanns Wurst *ängstig.* O weh! Jetzt ist es aus.
Isabella Wilst du lieben?
Hanns Wurst Ja.
Isabella Wilst du sterben?
Hanns Wurst Na.
Isabella Wilst du lieben?
Hanns Wurst Ja.
Isabella Wilst du sterben?
Hanns Wurst Na.
Isabella Wilst du sterben?
Hans Wurst Na.
Isabella Wilst du lieben?
Hanns Wurst Ja.
Isabella Wilst du lieben?
Hanns Wurst Ja.
Isabella Wilst du sterben?

Hanns Wurst Na.
Isabella Nun wolan, so solst du lieben.
Hanns Wurst Wär ich doch zu Haus geblieben.
Isabella *serieus* Höre meinen Entschluß an:
Du solst mit mir stets in Plagen,
Ja in Jammer, Angst, und Noht
Deine Lebens-zeit zutragen,
Endlich folgt darauf der Tod.
Unsre Eh, sey Qual und Weh.
Hanns Wurst *Adagio* O du Wunder-schöne Eh!
Isabella *fröhlich* Komm, mein Leben! komm, mein Herz!
Komm zur Hochzeit, komm zum Scherz.
Hanns Wurst Sehn wir lieber auf einmal
Auf St. Marx, ins Narrn-spital.

Isabella nimmt Hanns-Wurst bey der Hand, und unter Springen trara, trara, ab mit Hanns-Wurst.

NB. Zum Schluß der Comödie stellet sich Bernardon tod, und folget das Quartetto von Rosalba, Bernardon, Dorinte, und Leander.

Nr. 10. Quartetto.

Rosalba *traurig* Zweymal hab ich dich verloren,
Allerliebster Bernardon!
Jetzt hab ich mir den erkohren,
Der mich trägt als Braut davon.
Bernardon *stehet auf.* Halt, Madame! ich bin nicht tode,
O wie standhaft bist du doch!
Das ist wol die schönste Mode.
Rosalba *erschrocken.* Bernardon! wie? lebst du noch?
Bernardon *zornig.* Ey! ich hab nur wollen sehen,
Wie es mit der Treu wird stehen;
Aber jetzo seh ich klar:
Der eim Weib traut, ist ein Narr.
Bernardon *zu Rosalba.* Madame! die Untreu war zu bald;
Rosalba Ich meyn, du wärest tod,
Bernardon Allein, ich ware noch nicht kalt.
Rosalba Mich bracht dazu die Noht.

Gedult! jetzt ist es schon vorbey,
Und dieser ist nun mein.
Bernardon Das ist a Bärnhäuterey;
Wanns aber muß so seyn,
So blicke mich statt deinen Mann
Du kleines Fischberl du!
Als deinen Herrn und Vattern an.
zu Dorinte. Was sagen sie dazu?
Dorinte Ich habe dir mein Wort gegeben,
Wann es noch möglich wär,
Daß ich mit dir vergnügt wolt leben,
Gib Hand und Herz nur her.
Leander *zu Bernardon.* Herr Vatter! ich bin jetzt sein Sohn,
Er bleib aus meinem Haus.
Bernardon Das wär a Resolution,
Da wird wol nichts daraus.
Dorinte *zu Bernardon.* Warum?
Bernardon Aus Lieb zu meinem Kind.
Dorinte Monsieur! das laß er bleiben,
Die Kinder-lieb ist oft gar blind.
Leander Ich will den Ausspruch schreiben:
Ein jedes bleib für sich.
Dorinte Mein Bernardon ist mein.
Rosalba Und dieser ist für mich.
Alle Vier Vivat, so muß es seyn,
So hat der Streit ein End.
Bernardon und **Leander** Mein Weiberl, mein Engel,
Rosalba und **Dorinte** Mein Monnerl, mein Schatz.
Rosalba und **Bernardon** Mein Vatter! Mein Kind!
Alle Vier So leben wir content,
Nur daß auch die uns zugeschaut
Mit uns vergnüget sind.

Ende

ETWAS
FÜR
KASPERLS GÖNNER.

Wer wird den Kasperl sehen,
der nicht von Herzen lachet.
Da dieser liebe Narr
so schöne Gsichter machet?

Abb. 3: Kasperls Vertreibung, anonyme Karikatur, um 1800.

Kasperl der Ehrenmann! der mit unaussprechlichen Grimassen, unzähligen Verzuckungen seines Körpers, im Schweiße seines Angesichts sich äußerst bestrebt, den, zum Mißvergnügen leider vieler, zum Teil unterdrückten Marionettengeschmack zu erheben und aufrecht zu erhalten.
Ich sage zum Teil unterdrückten: weil die Abschaffung dieser elenden Possenreisser in den ihnen zugetanen Herzen merkliche Spuren ihres Mißvergnügens und oft in widersinnigen Eifer ausbrechenden Verdrußes hinterließen. Viele, denen das Andenken weiland Hanswurstes (dessen Anhänger Kasperls Partei zugewachsen sind) so wert ist, daß sie mit einem ihre ganze Seele ausdrückenden Blicke versichern, sie hätten von der Zeit kein Spektakel besucht, als die Schaubühne einen so wichtigen Verlust erlitten, und der Ort des Ergötzens sich in einen Platz des Weinens, Seufzens und Moralisierens umgewandelt hat, und kaum ein oder ein paar Akteurs was Spaßiges hervorbringen können. Warum, sagen sie, soll ich mein Geld für Weinen ausgeben, da die Welt ein Sammelplatz des Jammers und des Weinens ist? Man hat kaum eine Belustigung – ach! die alten Komödien, die spanische Eifersucht! die Insul Zeleri und Kelleradi! die Geistkomödie, das waren Piecen! doch diese Zeiten sind dahin. Ein tiefgeholter Seufzer ist Zeuge ihres Anteils.
Andere, welchen Natur nicht so viel Phlegma gönnte, posaunen das Lob jener Zeiten aus, da die Seele der Schauspiele der grüne Hut war, mit einem Angesicht, woraus ein Feld voll Teufeln leuchten; ja sie wären bereit, den Widersprechern mit Rippenstößen und Maulschelle die Klarheit dieser ihnen so klaren Meinung begreiflich zu machen.
Man besuche die Schaubühne dieses Lieblingsspaßmachers und man wird unter jedem Stande und Alter ihm zugetane Herzen finden. Erwartung, Raisonnements über seine Geschicklichkeit, bei welchen einem die Galle möchte übergehen, das sich auf dem Angesicht meister auszeichnende Vergnügen, Händeklatschen, bei den elendsten, aus Marionettentheatern entlehnten Possen und Sachen, wenn der

Diener (was gemeiniglich die wichtigste Stelle ist) seinen Herrn tüchtig herumkarwatscht.
Ich bin überzeugt und will es zur Ehre unserer Nation glauben, daß besonders der denkende Teil der Menschen diesen Schauplatz nicht um der Schauspiele willen besucht, wovon keine der Aufmerksamkeit würdig ist, er besucht sie wie einen öffentlichen Gesellschaftsort – um seine Bekannten zu finden.
Galante Welt bestimmt Fürwitz, wovon auch hier Allongeperücken nicht ganz frei sind, Rendez-vous, Eroberungen usf.
Doch kann er sich vieler wahrer Gönner und Mäzenaten rühmen, welche lieber Gesicht und Gehör verleugnen, als daß sie ihn anders finden sollen als witzig, spaßig.
Es wäre zu wünschen, daß der denkende Teil wenigstens dem Geschmack nur die einzige Gewogenheit erweiste und solches Vernunft und Anstand entehrendes Gezeug mit ernster, Merkmale seines Unwillen ausdrückender Miene aufnähme. Sein Beifall soll wenigstens nicht ein Lohn der dümmsten Einfälle sein. Er stelle sich vor, daß es ihm eben nicht glorreich ist, Torheit, welche die Mathieselgalerie mit freigebigem Händeklatschen empfängt, weil sie, wenn man so sagen darf, mit ihr homogenisch ist, eine solche Torheit mit seinem Lächeln zu begünstigen.
Ein sich gelahrt dünkender, ohne Zweifel Kasperls würdigster Gönner beteuerte: auch der strengste Philosoph, der diese Spektakel ansieht, könnte sie nicht ohne Lachen, ohne innige Zufriedenheit verlassen. Ich sagte, daß ich zwar das erstere zugebe, daß das Wohlgefallen der Zuseher an solchen Mißgeburten ihm mitleidendes Lächeln ablocken würde, da ich an dem zweiten sehr zweifle. Es fiel mir die Stelle des Boileau – auf:–
– qu'il n'est point de fou, qui par bonnes raisons. Ne loge son voisin aux petites maisons.
Um weiterem Deraisonnement auszuweichen, sagte ich: warum soll man dann nicht lachen? Kasperl lacht ja auch – – und mit Recht – – Lachen ist sein Endzweck, sein Brot und Ruhm.
Wir gehen in die Schaubühne, um ergötzt zu werden, darum

einzig und allein, der ganze Unterschied unter den verschiedenen Gattungen von Zuschauern beruht darin: was eine jede derselben vorzüglich ergötze.
Doch dieser locus communis ist so abgedroschen, und die nähere Anwendung könnte leicht so bitter werden, daß ich lieber davon abbreche. –

Eine Scene
Kasperls Gönnern gewidmet.

Aus einer nagelneuen, wunderschönen, durchaus zum Lachen eingerichteten, mit Dekorationen, Theaterverzierungen, Maschinen, Flugwerken, Versenkungen, Verschwindungen, Verkleidungen versehenen, auf die Person des Kasperls besonders eingerichteten, mit vielen Arien, Duetten, Terzetten, Quartetten, Quintetten, Sextetten, Chören und Tänzen besetzten, so gut, als von ihm selbst verfaßten Piece, genannt:

Das Spiel

der Liebe und des Glückes,
oder
Kasperl, der geglaubte Prinz
der Insul Csiri Csari.

N.B. Die Musik dazu ist von einem neu hergebrachten holländischen Autor verfertiget.

Valerio *im Schlafrocke.* Kasper! Kasper! er schläft noch der dumme Junge. Kasper! he Kasper!

Kasperl Glai glai, Herr Patron, lasts mi nur mein Hosen suchn.

Valerio Er hat sich wieder niedergelegt, er kann schlafen, der glückliche Schurke, da mein Herz keine Ruhe findet, weil hoffnungslose Liebe es quälet.

Kasperl *erscheint aller zerrauft.* Bin schon da, Herr Patron.

Valerio Aber wie siehst du aus, Kerl?

Kasperl Hm, hm, i bin hold no in mainer negligé – so ganz kamelot ists mir halt am liebsten.

Valerio Wie hast du den Brief an Angeolina bestellt? Rede, sage, wo ist die Antwort? *Kasperl gibt ihm eine Maulschelle.*

Valerio *läuft nach dem Degen.* Diese Verwegenheit kostet dich dein Leben! richte deine zerraufte Seele in Ordnung, du mußt sterben!

Kasperl *fällt ihm zu Füßen, schreit erbärmlich.* O jeges! O jeges! verschonts mai jungs Lebn, i bin jo meiner Mueder ihr schönster Sun, si hot jo gar kan ondern ghobt.

Valerio Sprich, Bestie, wo du nicht willst, daß deine spitzbübische Seele auf der Spitze meiner Klinge zittere.

Kasperl Jo jo, i will alls bstehn.

Valerio Rede, Elephanten-Schlingel, antworte, Mißgeburt.

Kasperl No, ös hobts gsogt, nit wohr, ös hobts gsogt, wos gsogt hobts.

Valerio Wie, du Hauskanalie, du erkühnest dich zu spaßen. *Greift nach dem Degen.*

Kasperl Auwe! Auwe! i sog schon, i sog schon. No, i bin holt hingongn, und do bin i durt gwest, und do begegnt mir anr in anr Parukn, ols wons d'Schwobn abgzuzlt hädn, er hot su gonz a hausmasterisch Gsicht ghobt, und wal ös gsogt hobts, i soll im Brief im Hausmastr gebn, so hobi gfrogt, ob er der Hausmastr is? Nu sogtr, worum frogtr? Narrischer Norr sogi, i muß in Hausmastr an Brief von Herrn Valerio gebn, und er mußn dr Fräula Anschula bringn, und dos derf kan Mensch wissn. No, sogter, iß schon on rechten Mon, giebr nur in Brief her. Ich frogn, ob i nid soll auf d'Ontwort wortn, do gibt er mir a Por Tetschn, doaß i d' Nosen auf der Erd gsucht hob, do host d' Ontwort, brings dein Herrn.

Valerio Himmel, das war ihr Vater!

Kasperl Das mus gwis amol a Schmolztrager gwest sein.

Valerio Ich bin verloren!

Duetto.

Valerio Ach! ich bin ein armer Mann.

Kasperl Ja, schauts, das geht mi niks an.

Valerio Esel, weißt du meine Pein?

Kasperl Ochs, laß nur das Lieben sein.

a due. Ja der Liebe
Süßen Triebe
Bringen uns nur Qual und Pein.

Valerio Du, verfluchter Kerl, bist an allem schuld, fort aus meinem Dienst!

Kasperl Saits su guat, göbts mir vorher mei Bsoldung, i dien eng a so schon 9 Johr, und hobts mir erst sechs Pfenning gebn.

Valerio Wart, Schurke, ich will dich bezahlen. *Greift nach dem Stock und karwatscht ihn.*

Kasperl Es hobts eng verzählt, i zahl engs zruck. *Erwischt einen Sessel und wixt seinen Herrn.*

Das Theater verwandelt sich in einen Wald, Kasperl tritt auf, seinen Wanderbinkel auf dem Rücken, eine Spansau auf dem Arm, singt:

Aria:

Armer Kasperl, nix zu lebn,
Nix den Madeln Pratzl gebn,
Nichts mehr sagen als wie eh,
Armer Kasperl hat Baucherweh.

Die Spansau schreit.

Sei still, lieber Narr, schweig still, i hob mir hold an guaden Raskompanion gnuma, won mi hungert, kon in vor lauter Lieb freßen. Main Mogn schrait a so ollwail Kälberbradl, Kälberbradl. Geh, wort auf a weni. *Will der Spansau aufwarten lernen, sie läuft ihm davon und verschwindet. Er läuft nach, plötzlich verwandelt sich ein Baum in ein Ungeheuer, welches Feuer ausspeit, die Zauberin Mägera kommt in einer Wolke, Kasperl fällt für Schrecken zu Boden und macht entsetzliche Grimassen.*

Mägera Der Unglückliche dauert mich, seine Dummheit gefällt mir, ich will ihn in meinen Schutz nehmen, ich will ihn anreden. Wer bist du?

Kasperl I bin, i bin, ja wons is nur wüßt, i bin halt meiner Mueder ihr Sun, i konn engs nid sogn, hob i an Vadern ghobt oder nid; aber i bit eng, seids gscheid, thuets mir nix, sunst schlog i eng olle Zend in Hols, mai abscheuli schöni schwarzi Frau.

Mägera Tritt näher, ich will dich beglücken.

Kasperl Han main migli, was ös mir da sagts, war schon recht, war schon recht *steht auf und nähert sich ihr mit vielen Grimassen.*

Mägera *gibt ein Zeichen, es entstehet ein heftiges Ungewitter, aus der Erd und Luft kommen viele Gespenster, Geister* *und Teufel; Kasperl schreit erbärmlich:* O jeges, o jeges, helfts m'r, die teuflischen Teufeln; *er versteckt sich hinter Mägerens Mantel.*

Mägera Höret meinen Befehl *Die Geister neigen sich,* diesen Sterblichen empfehl' ich eurer Obsorge, bringt ihn in die Insul Csiri Csari. Verwechselt ihn mit dem Prinzen, diesen bringet auf mein Zauberschloß.

Kasperl *gukt hinter dem Mantel hervor, gibt Zeichen seines Schreckens.* Han main migli, machts eng ka Müh, es iß schon a so gud.

Ein Geist *zu Kasperl* Komm Brüderl!

Kasperl Du warst mir a liebs Brüderl, du siehst jo aus wie a Gasbock. *Die Teufel ergreifen ihn und führen ihn unter vielem Geschrei durch die Luft. Die Bühne verwandelt sich in den prächtigen königlichen Palast der Insul Csiri Csari. Kasperl in kalikutischer Kleidung liegt auf einem Ruhebett und schläft; er erwacht, besiehet sich und sagt:* hannts, wo bin i denn? main Kanduß sieht spaßig aus, es muß do nit richti zugehn. *Der Großkanzler und die ersten Minister der Insul Csiri Csari treten auf.*

Großkanzler Wie haben Euer Hoheit geruht? *Ein Hund, der mit ihnen hereingekommen, läuft auf Kasperl zu; der erste Minister jaugt ihn mit seiner Kappe weg und sagt:* Zuckti, Budl, beis mein Prinzen nicht in**

Großkanzler Haben sich Euer Hoheit entschlossen, die Prinzessin Pumsia zu ehlichen, damit unser Reich erhalten wird, wie es der Spruch des Orakels ist.

Kasperl Ös werds mi verkena, wer saits ös denn?

Großkanzler Euer Hoheit belieben nur mit Ihren Dienern zu spassen, wir sind dero getreueste Unterthanen.

Kasperl Wanns Mensch schen iß, i häuraths von Fleck weg.

Alle Vivat; vivat! er hat sich entschlossen; sie leben! *Man bringt ihm das Portrait.*

Kasperl Die Spitzbübin hot ja a por Augn wie unser Wäscher Liesl, – richti, i häuraths Mensch.

Chor.

Dieses tat Mahomet,
Unser würdiger Prophet,
So viel Kinder wie die Wanzen
Sollen baldigst um euch tanzen.

Kasperl.

Zwiefel, Knofl, dos is a Madl
Wie Specksolot mit schwainan Bradl.

Chor.

So viel Kinder wie die Wanzen
Sollen baldigst um euch tanzen.
Dieses tat Mahomet,
Unser würdiger Prophet.

Anmerkung über die Zuseher bei Spektakeln.

Ich besuche die National-Schaubühne öfters und es ist meine vorzügliche Ergötzung, die ich hier finde, frei von allen Nebenabsichten wohn' ich dem Spektakel bei; wider meinen Willen machte ich einige Anmerkungen in Absicht auf die Zuseher. Es fügte sich, daß ich meinen Sitz neben einer Frau bekam, die ungeachtet ihres Reifküttels, welcher mich freilich etwas inkommodierte, und ihres Anzuges, bei welchem Altmodisches mit dem Neuesten kontrastierte, mich doch nicht aus meiner ruhigen Verfassung und Aufmerksamkeit auf die Spielenden bringen konnte, ob sie gleich ihrer Gesellschafterin ziemlich laut disserierte. Bis sie leider mich zum Gegenstand ihres Gespräches wählte, auf welches ich sehr wenig gab: – dieses Gewäsch war ein Extrakt aller ihrer vormaligen, jetzigen und zukünftigen Umstände, und ich darf sagen: Cicero hat bei allen seinen Reden nicht so viele rhetorische Figuren angebracht, wie sie in diesem kurzen Gewäsch, nebst vielen Texten, die sie aus der Schrift citierte.

Sie fieng zuletzt an, mich, den sie zum ersten sah, nie kannte, so auf eine Art, per enumerationem partium zu loben, daß ich billig auf den Gedanken verfallen mußte, sie wäre nicht richtig im Kopfe; das Ende des Spektakels war mir gewiß nie erwünschter, als diesmal.

Nach einigen Tagen sah ich diese Dame an einem öffentlichen Ort in Begleitung eines Bedienten, dessen Livree einem Schnapsack gleichte, den Hut à la mortbleu, mit fliehenden Haaren einem reisenden Schneiderburschen ähnlich, daher rudern. Ich fragte meinen Freund, ob er dieses Original nicht kennte? Er sagte par renommée, sie wäre in qualitate Frau v.**. Gott lasse sie gescheit werden, war meine Antwort; er setzte hinzu: man will eine Bemerkung gemacht haben, wenn man einen reisenden Schneiderbursch oder preußischen Deserteur in dem Bezirk ihrer Wohnung Vorübergehende um Almosen ansprechen sieht, so könnte man sicher schließen, in wenig Tagen ihn in der Livree mit gelbem Krägel zu sehen.

Ein andersmal traf mich ein ähnliches Schicksal. Den Platz neben meiner hatte ein Mann nahe bei 40 Jahren eingenommen, ich sah es ihm aus seiner Miene und auf der Nasenspitze an, daß er sich dünkte, mehr als andere zu verstehen, er kauschte ein verwirrtes Zeug über verschiedene Stücke. Aus meinem Betragen hätte er abnehmen können, wie ich von seiner Vernunft überzeugt sei, er fragte mich, wie mir König Lear gefällt? Ich konnte nichts anworten – hatte keinen Sinn vor das Wort Gefallen – Shakespeares Meisterstück, das nur Shakespeare hervorbringen konnte, – Schröders Ruhm, der ganz Lear ist, – gefallen – – ich, fuhr er fort, finde nichts sonderbares daran. Das lasse ich zu, antwortete ich und wandte den Diskurs auf Kasperl, auf die Ochsenteilung, worüber er sehr vieles raisonierte. Ich nahm bald meinen Abschied und setzte mich in ein Winkel der Galerie.

Überaus hab' ich gefunden, daß wenige den Endzweck der Spektakeln kennen und dadurch Menschen von Geschmack zur Last werden, denkende durch ihr Geschwätz stören. Man hört öfters bei Stellen, die Menschen ganz hinreißen sollten – Sie sind allerliebst aufgesetzt –. *** wird sich verheiraten –. – ich habe gestern rasend verspielt – Baron ** ist ein allerliebster Mensch – – betrachten Sie das Mädchen in der Loge, wenn Sie einen Stoff von letzter Mode sehen wollen, das gute Kind weiß sich nicht zu kleiden – ist ** mit ihrem ** ausgesöhnt, sie macht ihr Glück, eine verlegene Schönheit – – ich war in der Hetze –. *** Stubenmädchen ist entwichen –. Das Mädchen von 13 Jahren im zweiten Stock in *** Loge gibt förmliche rendez-vous trotz der ausgelehrtesten.

Wie wäre es zu wünschen, daß alle platonischen Menschen, welche die edle Absicht des Theaters nicht kennen, Ochsenteilung oder Hahnenhetze zum Gegenstand ihres Spektakels wählten oder wenigstens mit Kasperl sich begnügten.

Das Muster der Schaubühnen.

Weit entfernet mich in der Weite der Schauspielkunst einzulassen. Würdige Gelehrte, worunter besonders Lessing, unternahmen dieses mit einem ihrem Unternehmen entsprechenden glücklichen Erfolge.

Lessing, dessen Angedenken nur wenigen Edlen, die fühlen, was in dem Manne lag – – unschätzbar ist, die seiner Asche im tief gebeugten Herzen stille Thränen weinen.

Der große Einfluß, den die Schauspiele auf die Sitten des Volkes haben, ist sehr beträchtlich. Man braucht nur richtige Vernunft und weniger dem Kasperl zugetan sein, so wird man weit über alle Vorurteile erkennen, daß die National-Schaubühne, welche der weiseste Monarch, dessen einzige Absicht das Glück seiner Völker ist, zum Besten der Nation in jenen Stand gesetzt hat, daß sie eine Schule der edlen Sitten und des guten Geschmacks ist; daß sie sowohl in Betracht der Schauspieler, welche gute Sitten mit dem Meisterstück in ihrem Fache verbinden, als auch in Erwägung der Zubereitung und Aufführung der ausgesuchtesten mannigfaltigen Stücke als ein Muster der Kunst und der Einsicht betrachtet werden muß.

Wolfgang Amadeus Mozart

DIE LIEBES-PROBE

Ein Lust Spiel
in Drey Aufzügen

Abb. 4: Wolfgang Amadeus Mozart,
›Gehn wir im Prater, gehn wir in d'Hetz‹,
Vierstimmiger Kanon, 1788.

Personen:

Hr. von Dummkopf
Rosaura *seine Tochter.*
Trautel *dessen kammerMädchen.*
Leander *Liebhaber der Rosaura.*
Wurstl *sein bedienter.*
Hr. von knödl *Liebhaber der Rosaura.*
kasperl *Hausknecht des Hr. von Dumkopf.*
Die Hexe Slinzkicotinzki.
Eine Zwergin.
Eine Riesin.

Erster Aufzug

Erster Auftritt

Das Theater stellt eine angenehme Gegend vor. – Links und rechts steht ein ähnliches Haus.

Man hört schnalzen und Posthorn blasen. **Wurstl** *fährt den* **Leander** *auf einem schubkarrn heraus – bläst und schnalzt.*

Wurstl *leert den Schubkarrn aus.* Da sind wir.

Leander *Der sich von dem Boden aufricht.* Du ungeschickter kerl, was hast du denn gemacht.

Wurstl Allons. ausgespannt.

Leander Du verdamter Esel! – wirft man denn seinen Herrn so hin! – es wäre kein Wunder wenn ich mir arm und bein gebrochen hätte. ich hätte herzlich lust dich wacker herum zu Prügeln. – Doch – Dein glück daß die begierde, meine geliebteste Rosaura wie eher wie lieber wieder zu sehen, und zu umarmen, zu gros ist, als daß ich mich weiters mit einem solchen laffen, wie du mein sauberer Herr von Wurstl bist, länger aufhalten sollte. –

Wurstl Lieber Herrn Poltron . . .

Leander Was sagst du, flegel? – Poltron! – Patron wirst du sagen wollen.

Wurstl Nun Ja: Patron, ich habe mich nur veredet. – Nun also, liebster, bester Herr Pol-Patron Sprech' ich; nemmen sie mirs nicht übel, ich hab' es Ja nicht aus unschicklichkeit sondern mit fleis gethan; und mein Eyfer sie bald und geschwind hieher zu bringen war so Eyfrig und geschwind, Daß ich aus lauter Eyfer und geschwindigkeit nicht wußte soll' ich sie herwerfen oder herschmeißen.

Leander Du bist halt sammt deinem Eyfer und geschwindigkeit der größte Esel den ich in meinem leben gesehen; – Je nun, für diesmal will ich es dir noch verzeihen, aber ein andermal . . .

Wurstl Ein andermal will ichs schon besser machen.

Leander Was? – noch besser willst du es machen?

Wurstl Natürlich! – wenn ichs heut schlecht gemacht hab, muß ichs Ja ein andermal besser machen.

Leander Ja so wohl; – Nun gehe, und mache Daß ich bald das glück wieder genüssen kann meine geliebteste und anbetungswürdigste Rosaura zu Sprechen. – Allons: frisch; klopfe an. – Der teufel – welches Haus ist es wohl? – Dies rechts, oder Jenes links? – es sind nun schon Drey volle Jahre daß ich abwesend bin, und es ist mir nicht möglich unter diesen beyden Häusern zu unterscheiden welches Das rechte seye. –

Wurstl Potz Sackel voll Mehl; ich auch nicht; – Quod est faciendi, was ist zu machen?

Leander Das weis ich selbst nicht; – ich möchte nicht gerne an unrechte leute kommen. – weist du was Wurstl – horche ein wenig an beyden Häusern ob du nicht eine Weibliche Stimme vernemmen kannst, welche mit der bezaubernden Stimme meiner schönen Rosaura eine ähnlichkeit hat. –

Wurstl Das ist g'scheid. – wenn meine trautel redt, die kenn' ich gewiß gleich – die hat eine Stimme wie eine kuhklokken. – Nun wollen wir das Werk mit freuden ergreifen.

Er geht an beyde Häuser und schmeckt.

Leander O Rosaura! wie sehne ich mich nicht nach dem glücklichen augenblick dich wieder zu sehen – zu umarmen. – Nun Wurstl – hörst du was? – was teufel machst du denn? – warum schmeckst du denn so herum? –

Wurstl seyens doch still. – wenn Meine trautel in einem von diesen beyden Häusern ist, so schmeck ich sie gewis; – ich kenn ihren geruch noch ganz gut; aber seyens Mäusel Still, das sag ich ihnen, sonst verlier ich den geruch, und dann . . .

Leander Nun so mag* nur hurtig.

Wurstl *schmeckt an dem Hause rechts.* Pfui, Pfui . . . das ist ein gestank! – Da ists nichts. *schmeckt an dem Hause links* a ha! – welch himmlisch-süßer geruch! – Ja, Ja, du kommst von meiner lieben trautel;! – Nu – geschmeckt hab ich dich, izt möcht' ich dich auch gern sehen. *er klopft an* trauterl, komm heraus; – liebs trauterl.

* recte: »mach«.

Zweiter Auftritt.

Eine Riesin; und die Vorigen.

Riesin Da bin ich, was will der Herr? –

Wurstl *zurückprellend.* Poz tausend, die ist gewachsen! – *zur Riesin.* Ja – bist es, – oder bist es nicht?

Riesin Ja, mein liebs Wursterle, ich bin es; – ich bin dein liebs treues trauterle; – komm laß dich umarmen. *umarmt ihn.*

Wurstl Auweh! – hab mich nur nicht gar zu lieb: du erdrückst mich ja ganz. – Du warst sonst so ein artiges kleines Ding, so kurz beysammen, und izt bist eine völlig Heygeigen; sag mir doch, wie ist den das zugegangen daß du auf einmal so aufgeschossen bist? –

Riesin Ja, das will ich dir gleich erzehlen, mein Herzenswursterl. – höre.

Leander Gute trautel – es kömmt mir zwar etwas schwer dich also zu nennen, da es mir fast ohnmöglich scheint, daß du die trautel das kammerMädchen meiner angebettenen Rosaura seyest – Doch will ich mir alle Mühe geben es zu glauben, und dich – trautel nennen; – ich bitte dich also, liebe trautel, Spare deine Erzehlung auf eine gelegenere zeit, und mache lieber daß meine schöne Rosaura herauskömmt, denn ich muß sie sehen, Sprechen, umarmen, und – was weis ich alles.

Riesin gut, die sollen sie gleich sehen; – o das wird eine Freude seyn! – Doch – Da kömmt sie selbst schon.

Dritter Auftritt.

Eine Zwergin, und die Vorigen.

Riesin *zu Leander* – Nun, so gehen sie ihr entgegen.

Leander wo Denn? – ich sehe nichts.

Wurstl ich auch nicht.

Riesin Nun, da; – geben sie acht – Ey, izt haben sie sie getreten. *die Zwergin weint und schreyt wie ein kleines kind.*

Leander Es thut mir leid – aber – bei Gott, Das kann Ja nicht meine Rosaura seyn –

Wurstl Das ist Ja gar ein fatschenkind.

Zwergin Und doch bin ich es, mein Liebster; – Ja ich bin deine getreue – weis aber nicht ob ich noch deine geliebte Rosaura bin!

Leander Ach, nun erkenne ich dich! – wenn du schon in deiner äußerlichen gestalt nicht mehr das bist, was du warst; – so bist du doch in deinen gesinnungen noch die nemliche.

Wurstl *zu Leander.* Herr Patron; die ihrige ist weniger worden, und die meinige mehrer, folglich ist die meinige auch vornemer.

Leander *zu Wurstl.* Ja, die deine ist aber zu viel worden.

Wurstl *zu Leander.* und die ihrige zu wenig.

Zwergin Ich kann es ihnen, bester Leander, zwar nicht verdenken, daß sie befremdet sind mich in dieser kleinen gestalt zu sehen; Doch wünschte ich daß sie ihrer Verwunderung endlich ein ziel setzen, und sich wieder als der verliebte und zärtliche Leander gegen mich betragen möchten.

Leander Englische Rosaura; sie thun mir im höchsten Grade unrecht; – Erlauben sie daß ich zum beweise meiner unverbrüchlichsten treue und liebe ihre schöne Hand oder vielmehr Handerle küssen darf. *Er knieet nieder und küßt ihr die Hand.* – – –

Joachim Perinet

KASPAR, DER FAGOTTIST, ODER: DIE ZAUBERZITHER.

Ein Singspiel in drey Aufzügen
von Joachim Perinet.
Die Musik ist von
Hrn. Wenzel Müller
Kapellmeister dieses Theaters

Abb. 5: Kasperl, unbezeichneter Stich aus dem Wiener ›Theater-Almanach‹ auf das Jahr 1804.

Personen.

Armidoro, Prinz von Eldorado. Hr. Pondra.
Kaspar Bita, sein Begleiter. Hr. La Roche.
Bosphoro, ein Zauberer. Hr. Pfeifer.
Perifirime, die strahlende Fee. Madame Baumann.
Sidi, Favorite des Bosphoro. Mdlle Sartory.
Palmire, ihre Vertraute. Mdlle Trautmann.
Azili, ihre Vertraute. Mdlle Schmidt.
Idilis, ihre Vertraute. Mdlle Bullinger.
Bisi, ihre Vertraute. Mdlle See.
Zumio, Frauenwächter. Hr. Baumann der Jüngere.
Alma, Oberjäger des Prinzen. Hr. Holletscheck.
Pizichi, ein kleiner Genius. Johann Handel.
Jäger und Gefolge des Prinzen. Sklaven, Sklavinnen, Schützen und Geister.
Die Handlung ist in Owitschiwitsch.

Erster Aufzug.

Erster Auftritt.

Gebirgsgegend.
Die Ouverture drückt das Getöse der Jagd aus. Bey Eröffnung beginnt der Jägerchor, die sich bald sehen lassen, bald wieder verlieren. Ein Reh mit einem goldenen Halsbande läuft über das Gebirge.

Chor Hau! hau! hau! hau! verfolget das Wild
Nur wacker gezielt.
Es jage der Hüfthörner Schall
Das Reh über Berg und durch's Thal.
Durch Wälder und Flur,
Verfolget die Spur.
Hau! hau! hau! hau! – Nur wacker gezielt
Verfolget das Wild.
Dort läuft es, husch! husch!
Durch Röhrig und Busch,
Berg ab und Berg auf
Verfolgt es im Lauf,
Bald her und bald hin
Bald hin und bald her
Nur wacker gezielt, es entkommt uns nicht mehr.
Sie verlieren sich.

Zweiter Auftritt.

Armidoro, Kaspar *mit Pfeil und Bogen.*

Kaspar Das verdammte Thier hat Eure prinzliche Hoheit zum Besten und mich zum Narren.

Armidoro Und doch muß ich es erhaschen, es koste was es wolle.

Kaspar Wenn es kein goldenes Halsband hätte, so könnt' es zu allen Teufeln laufen. *indem er sich auf einen Felsen setzt, und aus der Waidtasche nascht.* Ich bin in der Tat schon müder als unsere Jagdhunde. – Noch obendrein haben wir unser ganzes Jagdgefolge aus den Augen verloren.

Armidoro Hasenherz! du wirst dich doch vor einem Reh nicht fürchten?

Kaspar Das nicht gnädiger Herr! aber meine seelige Mutter hat mir gesagt, daß's in der Gegend nicht recht richtig ist. Die strahlende Fee, das Strahlweib! geht da rum, und das Reh war wohl gar – Gott sey bey uns! – der Teufel! –

Armidoro Volksmährchen – laß uns lieber einen gescheidten Ausweg suchen.

Kaspar *weinerlich.* Ja, was hilft das? Bey Bergwerken hat der Zimmermann kein Loch gemacht. *Er will über das Gebirge, eine dichte Wolke läßt sich nieder, er schreyt.* Gnädigster Herr! gnädiger Herr!

Armidoro Kaspar, Kaspar! – wo bist du denn?

Kaspar *noch immer unter der Wolke.* ich glaub im Himmel, weil ich schon unter den Wolken bin. *Die Wolke zertheilt sich.* Ah! dem Himmel sey Dank! – *heraussteigend.* Da gehen sie nicht herauf gnädiger Herr! da ist ein abscheulicher Nebel.

Armidoro Komm, laß uns hier einen Ausweg suchen, *er geht auf die andere Seite, ein starker Donnerschlag, Kaspar sinkt sinnlos zu Boden.* Welch ein Schlag!

Kaspar Greiffen sie mich nicht an gnädiger Herr! Ich bin schon Staub und Asche.

Armidoro Steh auf und sey unbesorgt. Wir kamen ja nicht aus sträflicher Neugierde hierher. – War's nicht das Reh mit dem goldenen Halsbande, das uns hieher lockte?

Kaspar *bebend.* Aber – eben dieß goldene Reh – wem kann es anders zugehören, als der Goldarbeiterin Perifirime?

Armidoro Narrheiten! – Ich fürchte sie nicht, da ich sie nicht beleidiget habe. – Nimm dein Horn Kaspar, und blase meinen Leuten.

Kaspar Ach gnädiger Herr! – Ich kann nicht blasen: mir geht jetzt schon der Athem aus. – Wissen denn Euer Gnaden nicht, daß der Teufel auch ein Jäger ist – Eh ben! – ich will's probieren. *Er stößt in das Horn, ein wildes Geheul läßt sich von allen Seiten hören.* O Jemine! jetzt lassen sich schon die Bassisten von der Zauberinn hören. *Er läßt das Hüfthorn fallen. Das Reh erscheint wieder und bleibt am Fusse des Berges stehen.*

Armidoro Kaspar! – Siehst du, hier steht es wieder auf, spanne dein Geschoß –

Kaspar *es zitternd spannend* Gnädiger Herr! es geht nicht loß.

Armidoro Nun wohlan!

er wirft den Pfeil ab; das Reh fällt, das Felsentor öffnet sich unter einem fürchterlichen Geräusche; und Perifirime steht plötzlich vor ihnen. Sie ist ganz mit Strahlen umgeben, Armidoros und Kaspar stürzen nieder, und verhalten sich das Gesicht.

Dritter Auftritt.

Vorige, Perifirime.

Kaspar Auweh, auweh! – Ich seh es schon, daß ich völlig stockblind bin. *er liegt der Länge nach hin.*

Armidoro Grosse Fee! Zürne nicht auf einen Mann, der dein Revier durch seinen Fußtritt entweiht hat. – *er bedeckt noch immer das Gesicht*

Perifirime *tritt aus den Strahlen* Deine Bescheidenheit gefällt mir, und darum verzeih ich dir den Tod meines Lieblings Rehes. *sie berührt beyde mit dem Stabe* Steh auf mein Sohn, und auch du treuer, nur ein wenig furchtsamer Gefährte deines Herrn! – Für euch ist mein Glanz nicht verderblich.

Kaspar *aufschielend* Ich bin froh, wenn ich da ein wenig ausdünsten kann. Die Sonne hat sich freylich ein wenig versteckt, aber desto eher haben wir ein Donnerwetter zu befürchten. *Er richtet sich nach und nach auf*

Perifirime Ich kenne dich schon lange mein Sohn. –

Kaspar So! – Habens uns etwa gar selbst aufgepaßt denn das ist itzt die neueste Mode? *Armidoro droht ihm.*

Perifirime Nur du allein kannst mich an meinem Feinde rächen. Kommt mit mir, damit ich euch sage, was ihr zu thun habt.

Armidoro Gebeut, und ich folge dir.

Kaspar *voll Angst* Barmherziger Himmel! Itzt müssen wir uns gewiß dem Schwarzen unterschreiben. – Zum Glücke, daß ich gar nicht schreiben kann.

Perifirime Komm!

Kaspar Erlauben Sie – meinem Herrn gebührt die Ehre. – Ich bin da nicht recht zu Hause.

Perifirime Verzagter! – Weigre dich nicht, und reize nicht länger meinen Zorn.

Aria.

Groß, groß ist die Macht der Feen.
Fremdlinge, ihr sollt es sehen.
Über Feuer, Erd, und Wellen
Haben Feen zu befehlen
Über Luft, Blitz, Sturm und Donner
Über Luft und Erdbewohner
Über Tag und über Nacht
Herrscht der Feen grosse Macht!
Aber Fremdlinge, euch beyden
Bringt die Zukunft tausend Freuden
Zittert nicht und folget mir. *Sie führt beyde ab.*

Vierter Auftritt.

Das Theater verändert sich in das Innere der Zauberhöhle, die äusserst dunkel erleuchtet ist.

Perifirime, Armidore *und* **Kaspar.**

Kaspar Pfui Teufel, da sieht's ja aus wie in einem Todtenkammerl?

Armidoro Rede mächtige Fee, dein Knecht erwartet deine Befehle.

Perifirime Der Dienst, den ichvon dir begehre, erfordert nicht soviel Stärke als Klugheit.

Kaspar tausend Dank gnädige Frau! auf diese Art hab ich gar nichts bey der Sache zu thun.

Armidoro Schweig!

Kaspar Ich muß doch was reden, sonst fürcht' ich mich ja in dem verdammten finstern Loch! – Gnädige Frau Fee, laßt's doch Lichter bringen, daß ich eure Schönheit besser bewundern kann. *Eine Flamme steigt vor Kaspar vom Boden auf, der niederstürzt* Auweh, auweh! ich fühle schon die höllischen Flammen. Erbarmet euch über mich, wenigstens ihr Herr Prinz und löschet oder blaset mich.

Perifirime Wenn du dich nicht bald zur Ruhe giebst, so soll dich die Erde lebendig verschlingen.

Kaspar *aufspringend* Lieber sterben!

Perifirime Nun so höret. – Nicht weit von hier auf dem Berge Stigarix wohnt ein Zauberer, der mir vor vielen Jahren ein köstliches Kleinod entwendete.

Kaspar Und das sollen wir aufsuchen? – Das mag der Teufel finden. *Armidoro winkt – Perifirime droht mit dem Stabe.*

Perifirime Dieses Kleinod ist ein vergoldeter Feuerstahl. Jeder Funke, den ich damit schlug, war ein mächtiger Geist, der meinen Befehlen gehorchte.

Kaspar Da blieb ich lieber mein Lebtag in der Finster.

Perifirime Meine Sicherheit schläferte mich ein. Bosphoro merkte diese Sorglosigkeit, und entwendete mir ihn durch Betrug.

Kaspar Das ist ein Schnipfer!

Perifirime Nur ein Jüngling von männlichem Alter, dessen Herz noch nie die Macht der Liebe empfand, kann mir dieß Pfand meiner Herrschaft wieder schaffen.

Kaspar Hab ich's nicht gleich gesagt, daß ich nichts dabey zu thun habe.

Perifirime *zu Armidoro* Du allein hast die Prüfung bestanden, und dein Diener Kaspar, der eben so unschuldig ist, ist es werth dich zu begleiten. *Kaspar geht stolz auf und ab* Noch einmal edler Jüngling, sage, bist du noch rein!

Kaspar Sagen Sie »Nein« gnädiger Herr! die Lüge wird wahrlich nicht so groß seyn. *leise.*

Armidoro Gütige Fee! du kennst mein Inneres und bedarfst meiner Antwort nicht.

Aria.

Kraft und Jugendfeuer glühet
In dem Arm und in der Brust –
Und in meinem Herzen blühet
Keim der unbekannten Lust.
Eine Flamme fühl ich brennen
Bänglich wohl fühl ich ein Sehnen
Feuer, Feuer brennt in mir

Alles glüht und tobet hier.
Unbekannt, für wen es fühlt
Bleibt die Sehnsucht ungestillt.

Perifirime Wohlan junges Blut, rüste dich mit Vorsicht und Muthe. Bosphoro hält eine Jungfrau *mit sichtbarer Wehmuth* wider ihren Willen eingeschlossen, und wird dir also in deiner natürlichen Gestalt nie trauen. –

Kaspar Juchhe! Wir kommen zu Frauenzimmern! Nun schwindet alle Finsterniß vor meinen Augen.

Perifirime *Zween kleine Genien bringen die Zauberzither* Nimm diese Cither, sie hat die Kraft die Herzen zu lenken, und Leidenschaften aller Art zu erregen und zu stillen.

Kaspar Hätt' ich doch in meinem Leben nicht geglaubt, daß der Prinz ein Harpfenist werden sollte.

Perifirime Nimm diesen Ring.

Kaspar *leise* Nur das nicht gnädiger Herr! sonst müßt ihr die Hexe heurathen.

Perifirime Er giebt dir jede Gestalt, die du wünschest, sobald du selben an deinen Finger drehest.

Kaspar Schöner kann ich unmöglich mehr werden. –

Perifirime Auch für dich ist gesorgt. Der Unhold hat noch mehrere Schönen in seiner Gewalt. – Weil du aber meine Hülfe verachtest, und auf dich allein bauest, so versuche dein Glück. – Bist du aber in Verlegenheit oder in Gefahr, so rufe nur Pizichi, und ich werde dir Hilfe senden.

Kaspar Ich werde von ihrer Güte profitiren. Das Racketl meines Herzens fängt schon Feuer; und wird über den Zauberer mitten unter seinen Schönen zerknallen. – Fort, fort Frau Fee, und laßt uns durch eure höllischen Laternbuben leuchten.

Perifirime *winkt* Dieser Luftballon wird euch bequemer an Ort und Stelle bringen. *Ein Luftballon läßt sich nieder.*

Armidoro *Der in tiefen Gedanken stand* Aber mein armes Gefolge, mein Volk –

Perifirime Wird um euch die Trauer anlegen, um sie mit Scharlach zu vertauschen. –

Kaspar *der indessen die Luftmaschine betrachtete* Fahren wir Euer Gnaden? aber das sag' ich gleich, mit dem Rucken gegen die Pferd kann ich nicht sitzen, sonst –

Armidoro Muth und reines Gewissen – *er sitzt ein.*

Kaspar Sind zween kostbare Bissen. *Er geht um und um* O je, das geht gewiß; mein Herr verliebt, und da haben wir brennbare Materie genug. *sitzt ebenfalls ein* Allons Kutscher fahr zu! – Was begehrst bis zum Himmel?

Armidoro Ich räche euch, oder ich sterbe.

Perifirime Lebt wohl! – Unsichtbar umschwebt euch mein Geist, und bald werden wir uns glücklich wiedersehen. *Sie fahren ab*

Fünfter Auftritt.

Gebirgigte Gegend, mit dem Pallaste des Zauberers **Zumio.** *kommt aus dem Thore des Pallastes.*

Der Teufel möchte die Weiber länger hüten! ein Mann meiner Art und Dicke, muß doch wenigstens eine Erhohlung haben, sonst plagen sie ihn zu Tode. – Ja, wenn das ewige Einerley nicht wäre – aber so mags ein anderer aushalten, ich nicht. *schlägt auf den Bauch* Mein Bauch fodert Nahrung und – – Die Hand vom Bauch und auf den Mund, mein Herr kömmt. –

Sechster Auftritt.

Bosphoro, Zumio.

Bosphoro Was machst du hier Siebenschläfer? – Ein Wunder, daß dir die Sonne nicht das Bette bescheint. – Wie stehts um meine schönen Gefangenen?

Zumio Ach Herr, eben dieser fatale Dunstkreis hat mich aus ihren Wohnungen getrieben. – Ich bin soeben herausgegangen, um freye Luft zu schöpfen.

Bosphoro Wie steht es um Sidi?

Zumio Herr! bey meinem Bauche, sie wird so hager, als ich mit meiner erzwungenen Mäßigkeit zum Ochsen anwachse. –

Bosphoro Bald, bald wird sie geschmeidiger werden. – Du weißt, daß ich Palmiren liebe, und Sidi nur darum zur Gattinn wähle, um mich mit ihrer Mutter Perifirime wieder auszusöhnen, oder wenigstens ihrer dann zu spotten. –

Zumio Sehr weislich Herr; es scheint, als habet ihr in der weiten Welt in grosse Häuser hineingeguckt. – – – Doch seht Herr, seht: die Sonne beleuchtet schon die goldene Kuppel eures Pallastes. – Wollt ihr nicht Sidi einen Morgenbesuch geben? – Ein schöner Sommermorgen ist einladend. –

Bosphoro Sie ist kalt wie Eis und rein wie Schnee.

Zumio *höchst neugierig* Und wie alt sagt ihr, daß Sidi sey?

Bosphoro 20 Jahre.

Zumio 20 Jahre und noch unschuldig? Herr, den will ich sehen, der es leugnet, daß wir in einer Feenwelt leben.

Bosphoro Und doch, doch ist es so, lieber Zumio. – Komm mit mir, um mich mit Wohlgerüchen zu bespritzen, daß ich Sidis Atmosphäre durch Gestank nicht verpeste.

Zumio Ach lieber Herr – der natürliche Geruch ist der beste.

Bosphoro Keine Widerrede! komm, wir wollen sie vom Schlafe wecken, und ihre schönen Träume in Erfüllung bringen. *beyde ab.*

Siebenter Auftritt.

Kaspar *und* **Armidoro** *sinken am Boden nieder.*

Kaspar Hier gnädigster Prinz, muß der Orangoutan wohnen, denn unserer Equipage geht schon der Atem aus.

Armidoro Ja es ist alles so, wie uns die Fee erzehlte – Siehst du dort die goldene Kuppel seines Zauberpallastes? –

Kaspar Ja wohl, gnädiger Herr! dem goldenen Dache zu lieb würd' ich gleich ein Ziegeldecker.

Armidoro Nun will ich doch gleich das Geschenk der Zauberinn versuchen. *Er besieht den Ring.*

Ring vom Werthe, Ring vom Gold,
Sey mir gut und sey mir hold,
Spanne deine Kräfte an,
Mache mich zum alten Mann. *er dreht ihn am Finger.*
Nun merkst du keine Veränderung an mir?

Kaspar *der sich die Augen reibt* Nicht die geringste gnädiger Herr! – Wenn sie jemand ausser mir sähe, so müßt er das nehmliche bekennen.

Armidoro Vermuthlich hat der Ring nur die Kraft mich in den Augen des Zauberers und seines Gefolges umzuschaffen: laß uns das Geschenk ihrer Zither versuchen.

Kaspar Ach, goldener, gnädigster, liebster Herr Prinz! wie wollen sie denn auf der Zither schlagen, sie können ja gar kein Stückel?

Armidoro Dummkopf!

Kaspar Nu meinetwegen, fangen sie an. Ich will nichts davon wissen, wenn sie ausgepfiffen werden. – Wenn es nicht so frühe am Tage wäre, so könnte der Zauberer glauben, daß ihm die Katzen eine Cassation machten.

Armidoro Schweig Schurke! *er setzt sich auf ein Felsenstück, und fängt an zu schlagen.*

Aria.

Der Lenz belebet die Natur,
Die Schöpfung wird uns neu;
Aufs neue lachet Wies' und Flur,
Willkommen lieber May,
Die Blume blüht
Die Rose glüht,
Er grünet Laub und Baum,
Der Lenz belebet die Natur;
Die Schöpfung wird uns neu,
Aufs neue lachet Wies' und Flur,
Willkommen, lieber May!

Man sieht während dieser Aria mehrere Vögel auf die Äste der Bäume hinfliegen und sich wiegen, die in den Gesang mitzwitschern.

Armidoro Die kleine Nachtigall erfreut,
Und alles stimmet bey
Sie trillert um die Blüthenzeit,
Willkommen lieber May.
Sie singt und schlägt
Und trillernd weckt
Sie die Natur vom Traum.

Achter Auftritt.

Bosphoro *unter der Thür seines Pallastes will bereits voll Grimm auf ihn losgehen, und bleibt wie eingewurzelt stehen.*

Duetto.

Armidoro May und Liebe nach der Reihe
Seyd mir beyde werth und lieb.
Du, dem ich die Liebe weihe,
May, du bist mir doppelt lieb.

Bosphoro Welche Töne, welche Kehle?
Ists ein Mensch, der singt und schlägt?
Er entzücket Herz und Seele
Und erschüttert und bewegt.
Brav alter Kerl, du schlägst nicht übel. Du mußt ja schon nahe an die 70 Jahre seyn, und bist noch so munter?

Kaspar Ach kostbare Frau Fee! der Zauberer sieht auf 40 Jahre voraus.

Armidoro Ich bin ein alter Mann: freye Luft und freyes Spiel ist mir so nöthig als Speis und Trank. Ich wandere nun schon 40 Jahre von einem Orte zum andern, und erkundige mich überall, wo ich hinkomme, ob jemand meiner Kunst begehre.

Kaspar Ja, Eure königliche Zaubermajestät! und ich trage ihm die Noten.

Bosphoro Alle Teufel, was hast du da für ein wildes Murmelthier bey dir? das läßt du wohl nach deiner Zither tanzen?

Kaspar Nu, nicht übel – ich muß ein hübsches Aussehen haben.

Armidoro Dieser arme Unglückliche theilte Elend und Kummer mit mir, als ich noch darbte, bis mir diese meine Zither, das Geschenk eines alten Derwisches, mein gehöriges Auskommen verschaffte.

Kaspar O Herr, wenn ihr die Tugenden dieser Zither kenntet, ihr würdet mir gern ein Mittagsmahl vergönnen, denn mein Magen spielt schon ein so gewaltiges Konzert, daß ich meine Därme statt der Saiten auf die Zither spannen könnte.

Bosphoro Nun so kram aus, alter Klimperer.

Armidoro Ach Herr, von ihrer größten Gabe ist nun bey meinem hohen Alter nicht mehr die Rede. – Diese Wunderzither besitzt die große Tugend, alle Herzen zum Mitleid zu bewegen – aber das gilt nur alsdenn, wenn ich Piano spiele; das Allegro ist das Meisterstück: wenn ich dieses spiele, so schmelzen die Herzen aller Schönen.

Kaspar Das haben wir schon oft erfahren.

Armidoro Auch versteh ich die Kunst, den Zorn der Frauen zu besänftigen. Die Widerspenstigen mache ich zahm, die Spröden zärtlich: den Eigensinnigen vertreibe ich die Launen und Grillen; kurz es sey eine unmuthig als sie will, ich mache sie lustig.

Kaspar Und so treiben wir, wie Gaßner der Zweyte, nur etwas manierlicher, die Teufel aus.

Bosphoro Seht einer den alten Fuchs! – *zu sich* Welch ein glücklicher Fund! – Ich hätte Lust, dich zu meinem Schloßmusikus zu machen. –

Armidoro Ich danke für die Ehre.

Bosphoro Wie viel Zeit brauchst du, eine Spröde zärtlich zu machen?

Armidoro Über einen reichlichen halben Tag nie, sie sey so spröde als sie will.

Kaspar Nu Herr, da könnt ihr sehen, wie billig als wir handeln. Unsere Schönen lassen uns oft zu 6 Monaten schmachten: hingegen legen wir ihnen auch noch einige Monate zu, ihren Fehler nachzutragen.

Bosphoro Kommt und stärkt euch vorher.

Kaspar Ja wohl schwarzer Herr; hernach wollen wir erst zu den Schönen sehen.

Bosphoro *Er schlägt an die Thore, sie springen auf. Beyde gehen hinein. Wie Kaspar hinzugeht, fallen beyde zu.*

Neunter Auftritt

Kaspar *allein, hernach* **Perifirime** *unsichtbar.*

Kaspar He he! Aufgemacht! aufgemacht! – Nu, da bin ich sauber angekommen. – Ich glaube, mein Herr ist in den Keller gefallen. – He! Auf! Ihr habt einen Passageur verloren.

Perifirime *unsichtbar* Unvorsichtiger! So geht es, wenn man den Rath einer weisen Frau verachtet.

Kaspar *niederkniend* Ach gnädige Frau Fee, ich bitte euch um alles in der Welt – schickt mir wenigstens eine Maultrommel, damit ich darauf eine Simphonie schlagen kann.

Perifirime Hast du denn dein Zauberwort bereits vergessen?

Kaspar *aufspringend* Ist auch wahr! He! Pizichi! Pizichi!

Zehenter Auftritt.

Kaspar *Ein kleiner Genius bringt einen sehr großen Fagott, und überreicht ihn Kaspern.*

Kaspar Was Teufel ist das für eine Maschine? Was soll ich denn damit machen?

Genius Blasen, blasen! *er läuft hurtig ab.*

Eilfter Auftritt.

Kaspar *allein.*

Warte kleines Spitzbübel, ich will dich blasen lehren! – Was soll ich denn jetzt mit dem Rollprügel anfangen? – Ich hab' oft bey Konzerten gesehen, daß einer drein gebissen hat! – Ich will's probiren. – Vielleicht hilft mir die Frau Fee, und blast mir vor. Ich will mit meiner Silberstimme ein rundes Liedel dazu singen.

Aria.

Die Mädel, die Lieb' und der Wein
Begeistern die Menschen allein.
O Liebe, mein Labsal bist du,
Und du liebes Flascherl glu, glu.
O Pizichi, Pizichi! hilf mir aus Noth*
O Pizichi, blas anstatt meiner Fagott.

* Pizichi kömmt und akkompagniert ihm auf einem kleinen Fagotte.

Zu spienzeln ist kostbar und gut,
Der Wein machet feuriges Blut:
In's Herzerl schleicht Liebe hinein
Und naß durch die Gurgel der Wein.
O Pizichi, Pizichi! hilf mir aus Noth
O Pizichi, blas anstatt meiner Fagott.

O Liebe, mein Labsal bist du
Und du liebes Flaschel glu, glu!
O Pizichi, blase mir ein,
Mir fallt sonst beym Teufel nichts ein.
O Pizichi, Pizichi! hilf mir aus Noth
O Pizichi, blas anstatt meiner Fagott.

Zwölfter Auftritt.

Voriger, Zumio, *der ihm schon lange in Begeisterung zugehört hatte, fällt ihm voll Entzücken zu Füssen.*

Kaspar *erschrocken* Hab' ichs nicht gleich gesagt, daß ich die wilden Bestien noch zahm machen werde?

Zumio Welch ein bezaubernder Ton! Welche reine, harmonische Stimme! – Bist du ein Menschenkind oder ein Göttersohn?

Kaspar *ihn parodierend* Bist du gescheit oder närrisch? – Ich bin nichts mehr und nichts weniger, als ein herumreisender Fagottist, der hier unter dem Fenster eine Gastrolle spielt, indessen sein Herr im Pallaste den Zauberer mit seinem Hackbrettel unterhält. *Er sieht die Thüre offen* Dem Himmel seys gedankt! – *er will hinein.*

Zumio *hält ihn* Wohin willst du, großer Fagottist?

Kaspar Da hinein, zu meinem Herrn.

Zumio Wer ist dein Herr, ruhmwürdigster Fagottist?

Kaspar Mein gnädiger Herr ist ein Harfenist. – Laß mich, oder ich fange wieder an zu blasen, du lignum sanctum Schädel.

Zumio Jeder Takt meines Herzens steht dir zu Diensten, aber hinein darf ich doch niemand lassen.

Armidoro *von innen* Kaspar, wo bleibst du?

Bosphoro *an der Thür* Träger Schlingel, wo bleibst du so lange?

Kaspar Siehst du nun dicker Wollsack?

Zumio Ja, wenn es so ist! – Komm, komm, du goldener Herzensjunge, du mußt uns eines blasen: da werden die guten Mädchen schauen.

Kaspar Gieb du Acht, wie ich mit meinem Fagotte die Mädchen bezaubern werde. *Sie gehen ab. Das Thor schließt sich wieder.*

Dreyzehenter Auftritt.

Alma *der Oberjäger, und die andern Jäger vertheilt.*

Alma Wir sind hier ganz in einer fremden Gegend.

Ein Jäger Mich schauderts, – und ich glaube wir sind hier gar in der Zaubergegend der fürchterlichen Fee Perifirime.

Alma Stoßt in die Hörner, laßt uns den Prinzen, oder wenigstens Kaspern errufen.

Final-Chor. *indem sie sich vertheilen.* Armidoro! *Das Echo wiederhallt.* d'oro!

Jäger Kaspar Bita!

Echo Ita, ita!

Alma Armidoro ist verschwunden
Habt ihr ihn noch nicht gefunden?

Chorus Stille stehet mein Verstand,
Gauckelspiel war Reh und Band,
Lockung war das goldne Band.
Armidoro!

Echo d'oro!

Alma Hört, wie's Echo wiederhallt
In der Zauberinn Gewalt
Ist der Prinz und Kaspar Bita

Echo Ita, ita!

Alma Hört ihr »Ja!« das Echo rufen?
Leer sind nun des Thrones Stufen
Was hilft unser Schrey'n und Rufen
Fruchtloß seh' ich her und hin.

Chor Laßt die Hörner laut ertönen,
Rufet, was wir rufen können,
Jaget her und jaget hin.
Alma Ach den Göttern sey's geklag't
Unglücks volle Zauberjagd!
Man erblickt auf einem Berge Kasparn.
Ein Theil Das ist Kaspar!
Man sieht auf dem andern Berge den Prinzen.
Der andere Theil Hier der Prinz!
wie sie hinauf wollen, versinken beyde wieder
Alma Was ist das? – Habt ihr's gesehen?
1ter Chor Ich sah hier den Prinzen stehen.
2ter Chor Kasperl hab ich dort gesehen.
Chor Weh o weh! kommt, laßt uns gehen
Das ist eitel Gauckeley,
Feenspiel und Zauberey.
In der Mitte eines Berges stehen der Prinz und Kaspar zugleich auf, und strecken die Arme nach ihnen aus.
Seht doch seht; da sind sie wieder
Ängstlich beben alle Glieder,
Welch ein trügliches Gesicht!
Sind sie's, oder sind sie's nicht!
Alma Muth gefaßt, ihr lieben Freunde,
Teufel sind des Prinzen Feinde:
Wessen Herz von Lastern rein
Geht selbst in die Höll hinein.
Einige Muth gefaßt, hinan! hinan!
Chor Muth gefaßt! hinauf! hinan!
Rette, wer da retten kann
Hinauf, hinan!
Wie sie hinauf wollen, hört man Sand und sieht Staub hinunterrollen: sie dringen mit verhüllten Gesichtern vor.
Chor Teufelskünste, Zaubertand –
Meine Augen trübt der Sand.
Voll mit Staub ist schon der Mund
Nas' und Ohren sind mir wund.
In dem Augenblicke, als sie nahe sind, versinken beyde und zween Löwenköpfe, die Feuer speyen, steigen, statt ihnen, auf.

Chor, während dem sie alle untereinanderlaufen, und aneinander stossen.

Chor Weh o weh! mit uns ist's gar
Ach es brennet Bart und Haar
Weh o weh! mit uns ist's gar,
Mich verfolgt das Löwenpaar.
Welch ein Zischen, welch ein Krachen.
Mich hat schon der Löw im Rachen
Der verdammte Zauberort,
Eilet, eilet! fort, fort, fort!

Ende des ersten Aufzugs.

Zweyter Aufzug.

Erster Auftritt.

Arbeitszimmer im Schlosse des Zauberers
Sidi, Azili, Idilis *und* **Bisi** *und* **Palmire** *sitzen bey den Spinnrädern. Sidi weift wieder ab, was die andern gesponnen haben.* **Zumio** *geht mit einer Gerte auf und nieder, und schlägt die minderfleissigen auf die Finger.*

Chor Drehet, Rädchen, drehet euch
Jedes Fädchen sey sich gleich
Winde Weiferinn, wind ab,
Was dir Fleiß und Arbeit gab,
So gehts her, und so gehts hin
Weh mir armen Spinnerinn.

Zumio Seht nicht immer her und hin,
Faulheit bringet nicht Gewinn.
Wollt' ihr nicht aufs Spinnrad schaun,
Werd' ich euch nach Gusto haun,
Ficke, ficke, fick, fick, fick!
Gehts nun? – Das ist euer Glück.

Alle Stehe Rädchen, stehe still
Just, weil er's nicht haben will.
Jede spinnet, was sie kann,
Doch quält uns der böse Mann.
Stehe Rädchen stehe still
Just, weil er's nicht haben will.

Die Räder stehen still.

Zumio Alle Donner, alle Wetter,
Alle Teufel, alle Götter,
Wart – ich will euch Mores lehren;
Sollt' auch nicht den Künstler hören
Der so künstlich blast Fagott
Alle tausend schwere Noth! –

Die Mädchen Musik? Musik? und Fagott?
hüpfen auf bis auf Sidi
Zu der Arbeit, hott, hott, hott.
Drehet Rädchen, drehet euch,
Jedes Fädchen, sey sich gleich.

So gehts hin und so gehts her.
Braucht nicht Ficke ficke mehr.

Sie spinnen wieder.

Palmire *aufspringend.* Ach Herzliebster Zumio, ist es wahr? – Musik, Musik? – – Das ist eine Freude, und noch dazu von einem Manne. – Spinnet Freundinnen, spinnet.

Idilis Von Herzen gerne, wenn es zum Brautgeräthe wäre. *springt auf*

Bisi Und ich spinne auf eitel kleine Wäsche.

Azili Die Leintücher nicht zu vergessen.

Sie stehen ebenfalls auf und umringen Zumio, indem ihn eine an der Hand faßt, die andere ihm ans Kinn greift, die Dritte die Backen streichelt u. s. w.

Zumio Mädchen, seyd ihr toll? – Soll ich euch meine Ruthe zu kosten geben? – Macht euch nur keine Gedanken auf Eroberungen, und thut nur geradezu Verzicht auf die beyden Männer.

Alle 3 Zween Männer? Zween Männer?

Zumio Stille sag' ich – die Freude wird euch nicht viel nutzen. Der eine ist ein alter eselgrauer Kerl, und der andere so häßlich wie das Laster.

Palmire Lieber Zumio, so gar häßlich wird er doch nicht seyn, glaub' ich.

Zumio Du hast nichts zu glauben. *indem er ihr auf die Finger klopft* Fort an eure Arbeit! Nehmt euch ein Beyspiel an Sidi. – so sollten's alle Jungfern in Brautständen machen. – *hämisch lachend.* He! he! he!

Sidi Spare deinen Spott Zubringer. – Spinnet, Mädchen, spinnet: das Schnurren unserer Rädchen läßt uns wenigstens das Geschwätze dieses Thoren nicht hören. *Sie spinnen wieder*

Zumio Nun warte, schwarzäugiger Starrkopf, dein Starrsinn soll dir gebrochen werden. – Wir waren einmal dicke Freunde; aber wir sind es am längsten gewesen. – Hurtig, hurtig. – Doch stille – Bosphoro nähert sich. –

Sidi Grosser Gott, nun beginnet meine Quaal vom Neuen wieder.

Zweyter Auftritt.

Bosphoro *kömmt mit Armidoro und Kasparn. Kaspar macht seine Grimassen über die Mädchen.*

Bosphoro Willkommen meine Lieben – – Wie geht die Arbeit Zumio?

Zumio Sechs Ruthen Herr, hab' ich schon abgehauen – Sie fragen nicht viel darnach, wenn man sie auf die Finger klopft; wenn du mir Erlaubniß geben wolltest –

Bosphoro *indem er sich Sidi nähert* Und wie befindet sich meine schöne Sidi?

Sidi blickt ihn verächtlich an, sieht auf Armidoro, und blickt gleich wieder weg.

Palmire *die die beyden Fremdlinge anblickt* Wo er wohl die Mißgeburten aufgeklaubt haben mag – der Alte da mag wohl gut schlagen können, aber mit dem Tanzen wirds bey ihm zu Ende seyn.

Armidoro *Sidi unverwandt ansehend* Welche Reitze!

Bosphoro Ich habe dir hier ein paar wackere Musikanten aufgestöbert. – Nun Alter, spiel auf: die fleissigen Mädchen haben lange nicht getanzt. *Die Mädchen seufzen*

Palmire Mit wem hätten wir wohl tanzen sollen. *auf Zumio weisend* Vom Bärentanz sind wir keine Liebhaberinnen.

Zumio *böse* Sieh Herr, so treibts die Schwarze alle Tage, und da soll man bey so viel Galle zu Leibe kommen.

Bosphoro *lächelnd* Du mußt ihr schon verzeihen: du weißt ja das Liedchen, die Braunen haben ihre Launen. *Er drückt Palmiren die Hand*

Zumio O weh, wenn der Zauberer mein Hausfreund wird, so bin ich übel daran.

Er droht Palmiren mit der Gerte. Armidoro blickt Sidi immer verstohlen an: seine Hand zittert, als er zu schlagen beginnen will. Kaspar wirft Palmire mit gespitztem Munde Küsse zu, sobald ihn Zumio oder der Zauberer erblickt, stoßt er in den Fagott, als ob er den Ansatz probiren wollte.

Bosphoro *zu Armidoro* Du zitterst Alter? – Sammle deine Kräfte! –

Armidoro Es ist eine Nervenschwäche, Herr, die mir noch von meiner Jugend anhängt, und so alt ich bin, fang ich doch immer an zu zittern, wann ich ein schönes Mädchen sehe.

Bosphoro Alter Fuchs!

Sidi Ein sonderbarer Mann! –

Kaspar Vergebt auch mir Herr, wenn meinem Fagott zuweilen ein Blaser ausgekommen ist. – Ich habe es schon in Gewohnheit immer zu spürzen, und man hat mich schon in meiner Heimath immer den Spürzerl geheissen.

Bosphoro Du sollst mein Tischnarr werden, Kerl!

Kaspar Schönen Dank Herr, ihr sollt Brocken genug zu verdauen kriegen – aber weil ihr just vom Essen sprecht – ich bin verdammt hungrig.

Bosphoro Geh in die Küche, und laß dir etwas geben. Meinen Topf aber mit dem gesottenen Igel laß unangetastet. –

Kaspar Brr! Herr! das sind saubere Artischocken *im Abgehen* Grosse Herren haben halt curiose Gusto. *ab*

Palmire *zu sich* Zumio ist zwar dicker, aber der Narr verspricht mir mehr Unterhaltung.

Bosphoro Nu, stimme deine Zither – – wie sagst du, daß du heissest?

Armidoro Duranda, Herr.

Bosphoro Ich will mich indessen zu Sidi lagern.

Er setzt sich zu Sidi, und umschlingt ihren Rücken mit seinem Arme, was sie mit sichtbarem Widerwillen duldet. Armidoro betrachtet sie schmachtend

Romanse.

Ihr lieben guten Leutchen hört:
Vor alter grauer Zeit,
Ward einst ein Mädchen eingesperrt
Vom alten Ritter Veit,
Er raubte sie,
Ich weiß nicht wie,
Noch wo in einem Streit,
Das Mädchen weinte bitterlich,
Am Thurme, an der See,
Und härmte, durch drey Jahre sich
O weh, o weh, o weh!

Einst kam ein Rittersmann vorbey,
Beym Thurme an der See
Und hörte da ihr Angstgeschrey,
O weh, o weh, o weh!

Wohl weh und bang,
Die Hände rang
Sie in der Raserey.
Der Ritter sprach, beym Mondenschein
Um 12 Uhr in der Nacht
Sollst du von mir befreyet seyn.
Hab Acht, hab Acht, hab Acht!

Um 12 Uhr kam der Rittersmann
Mit Stricklein und mit Bley
Und band das Bley an's Stricklein an
Und warfs hinauf, ey ey!
Das Mädchen fieng
Den Strick und hieng
Ihn fest, und ohne Scheu
Ließ sich daran vom Thurm herab
Ans Ufer an der See.
Der Ritter ihr ein Schmätzchen gab,
Und fort mit ihr – Juchhe!

Sidi Guter lieber Alter! Du harmonirst in meine Seele.

Bosphoro Kannst du nichts anders alter Dummbart? – Ist das ein Liedchen zum Tanzen? – Ein anderes, oder ich lasse dich hinausprügeln.

Armidoro Herr – *unwillig* Ich muß ja nicht in seinem Schlosse schlagen. Ich habe mein Lebtag vor so vielen und mancherley Herren und Frauen hohen und niedrigen Standes meine Zither gespielt, aber eine solche Behandlung hab' ich noch nicht erfahren – Guten Abend! – *er steht auf.*

Bosphoro Ho ho! Man darf doch wohl sagen, wie man es in seinem Hause gehalten haben will. Das Liedchen taugt einmal nichts. – Mußt du nun darum gleich kollerisch werden? – Geh Sidi besänftige den Tollhäusler wieder.

Sidi Dein Lied hat mir viel Vergnügen gemacht, Alter! – Du hast die Seite meines Herzens berührt. – *gutherzig.* Magst du wohl fortspielen, guter Mann, um es zu vermehren?

Armidoro *sich kaum mehr zurückhaltend.* Wenn ihr mir so kömmt – so muß ich wohl meinem Herzen gehorchen – doch wenn ihr was Lustiges hören wollt, so ruft meinen Diener Kaspar – Für lustige Melodien ist meine Zither verstimmt.

Palmire Ach ja Herr, laß ihn kommen.

Armidoro Wenn ihr's wollt Herr –

Bosphoro He Kaspar!

Kaspar *von außen mit vollem Maule.* Ich komme gleich. – Ich bin erst bey der dritten Speise.

Palmire Zumio kann ihn wohl hohlen – er ist ohnehin euer Küchenmeister.

Zumio Ja, da werd ich euch jetzt zum Feuer laufen, damit mir mein bischen Fett ganz ausrönne.

Bosphoro Faulthier! –

Dritter Auftritt.

Vorige, Kaspar *kömmt mit einem Biegel in dem Munde: er hat den Fagott auf dem Rücken hangen.*

Kaspar Wenn man nur wenigstens beym Essen Ruhe hätte. – Nu, was soll der Lärmen seyn? – Sie verzeihen – ich habe nur da noch einen guten Freund mitgenommen. *Er weist auf das Biegel.* denn ich bin überhaupt ein Liebhaber von warmer heisser Freundschaft.

Bosphoro Du thust hier sehr bekannt im Hause?

Kaspar Herr Zauberer oder Hexenmeister, wer ihr seyd – das müßt ihr mir nicht übel nehmen. – Ich bin ein Genie, das überall zu Hause ist.

Armidoro *ihm winkend.* Kaspar! –

Kaspar Was verlangt ihr nun von mir?

Bosphoro Dein Fagott wird Dienste kriegen.

Kaspar Bey deinen Mädchen hier? – Warum nicht Herr. – Aber vorher muß ich ihn seiner Feuchtigkeit entladen. *– Er drückt an, und ein rother Wein spritzt heraus, den er mit einem bey sich habenden Glas auffängt.*

Armidoro *der indessen immer mit Sidi in der Augensprache sich unterhielt.* Was beginnst du Unbesonnener? *leise.* Du verdirbst dein ganzes Instrument?

Kaspar Unbesorgt Herr! Das ist noch das beste Solo, was ich in meinem ganzen Leben geblasen habe. – Schaffen Sie vielleicht auch ein Glas? –

Zumio Lieber Saufbruder – das Instrument mußt du mir lernen – Ich habe Anlage zu der Musik.

Bosphoro Geschwinde ein lustiges Liedchen.

Kaspar *ihn auf die Schulter klopfend.* Brav alter Herr! wir zwey taugen schon zusammen. – Traurig kann ich nicht seyn, denn ich bin am ersten April gebohren. – Allons Mädels richtet euch – Ein Walzer kann nicht schaden.

Aria

mit Akkompagnement des Fagotts im Takte eines deutschen Tanzes.

Ein Walzer erhitzet den Kopf und das Blut,
Er tanzt sich so köstlich, er tanzt sich so gut,
  Ein Walzer ist so ganz
  Nach deutscher Art ein Tanz,
Im Wirbel gedrehet vergeht rund die Welt,
Wenn auch ein und andrer auf d' Nase hinfällt:

man merkt nach und nach an allen die hüpfende Empfindung des Tanzes steigen.

Mit Madeln da tanzt sich ein Walzer so leicht,
Wenn oft manche Schöne am Arme uns keucht,
  Lang aus ist auch recht schön,
  Doch muß mans recht verstehen,
Zwar manche verstehen sich blutschlecht darauf,
Drum fallt auch oft ein's auf das andre hinauf.

Nach und nach fangen die Mädchen an, einen Tanz unter sich zu machen. Armidoro sieht mit Vergnügen zu. Der Zauberer und Zumio fassen einander bey den Händen, und küssen sich wechselseitig. Kaspar pausirt eine Weile, lacht, und als er sieht, daß sie wieder zu sich selbst zu kommen scheinen, fängt er wieder an.

Ja oft manches Mädchen, das tanzt sich zu todt,
Der Tanz ist bey manchen das tägliche Brod,

Ey so tanzt hin und her,
Wird euch der Kopf nicht schwer,
So tanztet ihr Jungen, ihr Alten tanzt fort,
Tanz du alter Rothbart, du Dickwampel dort.

Er hört auf zu blasen. Alle taumeln auf die Sitze hin. Zumio und der Zauberer erkennen ihren Irrthum, und können beide kaum mehr schnauben. Sidi fällt Armidoro in die Arme, Palmire Kasparn, beyde drücken sie zärtlich an sich.

Sidi Ein verwegener Mann – und doch kann ich ihm nicht gram seyn. *zu sich.*

Palmire Dein Druck könnte mich vom tiefsten Schlafe wecken.

Zumio *der noch immer auf einem Polster sitzt* Das war gewiß mein letzter Tanz.

Kaspar Ihr habt gewiß bey einem Schuster das Tanzen gelernt, weil ihr so knieweit geht. *zu Zumio.*

Bosphoro Nu liebe Sidi, wie gefiel dir der Tanz?

Sidi Er hat mich in etwas aufgeheitert.

Bosphoro Das freut mich. – Bitte dir eine Gnade aus, Schuft!

Kaspar Schenkt mir ein Goldstück, das so groß als mein Fagott ist, und ich will euch dafür was blasen lehren.

Bosphoro Du bist ein Narr – aber ich schenke dir eins von meinen alten Kleidern.

Kaspar Ach Herr – ich danke – da liefen mir alle Gassenbuben nach. – Erlaubt mir lieber dann und wann, eurer Küche meine Aufwartung zu machen.

Armidoro Woher hast du auf einmal den Muth erhalten?

Kaspar Vom Essen und Trinken – und *bey Seite* von der Frau Fee – ich hab in der Küche mit ihr parlirt, sie ist durch den Rauchfang herunter gefahren.

Bosphoro Schweigt! – *zu Armidoro* Was glaubst du, sollte die Musik etwas geholfen haben?

Armidoro Das ist nun wieder eine empfindliche Frage. Der Herr sehe doch die Jungfrau selbst an. Doch – wenn ihr mir nicht freye Hand laßt, so verderbt ihr alles, was ich gut mache.

Kaspar *er unterhält sich der Reihe nach mit den drey Mädchen.*

Armidoro Sieht der Herr – Liebe wird nur durch Liebe erworben. – –

Bosphoro Du magst wohl Recht haben.

Armidoro Habt ihr denn kein schöneres Kleid? Ein kluger Mann, der gefallen will, muß immer in seinem schönsten Schmucke erscheinen: denn die Mädchen lieben nur das Schöne.

Bosphoro Wahrlich Alter, diesmal hast du recht. – Das will ich sogleich thun, und auch Zumio entfernen. Mädchen! – Es ist Feyerabend – Komm Zumio, du mußt mich umkleiden.

Bosphoro *leise zu Palmire* Habt Acht auf die beyden Fremdlinge.

Palmire Unbesorgt. – Ich könnte Wächterinn der keuschen Diana selbst seyn.

Bosphoro nimmt Zumio, der noch immer zurücksieht, bey der Schulter, und wirft ihn zur Thüre hinaus.

Vierter Auftritt.

Vorige, Armidoro, Kaspar, Sidi *und* **Palmire.**

Kaspar Der Hexenmeister hat einen guten Wurf, den möcht ich einmal Kegel schieben sehen.

Armidoro Nun Zauberring zeige deine Kraft – *er steckt ihn an einen Finger der linken Hand – stürzt Sidi zu Füßen. Sidi und die Sklavinnen fahren mit einem Schrey von ihren Stühlen auf.* Welche Veränderung! –

Sidi Ums Himmelswillen – Wer sind Sie? Welch ein schöner, blühender Jüngling!

Armidoro Sey getrost schöne Sidi, ich will dich und deine Mädchen aus diesem Kerker befreyen.

Sidi Verbirg dich Jüngling! ach verbirg dich! fliehe! –

Palmire Fliehe schöner Jüngling, wenn dich der Unhold entdeckt, so bist du verloren.

Bisi Wie schade um das junge schöne Blut.

2te Waren wir denn alle blind?

3te Haben wir denn den Staar gehabt?

Kaspar *zu sich* Die Frau Fee muß eine Liebhaberinn vom

Spaßmachen seyn. Wenn ichs nicht selber mit ansähe, so könnt' ich's nicht glauben. Mir ist er halt' nie anders vorkommen, als er itzt ist.

Palmire *zu Kaspar* Nu Popanz, wirst du dich nicht auch bald verwandeln?

Kaspar Glaubst du etwa, ich kann mein Gesicht wie ein Krebs seine Scheeren abwerfen?

Sidi Ich kann mich noch nicht von meinem Erstaunen erholen.

Armidoro Ich bin Armidoro, der Sohn eines mächtigen Königs, den eine gütige Fee zu deiner Befreyung hieher sendet.

Palmire *zu Kaspar.* Ihr seyd also auch Zauberer, soviel ich merke?

Kaspar Gott bewahre! – bis dato sind wir nur blos Dilettanten.

Armidoro Schönes Mädchen sey unbesorgt.

Sidi Welch eine geheime Macht zieht mich zu diesem Fremdlinge?

Palmire Gnädigste Prinzessin – ich will mich indeß auf die Lauer stellen – *zu Armidoro.* Ach lieber, guter, schöner Herr, befreyt uns aus diesem Joche. Der Dank von so vielen unschuldigen Jungfrauen wird euch belohnen, und, wenn ihr meine Hilfe brauchen könnt, dem Unhold eine Nase zu drehen, so sollt ihr sehen, was ich für eine gute Drechslerinn bin.

Sidi *ängstlich* Palmire – bleibe doch! – –

Palmire Wenigstens höre ich auf hundert Schritte den dikken Zumio. – Seyd unbesorgt!

Kaspar Ich will euch begleyten, und mit meiner Musik unterhalten. *ab mit Palmire.*

Fünfter Auftritt.

Vorige, Armidoro *und* **Sidi.**

Armidoro Laß uns keine Zeit verlieren, schönes Mädchen! Wo hat der Zauberer seinen Stahl verborgen?

Sidi Er trägt ihn Tag und Nacht in seinem Busen – Aber

sage mir Jüngling, wie hast du sein Vertrauen gewonnen?

Armidoro Unter der Gestalt eines Greises, die mir dieser Ring giebt, hab' ich dem Zauberer versprochen, durch mein Saitenspiel deinen Haß in Liebe zu verwandeln.

Sidi Unglücklicher! was hast du unternommen? –

Armidoro Fürchte nichts, begegne ihm freundlich, wenn du meinen Anschlag befördern willst. – Sey nicht zurückhaltend, entdecke dich deinem Freunde.

Sidi Ich heiße Sidi – und bin die einzige Tochter einer mächtigen Fee. Durch einen Zufall ward ich meiner Mutter geraubt, und seufze nun schon drey Jahre in diesem Schlosse. Du sahst die Arbeit, die man uns aufbürdet. Diese Spuhlen müssen täglich bis auf den letzten Faden abgeweift seyn.

Armidoro Wie sehr bedaure ich dich! –

Sidi Ein einziges, das kostbarste Geschenk meiner gütigen Mutter war die Gabe, jeder fremden Gewaltthätigkeit durch bloße Abneigung meines Willens widerstehen zu können. – Die Bewahrung dieses schönen Geschenkes beruhte auf der Bedingung – *mit niedergesenkten Blicken* mich nie zu verlieben.

Armidoro Grausames Geschenk! –

Sidi Ich zittre Prinz – Diese Gabe – Schon vorhin, als mich der Zauberer bey der Hand nahm – fühlt ich die widerstehende Kraft nicht mehr, die mir sonst eigen war. – Diese Gabe – *mit weinerlicher Stimme* ist verloren.

Armidoro *mit dem Tone der Freude* Verloren? –

Sidi Ich habe mit ihr mein Herz verloren, und – ihr – habt es gefunden – *sie verbirgt ihr Gesicht an seinem Busen.*

Armidoro Sidi, göttliche Sidi! – Ich schwöre dir, dich zu retten!

Sidi Armidoro – Meine Mutter – – Mein Dank – – soll ich dir glauben, so nenne mir die Fee, die dir den Ring und die Zither gab. –

Armidoro Es ist die gefürchtete, und zugleich gütige – –

Sechster Auftritt.

Vorige, Palmire, Kaspar *hintennach.*

Palmire *kömmt herein gelaufen* Auseinander Kinder – Der Zauberer kömmt.

Sidi Himmel, ich bin verlohren.

Kaspar *der indessen immer auf dem Fagott probirt hat* O jerum, ich bringe gar keinen Ton heraus, ich glaube, ich habe mein Blasinstrument draußen verdorben.

Armidoro Stille! –

Siebenter Auftritt.

Vorige, Bosphoro *und* **Zumio.**

Bosphoro *ist prächtig gekleidet.*

Kaspar Der Zauberer sieht aus wie eine Galla-Roß.

Palmire *sich vor Bosphoro beugend* Herr! du glänzest wie die Sonne, und beglückest auch so wie sie.

Bosphoro Ich will auch eine meiner Strahlen bey Gelegenheit auf dich werfen. *zufrieden lächelnd* Glaubst du *zu Armidoro* daß deine Kunst etwas gewirkt habe?

Armidoro Unstreitig. Ein wenig Verdruß über Strenge mag noch übrig seyn: doch dem läßt sich leicht abhelfen.

Bosphoro Wir wollen doch sehen. *Er nähert sich Sidi, und kneipt sie in die Backen.* Nun bist du noch immer zornig auf mich, kleine Eigensinnige? – Wenn du mich ein wenig lieben wolltest, so hätte unser Zwist auf einmal ein Ende. – Sage mir liebe Kleine, könntest du mich wohl lieben? *Armidoro steht Sidi gegenüber, und dreht an seinem Ringe, und sieht Sidi zärtlich an. Sidi blickt ihn zärtlich an, ohne vom Zauberer bemerkt zu werden, und schlägt die Augen nieder. Ein gleiches Mienenspiel treibt Kaspar und Palmiren, die Zumio beobachtet.* Ich sehe, du bist nicht mehr zornig, du giebst meiner Sehnsucht nach – nicht wahr Täubchen?

Armidoro legt die rechte Hand auf die Brust.

Sidi *blickt auf Armidoro, dann wieder nieder.* Wenn ich dich nun lieben wollte, kann ich hoffen, daß du mich und meine Mädchen von dieser verhaßten Sklavenarbeit befreyen werdest?

Armidoro hebt beyde Hände gegen Himmel, Kaspar ebenfalls gegen Palmire.

Bosphoro *entzückt* Du sollst keinen Faden mehr weifen, kleines Närrchen: wenn du mir versprichst morgen meine Frau zu werden.

Sidi *mehr auf Armidoro* Beweise mir deine Liebe durch Thaten. – *Armidoro greift an sein Schwert, Kaspar auf den Fagott* so sollst du keine Ursache haben, über meine Undankbarkeit zu klagen.

Bosphoro Ich falle aus den Wolken. *Er küßt Sidi die Hand, die ihm selbe willig überläßt.*

Zumio *der sehr aufmerksam wird, zu Bosphoro* Wunder über Wunder Herr! die Prinzessin hat die widerspenstige Kraft verloren. – Ich muß es auch bey Palmiren versuchen.

Bosphoro Wir siegen Zumio! – *Er will Sidi küssen, Zumio will bey Palmiren ein Gleiches thun. In diesem Augenblick greift Armidoro stark in die Zither, und Kaspar stößt in den Fagott. Bosphoro und Zumio bleiben mit gespitzten Mäulern, als ob sie pfeiffen wollten, stehen, und die Mädchen entwischen ihnen. Bosphoro, der zu sich kömmt* Schurken! wer hieß euch spielen?

Zumio Kannst du nicht wo anders blasen, Spitzbube?

Armidoro Herr verzeihe, ich that einen falschen Griff, und in solchen Fällen ist meine Zither sehr keusch.

Kaspar Und mein Fagott kann nicht küssen hören.

Sidi Erzürne dich nicht Herr! *Sie streichelt ihm das Kinn.*

Bosphoro Ich zürne nicht mehr, mein süßes Liebchen – ich verzeihe ihm. – Wir wollen eine kleine Spazierfahrt auf dem Wasser machen, und ihr sollt uns durch eure Musik unterhalten.

Sidi Wenn es euch Vergnügen macht.

Bosphoro *ihm winkend.* Dir muß ich noch geheime Verhältnisbefehle geben. – Komm auf dein Zimmer, zärtliche Sidi. *Er zieht den Feuerstahl.*

Armidoro *vor sich.* Ha glücklich!

Sidi winkt Armidoren und entfernt sich mit ihren Mädchen.

Bosphoro schlägt an den Feuerstahl, eine Menge Schützen erscheinen.

Chor

Grosser Bosphoro gebeut
Alle Geister sind bereit
Wie das Eisen, wenn es glühet
Auf den Schlag die Funken sprühet,
So weckt uns dein Feuerstahl
Überall allüberall.

Durch die Luft und übers Meer
Von der Erde Tiefen her
Kommen wir auf die Befehle
Aus der tiefsten dunklen Höhle
Grosser Bosphoro gebeut
Alle Geister sind bereit.

Kaspar Der hat eine Menge unnützer Brodfresser.

Bosphoro Ihr bereitet uns das Fest auf dem Wasser *alle ab* ihr beyde entfernet euch – ich habe mit Zumio zu sprechen.

Armidoro Wir gehorchen.

Kaspar Herr Teufel, Gott befohlen! *ab mit Armidoro.*

Achter Auftritt.

Bosphoro *und* **Zumio.**

Bosphoro Was hältst du von den beyden?

Zumio Nicht viel Gutes Herr – ich glaube, sie können auch mehr als Birnen braten.

Bosphoro Sie sind mir beyde verdächtig.

Zumio So ein paar Gaudiebe mögen sie wohl seyn. – Der Diener kann auch verfluchte Künste: als er mich zu unserm großen Spiegel führte, und ich hineinsah, sah gar ein Esel heraus.

Bosphoro Das kann auch ohne Wunder geschehen seyn. Unter uns Zumio – die beyden Kerls müssen heute sterben, und du sollst mir dazu behilflich seyn.

Zumio Herr! ich? – Ich! – das ist unmöglich.

Bosphoro *zieht einen Dolch.* Du gehorchest, oder ich trenne dir den Bauch auf.

Zumio Befehlt mit mir, aber nur nicht ein öffentlicher Mord, so ein kleiner Meuchelmord ist meine Sache.

Bosphoro *ihn küssend.* Du bist ein grundehrlicher Kerl! Höre! Sobald wir mitten auf dem Wasser sind, errege ich durch die Macht meiner Geister einen heftigen Sturm. Sie erwarten deinen Wink, sobald du Porto rufest.

Zumio Da wär ich wohl gar ein Wettermacher?

Bosphoro In dieser Verwirrung stürzen ich und meine Geister Duranda und Kaspar in das Wasser, bemächtigen uns ihrer Instrumente, und lassen ihre Leiber den Fischen zum Raube.

Zumio Recht Herr: denn wenn die Menschen so oft unnöthige Fasttage halten müssen, so ist es billig, daß auch die Fische einmal Fleischtag halten dürfen. – Da wollen wir hernach schlagen und blasen Herr, daß es eine Lust hat. –

Bosphoro Dich straf' ich zum Spasse mit hundert Streichen auf den Bauch, und alles ist wieder gut. –

Zumio Zum Spasse Herr?

Bosphoro Keine Einwendung. *Er zeigt ihm den Dolch. Zumio blickt traurig auf seinen Bauch.*

Zumio Ich bin in deinem Dienste dick geworden Herr! du hast über mein Herz und meinen Bauch zu befehlen.

Bosphoro Ich will dich dafür mit lauter Marzipan füttern. – Und nur dann fühl' ich erst wieder Ruhe in meinem Busen.

Aria.

Grauenvolle Sorge naget
  Immer noch in meiner Brust;
Und der düstre Gram zernaget,
  Jede heitre frohe Lust.
Meine Hoffnung stirbt im Keime,
  Fürchterlich sind meine Träume;
Stets umgiebt mich Angst und Beben,
  Wenn die beyden länger leben!
Wenn die Zauberinn mir droht,
  Gilt es Leben oder Tod. *mit Zumio ab.*

Neunter Auftritt.

Palmire, *allein.*
Nun sind wir fix und fertig. Es thut einem ordentlich wohl, wenn man freye Luft einziehen kann. *sie begafft sich im Spiegel.*

Zehnter Auftritt.

Palmire, Kaspar.

Kaspar *bleibt an der Thüre stehen.* Wenn mich nur kein unsichtbarer Kundschafter sähe! – Dort ist der Brennpunkt meiner Seele! – Sie sieht sich im Spiegel – itzt blöckt sie die Zähne! Hu! Zähne wie Perlen!

Palmire *die ihn durch den Sackspiegel bemerkt* Er belauscht mich! –

Kaspar Itzt lacht sie – itzt streicht sie sich die schwarzen Augenbraunen – Fickerment! schwarz wie Ebenholz. – Hu! und was für feurige Augen; wie angebrennte Kohlen. – Itzt dreht sie den Kopf, wie ein angelegter Spatz. – Sie wird mit ihrer Spitznase noch den Spiegel einrennen, wie sie damit mein Herz durchbohrt hat! – – – Itzt schneid' sie Gesichter. – *Er wirft ihr Küsse hin; Palmire, die immer heimlich lacht, wirft sie in den Spiegel hinein.* Ich glaub, sie ist in sich selbst verliebt. – Ha, ha, ha! – Wenn ich sie nur langen könnte, so wollt ich sie zupfen.

Palmire *sieht sich um und thut erschrocken* Sieh da Herr Kaspar! –

Kaspar *nach seiner Art* Sie verzeihen – ich verzeihe – ich bitte – – Ungelegen – O Pizichi, Pizichi! ich bitt dich blaß mir ein. – *Der Fagott fangt von sich selbst an zu blasen. Kaspar erschrickt, und hält den Fagott zu* Couche dich, willst aufhören. –

Palmire Welch ein angenehmer Ton! – Ach Kaspar, schon um seiner Musik willen könnt' ich ihm von Herzen gut seyn. –

Kaspar Sie ist ihrer ganz zu ihren Diensten. –

Palmire Ich bin ihm so gut, so gut – – – Wenn er wüßte, wie gut ich ihm bin.

Kaspar Und ich hab sie so lieb, so lieb; wenn sie wüßten wie lieb ich sie habe.

Palmire Warum nennt er mich denn immer sie – wir zu Lande nennen die du, die wir gerne sehen.

Kaspar Ach, das wär eine Grobheit.

Palmire Versuch es einmal: – nenn mich deine liebe Palmire.

Kaspar Wie steh ich in deiner – Gnade – liebe Palmire – – Ha – ha – ha! – Dalckerey das! Wir sollen uns Dutzen, und haben noch nicht Bruderschaft getrunken.

Palmire Könntest du mich wohl recht lieb haben?

Kaspar Ja – wie meynst du das, recht lieb haben – ich wollte schon –

Palmire Du hast dich nicht zu scheuen. – Wie liebt ihr euch denn in eurem Lande? –

Kaspar Das ist eine kuriose Frage – wie man halt einander liebt – wir schauen einander an, liebäugeln, drucken einander die Hände, kommen immer näher und näher, bis ein Mundstück auf das andere kommt, und das heissen wir küssen.

Palmire Küßt ihr gut in eurem Lande – Sind eure Küsse schmackhaft? – Hast du keine Kost davon mitgebracht?

Kaspar Oh das glaub' ich, einen ganzen Flaschenkeller voll *er küßt ihr mit Carricatur die Hand* He, he, he!

Palmire *schalkhaft* Hier zu Lande lieber Kaspar kosten wir nicht mit der Hand, sondern mit dem Munde. –

Kaspar He he he! – wenn es erlaubt wäre – – – wenn ich so frey seyn darf – – – *er will sie küssen – Zumio tritt ein, er springt weg*

Eilfter Auftritt.

Palmire, Kaspar, Zumio.

Zumio Was geht hier vor?

Kaspar Ah Narretheyen! – Sie hat von mir Fagott blasen lernen wollen, und da hab' ich ihr den Ansatz gezeigt.

Zumio So, so!

Palmire Ja wahrhaftig lieber Zumio – er hat so eine geschickte Art zu unterweisen, ich würde bald profitiren.

Zumio Ey möglich! – Auf dein Zimmer oder ich werde dir den Weg weisen. Macht euch lieber bereit – Ist Sidi fertig?

Palmire Schon lange! – Leb wohl Kaspar! – Wir wollen unsere Lection bald wiederholen. *ab*

Zwölfter Auftritt.

Kaspar, Zumio.

Zumio Das werd ich mir in Hinkunft verbitten, Herr Fagottist.

Kaspar Wie der Herr auch gleich so böse seyn kann – Ich lebe ja von der Kunst. – Was kann ich dafür, daß meine Musik die Mädchen bezaubert.

Zumio *falsch* Dasmal will ich es gelten lassen – – aber zur Dankbarkeit, daß ich ihn nicht an den Zauberer verrathe, könnt er mir wohl auch ein Stückchen darauf lernen.

Kaspar Warum nicht, Herr! – da liegt er – blas er!

Zumio Er muß mir aber erst die Vortheile lernen.

Kaspar Probir er einmal den Ansatz erst, die übrigen Vortheile folgen nachher.

Duetto.

Zumio. Lieber Kaspar lehr michs doch!
Kaspar Halt den Finger auf das Loch –
Zumio Und den Schnabel?
Kaspar An den Mund
Zumio Ey, ey, das ist mir zu rund
Kaspar Blase, blase!
Zumio Durch die Nase?
Kaspar Nein durchs Maul du dickes Schwein
Zumio Nu gieb Acht, itzt blas' ich drein
Kaspar Nun so blas
Zumio Sapprement, was war denn das?
Zwingt einen Ton heraus.
Sage rührt ein solcher Ton

Wohl der Mädchen Herzen schon?
Kaspar Nein, o nein, da brauchts noch mehr
Lange, lange Trillerer.
Nun Fürst Pamstig, da schau her!
Er nimmt die Noten und heftet sie ihm auf den Bauch
Nimm die Noten auf den Bauch
Zumio Ist das so bey euch der Brauch
Kaspar Dicker Wollsack, itzt gieb Acht,
Sieh, so wird der Ton gebracht. *er bläst*
Zumio Ha nun weiß ich schon den Brauch
Gieb nur her, das kann ich auch.
Er bläßt, aus allen Ecken sehen Katzenköpfe heraus und miauen darein.
Auweh! auweh! das ist was!
Kaspar Teufelskerl, nun so blas!
Lockt der Narr die Katzen her.
Zumio Nein, da blas ich nimmermehr. *Er läuft ab*

Dreyzehnter Auftritt.

Kaspar *allein.*
Der giebt's Fersengeld, als wenn er ein Ratz oder eine Maus wäre, den die Katzen fressen wollten. – Itzt muß ich aber doch meinen Herrn aufsuchen, sonst fürcht' ich mich allein in dem Zauberneste.

Vierzehnter Auftritt.

Kaspar, Pizichi *kommt.*
Pizichi Halt! –
Kaspar *erschrickt* Wer da! – Antwort, oder ich schieß mit dem Fagott.
Pizichi Kennst du mich nicht?
Kaspar Bist ein Erdzeissel oder ein Maulwurf?
Pizichi Kennst du den kleinen Pizichi nicht mehr?
Kaspar Richtig – Ich hab dich anfangs vor eine Katze gehalten. Was willst du?

Pizichi Euch drohet Gefahr, denn der Zauberer hat euch im Verdachte. Armidoro ist bereits durch mich gewarnt. – Perifirime sendet dir hier dieses Haar.

Kaspar Pfuy Teufel!

Pizichi Wenn euch Gefahr bedroht, so winde es um deinen kleinen Finger und du bist gerettet.

Kaspar Die Fee hat ja gar rothe Haare?

Pizichi Itzt ist nicht Zeit zu spassen. Sey ernsthaft, wenn du mit einem Manne sprichst. – Rufe mich, wenn du Hilfe brauchst, und mache ja keine Eselsstreich – Gieb mir deine Hand. – So! – *er verschwindet*

Kaspar Wie das Spitzbübel drucken kann. – Was soll ich itzt mit dem Haar anfangen? Soll ich's sieden oder braten?

Fünfzehnter Auftritt.

Armidoro, Kaspar

Kaspar Gut, daß sie kommen – Sehen Sie das gnädiger Herr? *zeigt ihm das Haar*

Armidoro Ich sehe kein Haar.

Kaspar Spasmacher, weil sie es schon wissen.

Armidoro Schweige – in meinen Kopfe gehen wichtigere Dinge vor. – Perifirime ließ mich durch den kleinen Pizichi warnen. Der Zauberer trachtet uns nach dem Leben. – Sie sendete mir diese Kugel, um sie fallen zu lassen, wenn wir Hülfe brauchen.

Kaspar Schöne Präsenten, und mir hat sie dieses Haar durch die kleine Post überschickt.

Armidoro Bewahre es heilig, und vergiß dein Schlagwort nicht.

Sechzehnter Auftritt.

Vorige, Sidi, Palmire, Bisi, Idilis *u. a.*

Sidi Armidoro! Fliehen Sie, und retten Sie ihr Leben.

Armidoro Sie sind äusserst bewegt, was beunruhigt sie?

Sidi Sorge für ihr Leben, Sorge für unsere Liebe, Palmire hat den Bösewicht behorcht – Er hat ihnen den Tod geschworen, um sich ihrer Zauberinstrumente zu bemächtigen.

Kaspar Ehe laß ich mir das Leben, als meinen Fagott rauben.

Armidoro Ich weiß alles, Sidi; ich weiß, daß diese Wasserfahrt unser Grab seyn soll. – Aber unbesorgt, meine Liebe. Meine gütige Freundinn schützet uns vor seiner Macht. *er zeigt ihr die Kugel*

Duetto.

Armidoro Für dich geb' ich Blut und Leben
Liebe Sidi, willig hin –

Sidi Nur ein Herz kann ich dir geben
Armidoro, nimm es hin. –
Schützet ihn ihr guten Mächte,
Schütze ihn der liebe Gott.

Armidoro Für der Liebe süße Rechte
Geh ich willig in den Tod.

Beyde Arm in Arm und Mund an Mund
Schliessen wir den Liebesbund
Unsre Treue kettet nur
Blick und Kuß und unser Schwur.

Palmire Und ich klammere mich an dich, wenn du untergehst.

Kaspar Das ist gut, so darf mir der Zauberer keinen Stein umbinden. –

Bisi Der Zauberer kömmt.

Kaspar *läuft zu Armidoro* Pizichi Pizichi stelle dich vor,
Decke die Augen des Zaubrers mit Flor.

Pizichi *kömmt mit zween Schildern und stellt sich vor beyde.*

Siebenzehnter Auftritt.

Vorige, Bosphoro *und* **Zumio**.

Bosphoro Ist es meiner Sidi gefällig? –

Sidi Ich gehorche Herr!

Bosphoro Wo sind unsre zween lieben Musikanten?

Kaspar Wart Spitzbube!

Zumio Sie sind im Garten, ich habe sie soeben gesehen.
Kaspar Der muß gute Augen haben, oder wir sind doppelt.
Bosphoro Wir wollen sie dort abholen. – Komm Sidi, reiche mir deinen Arm.

Sie gehen ab, Sidi und Palmire werfen noch immer Küsse zurück. Zumio sieht sich überall um, Kaspar giebt ihm einen Schlag mit dem Fagotte, und da er niemand erblickt, geht er Kopfschüttelnd ab: Kaspar, Armidoro und Pizichi verschwinden.

Zumio Der verdammte Kerl, der Fagottist, hat mir eine Angst eingejagt, über die ich mich noch nicht recht erholen kann – aber nur Geduld Zumio, bald, bald wirst du gerächet seyn, und der Schurke soll im Wasser zappeln.

Das Theater verändert sich in eine Gegend am Wasser, über welches eine Bogenbrücke geht. Zumio kömmt und stellt sich in eine Ecke. Man sieht verschiedene Gondeln auf dem Wasser hin und wieder fahren. In einer der prächtigsten befinden sich Bosphoro, Kaspar, Armidoro und Sidi.

Chor.
Ein Vergnügen reiner Art,
Ist so eine Wasserfahrt,
An der Gegend sich zu weiden,
Und die Fluthen zu durchschneiden.
Alles fliegt vor unserm Blick,
Und das Ufer läuft zurück.

Armidoro Sanft und ruhig, wie die Welle,
Ist der Guten Menschenseele.
Ungetrübt und klar und rein,
Muß sie wie das Wasser seyn.

Zumio Porto, Porto!

Es erhebt sich nach und nach ein Sturm, die Wellen thürmen sich, Perifirime erscheint in einer Wolke ober dem Wasser.

Sidi, Armidoro Welch ein Wetter, welch ein Sturm.
Bosphoro Geh verzagter Erdenwurm.
Gieb das Ruder mir zum Länden.
Kaspar Nun sind wir in saubern Händen.
Chor Es blitzt und kracht,
Und finstre Nacht
Entzieht das Licht,

Das Schifflein bricht!
Zumio Porto! Porto!
Perifirime *aus der Wolke* Ha Verruchter!
Bosphoro Meine Feindinn!
Armidoro Meine Freundinn!
Sidi Meine Mutter! *fällt in Ohnmacht*
Kaspar Die Frau Fee!
Zumio Weh, o weh!

Er zieht das Schnupftuch. Ein Blitzstahl aus den Händen der Fee fährt in das Schiff des Zauberers und zerschlägt es in zween Theile. Der vordere Theil desselben schwimmt mit Bosphoro weiter an das andere Ufer.

Armidoro, Kaspar Haar und Kugel rette mich!
Sidi Armidoro rette mich!
Armidoro Ruf Pizichi, Pizichi hilf mir aus Noth.
Kaspar Ihr schlagt die Zither, ich blase Fagott! –

Der Sturm legt sich nach und nach, Armidoro, Sidi, Kaspar, Palmire werden von Tritonen gerettet. – Die Schützen und Geister des Zauberers versammeln sich wieder.

Chor.
Der Zauberinn grössere, stärkere Macht,
Hat unsere Hilfe unthätig gemacht.
Verschwunden war gänzlich der Muth,
Zu Eis ward in Adern das Blut.
Der Athem im Busen gehemmt,
Die Nerven des Armes gelähmt.

Zumio, der auf der Brücke immer hin und wieder läuft, stürzt mit derselben ein.

Ende des zweyten Aufzugs.

Dritter Aufzug.

Erster Auftritt.

Garten des **Zauberers.** *Die* **Sklaven** *sind eben beschäftiget* **Zumio** *zu trocknen. Sie kommen eben aus einer Badegrotte. In der Mitte ist ein Äpfelbaum.*

Sklaven-Chor.

Unser kleinster, feinster Hauch,
Trocknet auch,
Gieb Befehle,
Treu und schnelle
Wird der kleinste dann vollbracht,
Bosphoro durch deine Macht.
Trocken ist ein jeder Faden,
Wir sind unsers Diensts entladen.
Unser kleinster feiner Hauch,
Trocknet auch.

Bosphoro Die verdammte Wasserfahrt!

Zumio Ey mich hat man recht genarrt. Der Teufel soll die Fee und ihre Helfershelfer holen, hätten mich deine dienstbaren Geister nicht alle freundschaftlich geblasen, so wird ich dir den ganzen Garten auströpfeln.

Bosphoro Schweige Dickwanst! – Entfernt euch *zu den Sklaven.*

Zweiter Auftritt.

Bosphoro, Zumio.

Bosphoro Sieh Zumio! du weißt, daß ich dich liebe. –

Zumio Die 100 Bauchprügel wären vermuthlich ein Beweis gewesen? –

Bosphoro Schweig! – Eine mir widrige Macht hat meine Pläne vereitelt.

Zumio Ihr seyd mir aber auch ein sauberer Zauberer, wenn euch die Fee verhexen kann.

Bosphoro Perifirime schützt entweder diese Abenteurer oder meine Zauberkraft geht auf die Neige.

Zumio Herr, bei meinem Bauche! ganz just ist die Sache nicht.

Bosphoro Zumio, du liebst Palmiren – Sie sey dein, wenn du mir an die Hand gehst, mich an den Frevlern zu rächen. Wenn du Palmiren bereden könntest, sie bey der Abendtafel zu vergiften, so wollt' ich dich königlich belohnen. –

Zumio Das heißt krönen. Herr? Jenu meintwegen! –

Bosphoro Wohlan! – Wo sind sie?

Zumio Sie ruhen auf ihren Betten. Ein paar Geister bewachen sie; einer sitzt im Schlüsselloch, und zwey hab' ich in ihre Pantoffel einloschirt. –

Bosphoro Gut, laß uns eilen, und sie vom Schlafe zum Tode wecken. *beyde ab.*

Dritter Auftritt.

Palmire *allein.*

Gebt Acht, daß ihr nicht bald zu Bette geht! – Ein schönes ehrbares honettes Päärchen, das die Tauben nicht besser hätten zusammen tragen können! – Für was mich der Kerl ansieht! – Für eine Giftmischerinn? – – Nu, wartet, ich will euch lehren Menschen für Ratzen anzusehen. – Da kömmt eines von den saubern Stücken – Frauenzimmertugend, Horchekunst! leiste mir Hilfe! *verbirgt sich hinter einem Baum*

Vierter Auftritt.

Zumio, Palmire *erschrickt.*

Zumio Wenn ich nur Palmiren träfe – ich wette ein Pfund Schmalz von meinem schönen Wanste, sie benutzt ihre Stunde der Freyheit, um im Garten ihre Seufzer nach mir auszulassen. *Palmire hat sich zu Ende dieser Rede auf den Rasen hingelagert, und scheint zu schlummern.* Ha, glückliches Ungefähr, dort schläft das Schwarzblättchen meines Herzens.

Palmire *schlafend* Ach Zumio! –

Zumio Sie nennt meinen Namen. –

Palmire Verruchter Kaspar lasse mich – lasse mich, oder ich rufe Zumio um Hilfe, daß er mich an dir mit deinem Blute räche. –

Zumio Erwünscht! – Nun ist es Zeit. – *Er geht mit langsamen Schritten sie zu wecken, und zupft sie bey dem Kleide.* Palmire! –

Palmire Hilfe! – – – *sich die Augen reibend* Ach Zumio! wie hast du mich erschreckt! –

Zumio *mit Carrikatur* Du hast süß geträumt? –

Palmire Von dir! – *falsch liebäugelnd* Der abscheuliche Kaspar wollte mir –

Zumio Nachstellen – das hab ich bemerkt. – O! das sind ein paar abscheuliche Leute! sie gehen auf Raub und Todtschlag aus.

Palmire Was du mir sagst! – Ich wollte, ich könnte die Hunde mit den Augen vergiften.

Zumio Vergiften? – Das ist ein göttlicher Gedanke, den du mir aus der Seele stahlst. – Wenn ich mich dir anvertrauen könnte – aber du bist mit Kasparn vertraut, und setzest deinen zärtlichen Zumio außer Acht? –

Palmire Was du dir für Grillen machst! du bist ja viel dicker und viel proportionirter, vertraue dich deiner zärtlichen Palmire, was sie sagt, kömmt aus dem Herzen.

Zumio Liebst du Sidi?

Palmire Wie ich meine Gebieterinn lieben muß.

Zumio Nun so höre. Bosphoro, Sidi und mein Ich sind in äusserster Gefahr. – Die zween Fremdlinge sind von der Fee, der Feindinn unsers Herrn abgesendet, uns zu verderben, und Sidi zu entführen: auch dir steht kein besseres Schicksal bevor. –

Palmire *carricirt* Was? – Man will mich von dir trennen? von dir! – Ehe soll die Welt zu Trümmern gehen, ehe man mich von dir reißt. *sie umklammert ihn fest*

Zumio Laß mich doch, deine Liebe läßt mir keinen Athem. – Hier hätt' ich so ein Pülverchen *zeigt es hervor* zum Abführen. –

Palmire Für mich doch nicht?

Zumio Nein Zuckerpüppchen! für die beyden Gauner!

– Rühr es ihnen bey der Abendtafel in die Gläser, und wir sind geborgen. –

Palmire Aber Bosphoro? –

Zumio Weiß und billigt alles. – Zither und Fagott bleibt dann in unserer Gewalt! Sidi bekömmt meinen Herrn, und ich –

Palmire Und du erhälst Palmiren zum Lohn deiner Redlichkeit. Gieb her, ich verstehe mich auf Pülverchen von meiner Jugend auf! Komm, wir wollen es bey dem Brünnchen dort ein wenig mitsammen destilliren. *beyde ab.*

Fünfter Auftritt.

Sidi *kömmt allein.*

Milder Abendhauch, mild und wohlthätig dem Eingekerkerten, wie der erste Hauch der Liebe dem fühlenden Mädchenherz, – Wie so neu ist mir dieses Gefühl, seitdem ich liebe! *in sich zurück schauernd* Liebe? – Gütige Mutter! – Ich habe dein Geschenk verloren, wirst du mir dafür deine Liebe entziehen? – Ich flehe vergebens, du bist ungehalten über deine ungerathene Sidi. – Ist das Gefühl der Liebe ein Verbrechen?

Aria.

Alles liebet, was da lebet,
  Liebe athmet die Natur.
Was hier athmet, schwirrt und webet
  Ach entstand aus Liebe nur –
Holde Liebe, deine Stimme
  Tönet mächtiglich in mir
Aschenfünkchen, glimme, glimme
  Werde bald zur Flamme hier.

Sechster Auftritt.

Sidi, Armidoro.

Armidoro *der sie behorcht* Sidi!

Sidi Ach Armidoro! Du hier? – Du wagst es in diesen Garten zu kommen? –

Armidoro Habe ich nicht volle Freyheit von dem Wüthrich erhalten? Sidi! – Unser Leben steht in Gefahr. – Liebst du mich?

Sidi Ich opferte dir das Geschenk meiner Mutter, und du kannst noch fragen?

Armidoro In diesem schrecklichen Sturme dacht' ich die Stimme der gütigen Fee zu hören. –

Sidi Und das Bild meiner Mutter schwebte vor meinen Augen. –

Armidoro Unter dem Schutze dieser beyden können wir das Größte wagen. Muth und Herz also zur guten Sache. – Gelingt es mir, dann Sidi bist du mein, mißlingt es mir, und muß ich sterben – *sie zärtlich umschlingend* liebe Sidi, stirbst du mit mir? –

Sidi Wer für mich sein Leben wagt, dem opfere ich gern das meinige. – Ich schwör es dir bey dem sanften Schatten dieses Baumes, der mich so oft in melancholischen Stunden kühlte, und unter dem ich so oft sehnsuchtsvoll in die Welt hinaus weinte.

Armidoro Diese Schwärmerey ist mir heilig. *Sie gehen zu dem Baume. Pizichi erscheint auf demselben.*

Duetto.

Armidoro Bäumchen, unter deinem Schatten
Schwör' ich Treu und Liebe hier!

Sidi Dem Erretter und dem Gatten
Schwör ich Lieb und Treue hier.

Armidoro Sieh hier schneid' ich ihren Namen
Gutes Bäumchen in dich ein –

Sidi Schmerzt es nicht du liebes Bäumchen
Schneid' ich auch den seinen ein.

Die Buchstaben erscheinen in Flammenschrift

Alle 2 Dank dir Liebe, welche Freude!
Ach erhöret sind wir Beyde.
  Sieh, sie glänzen hier wie Feuer
Bäumchen, meinem Herzen theuer!
Brennet Namen, brennet fort
  Hier brennts, wie ihr flammet dort.

Sie deuten auf ihre Herzen. Die Schrift erlischt wieder

Armidoro Sidi! – Welche feindliche Macht zerstört unser Werk?

Sidi *traurig* Wer von uns wird die Treue brechen?

Armidoro Sey nicht ungerecht Sidi – beyde Namen erloschen. – Es ist das Werk einer feindlichen Macht – *er will darauf zu. Pizichi auf dem Baume.*

Ihr Unbesonnen entflieht
Das Weitere erklärt euch dieses Äpfelpaar.

Pizichi *läßt zween Äpfel herabfallen und verbirgt sich wieder*

Armidoro Das war die Stimme meines Genius. –

Sidi Ich zittre am ganzen Leibe – Was sollen wir nun mit den Äpfeln machen?

Armidoro Wir wollen die Frucht zertheilen.

Er theilt den Apfel in 2 Theile. Sie thut furchtsam ein Gleiches, sie finden zween Papierchen

Armidoro *liest* Hüte dich auf deinen Reisen
Vor dem Trunke und den Speisen.

Sidi *liest* Berede ihm, allein hier zu verweilen
Ich hab' ihn noch sehr vieles mitzutheilen.

Armidoro Ha mein Argwohn ist gerechtfertigt! – Der Bösewicht will uns vergiften. –

Sidi Armidoro! – Wie grausam ist das Schicksal gegen uns. – Ich höre Lärm im Schlosse – Gott, was soll ich thun! – Du guter kleiner Schutzgeist beschütze meinen Geliebten! – Sey behutsam, ich will indessen Palmiren vorbereiten. – Ich bin dein, auf ewig dein, meine Mutter wird unsere Liebe billigen, und der Himmel unsere Wünsche krönen. *ab*

Siebenter Auftritt.

Armidoro, *allein.*

Lebe wohl! – vortreffliches Geschöpf! – Ich höre Bosphoro und seinen Zubringer kommen. – Wie mach ich es, daß ich mit guter Art entkomme, und doch Pizichis Rath einhole?

Pizichi *auf dem Baum* Bleib und schlafe!

Armidoro Wohlgesprochen kleiner Affe! *legt sich unter dem Baum, und hängt die Zither darauf.*

Achter Auftritt.

Armidoro *schlafend,* **Bosphoro** *und* **Zumio.**

Bosphoro Hier herum muß der Nachtschwärmer wandeln. –

Zumio Herr! – Seh ich recht? – Dort schläft der famose Zithernschläger, und sein Instrument hat er an den Ast aufgehangen. –

Bosphoro Wie erwünscht! –

Zumio Nu Herr, laßt uns einmal das Schnipferhandwerk probiren.

Sie gehen an Armidoro herum, wie sie nahe kommen, und an die Zither greifen wollen, fängt sie an zu schlagen.

Terzetto.

Zumio Halt das Maul verdammte Leyer,
Stille, stille, Pst! Pst! Pst!

Bosphoro Folge, folge, wenn dir theuer
Dein verdammtes Leben ist!

Armidoro *träumend* Zither, meinem Herzen theuer
Goldne Zither sey gegrüßt!

Zumio Herr, der kann unmöglich schlafen
Nehm' die Zither, wer da will –

Bosphoro Soll ich dirs noch zehnmal schaffen,
Geh nur leise, mach es still'.

Armidoro Gute Zither, laß mich schlafen,
Leise, leise, stille, still!

Alle 3 Auf dich Zither will ich bauen,
Auf dich setz ich mein Vertrauen
Goldne Zither, du bist (wirst) mein
Glücklich, glücklich werd' ich seyn.

Sie wollen hin, Pizichi weckt Armidoro. Armidoro erwacht. Bosphoro und Zumio entlaufen.

Neunter Auftritt.

Armidoro *allein.*

Danke dir harmonische Zither; du vertreibst die Unholden.

Zehnter Auftritt.

Armidoro, Kaspar *mit dem Fagott in der Hand.*

Kaspar *tappt herum* Gnädiger Herr, sind Sie's?

Armidoro Bist du es Kaspar? –

Kaspar Ich habe sie für einen Stock angesehen. – Dem Himmel sey Dank, daß ich sie finde. – Wie, sie sitzen hier in der Dämmerung, und essen Äpfel, und wissen noch nicht, daß uns der Zauberer Kronäugel eingeben will?

Armidoro Wie, auch du weißt es schon?

Kaspar *beleidigt* Auch ich? –

Armidoro Ich falle aus den Wolken – woher weißt du es?

Kaspar Von meiner halben Ehestandsportion, der schwarzaugigten Palmire.

Armidoro Und mich hat unser kleiner Freund Pizichi gewarnt.

Kaspar Ja, das Spitzbübel läßt sich gar nicht sehen. – Mit Kindern ist halt nichts anzufangen. –

Armidoro Er versprach hieher zu kommen.

Pizichi *steigt vom Baum* Und ein Mann hält Wort.

Kaspar Itzt schau ein Mensch den kleinen Baumkraxler an! –

Armidoro Herzensguter Pizichi! *er küßt ihn.*

Pizichi Seyd ohne Furcht, ich nehme euch unter meinen Schutz. *Er breitet die Hände aus*

Kaspar Ja, sey so gut, und laß uns drunter kriechen.

Pizichi Du Kaspar wirf dein Haar in deinen Trank, und Armidoro seine Kugel, so kann euch das Gift nicht schaden.

Kaspar So findt der Zauberer wenigstens ein Haar in der Suppe.

Armidoro Wir verlassen uns auf dich, gutes Kind! –

Kaspar Und ich nehme dich an Kindstatt an. – *küßt es.*

Palmire *horcht von weitem*

Pizichi Nehmt euch in Acht. – Euer Glück beruht auf diesem Abend.

Aria. Prinz, die Saiten wohlgespannt
Pizichi ist Sekundant,
Pizichi hilft aus der Noth
Schlägt die Zither, bläst Fagott. *läuft ab.*

Eilfter Auftritt.

Armidoro, Kaspar.

Man hört Trompeten und Paucken in dem Schlosse.

Armidoro Es ist das erste Zeichen zur Abendtafel – Komm!

Kaspar Ganz recht Herr, geht nur indessen voraus. – Ich erwarte hier Palmiren. –

Armidoro Komm bald nach, und nimm dich in acht. *ab*

Kaspar Mein Fagott schützt mich vor allem.

Zwölfter Auftritt.

Kaspar *allein.*

Nu, itzt da wär ich also allein, und könnte ein Solo blasen. –

Dreyzehnter Auftritt.

Palmire, Kaspar.

Palmire Kaspar!

Kaspar Ich und alle guten Geister! –

Palmire Du wirst dich doch vor mir nicht fürchten?

Kaspar Ach das Palmkatzl, das ist was anders!

Palmire Mit was für einem scharmanten Kinde sprachst du hier?

Kaspar Es ist unser Kind.

Palmire *verwundernd* Euer Kind?

Kaspar Ja, es ist ein Geschenk von einer Dame.

Palmire Dieses Kind?

Kaspar Dieses Kind – Giebts denn nicht mehrere Leute, die ihre Kinder verschenken?

Palmire Nu, und darf man denn die Dame nicht wissen?

Kaspar Pst! den Finger auf den Mund – das ist ein Geheimniß.

Palmire Das er mir wohl sagen wird?

Kaspar Ah, ich kann gut schweigen – Unter uns, das Kind ist kein Kind – Das ist ein Engel! –

Palmire Ha, ha, ha! – Ein Engel?

Kaspar Sieht sie denn nicht, daß es Flügel hat?

Palmire Eben so leicht könnt' es eine Fledermauß seyn – Warum bekamen wir es denn nie zu Gesichte?

Kaspar Weil wir es immer in der Brieftasche tragen. – Das Kind ist so furchtsam, und glaubt in jedem Fremden seinen Papa zu sehen, dem es mit einem Vierteljahr davon gelaufen ist.

Palmire Sage mir, wo ist das Kind her – sonst ist es aus mit uns zweyen.

Kaspar Schau, kurios! – War's denn schon angefangen?

Palmire Glaubt er denn, daß mir an ihm etwas liegt? – Ja, wenn wir zwey nur allein auf der Welt wären. – Es giebt wohl noch mehr Männer, die eben so gut wie er Fagott blasen können.

Kaspar Ja, die werden dir was blasen.

Palmire Ich glaube gar, er ist stolz auf seine Kunst?

Kaspar Sie kanns halt doch nicht.

Palmire Lieber Kaspar! – sag er mir doch, wenn ich bitte – schön bitte! – *hält die Hände zusammen*

Kaspar Jetzt hör's auf mit der Dalkerey – – Nu, hörs mich an. – Es ist halt so eine kleine Wermuthessenz, die die Frau Fee distillirt hat. – So ein Spiritus familiaris.

Palmire Oje, oje! – Das war ein Kind im Spiritus?

Kaspar Na, itzt schaus nur, wie's daher red't! – Das Kind heißt mit seinem Taufnamen Pizichi, und wenn ich Hilfe brauche, und rufe Pizichi! – so kömmt er. – Das ist's alles. *Pizichi kömmt.*

Palmire O der liebe Narr!

Kaspar Da hat ihn der Teufel schon wieder – Geh nur wieder, da kann ich mir schon selber helfen. – *Pizichi geht langsam, sich umsehend ab.*

Kaspar Ich glaube das Spitzbübl blieb selber gern da?

Palmire Das ist ein allerliebster Junge! – Itzt bin ich schon wieder gut, lieber Kaspar! –

Kaspar *Zorn affektirend* Aber ich nicht.

Palmire Ich glaube gar, du bist böse? *Sie wirft den Mund über* Das kann ich auch – Wir wollen sehen, wer am ersten wieder gut wird.

Kaspar Ich nicht – das weiß ich! – – Aber das bitt ich mir aus, daß du mich nicht anschaust. –

Er macht seine Karessen. Sie machen ihr gegenseitiges Spiel! – Man hört zum zweytenmale Trompeten und Paucken, und Zumios Stimme, der mit mehreren Sklaven kömmt.

Vierzehnter Auftritt.

Vorige, Zumio.

Kaspar Tausend Element! da kommen schon wieder Trommeten und Baunzen, und noch obendrein der dicke Trommelschlegel!

Palmire Da muß ich fort!

Zumio Halt, wohin denn?

Palmire Zur Abendtafel – ich mußte für Sidi hier Rosen pflücken, um sie auf die Tafel zu streuen.

Zumio Und der Fagottist half dir vermuthlich suchen?

Kaspar Errathen Herr – aber ich habe blutwenig gefunden.

Zumio Diese zügellose Freyheit wird euch bald gestört werden. – Dann heißt es wieder zur Arbeit unter vier Mauern.

Palmire *beyseite* Sey nicht ungehalten lieber Zumio! ich wollte ihm nur das Gift auf eine gute Art beybringen.

Zumio Ah, wenn es so ist! *Palmire läuft ab, Kaspar will nach, Zumio hält ihn zurück.* Wohin?

Kaspar Zum Essen.

Zumio *zu den Sklaven* He da! – bey harter Züchtigung, wo ihr den Kerl aus den Augen laßt! –

Kaspar Fickerment, was heißt denn das? – Du warst mir ja anfangs so gut?

Zumio Ja, man lernt den Vogel aus dem Gesange kennen. – Widersetzest du dich, so laß ich dich von meinen Geistern Ballon werfen, daß dir die Seele ausgeht.

Kaspar Nein, das ist zu viel – Fagott – Herzensfagott! thue deine verfluchte Schuldigkeit. *Er bläst, die Sklaven, die ihn anpacken wollten, stehen alle zurückbebend da.*

Aria.

Kaspar Pack an, faß an trala la la!
Pack an, faß an, he, hopsasa!

Laßt euch nur nicht so schimpfiren
Und von ihm so stark vexiren,
Ey das wär ein Spott und Hohn
Geister spielts mit ihm Ballon.

Kaspar entläuft, Zumio will nach, sie bringen ihn in die Mitte und werfen ihn einer dem andern zu. 4 kleine Genien mit Fagotten blasen dazu.

Chor.

Faß an, faß an, Trala la la,
Faß an, faß an! he hopsasa;
Hier ist er – hier hast du ihn –
Wirf ihn her – hier wirf ihn hin –

Zumio Auweh ich zerplatze schon,

Alle Schrecklich schwer ist der Ballon. –
Pum, pum, pum, pum, pum, pum,
Wälzt und drehet ihn herum.

Zumio fällt vor Mattigkeit zur Erde. Die Sklaven lachen

Ha, ha, ha, ha, ha, ha!
Da liegt der Plumpsack da. *alle ab.*

Die kleinen Fagottisten blasen ihm in die Ohren, er sieht sich um, steht langsam auf und geht wackelnd ab.

Fünfzehnter Auftritt.

Das Theater verändert sich in den Speisesaal.

Bosphoro *mit einigen seiner Sklaven.*

Bosphoro Ist Sidi mit ihren Jungfrauen bereitet?

Ein Sklave Herr, sie erwarten deinen Wink.

Bosphoro Und die beyden Fremden?

Sklave Sind ebenfalls gestimmt, und stehen im Vorsaale.

Bosphoro Wo doch Zumio so lange verweilt?

Sechszehnter Auftritt.

Vorige, Zumio *kömmt herangewackelt und sieht die Sklaven grimmig an.*

Bosphoro Wo bleibest du so lange, du weißt, daß die Minuten kostbar sind.

Zumio Ich habe im Garten eine kleine Commotion gemacht.

Bosphoro Und Palmire? – *Trompeten und Paucken.* Schweig –

Sidi *nähert sich. Zumio droht den Sklaven.*

Siebenzehnter Auftritt.

Vorige, Sidi, Palmire, Idilis, Bisi *usw.*

Bosphoro Komm mein Kind und sey fröhlich, von nun an hat das Weifen und Spinnen ein Ende. Unsere Musikanten sollen uns die Tafel würzen.

Er winkt, Armidoro und Kaspar werden vorgeführt.

Achtzehnter Auftritt.

Vorige, Armidoro, Kaspar.

Bosphoro Willkommen Spielleute! – *Er winkt: ein gedeckter Tisch auf 2 Personen steigt von der Erde auf mit zwei Sitzpolstern.*

Kaspar Uhu, der hat geschwinde Tafeldecker. – *Er zieht den Geruch der Speisen mit der Nase in sich.*

Bosphoro Komm schöne Sidi! – *Er nimmt sie bey der Hand und führt sie hin.* Ihr beyde lagert euch dort in die Ecke, und spielt ein lustiges Stückchen auf, dann soll für euch beyde allein gedeckt werden.

Kaspar Auf dem Katzentischel also?

Armidoro Herr! wir stehen zu Befehl.

Bosphoro Nur so was Lustiges.

Zumio Herr laßt mich dazu singen, ihr wißt, daß ich ein pudelnärrischer Kerl bin.

Zumio *singt und Kaspar accompagnirt, die Jungfrauen reichen sich die Hände und drehen sich.*

Aria.

Juchhe! Juchhe! Tra, hopsa sa sa!
Juchhe! Juchhe! la la la lara!
Da giebt es zu fressen und saufen genug,
Hier winket die Schüssel, da winket der Krug,
Auch hab' ich euch Tafelmusik noch zur Noth
Und blas' nach dem Essen mir selber Fagott.

Juchhe, juchhe! Tra hopsasa sa
Tanzt und seyd lustig, Trala la la lara!
Ein lustiger Leyrer hat mich's so gelehrt,
Das lustige Liedel, wie ihr es gehört,
Es hat noch mehr G'setzel, doch würd' es zu lang,
Je kürzer je besser – aus ist mein Gesang.

Kaspar Hör du bist ein exzellenter Tanzmeister?

Zumio *vor sich.* Hol dich der Teufel mit deinem Tanzen. – Ich werde dir das Ballonspielen gedenken! – Ach Herr, die armen Leutchen werden durstig seyn? –

Bosphoro Gebt ihnen etwas zu trinken. – Aus diesem vergoldeten Becher.

Sidi *vor sich.* Himmel schütze ihn!

Palmire Laßt euch nichts merken!

Armidoro Wir danken Herr – vor dem Essen trink ich niemals.

Kaspar Und in der Hitze zu trinken ist sein Lebtag nicht gesund. Sauf's selber.

Zumio *vor sich.* Verdammt! – Lieber Herr! *er streichelt dem Zauberer den Bart.* Wenn ich den Fagott hätte, so könnt' ich dir alle Abende ein solches Liedchen blasen. – Die Griffe wollt' ich bald lernen, die müßten mir unsere Geister zeigen. – Du spieltest die Zither, und so hätten wir das herrlichste Duett, und dürften den beyden nicht zu Gnaden leben.

Armidoro Gütige Fee, welch ein Vorschlag!

Kaspar Das ist keine üble Proposition! – *vor sich.*

Bosphoro Laß dich für diesen Einfall küssen. – Wie theuer halt ihr sie? –

Armidoro Meine Zither verschafft mir Brod und Obdach, und ich müßte Hungers sterben, – wenn –

Kaspar Ohn Fagott wär's mir gar nicht möglich zu leben.

Zumio Verkaufe deinen schönen Fingerring Alter!

Sidi Großer Gott, er ist verloren! –

Armidoro Entsetzlich! –

Bosphoro Ey, den Ring hab' ich noch gar nicht gesehen? – Wo hast du ihn her? -

Kaspar Itzt sitzen wir.

Armidoro Ich bin entdeckt – *zu Bosphoro.* Herr, das heißt undankbar verfahren. Ich habe dem Herrn wichtige Dienste bey dem Mädchen geleistet, und ihr nehmt mir mein Eigenthum! – Das ist nicht schön. – Doch, wer wird mit euch streiten. – Ihr gebt mir 1000 Goldstücke für Zither und Fagott, und mögt sie nehmen. – Wir spielen noch ein Liedchen, und gehen unserer Wege.

Armidoro *zur Zither.* So soll ich dich denn verlassen, dich Liebling meines Herzens!

Kaspar *zum Fagott.* So soll ich mich von dir trennen, du Liebling der Schönen?

Armidoro In meinem Alter soll ich noch von dir scheiden, Gefährtinn meines Lebens?

Kaspar In meiner zartesten Jugend soll ich schon zu blasen aufhören.

Armidoro Fahre wohl, du Freude meiner Jugend, du Trost meines Alters, und töne mir noch zum letztenmal ein süsses Lied.

Kaspar Fahre wohl du gutherziger Murrkopf, und blase mir zu guter Letzt deinen Schwanengesang.

Bosphoro Was soll das Geschwätze?

Zumio Nehmt sie ihnen mit Gewalt.

Palmire Laßt sie Herr, *heimlich zu Bosphoro* wenn sie getrunken haben, bleibt es euch ja ohnehin als Legat zur Erbschaft.

Bosphoro Du hast recht – *er gibt Palmiren lächelnd einen Wink.* Beurlaubt euch so lang ihr wollt bey euren Instrumenten. –

Armidoro und Kaspar spielen ein sanftes Wiegenliedchen auf. Nach und nach schlummert alles ein. Die Schützen halten ihre Bogen im Arme. Armidoro und Kaspar halten ein.

Armidoro Glücklich! – *er küßt die Zither.* So hast du mich nicht verlassen! – Habe Dank!

Kaspar *küßt den Fagott.* Tausend Dank Herr Fagott – dafür will ich dich alle Tage mit Mandelöl schmieren.

Bosphoro und Zumio schnarchen.

Armidoro Nun mächtige Perifirime, leite meine Hand und meine Schritte! – *Er schleicht zum Zauberer hin, der den Kopf auf die Brust sinken läßt. Armidoro greift ihm sanft in den Busen, und Kasper hebt ihm sanft den Kopf in die Höhe. Armidoro zieht den Feuerstahl heraus.* Ha, glücklich! glücklich!

Kaspar *leise.* Habt ihr ihn Herr?

Armidoro Hier lieber Kaspar. –

Er berührt von ungefähr die Feder; die Geister-Schützen erwachen alle, und sehen einander verwundernd an. Sie stürzen nieder zu seinen Füßen. Armidoro deutet ihnen gütig aufzustehen, und zu schweigen – zwey küssen Kaspar die Hände.

Kaspar Gehören die Geister itzt alle unser?

Armidoro Ja – schweige! –

Kaspar Herr die sperren wir alle in Fläschel, und machen dem Frauenzimmer Präsenten damit.

Armidoro *indem er seinen Dolch zieht.* Rache, geflügelte Rache, stärke meinen Arm! – *er will auf den Zauberer hin und erblickt Sidi schlummernd.* Sidi, meine göttliche Sidi! *er dreht den Ring und stürzt zu ihren Füßen. Sidi erwacht und springt erschrocken auf. Kaspar thut mit Palmiren ein Gleiches.* Du bist frey Geliebte! Ich habe den Unhold entwaffnet, siehe hier das Zeichen meines Sieges.

Kaspar *zu Palmiren.* Wir haben den Feuerzeug erobert – ich opfere dir den Zunder meines Herzens, und lege dir meinen Fagott zu Füßen.

Sidi sich von ihrem Erstaunen kaum erholend, sieht bald Armidoro, bald die Geister, bald Zumio, bald den Zauberer an, und sinkt endlich dem vor ihr knienden Armidoro in die Arme.

Palmire Ist es möglich – Kaspar – bist du nicht vergiftet?

Kaspar Wie du siehst, noch nicht – außer von der allgewaltigen Liebe *mit Carricatur.* Schau, die haben wir alle eingesungen, daraus kannst du schliessen, wie gut ich einmal zum Kinderwiegen seyn werde.

Sidi *Die sich nach und nach von ihrem Schrecken erholt.* Was thue ich? – Steh auf Armidoro! Ich will einen Fehler der Übereilung wenigstens zu keiner vorsetzlichen Schuld machen, bringe mich zu meiner Mutter, sie wird mich liebreich aufnehmen.

Armidoro Wohin meine Liebe?

Sidi Zur Fee Perifirime! –

Armidoro Wie, zur Fee Perifirime? – Meine liebe Sidi ist ihre Tochter? – Nun bin ich glücklich! – Sie selbst hat mich zu dir geschickt; von ihr hab' ich diese Zither und diesen Ring.

Kaspar Und ich meinen Fagott.

Sidi So hat mir meine Mutter verziehen. – Komm laß uns zu ihr eilen. –

Zumio ist indessen erwacht, reibt sich die Augen u.s.w., als er die zwey Paare erblickt, weckt er seinen Herrn, welcher wüthend aufspringt. Die Schützen stellen sich zur Wehr um Armidoro. Die Sklaven entwaffnen den Zauberer, und halten Zumio zurück.

Bosphoro Ha Verräther! – Was ist das! – *Er sucht den Stahl.* Ich bin schändlich betrogen.

Zumio Schlage! Schlage! Schlage Feuer! Schlage.

Armidoro *zeigt ihm den Stahl und umschlingt Sidi.* Erkenne in mir deinen Feind, den Rächer Perifirimens *wirft seinen Ring weg.*

Bosphoro, Zumio Welche Veränderung! – verdammtes Schicksal!

Kaspar *stolz zu Zumio mit Palmiren vorübergehend.* Veni, vidi, vici!

Bosphoro Du hast mich betrogen. Sey billig und gieb mir den Stahl zurück, so will ich dich mit der Prinzessinn und ihren Mädchen in Frieden ziehen lassen. –

Die Geister winken murrend »Nein!«.

Armidoro Und welche Bedingungen wolltest du mir machen? – laß hören!

Bosphoro *heuchelnd.* Das läßt sich am besten bey einem

Glase Wein ausmachen. – Komm, laß uns auf gute Freundschaft trinken – Stoß an! *Er geht zum Tische und ergreift das Glas. zu sich.* So soll auch alles mit mir verderben! – *zu Sidi.* Ich bringe dir's zu Sidi – Traut ihr mir etwa nicht? –

Sidi Glattzüngiger Bösewicht!

Zumio *der ebenfalls zum Tische geht.* Auf neue Freundschaft Palmire! –

Armidoro Ha verdammter Schurke! – das Maas deiner Verbrechen ist voll. –

Er will auf ihn hin, Perifirime kömmt mit Pizichi unter Donner, Zumio und Bosphoro bleiben mit angesetzten Bechern stehen.

Sidi *auf sie zueilend.* Meine Mutter!

Armidoro Meine Wohlthäterinn! *zu ihren Füßen.*

Kaspar Kreutzbraver Pizichi! –

Perifirime Du hast genug für deine unschuldigen Fehler gelitten, meine Tochter.

Perifirime Ihr Unholden *auf Bosphoro und Zumio.* Ich verbanne euch zur Strafe eurer lüsternen Wünsche auf 300 Jahre in das Unterste der Erde – bleibet immer in dieser Stellung, ohne genießen zu können.

Der Tisch mit Bosphoro und Zumio versinket und ein dichter Rauch steigt unter Geprassel auf.

Kaspar Pfui Teufel! was unterlassen die Herren für einen Gestank.

Perifirime Ich versprach dem Sieger das Beste, was ich geben kann – es steht bey ihm, ob er meine Sidi dafür halten will.

Armidoro, Sidi *zu ihren Füssen.* Meine Mutter! –

Perifirime So kommt, meine Kinder! – Ich gebe Armidoren seinem Volke, und in dir ihre Königinn wieder.

Das Theater verändert sich in den Pallast der Fee Perifirime, der Oberjäger und das Gefolge des Prinzen werfen sich dem Prinzen, sobald sie ihn erblicken, zu Füssen.

Oberjäger Gnädigster Prinz!

Armidoro Steht auf, und ehret hier eure Königinn. – *auf Sidi.* Fühlet nur, daß ich glücklich bin, und grübelt nicht, wie ich es geworden.

Kaspar Gnädigste Frau Fee! – Darf ich Palmiren zur Infantinn meines Herzens machen?

Perifirime Ich bins zufrieden.

Alle Es lebe Armidoro, Es lebe Sidi und Perifirime!

Kaspar Es lebe Pizichi! – Hier hast du deinen Fagott wieder.

Pizichi Behalte ihn, so wie Armidoro seine Zither.

Perifirime Ich will meine alten Tage mit euch und meinem Pizichi beschliessen. – Kinder, denket, daß nach ausgestandenen Leiden, stets das Glück der Lohn der Tugend werde.

Armidoro und Sidi umarmen sich, Perifirime bindet Pizichi den Feuerstahl um.

Schluß-Chor.

Auf die aller größten Leiden
Folgen immer sanfte Freuden.
So wird Tugend stets belohnt,
Tugend läßt uns hier auf Erden
Nimmermehr zu Schanden werden,
Laster werden nicht verschont.

Armidoro, Sidi, Perifirime, Palmire, Kaspar.

Leset nun der Liebe Glück
Jedes aus des andern Blick.
Feyert diesen Sieg der Tugend,
Und genießt das Glück der Jugend,
Laßt uns ganz der Liebe weih'n
Froh kann nur die Unschuld seyn.

Kaspar O du herrlicher Fagott,
Halfst uns allen aus der Noth.
Und mein Edler Herr und Ritter,
Dankt sein Glück der Zauberzither,
Soviel Glück verdient' ich nie
Dank Frau Fee, Dank Pizichi!

Alle Lacht und scherzet, tanzt und singet,
Wenn ihr Dankesopfer bringet,
Nennt das erste Pizichi,
Vivat, vivat Pizichi!

Sie machen eine Gruppe und heben Pizichi empor.

Ende des Stücks.

Karl Friedrich Hensler

DAS DONAUWEIBCHEN

Ein romantisch-komisches Volksmährchen mit Gesang in drey Aufzügen, nach einer Sage der Vorzeit.

Abb. 6: G. E. Opiz, Kasperltheater, Gouache, um 1805.

Personen:

Ritter **Albrecht** von Waldsee
Hartwig, Graf von Burgau
Bertha, seine Tochter
Fuchs, Albrechts Waffenknecht
Kasper Larifari, Zechmeister zu Waldsee
Minnewart, Meistersänger auf Hartwigs Burg
Jungfrau **Salome**, Berthens Erzieherinn
Ritter **Hans** von Biberach
Elisabeth, seine Schwester
Ritter **Alwart** von Kaufingen
Junker **Bodo** von Triesniz
Fräulein **Hedwig** von Lindenhorst
Bruno, Hartwigs Burgvogt
Hulda, das Donauweibchen, als:
altes Mütterchen.
Gärtnermädchen.
verschleierte Dame.
junger Ritter.
Anfrau des Hartwigischen Geschlechts.
Eremitin.
Köhlermädchen.
Wallfahrerinn.
Müllermädchen.
schwäbische Zitterschlägerinn.
Nixenköniginn.
Lilli, ein Kind von 4 Jahren
Erlinde,
Lindane,
Hirmione,
Elissa, Nixen von verschiedenen Gewässern
Ein Geist
Ritter. Reisige und Knechte. Burgleute.

Erster Aufzug

Erster Auftritt.

Waldgegend. Im Hintergrund fließt die Donau. Es ist volle Jagd.

Introduction.

Das Riedhorn erschallt,
Durchstreifet den Wald,
Verfolget das Wild mit zernichtender Wuth.
Auf, rastet nur nicht,
Bis Beute verspricht
Der stürzende Bär sich wälzend im Blut.
sie gehen weiter, das Jagdgetöne verliert sich.

Zweyter Auftritt.

Ritter Albrecht kommt, verfolgt von einem Bären. Er setzt sich wider ihn, der Ritter wirft die Jagdlanze weg, zieht seine Klinge. Der Bär stürzt sich in die Fluth. Nach einem heftigen Donnerschlag erscheint über dem Wasser Hulda mit Lilli auf den Fluthen schwebend. Mehrere Nixen, die mit Pfeilen nach Albrecht zielen. – Schrecklicher Accord.

Nixen *drohend.* Halt ein!

Hulda Dahin ist jene frohe Stunde,
Die ich in deinem Arm genoß.
Als ich dich wiegte Mund an Munde,
In wonnetrunkner Liebe Schoos.
Die Folgen davon kennst du nicht,
Vergesse nicht der Liebe Pflicht.
entferntes Jagdgetöne. Alles verschwindet auf einmal in den Fluthen. Das Jagdgefolge nähert sich von beyden Seiten.

Chor Das Riedhorn erschallt,
Im rauschenden Wald.
Schon sättigt den Muth,
Das strömende Blut.

Dritter Auftritt.

Ritter Albrecht stützt sich auf sein Schwert, und starrt gedankenlos in die Fluth.

Fuchs. Käsperle. *Mehrere seiner Reisigen umgeben ihn.*

Albrecht Welch' eine sonderbare Begebenheit! Was hab ich gesehen?

Fuchs Herr Ritter! was ist euch wiederfahren?

Albrecht. *wie aus einem Traum erwachend.* Wo bin ich? Ihr hier? Sahet ihr nichts, gar nichts?

Käsperle *sieht sich um.* Ich seh nichts, als Bäume und Wasser. – Hagel und Wetter! Was ist euch denn? Seht ihr doch aus, als wenn ihr den St. Veittanz getanzt hättet.

Albrecht Wie vermag ich, jene wunderbare Erscheinung zu fassen?

Käsperle Erscheinung? – Da hätt' ich jetzt ganz andere Erscheinungen, wenn ich ein Bräutigam wär.

Fuchs Wunderbar! Herr Ritter! was ist euch begegnet?

Albrecht O das kann ich, das werd' ich nie entdecken. Knechte! seht ihr dort die Schloßthürme von Burgau uns entgegen schimmern? Eilet hinüber, und meldet meine Ankunft auf Hartwigs Feste.

Fuchs Und ihr, Herr Ritter!

Albrecht Weile noch hier, um meine Sinne zu sammeln; Spudet Euch – Ritter Hartwig möchte um mich besorgt seyn, ich werde langsam nachkommen – Käsperle! du gehest voran.

Käsperle Recht so, Herr Ritter! Ich geh voran. – Ist doch nichts angenehmers in der Welt, als der Vorreiter bey einer Brautwerberey zu seyn. – *ab mit den Reisigen.*

Fuchs Traun! Ist doch so ein wohlthätiges Wesen, Mann und Weib zusammen zu bringen, wo sich die Nachwelt auf gute Menschen freuen kann.

Lied.

Ein braver Mann ist hochgeehrt,
Er ist des Ruhms der Edlen werth.
  Denn, was sein grosses Herz nur thut,
  Ist ihm und allen Menschen gut.

Drum werde auch ein braver Mann,
So glücklich, als man werden kann.

Das beßte Weib beglücke ihn,
Mit reiner Unschuld Liebessinn. *Ab.*

Vierter Auftritt.

Ritter **Albrecht** *allein, setzt sich auf einen Rasen.* **Hulda.**

Albrecht Ist mir doch, als wenn ich an diesen Ort hingezaubert wäre. Wie sehnlichst wünschte ich, über das Geschehene Auflösung zu erfahren. *Ein Wirbelwind rauscht vorüber, er springt auf.* Was ist das? Welch ein unsichtbares Wesen umschwebt mich? *Man hört über dem Wasser eine sanfte Melodie.*

Hulda In meinem Schlosse ist's gar fein,
Komm, Ritter! kehre bei mir ein.
Mein Schlößchen ist gar schön gebaut,
Du findest eine reiche Braut.

Albrecht Was hör ich? Der Gesang scheint vom jenseitigen Ufer zu kommen; sollte wohl meine Braut hier lustwandeln, und so einladend singen?

Hulda Du weißt es nicht, wie gut ich bin,
Mein Herz hegt sanften Liebessinn.
Viel Freyer buhlen nah und fern,
Und möchten mich zum Weibchen gern.

Albrecht *sieht sich um.* Sonderbar! woher tönt dieser schmelzende Gesang?

Hulda Was helfen alle Freyer mir,
Mein Liebessinn steht nur nach Dir.
Nur deine Braut wünscht' ich zu seyn,
Komm, lieber Ritter! komm herein.

Bei den letzten Worten theilt sich die Fluth. Hulda erscheint, breitet ihren weissen Schleier auf, und setzt Lilli darauf.

Albrecht Was seh' ich? Bist du die himmlische Sängerin, deren Silbertöne mich so entzückten? Wer bist du?

Hulda Kennst du mich nicht mehr? – Albrecht! du ruhtest einst so sanft in meiner Hütte, als dich ein furchtbares

Gewitter überfiel, und dunkle Nacht Schrecken und Tod um dich her verbreitete. O Albrecht! ich schützte dich dazumal in meinen Armen, wiegte dich ein in süssen Schlummer, und der wohlthätige Schlaf goß Ruhe über deine sinkenden Augen herab.

Albrecht Was hör ich – sollte vielleicht – ha! ein schrecklicher Gedanke! Wer bist du?

Hulda Deine Freundin!

Albrecht Meine Freundin! *Er will sich nähern, man hört Leute kommen, die Wellen stürzen zusammen, Hulda verschwindet mit Lilli.*

Fünfter Auftritt.

Albrecht. Käsperle, *mit ihm* **Bruno.**

Käsperle Nur mir nach – nur mir nach – hier am Ufer der Donau haben wir ihn verlassen.

Bruno Eure Knechte begegneten mir auf dem Weg, als ich eben abgesandt ward von Ritter Hartwig, Euch entgegen zu eilen.

Albrecht Käsperle! du erinnerst dich wohl noch des reitzenden Mädchens, das uns so freundlich in ihre Hütte führte, als wir vor 4 Jahren in diesem Gehölze von einem Gewitter überfallen wurden?

Käsperle Wohl erinnere ich mich. Traun! ein schmuckes Dirnel, dem ihr wohl auch zu tief möget in die Augen geschaut haben.

Albrecht *beiseite.* Ha – gerne möchte ich länger harren, um Aufschluß dieser rätselhaften Erscheinung zu erlangen. Doch bald muß ich diesen Ort wieder besuchen, um den Vorhang von der geheimnißvollen Vergangenheit wegzuziehen. *laut.* Bruno! ich folge euch. *ab.*

Sechster Auftritt.

Käsperle. *Hernach* **Lilli,** *als ein Bauernmädchen.*

Käsperle Das ist ja ein verdammter Streich – was muß denn meinem Ritter begegnet seyn?

Lilli *stürzt Händeringend heraus, schaut sich überall um.* Ach! – er ist nicht mehr hier – wo werd' ich ihn finden?

Käsperle *erschrickt und geht ihr auf die Seite.* Nun – was ist denn das? Wohin willst du denn? du Bagatellerl von einem Mädel!

Lilli Zu meinem Vater.

Käsperle Zu deinem Vater? Wer ist denn dein Vater?

Lilli Ach – ein vornehmer Ritter? aber hihihi! *schluchzt und weint in die Schürze.* er will nicht mehr mein Vater seyn – er hat mich und die Mutter verlassen.

Käsperle Pfui Teufel! das ist nicht schön – *schluchzt laut.* Das – das weiß ich gewiß, wenn ich so ein liebes Kind hätt, ich – ich wollt herzlich gern sein Vater seyn.

Lilli *steht vor ihn hin, und lacht ihn auf einmal aus.* Hahaha! – hahaha!

Käsperle Nun! was ist denn das – Worüber lachst du denn? –

Lilli Über dich – mein dicker Larifari –

Käsperle *erschrickt.* Woher weißt du denn, daß ich Larifari heiß –? *Sie lacht noch mehr.*

Käsperle Auweh – auweh! noch so jung, und schon so närrisch – wie heißt denn dein Vater, den du suchst?

Lilli *ernsthaft.* Albrecht von Waldsee!

Käsperle Al – Al – Albrecht von Waldsee? Nun beim Wetter! das ist keine üble Bescherung für einen Bräutigam, der auf die Brautschau ausreitet. Du wirst dich vielleicht irren, liebes Kind! denn in dem Artikel ist gar leicht ein Irrthum möglich.

Lilli Ach nein – ich irre mich nicht. Er soll ja so eben durch den Wald gezogen seyn, hat mir die Mutter gesagt.

Käsperle *beiseite.* Das wär ja ein verdammter Streich, wenn etwa da ein Einspruch in die Verlobung geschähe. *laut.* Deine Mutter kennt also einen jungen Ritter, der sich Albrecht von Waldsee nennt?

Lilli Bist ein wunderlicher Kauz – er soll ja mein Vater sein, so muß ihn ja doch wohl meine Mutter kennen.

Käsperle Da hast du freylich wieder recht. *beiseite.* Wenn das ein natürliches Menschenkind ist, so will ich heut noch auf den Blocksberg reiten. *laut.* Und weiß deine Mutter, wohin der junge Ritter gezogen ist.

Lilli Freylich – er zog aus, um sich ein Weib zu hohlen. *schelmisch.* Aber siehst du – so sind die Männer – wirsts wohl auch nicht anders gemacht haben, du dicker Schelm du! *mit dem Finger drohend.*

Käsperle *beiseite.* Brav! das Kind muß einen prophetischen Geist haben, es redt so vernünftig, als wenn's schon 16 Jahr alt wär.

Lilli Ja – ja – hör nur, was mir die Mutter von den bösen Männern schon erzählt hat.

Ariette.

Es wechseln die Männer so schnell wie der Wind,
Sie lieben und herzen manch reitzendes Kind.
Bald hierhin, bald dorthin, bald fern und bald nah –
Und dann ist für Mädchen das Unglück auch da.

Sie schmeicheln oft jener, und lieben doch die,
Sie schwören gleich Treue, und halten sie nie.
Ach – fliehet, ihr Mädchen! die Männer geschwind,
Weil Männer nur Männer – und falsch dabey sind. *ab.*

Käsperle *allein.* Gut! die kann schon früh den Männern den Text lesen, wie wird's erst gehen, wenn sie tausend Wochen alt ist. Ich muß nur meinen Ritter aufsuchen. – Nun der wird sich wundern, wenn ich von der herumwandernden Kleinigkeit Nachricht bringe. *ab.*

Siebenter Auftritt.

Gemach auf Ritter Hartwigs Feste.
Ritter **Hartwig,** *mit ihm Meister* **Minnewart.**

Hartwig Noch kömmt er nicht – wenn dem jungen Manne nur kein Unheil begegnet ist.

Minnewart Seyd ohne Sorgen, edler Herr! solche junge, rasche Männer halten sich gerne im Forst oder in Herbergen auf.

Hartwig Nun, Meistersänger! – wenn die Sache mit meiner Tochter richtig wird, so kannst du dich bald zu einem Hochzeitliedlein bereit halten –

Minnewart Je nun, edler Herr! daran solls nicht fehlen. Muß doch so ein rechtes Freudenleben seyn in dem lieben Ehestand.

Hartwig Daß ich alter Knabe schon Verzicht thun muß auf dieses Freudenleben.

Minnewart Ey so schweigt doch von eurem Alter; hat man gesundes frisches Blut, so freyt sich's auch im Alter gut. Bin doch so alt wie ihr, und könnte mich wahrlich aus lauter Liebesfeuer noch entschliessen, ein Weiblein zu nehmen.

Hartwig Bist ein Narr! was soll ein Weib mit einem solchen Invaliden anfangen? Dich heben und legen, wenn du Gicht und Podagra hast.

Minnewart Das nicht! wollt ihr traun noch genug Vergnügen zu verschaffen wissen. Wer in der Jugend haushälterisch war, darf im Alter noch spendabel seyn.

Lied.

Ja, wer ein holdes Weib gewann,
  Den lohnt der Liebe Zeitvertreib.
Wenn nichts mehr freut den alten Mann,
  So ist's ein liebes, schmuckes Weib.
Das beste Mittel in der Welt,
Das Leib und Seel' zusammen hält,
  Das ist ein Weib – folgt meinem Rath,
  Nehmt Weiber – es hilft in der That.

Hat man auch Podagra und Gicht,
  Macht's Weib, daß man doch tanzen muß.
Wenn uns der Wurm im Kopfe sticht,
  Erfreuet uns ein süßer Kuß.
Denn Weiberrat und Weiberkur
Thun Wunder in des Manns Natur,
  Das glaubt mir alten Praktikus,
  Der ich das Alles wissen muß. *ab.*

Achter Auftritt.

Hartwig *allein, hernach* **Minnewart.**

Hartwig Jetzt hört nur den alten Krämpler, wie fest ihm noch die Weiblein am Herzen liegen. *Man hört auf dem Wartthurm den Burgwächter blasen.* Horch – was ist das? Hufschlag? Der Thürmer giebt das Zeichen zur Eröffnung der Schloßbrücke. *Er eilt zum Fenster.* Es ist Albrecht, der Waldseer Graf –

Minnewart *eilend.* Er kommt, er kommt, edler Herr! bey meiner Seele! ein stattlicher Mann!

Hartwig Eile Minnewart! hohle meine Tochter! Sie soll ihn willkommen heissen. Entdecke ihr aber noch nicht die Ursache seines Hierseyns – ich will sie damit überraschen.

Minnewart Wenn nur die Überraschung von keinen bösen Folgen ist. Denn eine Maus, die den Speck erblickt, läßt nicht mehr ab, ihn zu erhaschen, bis sie in der Falle gefangen sitzt. *ab in das Seitengemach.*

Neunter Auftritt.

Vorige. *Ritter* **Albrecht.**

Albrecht Herzlich willkommen auf eurer Burg, edler Hartwig! –

Hartwig *mit einem Handschlag.* Dank euch, edler Ritter! ihr liesset uns lange auf eure Ankunft warten, Albrecht!

Albrecht Müßt mir verzeihen – als wir durch den Forst zogen, stießen uns Bären auf, auf die wir Jagd machten.

Hartwig Daß ihr nur glücklich und wohlbehalten hier seyd. – Hier kommt meine Bertha.

Zehnter Auftritt.

Vorige. Bertha. Salome, Minnewart *mit einem Humpen.* **Bruno,** *einige von den* **Burgreisigen.**

Minnewart Nur herein! nur herein! Bey einem solchen Willkomm muß man den Humpen nicht vergessen. Qui bene bibit, bene dormit.

Albrecht Herzlich willkommen, schönes Fräulein! ich empfehle mich eurer Gunst. *Bertha verneigt sich stillschweigend.*

Salome *mit einem Knicks.* Wir danken euch recht demüthig, edler Herr Ritter! *leise zu Berthen.* Hübsch aufrecht das Köpfchen – so schaut doch diesem Herrn auch freundlich ins Angesicht.

Hartwig Nun – meine Tochter! wirst du unsern Gast nicht willkommen heissen? –

Bertha Seyd – seyd uns herzlich willkommen!

Hartwig Nun – wie gefällt euch meine Tochter?

Albrecht Ein liebes, unschuldiges Geschöpf!

Hartwig Macht, daß ihr einander gefallt, so hat's keine Noth – sie soll euer Weib werden, wenn sie es anders werden will.

Albrecht Ich dank' euch, edler Mann!

Hartwig Darfst nicht roth werden, meine Tochter! ich muß dir's nur sagen, Ritter Albrecht ist zu uns auf die Brautschau herüber geritten.

Minnewart Hier, holdes Fräulein! thut einmal Bescheid auf die Gesundheit euers Bräutigams. *reicht ihr den Pokal.*

Bertha Welches Bräutigams?

Minnewart Sollt ihn schon kennen lernen! ich denke doch, daß ihr nicht im ledigen Stande sterben wollt. Ein altes Kraut hat kein Gedeihn, man muß fein jung und zeitig frey'n.

Hartwig Heda, alter Versifex! wenn du mit deinen Verslein angerückt kommen willst, so sing uns lieber ein Hochzeitliedlein.

Minnewart Topp! das soll seyn! hab' schon eine neue Weise gemacht, die ich euch vorsingen will. – Ich trinke auf das Wohlseyn unseres holden Burgfräuleins, und ihres Bräutigams! *trinkt.*

Alle Es lebe Braut, und Bräutigam!

Salome *sich verneigend.* Der liebe Gott seegne ihr Beylager, und laß es gedeihen.

Lied mit Chor.

Minnewart Die Liebe macht das Leben süß,
Und froh der Saft der Reben.
Sie zaubern uns in's Paradieß,
Und sind zur Lust gegeben.

Chor.
Die Erde ist ein Himmelreich,
Sind wir an Wein und Liebe reich.

Minnewart
Wenn man sich sanft im Arme wiegt,
In liebetrunkner Freude –
Wer ist denn wohl so hoch vergnügt,
Als junge Eheleute.

Chor.
Die Ehe ist ein Himmelreich,
Liebt Mann und Frau sich treu und gleich.

Minnewart
Es leb' das traute Hochzeitpaar
Im heil'gen Eh'standsbunde.
Bald führen wir sie zum Altar,
Und seegnen diese Stunde.

Chor.
Und lieben sie sich treu und gleich,
So ist die Eh' ein Himmelreich.

Alle ab, bis auf Jungfrau Salome.

Eilfter Auftritt.

Salome *allein.*

Salome *mit einem züchtigen Knicks.* Ih – dem Himmel sey Lob und Dank für diese glückliche Bescheerung. *weint in die Schürze.* Ach, du lieber Gott! daß unser eins nicht auch früher dazu geschaut hat – hätt' in meiner Jugend so manchen Anstand gehabt, aber nein! da war mir keiner recht –

Zwölfter Auftritt.

Käsperle. Salome.

Käsperle *eilend.* Da wär ich jetzt – wenn ich nur gleich meinen Ritter sehen könnte – denn der kleine Wechselbalg will mir nicht aus dem Kopf.

Salome Du lieber Himmel! wie kommt denn dieser Dickling in unser Gemach? Was sollt ihr hier, guter Freund!

Käsperle Zu meinem Herrn will ich – zum Ritter Albrecht von Waldsee.

Salome Wer seid ihr, guter Freund?

Käsperle Ich bin sein Zechmeister.

Salome *jubelnd.* Sein – sein Zechmeister? ih du mein Gott! sein Zechmeister?

Käsperle Richtig – sein Zechmeister bin ich.

Salome *weint.* Hihihi! wenn ich an meinen seeligen Zechmeister denke; –

Käsperle Sagt mir nur, wo ich meinen Ritter finden kann.

Salome *ebenso.* Ach – das war ein stattlicher Mann – der liebe Himmel verleih ihm eine fröhliche Urstände.

Käsperle Das wünsch ich ihm auch – aber sagt mir nur, wo mein Herr ist, ich habe ihm Sachen von Wichtigkeit zu hinterbringen. – *will fort.*

Salome *freundlich.* Ey so harret doch, guter Freund! Ritter Albrecht unterhält sich jetzt mit seiner Braut – *nimmt seine Hand, streichelt sie.* und wir beyde, ha ha, ha – können uns ja einstweilen auch unterhalten.

Käsperle *beiseite.* Auweh! da wird eine schlechte Unterhaltung ausfallen.

Salome Wie nennt ihr euch denn, edler Herr!

Käsperle Ich heiß Kaspar Larifari –

Salome *freudig.* La – La – Larifari – nennt ihr euch?

Käsperle Larifari heiß ich –

Salome Ey du mein Gott! Lari – Larifari? *lacht verschämt.* Ha, ha, ha!

Käsperle *äft sie nach* Wie könnt ich denn darüber lachen – wenn man über alle Larifari in der Welt lachen wollt, so brächt man's ganze Jahr das Maul nicht zusammen.

Salome Und ihr seyd Zechmeister beym Ritter von Waldsee.

Käsperle Zechmeister beym Ritter von Waldsee.

Salome Hi – hi – hi! das hat etwas zu bedeuten – ich hatte einst auch eine Liebschaft mit einem Zechmeister – ja – ja – das hat etwas zu bedeuten.

Käsperle Ich glaub, das hat nichts zu bedeuten.

Salome Ja, ja – da liegt offenbar des Himmels Wille darunter verborgen. *züchtig verneigend.* Ach – hab' mich auch lange vor dem Ehstandsjoch gefürchtet – aber jetzt – je nun, wie der Himmel will –

Käsperle Das weiß der Teufel, was die Alte mit mir haben will.

Salome Bring euch auch ein reines, unschuldiges, jungfräuliches Herz mit.

Käsperle *beiseite.* Ich muß nur machen, daß ich die Alte vom Hals krieg. *laut.* Ihr seyd also noch ledigen Standes?

Salome Ach freylich – ich bin noch eine ehrbare sittsame Jungfrau – und wenn ihr gekommen seyd, edler Herr! die Last des ledigen Standes von mir zu nehmen –

Käsperle Nun ja – eben deßwegen bin ich da – *lacht beiseite.*

Salome So sey es in's Himmels Nahmen, ich ergebe mich dem Willen des Schicksals – Laßt mich nur jetzt gleich den ersten Willkommungskuß auf eure Lippen drücken – *Sie nimmt ihn am Kopf.*

Käsperle *schreyt.* He – he – So laßt mich aus! das ist ja ein verdammter Streich!

Salome Der Himmel wird mir diese Sünde verzeihen und vergeben – aber ich kann nicht anders, es muß einmal seyn. – *geht verschämend ab.*

Dreyzehnter Auftritt.

Käsperle, *allein.*

Käsperle Nun, brav! ich und mein Herr sind in einer saubern Wäsch drinn. Er reitet auf die Brautschau, und unterwegs finden wir eine lebendige Kleinigkeit, die sich seine Tochter nennt. In mich verliebt sich eine alte Jungfrau, die mich mit ihrer Liebe bombardirt. Ja – wann's noch ein hübsch Weibchen wär –

Lied.

Ein Weibel, das jung ist, vergnüget den Mann,
Sie thut ihm ja freundlich gar sehr,
Denn schaut man das Weibel kaum freundlich nur an,
So reckt sie das Göschel schon her.
Da küßt sie so innig, da wird ein'm so warm,
Da fliegt man dem Weibel auch gleich in den Arm.

Und hat man auch Grillen – sie jagt sie hinaus –
Sie weiß ja wohl, wie? und warum?
Und bringt sie ein freundlich Gesichtel nach Haus,
Wirds einem so gut um und um.
Man thut ihren Willen in jedem Betracht,
Der Teufel halts aus, wenn ein Weibermund lacht. *ab.*

Vierzehnter Auftritt.

Gemach. Mitten ein Tisch mit einem blühenden Rosenstock.
Bertha *mit* **Salome.**

Salome *mit Berthen.* Ach – liebes Fräulein! mit uns Beyden ist es leider gethan – es ist richtig, alles ist richtig.

Bertha Ihr erschrecket mich, Jungfer Salome! was ist denn geschehen? –

Salome Wenigstens 8 Tage lang werd' ich auch, wenn ich heurathe – um meine verlorne Freyheit Thränen vergiessen müssen.

Bertha Also nur 8 Tage muß man weinen, wenn man heurathet? Je nun! das kann ich ja auch thun, wenn es seyn muß. Hilf, Himmel! da kommt der fremde Ritter.

Fünfzehnter Auftritt.

Vorige. *Ritter* **Albrecht.**

Albrecht Störe ich vielleicht eure Unterredung durch meine Gegenwart, so komme ich ein andermal.

Salome *hält ihn zurück.* Ey! ey! wozu ein andermal, wenn man ein gutes Werk gleich verrichten kann. *leise zu ihm*

Werde euch wohl allein lassen müssen, hahaha – denn Liebesangelegenheiten lassen sich immer besser zwischen zwey abmachen, als wo die dritte Person Schildwache hält. *will fort.*

Bertha *hält sie ängstlich am Rock zurück.* Jungfer Salome!

Salome Nun – nun – schreyt ihr doch, als wenn man euch an's Leben wollt?

Bertha Ihr werdet mich doch nicht allein lassen?

Salome Ey, warum denn nicht? Solche Herren thun den Mägdlein nichts als alles Liebs und Guts. Bleibt ihr nur in's Himmels Namen hier. *hält sie zurück.*

Bertha Nein! ihr müsset auch da bleiben, Jungfer Salome!

Salome Hahaha! Was wir doch für Kinder sind, wenn wir keine Erfahrung haben. Müßt euch daran gewöhnen, holdes Fräulein! es dürften wohl Augenblicke kommen, wo ihr die Jungfer Salome auf den Blocksberg wünschtet – ja, ja, auf den Blocksberg. *Bertha hält sie noch immer, sie entwischt ihr, und trippelt ab.*

Sechszehnter Auftritt.

Albrecht. Bertha.

Albrecht Fürchtet ihr euch vor mir, holdes Fräulein!

Bertha *stotternd* Nein! ja – ja, ach nein! ich fürchte mich nicht.

Albrecht Seyd ihr mir gut, holde Bertha!

Bertha Ach ja – ich bin allen Menschen gut!

Albrecht *beiseite* Diese himmlische Unschuld! *laut* Wißt ihr auch die Ursache, warum ich auf eurer Burg bin?

Bertha Ja – ja – mein Vater hat mir schon etwas davon entdeckt – aber er hat auch gesagt – er würde mich nicht zwingen.

Albrecht Wie? mißfalle ich euch?

Bertha Ach nein! das gewiß nicht.

Albrecht So wollt ihr also mein Weib werden?

Man hört ein Gepolter, als wenn die Fensterscheiben zitterten. Donner. Beyde entsetzen sich.

Bertha O weh! was ist das?

Albrecht Welch ein sonderbares Getöse erfüllt dieses Gemach? *Nochmaliger Donner.*

Bertha Der Burggeist! der Burggeist! *eilt Händeringend ab in das Seitengemach.*

Siebenzehnter Auftritt.

Albrecht. Hulda *als ein altes Mütterchen, an einem Stab einher wankend.*

Albrecht Welch eine alte zusammengeschrumpfte Menschenfigur?

Hulda Ich grüße dich durch siebenmal und zweymal drey, lieber Edelritter! die Sonne steht in deinem Zeichen – dein Glück wird reifen und gedeihen.

Albrecht Was willst du mit dem allem sagen?

Hulda Daß du ein Glückskind bist.

Albrecht Noch weiß ich von keinem außerordentlichen Glück.

Hulda Wird schon kommen, wenn du vernünftig bist. Weiberglück – lieber Mann! Weiberglück! Die Weiber sind dir gut. Eine grosse Fürstin wird dir Macht und Reichthum mit ihrer Liebe schenken.

Albrecht Eine grosse Fürstin?

Hulda Gewiß und wahrhaftig! du hast eine Buhlschaft mit der Tochter dieses Schlosses? Lieber Edelritter! Habe sie immerhin – versäume aber darüber dein Glück nicht. Sieh, hier bringe ich dir ein Bildniß – du kannst es behalten.

Albrecht *betrachtet das Bild* Diese Züge sollte ich kennen. Und dieses Weib?

Hulda Wer sie ist, hast du gehört – wo sie wohnt? Du magst die halbe Welt durchreisen, so wirst du kein Schloß finden, welches an Pracht dem Schlosse der schönen Hulda gleicht.

Albrecht Du sprichst mit mir, wie mit einem Kind.

Hulda Ha, ha, ha! mehr als dreymal könntest du auch mein Sohn seyn.

Albrecht Das glaub' ich eben so gerne, als ich es nicht wünsche. Wer bist denn du, die du zur Gesandtschaft dieser schönen Fürstin auserkoren bist.

Hulda *weint* Eine unglückliche Mutter, die für ihr Kind einen Vater suchen muß.

Albrecht Für dein Kind einen Vater?

Hulda Ach, wenn du es sehen solltest, wie hold freundlich das Kind seinem Vater entgegen lächelt. – Erst viermal sah es die Bäume blühen.

Albrecht Und dieses Kindes Mutter wärest du? Und der Vater?

Hulda Ein holder Mann! Liebe schuff ihm Natur in das Herz – Liebe goß Wonne auf den Pfad seines Lebens – aber auch Liebe wird noch manche Stunde seiner Tage trüben; ach – wenn du es erblicken wirst, das holde Kind – die süsse Frucht meiner Liebe –

Albrecht *lachend* Traun! wäre doch begierig, von dir einen Sprößling zu erblicken.

Hulda Siehst du dort jenen blühenden Rosenstock – pflücke jenen keimenden Rosenknospen, der sich unter den übrigen schon aufgeblühten Blumen sittsam verbirgt.

Albrecht Wohlan! das will ich thun. *Er geht dahin, und bricht den Knospen ab. Sogleich verwandelt sich der Tisch in ein reizendes Schilfbett, worauf Lilli schläft.*

Albrecht Was seh' ich?

Hulda Meine Tochter!

Albrecht Wie? dieses reitzende, liebenswürdige Kind deine Tochter?

Hulda Wir sind hier, um dir, lieber Edelritter! ein Hochzeitsgeschenk zu überbringen. *ruft* Lilli!

Lilli *erwacht, und eilt zu ihrer Mutter – Sie hat eine goldene Spindel in der Hand.* Mutter! hier bin ich.

Hulda Ritter! diese goldene Spindel übergeb' ich eurem Weibe zur Mitgift. – Diese Spindel ist ein Erbtheil meiner Urgroßmutter – ihre Wunderkraft wird euch und eure Nachkommen zu den Reichsten des Gaues machen.

Albrecht Wie kann ich meiner Wohlthäterin danken?

Hulda Wenn du ihr danken willst, so suche sie auf an dem Ufer der Donau – dort wirst du sie finden.

Albrecht An dem Ufer der Donau? – und die Wunderkraft dieser Spindel?

Romanze.

Hulda Frau Gertrud war im ganzen Land,
Als fleiss'ge Spinnerin
Bey Alt und Jungen wohl bekannt,
Groß war stets ihr Gewinn.
Sie drehte das Rädchen bey Tag und bey Nacht,
Da ward nun manch Fädchen zur Leinwand gemacht.
Einst als sie gieng so ganz allein,
Die Kleinen an der Hand,
Kam eine Frau im Mondenschein,
Schneeweiß war ihr Gewand.
Hier nimm diese Spindel, sie spinnet nur Gold,
Die Gottheit bleibt immer dein Fleissigen hold!
Sie übergibt ihm die Spindel.

Albrecht Diese Spindel spinnet?

Lilli Gold – Gold! lieber Ritter! laßt nur fleissig damit spinnen, und ihr werdet reich und hochgeehrt werden im ganzen Land.

Albrecht *zu Hulden* Unbegreifliches Wesen! wer bist du – wie nennst du dich?

Hulda *wandelt sich um* Hulda, deine Wohlthäterinn!
Käsperle öffnet die Thüre. Hulda und Lilli verschwinden.

Achtzehnter Auftritt.

Albrecht. Käsperle, *sich entsetzend.*

Käsperle Alle Donnerwetter! was hat das zu bedeuten? Ist mir doch nicht anders gewesen, als wenn die Zimmerdekke über mir einfallen wollt *sieht den Ritter* Was – was ist denn mit meinem Herrn geschehen? – *nähert sich ihm* Mit Gunst – ge – gestrenger Herr!

Albrecht *wie aus einem Traum erwachend* Was war das? wo bin ich?

Käsperle Im Zimmer steht ihr, als wenn ihr angenagelt wäret.

Albrecht Hast du hier nichts, gar nichts gesehen, Käsperle.

Käsperle Gesehen hab ich nichts – aber gehört hab ich was, daß ich bald das Zähneklappern gekriegt, und mein Bauch so dünn worden wär wie eine leere Waidtasche –

Albrecht Wunderdinge gehen mit mir vor, die ich nicht begreifen kann.

Käsperle Was wollt ihr denn mit der Spindel da in der Hand?

Albrecht Diese goldene Spindel ist ein Hochzeitgeschenk –

Käsperle Ich bitt' euch, Herr Ritter! stellet eure Hochzeit ein, denn zwey Weiber auf einmal werdet ihr doch nicht nehmen wollen?

Albrecht Zwey Weiber auf einmal?

Käsperle Draussen im Wald ist mir ein kleines, liebes Kind begegnet, das nach euch gefragt hat.

Albrecht Ein Kind! *in stummes Nachdenken versunken.*

Käsperle *beiseite* Aha! er merkt schon was! *laut* Und das Kind hat seinen Vater gesucht.

Albrecht Seinen Vater – sagst du?

Käsperle Und hat g'sagt, daß ein gewisser Ritter Albrecht von Waldsee sein Vater wär.

Albrecht Wie? was – Schurke! *packt ihn.*

Käsperle He! so laßt mich aus – was weiß denn ich von euren Spitzbübereyen, die ihr in eurer Jugend getrieben habt.

Albrecht Und das Kind!

Käsperle Ein allerliebstes Dingerl! es sieht auch aus, als wenn's euch wie aus dem Gesicht geschnitten wär. –

Albrecht *nach einer kleinen Pause* An dem Ufer der Donau soll ich sie finden? – Hinaus zur Donau, um dieses verborgene Räthsel zu entziffern. Käsperle! du folgst mir! – *ab.*

Käsperle *nachäffend* Käsperle! du folgst mir. – Komm schon nach. *allein* Nun – da seht's jetzt – wer hätte das von meinem Herrn Ritter geglaubt *weinend* Ich, ich sag' halt immer, wenn man ein Weibel hat, soll man's allein gern haben – und nicht solche Spitzbübereyen unternehmen. *ab.*

Neunzehnter Auftritt.

Das Ufer der Donau, auf einer Seite eine Mühle, nahe dabey ein Baum. Auf der Seite der Mühle liegen mehrere Kornsäcke.

Nixenchor *sie schwimmen umher*

Traute Schwester uns so theuer!
Dich verzehrt der Liebe Feuer.
Hulda! denn aus deinem Schooß
Reißt man deinen Liebling los.

Hulda schwebt auf den Wellen, sie umgeben Erlinde und die übrigen Nixen.

Auf, froh und munter,
Rühret die Glieder,
Taucht auf und unter,
Schwimmt hin und wieder.

sie verbergen sich unter den Fluthen.

Zwanzigster Auftritt.

Albrecht. Hulda *unsichtbar.*

Albrecht Nun wandle ich hin und her an dem Ufer der spiegelhellen Donau – warte so sehnlich auf die räthselhafte Erscheinung –, und nur die zauberischen Töne, die mein Ohr heute früh schon entzückten, ziehen mich mit magnetischer Kraft hieher.

Hulda *unsichtbar aus dem Wasser, klagend* Albrecht! Albrecht!

Albrecht Was hör' ich – *die Wellen bewegen sich, er geht dem Ufer näher.* Welche Klagstimme nannte meinen Namen? Sollte ein Mensch im Wasser verunglückt sein? oder –

Hulda *erhebt sich in den Fluthen, streckt die Hände nach ihm aus* Holder Albrecht! Komm in meine Arme!

Albrecht *bebt zurück* Wen seh' ich?

Hulda Deine Hulda!

Er streckt seine Arme nach ihr aus, beginnt hinab zu glitschen, und hält sich mit einem Schrey noch an dem Ast eines Baumes.

Ein und zwanzigster Auftritt.

Albrecht. Käsperle *mit* **Bertha.**

Käsperle Kommt nur mit mir, holdes Fräulein! werden ihn schon finden. *Wie diese kommen, verbirgt sich Hulda, und man hört ein dumpfes, donnerartiges Gemurmel, bis endlich das ganze Gewitter ausbricht.*

Bertha *zu Albrecht, der immer in die Fluth sieht.* Um Gottes willen! Ritter Albrecht! was ist euch?

Albrecht Fräulein! seyd ihr schon lange hier? – Käsperle, sahest du nichts, gar nichts?

Käsperle Habt's schon wieder so eine verdammte Erscheinung gehabt – ich sieh' und hör nichts –

Bertha Ach – Albrecht! ich ahnde fürchterliche Dinge. Vielleicht war es ein Spiel von der Donaunixe.

Albrecht *staunend* Donaunixe?

Bertha Die Leute wissen gar viel von ihren Kunstgriffen zu erzählen, mit welchen sie die Leute an sich zu ziehen weiß.

Albrecht Ich verstehe euch nicht. *Ein lautes Gelächter aus den Fluthen.*

Käsperle *wendet sich um* Nun! was sind denn das für Kindereyen?

Albrecht Was ist das?

Bertha Kommt in die Burg. Hörtet ihr nicht hell auflachen. Das ist die böse Nixe – man nennt sie nur das Donauweibchen. *lachen.*

Käsperle So haltet euer Maul, ihr Wasserkröten! oder ich werf' einen Hutvoll Kieselsteine nach euch. *sucht Steine zusammen.*

Bertha *will ihn fortziehen* O kommt! kommt, lieber Albrecht! und versprecht mir, nie wieder allein an dem Ufer der Donau zu lustwandeln.

Albrecht Jetzt erst empfinde ich, daß ich hart gefallen bin – ich fühle heftige Hüften-Schmerzen – *voriges Gelächter.*

Bertha Schon wieder? hörst du! O Albrecht! sollte dieses Hohnlächeln vielleicht ein trauriger Vorbothe unserer ehelichen Liebe seyn?

Albrecht Schwärmerin! aber auch trotz deiner Schwärmerey so liebenswürdig! *ab. Allgemeines Gelächter in der Fluth.*

Käsperle *allein* Wartet, ihr verdammtes Wassergesindel! ich will euch die Gurgeln zustopfen. *Er wirft Steine in das Wasser, sogleich erhebt sich ein fürchterlicher Sturm, Donner und Blitz. Die Nixen erscheinen auf den Wellen, und zielen mit Pfeilen nach ihm.*

Chor.

In dem Wasser, in den Lüften,
In der Erde finstern Grüften
  Wohnen wir – drum hüte dich!
Red' von Nixen nicht vermessen,
Wirst du deine Pflicht vergessen,
  Rächen wir uns fürchterlich.

Käsperle Das Beßte wird seyn, wenn sich der Larifari da aus dem Staube macht. *Er will sich davonschleichen.*

Geisterchor.

Larifari! Larifari!

Ein Sack steht nach dem andern auf, und trippelt vor Käsperle hin, der ängstlich zurückweicht.

Harre hier an diesem Ort,
  Denn du kömmst von uns nicht fort.

Sie haben ihn in der Mitte, auf einmal lösen alle die Säcke bis an die Schultern, die Geister tanzen um ihn einen Kettentanz, er entschlüpft ihnen, retirirt sich auf den Baum, dieser verwandelt sich in ein Windmühlen-Rad, woran Käsperle unter lautem Geschrey herumgetrieben wird.

Allgemeiner Chor.

Ha, ha, ha! – ha, ha, ha! –
In den Lüften um und um,
Gehts mit ihm im Kraiß herum.

Der Vorhang fällt.

Zweiter Aufzug

Erster Auftritt.

Gemach auf Hartwigs Feste. Albrecht sitzt in einem Lehnstuhl. Minnewart neben ihm. Salome mit einer Kohlpfanne. Fuchs.

Minnewart Wird euch bald leichter werden, edler Herr Ritter. Meine Pflaster haben schon Wunder gewirkt.

Salome Aber so bitt' ich euch doch, gestrenger Herr! was ist euch denn widerfahren?

Albrecht Ein bloßer Zufall! Ich wollte an dem Donauufer eine Blume brechen – die lockere Erde wich unter meinen Füssen –

Zweyter Auftritt.

Vorige. Käsperle.

Käsperle *springt herein, ausser Atem.* Auweh! auweh! das weiß der Teufel, was mit mir geschehen ist. *hält den Kopf.* Ich weiß nicht, hab' ich meinen Kopf noch, oder hat mir ihn der Wind davongetragen.

Minnewart Woher kommt ihr so eilend, guter Freund!

Käsperle Von dem Meister Lucifer.

Fuchs Was ist euch begegnet, seht ihr doch aus, als wenn das wilde Heer sein Wesen mit euch getrieben hätte.

Käsperle Ja – das wilde Heer! die Teufelsnixen haben mich für einen Narren gehabt.

Albrecht *winkt ihm.* Käsperle!

Käsperle So! jetzt soll ich nicht einmal davon reden? was hat denn hernach das Lachen und Ausspotten, und die verdammte Spazierfahrt auf der Windmühle zu bedeuten gehabt?

Salome *ihn am Kinn ergreifend.* Ich freue mich nur, daß euch kein Unheil begegnet ist, mein edler Herr Zechmeister!

Käsperle Jetzt geh sie mit ihrer Kohlpfann, sie alter Backofen!

Salome Hilf gütiger Himmel! da hättet ihr können schön

ankommen, edler Herr! wenn ihr etwa in die Donau gefallen wäret?

Minnewart Wenn euch das Wasserweibchen erwischt hätte, ihr wäret des gähen Todes gestorben. Die Donaunixe treibt ihr Wesen allenthalben.

Albrecht Eben recht! Meister Minnewart! ihr seid ein studierter und gelehrter Mann. Sagt mir doch, was denkt ihr von dem Spucke, den man sich hier in der Gegend von dem Donauweibchen erzählt?

Minnewart Es ist alles Wahrheit, edler Herr! gar viele Menschen haben die Tücke dieser Nixe erfahren – denn man weiß, daß sie große Neigung zur Vereinigung mit hübschen Männern tragen.

Albrecht Ihr erzählt mir da wunderbare Dinge.

Minnewart Ja – ja – edler Herr! Man muß sich vor ihnen in Acht nehmen. Sie stellen den Männern gar abscheulich nach. – Sie können sich in alle Gestalten umwandeln, und wenn man sich mit ihnen abgiebt, machen sie einen reich und mächtig – aber am Ende verliert man auch darüber seiner Seelen Heil.

Albrecht Fuchs! wunderbare Dinge gehen mit mir vor, die ich nicht zu begreifen vermag.

Fuchs Hütet euch vor dem Wasser, gestrenger Herr! die Nixen setzen einem gar gewaltig zu – meine selige Mutter – ja hört nur, was ich euch von einer solchen Nixenerscheinung erzählen will.

Einst gieng ein junger Rittersmann
  Lustwandeln an des Flusses Strand,
Da sprach ein Mädchen sanft ihn an,
  Und nahm ihn lächelnd an der Hand.
Sie sang ihm süsse Liedlein vor,
Der Ton bezauberte sein Ohr –
  Ihr holdes Wesen reizte ihn,
Entzückte seinen Liebessinn.

Und als er so mit Liebesgluth,
  Sich schloß an ihre weiche Brust,
So zog sie ihn – husch! in die Fluth,
  Zu Wasser ward die Liebeslust.

Was sonst geschah, das weiß man nicht,
Nur so viel meldet die Geschicht,
Daß er nachher in einem Jahr
Des Satans Spießgeselle war. *ab*

Hulda erscheint denen übrigen unsichtbar, Ritter Albrecht schläft ein. Sie schleichen sich unter dem Gesang alle nach und nach weg.

Dritter Auftritt

Albrecht. Hulda *verschleyert, hat eine aufgeblühte Rose in der Hand.*

Hulda Wie sanft er schläft! Ein süsser Traum beschäftigt seine Phantasie mit meinem Bilde. – *sie hält ihm die Rose vor. Albrecht erwacht.*

Albrecht Wo bin ich? wen seh' ich? *erschrickt.* Warest du nicht eben das unnennbare Wesen, das ich vorhin in den Fluthen der Donau erblickte?

Hulda Fürchte dich nicht, holder Mann! ich komme deine Schmerzen zu lindern –

Albrecht Ha! wie ist mir auf einmal; ich fühle das kühlende Wohlthun dieser Wunderkraft – *steht auf.*

Hulda Albrecht! Habe ich deine Schmerzen geheilt, so heile nun auch die meinige, deren Urheber du bist! fliehe mich nicht mehr – kehre mit mir in meine Wohnung zurück.

Albrecht Aber wo finde ich die Wohnung meiner Wohlthäterinn?

Hulda Unter den Fluthen der rauschenden Donau steht mein Schloß. In diesem Schloß ist die goldene Kammer, wo unser Brautlager steht, wenn du mich lieben willst.

Albrecht Müßte ich nicht meiner Bertha ungetreu werden, wenn ich –

Hulda Bertha wird dein Weib, aber ich liebe dich nicht weniger, als Bertha dich lieben kann. Mir überlaß dich und deine Liebe nur 3 Tage im Jahr – Ich mache dich reich, groß und glücklich – *sanft* Guter Albrecht! kann ich billiger fordern? willst du mich lieben?

Albrecht Ach! mein zertheiltes Herz will – aber das Heil meiner Stelle? erklärte dich, Hulda! über diese Besorgnisse –

Hulda Ich liebe dich, Albrecht! die Liebe ist keine Räuberinn, und wir haben alle einen Schöpfer. Mann! ich habe Ansprüche auf die Hälfte deines Herzens.

Albrecht Ansprüche – sagst du?

Hulda Leb wohl – am Ufer der Donau seh ich dich wieder.

Albrecht Und du liebst mich?

Hulda Die Natur goß Liebe in unser Herz, und Harmonie unserer Seelen webte diese himmlische Leidenschaft zu dem schönsten Leitfaden unseres Erdenglückes.

Arie.

Ja groß und mächtig ist die Kraft
  Der holden Göttinn Liebe,
Die herrlich wirkt, und göttlich schafft
  Durch unbekannte Triebe.
Die Herz mit Herz durch Simpathie
Vereint in sanfter Harmonie.

Sie ist der Gottheit Hochgebott
  Belohnt mit süsser Wonne.
Und die Natur ist leer und todt
  Ohne ihre Zaubersonne.
Wohl allen, die ihr Strahl entzückt,
Sie leben froh und hochbeglückt. *ab mit Albrecht*

Vierter Auftritt

Gemach. Ritter Hartwig. Junker Bodo. Fräulein von Lindenhorst. Hans von Biberach. Ritter Kaufingen. Bertha. Minnewart. Elisabeth.

Hartwig Noch einmal seyd uns herzlich willkommen, werthen Gäste!

Fräulein Ihr habt also schon euer Jawort von euch gegeben zur Vermählung eurer Tochter?

Hartwig Alles ist schon abgethan – morgen geht's ins Himmels Namen zum Altar.

Fräulein *beiseite* Verdammte Nachricht! *laut* Fräulein! Ich wünsche euch Glück – Ritter Albrecht von Waldsee ist einer der liebenswürdigsten Ritter im Gau.

Elisabeth Werdet wahrlich Mühe haben, den Wildfang an euer häußliches Burgleben zu gewöhnen.

Junker Traun! das Fräulein hat Recht, Ritter Albrecht hat den Hof kennen gelernt, wo Turniere und Lustgelage abwechselten, und reitzende Dirnen um seine Liebe minnten.

Fräulein *spottend* Ach – ein einziger sanfter Blick von dem edlen, schönen Burgfräulein wird ihm all' das vergessen machen. *beiseite* Das Schaafgesicht!

Hans Topp! alter Nachbar! das freut mich, daß eure Tochter den Sohn eines so edlen Mannes, wie Albrechts Vater war, heurathet.

Kaufingen Und daß Albrecht gut und edel ist, dafür bürge ich mit meinem Leben – diente ich doch 3 Jahre neben ihm an des Kaisers Hofe. –

Minnewart Hört ihr, edles Fräulein! wie man euern Bräutigam schimpft. Traun! muß doch eine schöne Sache seyn um das heurathen.

Hans Und hast doch selbst nicht geheurathet, alter Graukopf!

Minnewart Ich war immer zu tief in die Reimkunst verliebt, und bei getheiltem Herzen frommt die Liebe nicht.

Kaufingen Du hast Recht, Alter! Niemand kann zweyen Herren dienen.

Hans Also heurathetest du nicht aus Weiberhaß –

Minnewart Gott bewahre! Ein frommes Weib, voll Ehr' und Zucht, ist unsers Schöpfers schönste Frucht. – Hört einmal, als ich noch zu Mailand war, lernte ich einen jungen Grafen kennen, der war ein lockerer Zeisig, und mochte die Weiber gar nicht leiden.

Hans Ey! –

Minnewart Dennoch war er der einzige und letzte Mann seines Stammes. Da wendete sich seine Frau Mutter einst an mich, und bat mich, ihren Sohn auf andere Gedanken zu bringen. Das hielt schwer, ihr liebe Herren.

Hans Ey – ey! der junge Wildfang muß ein rechter Weiberfeind gewesen seyn.

Minnewart Wohl war er das! In einem Athem erzählte er alle Untugenden der Weiber her. Aber nun fieng ich an, und sagte: Lieber Herr und Freund! Seht doch ja das weibliche Geschlecht mit andern Augen an.

Hartwig Recht so – Meister Minnewart!

Minnewart Ist es doch, sagte ich, als wären sie uns zum Trost und zur Erquickung erschaffen worden die lieben Geschöpfe. Sind ihre Arme nicht da, sagte ich, uns liebreich zu umfahen? Haben sie nicht so weiche, sametne Händchen, um unsere rauhen Hände ganz sanft zu drücken?

Hans Gut – gut – Alter!

Minnewart Haben sie nicht hellblinkende Augen, uns Zärtlichkeit zuzublicken. Wie ist doch alles an den guten Geschöpfen so anmuthig, so niedlich, so zuthätig – so einschwätzig – so mild und so fein – so liebäuglich und mundig – und so patschierlich –

Alwart Ha, ha, ha! – Seyd ein alter Kauz!

Hartwig Traun! wie schön du ihm alles gesagt hast.

Minnewart Er ging auch in sich, nahm ein Weib und lebte glücklich mit ihr.

Hartwig Wahrlich! den Wildfang habt ihr recht in die Ehe hinein geredt.

Minnewart Unglück für ihn, daß er sich erst mußte dazu bereden lassen. Was wäre auch der Mann ohne Weib, das was euch die Klinge wär ohne Handgriff – oder der Humpen ohne Wein.

Hartwig Hast Recht, Meistersänger! erinnerst uns da an etwas, das wir beinahe vergessen hätten. Kommt, werthen Gäste! folgt mir nach dem Prunksaal, dort will ich euch mit dem Becher willkommen heissen – dort soll Freude und Jubel tönen über das Glück unserer Kinder. – *Alle ab, bis auf Minnewart.*

Fünfter Auftritt.

Minnewart. Fuchs.

Minnewart Traun! ist mir altem Gauch doch so wunderbar zu Muth, wenn ich mir das Glück der ehelichen Liebe denke.

Fuchs Auch hier nicht? – habt ihr meinen Ritter nicht gesehen, guter Freund!

Minnewart Nein! wird wohl seine Braut aufsuchen, das holde Burgfräulein.

Fuchs Zweifle sehr daran –

Minnewart Wie? ihr zweifelt daran? Ihr wißt vielleicht noch nicht, daß alles schon richtig ist.

Fuchs Wie doch die Männer so veränderlich sind – heute hier und morgen dort, und das liebe Weiblein lassen sie hernach zu Hause an der Langenweile nagen.

Minnewart Ja – ja – habt Recht, alter Fuchs! ist doch der Mann in seinem Liebesgewerbe ein wahres mobile perpetuum.

Duett.

Minnewart.

Man sagt sich heimlich in das Ohr,
Die Männer wechseln leicht.
Sie kosen jeder Liebe vor,
Die bald der andern weicht.
Ein jeder Mann, ich sag es frey,
Lauft immer um und um.
Er gleicht aufs Haar, bei meiner Treu',
Dem mobile perpetuum.

Fuchs.

Doch Weibertreue ist auch rar,
Das sag ich ohne Scheu.
Sie ändern ab mit Tag und Jahr,
Und leben frank und frey.
Es giebt der schönen Mägdlein viel,
Die laufen um und um,
Drum ist der Mann im Liebesspiel
Ein mobile perpetuum.

Beide.

Ja segle ich einst in den Port
Der Ehestandsküste ein,
So bleibe ich auch immerfort
Bey meinem Weib allein,
Beym Wechseln kommt nicht viel heraus,
Man treibt sich um und um,
Als wie in einem Uhrenhaus
Das mobile perpetuum. *Ab*

Sechster Auftritt.

Bertha. *Hernach* **Hulda** *als Anfrau des Hartwigschen Geschlechts.*

Bertha Er ist also mein – mein der liebenswürdige Mann, den ich mit Entzücken bald meinen Gatten nennen werde. – *Ein Windschauer rauscht vorüber* Gott! was ist das?

Hulda Fürchte dich nicht, holde Urenkelinn meines Stammes.

Bertha *zitternd* Wen seh ich?

Hulda Vor 400 Jahren bewohnte ich einst diese Burg – Bertha! du bist der einzige Sprößling meiner Nachkommenschaft – morgen sollst du als Gattinn von einem stattlichen Ritter in's Brautgemach geführt werden.

Bertha Und liebt mich dieser stattliche Ritter?

Hulda Unverbrüchlich und treu – du wirst auch froh und glücklich mit ihm leben – aber – *Pause.*

Bertha Aber –

Hulda Entsetze dich nicht, holde Urenkelin! ehe du diesen liebenswürdigen Mann als Gatten umarmst, wirst du noch manche Drangsalen dulden müssen.

Bertha Wie das? redet – ich bitte euch – ich beschwöre euch bei eurer ewigen Ruhe.

Hulda Du wirst Mutter eines Kindes werden müssen, das keinen Vater hat. Nehme dich dieses Kindes an – erziehe es zur Menschenliebe und Tugend; und wenn dieses Kind zwölf Frühlinge erlebt hat, so bringe es zum Ufer der Donau, und dort wirst du des Kindes Mutter kennen lernen.

Bertha Zum Ufer der Donau? ihr sprecht so räthselhaft –

Hulda Dein Vater hat auf morgen deine Vermählung festgesetzt mit Albrecht von Waldsee?

Bertha Ja!

Hulda Morgen kann deine Vermählung noch nicht sein.

Bertha Und warum?

Hulda Daß ihr Menschen doch in eurem Warum so unersättlich seyd. Albrecht von Waldsee wird noch vor seiner Verlobung eine wichtige Reise unternehmen.

Bertha Was hör ich –

Hulda Bald aber wird er zurückkehren in deine Arme, und dann wird dein Glück blühen bis auf deine späte Nachkommenschaft. Nie mehr wird er sich von dir entfernen, bis – *Pause.*

Bertha Nun –

Hulda Drei einzige Tage im Jahr –

Bertha Redet doch klärer – würdige Anfrau meiner Voreltern!

Hulda Du weißt genug, um nichts zu wissen. – Und nun, reiche mir deine Hand, schöne Urenkelinn! und schwöre mir, nichts zu entdecken, von dem, was du hörtest.

Bertha Wie kann ich – wie vermag ich dieß?

Hulda Ewige Verschwiegenheit ist der Probierstein deines Glückes – Verletzung deines Schwures der Anfang meiner Rache für dich und deine Nachkommen – Schwöre bei Allem, was dir auf Erden heilig ist –

Bertha Ich – ich schwöre – aber wer bist du, die du dich in die ehrwürdige Hülle einer meiner Voreltern verbirgst?

Hulda Die Nixe der Donau! *verschwindet.*

Siebenter Auftritt.

Bertha. Käsperle. *Hernach* **Salome.**

Bertha Gott! *stürzt sinnlos zur Erde.*

Käsperle Alle Wetter! was muß denn mit dem Burgfräulein geschehen seyn – *lauft angstvoll umher.* Wenn nur mein Herr Ritter da wär – He! zu Hülfe! *er kniet hin, bittend mit Thränen.* So bitt' ich euch doch ums Himmels Willen, edles Fräulein! erhohlt euch nur – *Salome öfnet die Thüre, ringt die Hände, und schleicht auf den Zehen hinter Käsperle hin.* So wird euch doch der Teufel –

Salome *packt ihn auf dem Rücken.* So! du Ungetreuer, Meineidiger!

Käsperle *bleibt kniend, hält den Hut vor das Gesicht, schreyt.* Alle gute Geister loben Gott, den Herrn! –

Salome *mit unterstemmten Armen.* Wie? schon vor der Hochzeit wirst du mir ungetreu, du gottloser, ehrvergeßner Mann du!

Käsperle *ebenso.* Apage – Satanas! apage te!

Salome Und du unterstehst dich, vor deiner künftigen Burgfrau auf den Knien zu liegen, und sie zur Verführung zu reitzen?

Käsperle Apage, Satanas! apage te!

Bertha *sich erholend, steht auf.* Gott! wo bin ich? – war es ein Traum oder Wirklichkeit? Salome! führe mich in den Garten, daß ich frische Luft einathme.

Salome Kommt nur mit mir, edles Fräulein! der gottlose Mensch soll euch nichts mehr anhaben. Aber was ist euch denn widerfahren?

Bertha Ach – ein fürchterliches Gelübde bindet meine Zunge – führe mich zu meinem Vater, daß ich seine Knie umfassen, von ihm vielleicht zum letztenmal seinen Seegen erflehen kann. *Beyde ab.*

Käsperle *schaut hinter dem Hut hervor.* Donnerwetter! ich glaub gar, der Satanas hat sich in die Jungfer Salome verwandelt *steht auf* es war auch ihre natürliche Stimme – *Salome vor der Thüre* Auweh! sie kommt schon wieder – wenn ich mich nur verbergen könnt – ich schlüpf unter den Tisch – *verbirgt sich.*

Achter Auftritt.

Käsperle, Salome, *schnell herein eilend.*

Salome Wart, du Dickwanst! jetzt will ich mit dir Abrechnung halten. *sieht sich um.* Wo ist er denn – wohin mag er denn so schnell entflohen seyn?

Käsperle *guckt unter dem Tischteppich hervor.* Das ist die Jungfer Salome leibhaftig.

Salome Weg mit dieser Vermummung! *sie reißt ihm den Teppich ab.* Hab' ich dich erwischt! du sauberer Patron!

Käsperle Ich weiß nicht, was die Jungfer von mir haben will – Laß Sie mich aus. *Will fort, sie hält ihn zurück.*

Salome *mit unterstemmten Armen.* Was? unser ehrsames Burgfräulein zu verführen, mir untreu zu werden, du gottloser, ehrvergeßner Mensch du! –

Käsperle *beiseite.* Der Teufel weiß, was die Alte an mich hinplaudert. *laut* Jetzt laß sie mich in Ruhe, oder – *Eine Leyer läßt sich hören. Lilli als Bauernknabe. Beyde in einer Ekstaße. Bei dem Ton der Leyer sehen sie einander freundlich an, fangen nach und nach an, zu trippeln.*

Lilli Lirum! der Boden ist spiegelglatt,
Larum! zum Tanze herbey!
Tanzet, bis ihr von dem Wirbeln matt,
Dreht euch eins, zweymal und drey.
Friede im Hause, und Friede im Land!
Reicht euch, ihr Beyden! zur Eintracht die Hand.

Sie tanzen ab.

Neunter Auftritt.

Garten mit einem Seitengebüsch.

Fräulein **Hedwig.** *Junker* **Bodo.**

Fräulein Laßt mich allein – ich suche Einsamkeit – denn das lärmende Getümmel im Rittersaal vermehrt nur meinen Kummer.

Bodo Ihr seyd ja ganz außer euch, edles Fräulein!

Fräulein *beiseite.* O ich träumte mir an der Seite dieses Mannes zukünftige Tage der Seeligkeit, und itzt *laut* Junker! mein Entschluß ist gefaßt – wollt ihr meinen Plan ausführen?

Bodo Fräulein! ich bin zu euren Diensten.

Fräulein Liebe für ihn wallt nicht mehr in meiner Brust – mein Herz glüht jetzt von Rache – Bodo! ein herrlicher

Lohn wartet euer, wenn ihr mir behilflich seyd, das Glück dieser beyden Liebenden zu stören.

Bodo Ich verstehe euch –

Fräulein Die einfältige Burgdirne kann ich nicht in Albrechts Armen sehen. – Ihr müsset sie zu verführen suchen.

Huldens *Stimme aus dem Gebüsch.* Unmöglich!

Fräulein Warum unmöglich?

Bodo Wer sprach von Unmöglichkeit?

Fräulein Ihr!

Bodo Ich?

Zehnter Auftritt.

Vorige. Hulda *als Gärtnermädchen, mit einem Körbchen voll Blumen.*

Hulda *zu dem Fräulein, mit einem ländlichen Knicks.* Seyd ihr die Braut – edles Fräulein! da hab ich euch Blumen zu eurem Brautkranz gepflückt – da – nehmt!

Bodo Woher kommt auf einmal diese niedliche Mädchenfigur?

Fräulein Wer bist du?

Hulda Ich bin – ich bin – ja – wenn ich euch sagte, wer ich bin – aber man hat mir's verbothen – ha, ha, ha! aber warum seht ihr denn so mürrisch vor euch hin, edles Fräulein!

Fräulein Laß mich!

Hulda Gewiß ist euch euer Liebhaber ungetreu worden. Ach ja die Männer! aber seht, so ist's, wenn man sich mit ihnen abgiebt. Der Vater hat wohl Recht, wenn er immer sagt, die Mädchen sollen sich vor den Männern hüten wie vor dem, Gott sey bey uns!!!

Bodo Hattest du vielleicht eine Liebschaft mit einem Manne, der dir ungetreu wurde?

Hulda Ih der Himmel bewahr – da würd mirs der Vater geben. Der ist immer hinter einem her und schaut rechts und links, ob er nichts gewahr wird.

Bodo Auf diese Art wirst du aber keinen Mann bekommen.

Hulda *weint in die Schürze.* Das, das ist's eben, was mict alle

Tage so schmerzt. Da sagt er immer, daß die Mädchen mit dem Heiraten warten sollten, bis sie gescheid würden – und ich – ich hab leider noch gar lang hin, bis ich gescheid werde.

Fräulein Bist du des Gärtners Tochter auf dieser Burg?

Hulda *mit einem Knicks.* Zu dienen, edles Fräulein! die bin ich.

Bodo Du hast uns doch nicht belauscht?

Hulda Belauscht? – ach ja – ich hab' freylich so etwas gehört, doch – nein – nein – ich rede kein Wort – aber *sich besinnend* das Burgfräulein müßt ihr doch nicht verführen, edler Herr!

Bodo *beiseite.* Die Kröte!

Hulda *drohend mit dem Finger.* Es könnte euch sonst schlimm ergehen – hört ihr? *Beyde lachen.*

Fräulein Da – da – *giebt ihr eine Münze* Entferne dich – wir können uns jetzt nicht mit dir unterhalten – hier hast du ein Silberstück für deine Blumen – geh!

Hulda Hier nehmt sie, und ich nehme euer Geld. *das Fräulein setzt das Blumenkörbchen nebenbey auf einen Rasen.* Da seht – ach – die hübschen Blumen, sie haben das Schicksal mit dem Gesicht eines holden Mädchens – blühend wie der Frühling – und kommt der Winter – so welken sie dahin. –

Arie.

Kinder des Frühlings! mit heiterem Sinn,
Reicht euch im Körbchen die Gärtnerinn hin.
  Wählet die schönsten der Blumen heraus,
  Bindet die Rosen und Nelken zum Strauß.

Schön wie die Rose blüht euer Gesicht
Trauet der blendenden Farbe nur nicht.
  Bald, wie die welkende Blumen verblühn,
  Wird auch das Feuer der Wangen verglühn.

tanzt ab

Eilfter Auftritt.

Hedwig. Bodo. *Hernach* **Albrecht.**

Fräulein *sieht in die Scene.* Ha! wen seh ich dort unten lustwandeln – es ist meine Nebenbuhlerinn! – Bodo! verlieret keine Zeit – eilet und vollendet meinen Plan.

Bodo Ich will es versuchen – Holdes Fräulein! denn der Preiß ist zu groß, den ihr auf die Vollendung eures Planes setzet. *ab.*

Fräulein Ha! wenn ich ihn aus ihren Armen reissen könnte! – wenn ich ihn zurückzubringen vermöchte, den schönen Mann.

Albrecht Ihr so allein hier, edles Fräulein!

Fräulein Ja – Albrecht! ich – ich wollte – euch Blumen pflücken zu eurem bevorstehenden Hochzeitfeste – hier – so wie diese Rosen blühen, so blühe auch euer häusliches Glück – *statt der schönen Blumen liegen Disteln in dem Körbchen.*

Albrecht Disteln statt Rosen? Fräulein! euer Gleichnis hat euch nicht gut gerathen – so müßte denn mein Weg sehr mit Dornen besäet werden.

Fräulein *beiseite.* Was ist das? welche unsichtbare Zauberkraft umgiebt mich. *laut* Wen seh' ich denn dort in so traulichem Gespräch vertieft vorüberwandeln? Traun! wenn ich mich nicht irre, es ist Bodo von Triesnitz und eure Braut.

Albrecht *unruhig.* Meine Braut? Unmöglich!

Fräulein Seht nur! er ist's – *ihm zulispelnd.* Ihr dürft nicht so mürrisch aussehen. Bodo und Bertha kennen sich schon von Kindheit an als fromme Nachbars Kinder.

Albrecht *verbissen, beiseite.* Tod und Teufel!

Fräulein *boshaft.* Ihr müßt aber nichts arges denken, denn so wie ich glaube, waren Bodos Absichten auf Bertha immer ehrlich und gut. *Albrecht will fort.* Wohin wollt ihr?

Albrecht Ich werde dem Junker sagen, daß er sich die Mühe erspart, meine Braut zu unterhalten.

Fräulein Pfui! wer wird so eifersüchtig seyn? Bertha bleibt euch gewiß, sie wird am besten wissen, ihm Bescheid zu geben – *hohnlächelnd* wenn sie anders will.

Albrecht *aufgebracht.* Wenn sie will – Fräulein! wie meynt ihr das? wenn sie will –

Fräulein Je nun! wie man so etwas meynen kann. Es steht ja doch bey ihr, ihn abzufertigen, oder –

Albrecht Mein Schwert würde das noch besser können.

Fräulein Besser – aber auch höflicher? ich sage euch ja, *spottend* er hat sie eher gekannt, ehe sie an euch denken konnte. –

Albrecht Und nun soll er vergessen, daß er sie eher gekannt hat, oder mein Schwert soll es ihn lehren, versteht ihr? *die Hand an die Klinge.*

Fräulein Mein Gott! wie heftig – das frommt zu nichts. Ich muß euch verlassen – denn eure kochende Eifersucht könnte mich anstecken. *im Abgehen.* Der Anfang ist gemacht – nun Schicksal und Zeit – helft mir meinen Plan vollführen. *ab*

Zwölfter Auftritt.

Ritter **Albrecht. Bertha.**

Albrecht Er kannte sie eher, als ich sie kennen lernte – Sagte sie nicht so? – O Weib! du hast ein schreckliches Feuer in meinem Busen angefacht – wie das kocht und brennt – jede Nerve meines Körpers spannt – mich zur Rache anflammt – *will fort.*

Bertha *mit himmlischer Unschuld.* Bist du hier, lieber Albrecht! wohin willst du?

Albrecht *windet sich los.* Dahin, wo du gewesen bist. – Laß mich!

Bertha Albrecht! dein Gesicht glüht – deine Augen rollen fürchterlich – was willst du beginnen? –

Albrecht Deinen Jugendfreund will ich sprechen.

Bertha *hält ihn.* Albrecht! was hast du? Ich lasse dich nicht, komm mit mir auf mein Gemach – ich will dir alles entdecken.

Albrecht *mit steigender Wuth.* Mädchen! man hat mir auch etwas entdeckt. – War nicht Junker Bodo bey dir im Garten?

Bertha Ja, um seinen Zudringlichkeiten auszuweichen, floh' ich hieher. *flehend* Folge mir, guter Albrecht! überlaß dich deiner blinden Wuth nicht.

Dreyzehnter Auftritt.

Vorige. Hulda *als Ritter, ebenso gekleidet wie Junker* **Bodo.**

Albrecht *tritt ihm in den Weg.* Eben recht, daß ihr kommt, Junker! hier ist Bertha, hier bin ich – Redet, habt ihr Rechte an das Fräulein?

Hulda Rechte? wie versteht ihr das?

Albrecht Ich wiederhole meine Frage. Habt ihr Rechte an das Fräulein? *drohend.*

Bertha Albrecht! um Gotteswillen! mäßige dich.

Albrecht Antwort will ich haben.

Hulda Seyd ihr bei Sinnen, oder –

Albrecht *mit steigender Hitze.* Antwort!

Hulda Welche Antwort könnt ihr auf eine so sonderbare Frage verlangen? Ihr seyd, wie ich höre, des Fräuleins Bräutigam, wie kann ich also Rechte haben, die ihr habt.

Albrecht Warum verfolgt ihr sie allenthalben? Was hattet ihr bey meiner Braut im Garten zu thun? Ihr habt mich beleidigt.

Hulda *spottend.* Sonderbar!

Albrecht Ich fordre Genugthuung!

Hulda Wie ihr sie haben wollt.

Bertha Um Gottes Willen, Albrecht! was beginnst du?

Albrecht Wir haben Schwerter – heraus damit –

Hulda Sobald ihr wollt, nur jetzt nicht.

Albrecht *zieht die Klinge.* Jetzt will ich –

Hulda Ich ziehe mein Schwert nie, wo ich Gast bin.

Albrecht Ich fordere dich vor die Klinge, – und nenne dich so lange einen Buben, *wirft ihm den Handschuh vor* bis du mir Genugthuung leistest.

Bertha Um Gottes Willen! zu Hülfe! zu Hülfe! Vater! Vater! *eilt Händeringend ab.*

Albrecht geht ergrimmt auf Hulden los, sie kämpfen, Hulda schlägt Albrecht die Klinge aus der Hand – er hebt sie noch einmal auf, dringt ein – Hulda fällt.

Albrecht Gott! was hab ich gethan! *Ein schröcklicher Donnerschlag. Ein schwarz geharnischter Ritter mit geschlossenem Visier erscheint.* Ha! was seh ich.

Geist Enkel! auch im Grabe willst du durch unschuldigen Mord meine Ruhe stören? Albrecht! Blendwerk umgiebt deine Augen. Dieser vermeinte Ritter ist ein überirdisches Wesen, das sich in jene Hülle warf, um deine ungerechte Wuth zu unterdrücken. *Hulda verschwindet.*

Albrecht Ehrwürdiger Geist! Wer bist du? *das Visier öfnet sich, unter demselben ein Todtenkopf.*

Geist Kennst du nicht die Rüstung mit diesem heiligen Kreuz, die ich trug, als ich nach Palästina zog – in dieser Rüstung liege ich begraben unter den Ruinen der Babilon – Albrecht! wenn du auf deine Feste zurückkehrest, so eile in den Ahnensaal, und präge dir tief die Gesichtszüge des alten Ritter Hans von Waldsee ein.

Albrecht Mein Urgroßvater!

Geist Störe meine Ruhe nicht mehr durch unschuldigen Mord, der meinen edlen Stamm brandmarken würde. Ich kehre wieder zurück an den Ort der Verwesung, wo Ruhe ist, und ewiger Friede wohnet. *Donnerschlag. Der geharnischte Mann zerfällt und zerfließt in einer blauen Flamme.*

Vierzehnter Auftritt.

Albrecht. Hartwig. Bertha, Hedwig. Kaufingen, Hans von Biberach. Bodo. Elisabeth *eilen angstvoll herein.*

Hartwig Albrecht – mein Sohn! –

Bertha Wo ist Junker Bodo von Triesniz?

Bodo *eilt von der andern Seite schnell herein.* Was ist hier geschehen? welche Verwirrung auf allen Gesichtern?

Albrecht *fällt Bodo in den Arm.* Bodo! wir sind getäuscht – ich bleibe euer Freund im Leben und Tod. Laßt uns all das, was geschah, vergessen und verschweigen.

Hedwig Verdammtes Schicksal!

Bodo Ich verstehe euch nicht. – Ihr bringt mich in Erstaunen. – Welcher besondere Zufall brachte euch hieher?

Albrecht Ihr sollt alles erfahren. Kommt, edle Männer!

Lasset uns den heutigen Tag in Freundschaft endigen. Morgen führe ich dieses holde Fräulein zum Altar, und dann überströme Glück und Zufriedenheit die übrigen Tage unseres Lebens.

Hartwig Gott segne meine Tochter!

Alle Glück und Heil über das edle Brautpaar. *Alle ab.*

Fünfzehnter Auftritt.

Minnewart, *etwas berauscht, mit einem Humpen, hernach* **Hulda** *als Müllermädchen.*

Minnewart *taumelnd, trillert ein Liedchen.* Ohne Mägdlein, ohne Wein, kann man niemals fröhlich seyn. Ha, ha, ha! – *stammelnd.* Wie ich immer sag', eine Hochzeit ohne Braut, und ein Minnesänger ohne Wein, das, das sind zwey so konträre Dinge, die – die sich in der ganzen Welt nicht zusammentreffen. Ja – ja – ja – das liebe Brautpaar soll leben, *trinkt* könnte jetzt auch schon Kinder und Enkel um mich herum gaukeln sehen, wenn ich früher dazu geschaut hätte, aber itzt ists zu spät, jetzt hälts der alte Minnewart mit dem Humpen, und träumt sich wenigstens durch seine Liedlein in den lieben Ehestand hinein.

Lied.

Der Wein und die Liebe sind innigst vereint,
Es reicht eins dem andern die Hand.
Drum sind auch Herr Bacchus und Venus gut Freund,
Sie knüpfen ein fröhliches Band.
Und spürt man im Köpfchen die Kräfte vom Wein,
Da wünscht man sogleich auch beweibet zu sein.

Kaum hat man ein Räuschchen, so wird man verliebt,
Da wird ein' ums Herzchen: so! so!
Wenn einem ein Weibchen ein Küßchen da giebt,
Da lebt man so lustig und froh.
Ein Weibchen im Arm, und ein Humpen voll Wein,
Da träumt man sich wahrlich in Himmel hinein.
will fort.

Hulda *munter herbey hüpfend.* Guten Abend, Meister Minnewart!

Minnewart Sieh da – eben recht – schön willkommen, hübsches Müllermädchen! wohin denn so eilend?

Hulda Ach – da schickt mich mein Vater herauf zu einem jungen Ritter, der sich bey unserem Burgherrn aufhalten soll – er nennt sich Albrecht von Waldsee; – kennt ihr ihn?

Minnewart Ob ich ihn kenne? er ist ja der Bräutigam von unserem Burgfräulein, morgen ist der Vermählungstag, – und da hab' ich heute schon gleichsam den Weg gebahnt zu einem segenreichen Ehestandsglück und hab' auf das Wohlseyn des edlen Brautpaares dem Humpen da weidlich zugesprochen.

Hulda Könnt' ich ihn nicht sprechen, den fremden Ritter? Ich habe einen Auftrag an ihn von einer jungen Dame, die seiner harret.

Minnewart Von – von einer jungen Dame?

Hulda Ja, – und man sagt sogar, daß ihn die junge Dame gar viel angieng' – *weint* O die gottlosen Männer! wer auch alles glauben wollt, was sie an einen hinplaudern.

Minnewart Wer auch ein so liebvolles Geschöpfchen betrügen könnte. *kosend* Diese lieben Händchen, der runde Arm – die, die pechschwarzen Augen! *beiseite* Bliz und alle Hagel! wie mir auf einmal so wunderbar ums Herz wird. *umfaßt sie.*

Hulda Ey – ey – ey! schaut, wie ihr einen auch so fest halten möget. Jezt seht, ich hab' davon laufen wollen, aber ihr laßt mich nicht aus; schreyen will ich nicht, sonst meinten die Leute, wunder, was ihr mir hättet anhaben wollen.

Minnewart Ach daß ich alter Knabe nicht mehr in den goldenen Jahren lebe, wo Liebe die Brust des Jünglings hebt, und er sich nicht schämen darf zu minnen um die Hand eines solchen Geschöpfes.

Hulda Was ist euch, alter Sänger! zittert doch eure Hand, als wenn euch der Humpen verjüngt hätte. Singet mir lieber ein Liedlein, und dann begleitet ihr mich zu dem Herrn Ritter –

Minnewart Begehre von mir, holde Dirne! was du willst. Singen will ich für dich, bis ich sterbe; und kann ich nicht mehr singen, so will ich krähen wie ein alter Haushahn, wenn der Tag beginnt. Aber dafür erhalte ich von dir ein Küßchen –

Hulda Wie? was habt ihr gesagt? ein – ein – sagt mir das doch noch einmal vor – das Wort klingt so süß – was wollt ihr von mir haben?

Minnewart Ein Küßchen, holdes Geschöpf!

Hulda Ein Küßchen? was ist das – ich verstehe euch nicht. *lacht beiseite.*

Minnewart *verwundernd.* Wie? ein Mädchen in deinen Jahren – und du sollst nicht wissen, was ein Kuß ist – *beiseite* das glaub der Teufel!

Hulda Sagt mirs doch, lieber Minnewart! ich will euch auch, so lang ich lebe, dafür dankbar seyn.

Minnewart *beiseite.* O du liebe Einfalt! *laut.* Ich – ich soll dirs sagen – so hör:

Duett.

Minnewart Ein Küßchen ist ein süsser Traum,
Bald ist der Traum vorbey.

Hulda Ein Traum? ach – das begreif' ich kaum,
Wie wunderbar! ey, ey!

Minnewart Kaum spricht das Herz: ich liebe dich,
Geschlossen ist der Bund.

Hulda Dann folget wohl ganz sicherlich
Ein Küßchen auf den Mund.

Beide Und folget ein Küßchen, dann ist man entzückt,
Ruft jubelnd: das Leben ist schön.
Ein Küßchen der Liebe beseelt und beglückt,
Laßt küssend durchs Leben uns gehn. *ab*

Sechszehnter Auftritt.

Gemach mit einem Fenster.

Salome. Käsperle.

Käsperle Jetzt laßt mich aus, Jungfer Salome! ich muß meinen Herrn suchen.

Salome *hinter ihm hereintrippelnd.* So wart nur, lieber Zechmeister! du eilst mir ja davon, daß dir keine Dirne von 16 Jahren nachlaufen kann.

Käsperle Ja das glaub' ich – wenn ihr 16 Jahr alt wäret, würde ich nicht so davon rennen. *Sie erhascht ihn.*

Salome Hab' ich dich erwischt. *Dätschelt ihm die Hände, küßt sie.* Nun – wenn wollen wir denn die Sache richtig machen, wenn soll denn unsere Hochzeit seyn, he?

Käsperle *beiseite.* O du alter Schatz du! *laut, – reißt aus.* Ich – ich hab's der Jungfer schon g'sagt, ich darf und mag und kann gar nicht heurathen.

Salome *lauft ihm nach.* Und warum denn nicht, mein Schatz! weißt du auch, daß ich eine tugendhafte, züchtige Jungfrau bin.

Käsperle Auweh! auweh! ich mag nichts von dem guten Bissen – der könnt' einem beym Hinunterschlucken im Hals stecken bleiben, man wüßt' nicht – wie? *laut* Mit einem Wort, Jungfer Salome! Ihr seyd mir zu jung.

Salome Du lieber Gott! man wird ja doch alle Tage älter.

Käsperle *beiseite.* Das merk' ich an euch – *laut* aufrichtig zu sagen, ihr seid mir zu alt –

Salome *zärtlich* Ach – an deiner Seite werd' ich wieder jung werden, wie ein Kübitz.

Käsperle Nein – Sapperment! mit dem Jungwerden ists da vorbey. – Allerliebste Jungfer Salome! ich – ich will ihrs nur gestehen – es kann aus der Heurath gar nichts werden.

Salome Und die Ursache.

Käsperle *weinend.* Ich – ich bin mondsüchtig.

Salome Mondsüchtig?

Käsperle Ja – ja – mondsüchtig! In der Nacht hab ich keine ruhige Minute – sobald ich im Bett lieg, so treibt michs heraus, und da wandle ich durch die ganze Nacht mit geschlossenen Augen im Mondschein herum.

Salome Armer Mensch! aber vielleicht könnte dir da noch geholfen werden.

Käsperle Da giebts kein Kräutl und kein Pulver in der Welt, das ich nicht schon probirt hab – ist alles umsonst – davon rennen muß ich, wenn der Mond scheint, und bindt man mich an den Bettstollen, ich nimm ihn mit und lauf davon.

Salome Hör, du – da fällt mir ein – ich hab' in meinem

Kämmerlein einen köstlichen Spiritus, der in dergleichen Fällen schon Wunder gethan hat – willst du nicht mitkommen in mein Kämmerlein?

Käsperle *ihr nachäffend* Nein! er geht nicht mit ins Kämmerlein! –

Salome Du könntest aber doch den Spiritus probiren.

Käsperle Er probirt nichts von dem Spiritus.

Salome Vielleicht könntest du wieder gesund werden?

Käsperle Er bleibt schon mondsüchtig, so lang er lebt. Wenn aber die Jungfer Salome einen Spiritus hat, der alte Weiber wieder jung macht, den wollen wir appliciren.

Salome *nimmt ihn am Kopf* O du loser Vogel du! Mit uns bleibt's beim Alten! wir werden Eheleute!

Käsperle Sobald der Spiritus seine Wunder thut, und die Jungfer Salome wieder jung macht – *schlägt ein* topp! da bin ich dabey!

Lied.

Kein Spiritus ist in der Welt wohl erdacht,
Der Weiber, die alt sind, auch jung wieder macht.
  Ja! wüßt' ich die Kunst – hu! da wär' ich so reich,
  An Schätzen dem Sultan von Babylon gleich.

Und hätt' ich ein Kräutl nur auf dieser Welt,
Das Jugend und blühende Schönheit erhält,
  Ich gäbe das Kräutl den Madeln gleich ein,
  Denn d' Madeln, die wollen schön immerdar seyn. *ab.*

Siebenzehnter Auftritt.

Ritter Albrecht *allein.*

Alles ist versammelt im Rittersaal in frohem Jubel, aber mich fliehet Freude und Vergnügen – denn sonderbare Dinge, die ich noch nicht zu begreifen vermag, beängstigen meine Seele. *er öffnet das Fenster* Ha! wie sternenhell der Himmel ist, wie die Fluthen der Donau so sanft dahin rauschen, der Mond so golden ihre stillen Wellen beglänzt. Wo jetzt wohl Hulda weilen mag? *die vorige Melodie läßt sich auf einer Laute hören.* Was hör' ich? durch diese himmlische Melodie werde ich heute schon zum zweytenmal entzückt. *sieht zum Fenster hinaus* Ich sehe nichts – Alles so still in der ganzen Natur – nur hier und dort eine Welle, die über den Kiesel spielt, und das allgemeine Schweigen der Schöpfung hemmt. Ja! ich will mich leise aus dem Burgpförtchen schleichen – es führt gerade an das Ufer der Donau. Vielleicht löse ich dort das Räthsel, das zu entziffern, menschliche Kräfte nicht vermögen. *ab.*

Achtzehnter Auftritt.

Donaugegend. Am Ufer steht die Burgzinne des Grafen Hartwig. Der Himmel ist mit Sternen besäet, der Mond scheint.
Käsperle *mit einer Laterne.*
Käsperle Alles sucht ihn in der ganzen Burg. Der Teufel weiß, wo er wieder steckt. Da er jetzt verliebt ist, so wird er wohl im Mondschein mit seiner Herzensgeliebten lustwandeln. Hab' deswegen eine Laterne mitgenommen. Einer leuchtet oben, der andere unten, da wird man doch beim Teuxel ein paar Verliebte ausstöbern können. *ab.*

Neunzehnter Auftritt.

Erlinde *schwebt auf den Wellen, hernach* **Albrecht.**
Erlinde.
Ach Schwestern! liebe Schwestern mein!
Bald müßt ihr bey Erlinden sein.
Schon ist sie da, und wartet hier.
Ach, Schwestern! kommt doch bald zu ihr.
Albrecht Hulda! Hulda! ich höre ihre reizende Stimme.
Erlinde Ich bin nicht Hulda – wohl aber ihre Schwester Erlinde – *steigt aus den Wellen.* Liebst du die schöne Hulda, edler Albrecht?
Albrecht Noch kann ich dir diese Frage nicht beantworten. – Ich liebe Ritter Hartwigs Tochter, und werde sie nach dem Willen meines Vaters ehelichen.

Erlinde Das soll dich nicht hindern, auch meine Schwester zu lieben.

Albrecht Wie? Sie wäre zufrieden, wenn ich sie neben meinem Weibe liebte?

man hört in der Ferne eine reitzende Harmonie.

Erlinde Sie kommen! Sie kommen! Fliehe, Albrecht! meine Schwestern dürfen dich hier nicht finden. Die Stunde ist da, wo wir unter dieser heiligen Ulme zusammen kommen. *Ein transparenter Ulmenbaum erscheint.* Was wir mit einander zu sprechen haben, kannst du nicht hören, darf kein Mensch hören.

Die Harmonie kommt näher.

Albrecht Wenn ich mich aber verbürge?

Erlinde Albrecht! ehe ich dreymal sieben zähle – mußt du aus unserem Dunstkreiß entfernt seyn, oder du bist des Todes. *sie stürzt in das Wasser.*

Albrecht Ich fliehe! *schnell ab.*

Zwanzigster Auftritt.

Flämmchen hüpfen den Fluß auf und ab. Zwey blendend weiße Schwäne schwimmen in der Mitte des Stroms heran, den hüpfenden Flämmchen nach. Sie ziehen einen Muschelwagen, worinn **Hulda** *sitzt, eine Krone über dem Schilfkranz, um den Wagen schwimmen* **Nixen**. *Sie steigen alle unter dem majestätischen Ritornell aus der Fluth. Die Nixen küssen sich, fassen sich bei den Händen und umtanzen unter einem fröhlichen Kettentanz die Ulme.*

Nixenchor.

Zum Nixentanz! zum Nixentanz!
Es bebt im Haar der grüne Kranz.
Hier tretten wir das Truttenkraut,
Und tanzen für die schöne Braut
Wohl hin und her, ihr Schwestern fein!
Das ist der Nixen Ringelreih'n!
Das Donauschloß steht fest im Grund,
Und fest ist unser Schwestern Bund.

Käsperle *kommt herbeygerennt, erschrickt, und verbirgt sich hinter ein Gebüsch.*

Käsperle Donnerwetter! was geht da vor? ich glaub' gar, da wird die Walpurgisnacht gefeyert.

ein stilles Accompagnement begleitet den Dialog.

Hulda Seyd mir willkommen unter dieser heiligen Ulme, Schwestern! Schön ist die Nacht, heiter und rein ist der Sternenhimmel, aber trübe sind die Blicke eurer Schwester Hulda.

Käsperle *für sich* Wenn ich nur näher dazu dürft – die Madeln gefallen mir nicht übel.

Erlinde Fragen wir hier unter diesem heiligen Baum das Orakel um seinen Willen.

Hulda Das wollen wir. Auf – Schwestern! entlediget euch eurer Kleider – wie sie es von uns verlangt die große Schutzgöttinn der Gewässer.

Sie nehmen einander ihre Schleyer ab, legen sie auf die Erde.

Käsperle O, Jekerl! jetzt geht's ans Ausg'schirren – wenn ich nur hundert Augen hätt – 's beßte ist, ich lösch meine Latern aus. *Er löscht sie aus, kommt einige Schritte näher; man hört auf einmal donnerartiges Gemurmel.*

Erlinde Königinn! hier muß ein Mann in der Nähe seyn – ich wittere seinen Dunstkreiß.

Hulda und die übrigen werfen schnell ihre Schleyer um.

Alle Ein Mann! Ein Mann!

Käsperle *verbirgt sich* Es ist kein Mensch da!

Hulda Frevler! du wagst es, eine Nixenversammlung zu belauschen? Auf – Schwestern! werdet zu Ungeheuern, und verjagt den frechen Hörnerträger. –

Alle Nixen stürzen in die Fluth. Der Baum verschwindet. Käsperle eilt hervor mit Hirschgeweihen auf dem Kopf, er wird von Ungeheuern verfolgt, schreyt um Hülfe. – Endlich kommen alle Burgleute mit Fackeln. – Hartwig, Kaufingen, Bodo, Minnewart, Albrecht von der anderen Seite. Käsperle kämpft mit den Ungeheuern.

Alle Was giebt es hier? – was ist geschehen?

Albrecht Unglücklicher! was ist dir begegnet?

Donnerschlag.

Hulda *mitten unter sie* Dieß sey die Strafe für seine Neugierde!

Er fliegt auf einem Ungeheuer davon.

Alle Das Donauweibchen! – *Sie bleiben alle bezaubert, in verschiedener Attitüde.*

Der Vorhang fällt.

Dritter Aufzug

Erster Auftritt.

Waldgegend. Im Hintergrund die Donau.
Hartwig. Alwart. Kaufingen. Bodo. Reisige. Albrecht.
Jagdlied.

Fuchs Kaum weicht die Nacht
Der Sonne Pracht,
So ziehen wir in Wald.
Der Riede bellt,
Daß Berg und Feld
Vom Jagdgeschrey erschallt. } *Chor wiederholt.*

Der Hörner Ton
Erklinget schon
Beym ersten Sonnenstral.
Man jagt das Wild
Durch das Gefild,
Den Forst hinab ins Thal. } *Chor wiederholt.*

Von Beute schwer,
Ziehn wir einher
Zurück mit Sing und Sang.
Es ladet ein
Zum guten Wein
Der frohe Becherklang. } *Chor wiederholt.*

Alle ab.

Zweyter Auftritt.

Erlinde *und die übrigen* **Nixen** *(aus den Wellen).*

Erlinde Hörtet ihr den nahen Jagdgesang – wie sie vorüberzogen die stattlichen Jäger, und Albrecht von Waldsee, der schöne Bräutigam, wild durch das Dickicht des Forstes drang?

Elissa Laß uns harren – vielleicht daß ihn ein zur Fälle aufgestossenes Wild wieder zurückführt.

Erlinde Ich will meinen Schleyer ablegen, und ihn hier an diesem Gebüsch verwahren, vielleicht – *Sie hängt ihren Schleyer hin. Man hört nahe ein Riedhorn.*

Nixen Laßt uns fliehen. – Man kömmt!

Erlinde Wir wollen sie belauschen. *ab in die Fluth.*

Dritter Auftritt.

Käsperle. Erlinde.

Käsperle *hat ein Jagdhorn an sich hängen, kommt blasend herein.* Ich mag auch blasen, wie ich will, es läßt sich kein Mensch sehen und hören. Hab' deßwegen das Jagdhorn mitgenommen, damit ich doch wenigstens die Wölf' und Bären davon jagen kann, wenn mir etwa eine solche Bestie begegnen soll. *er erblickt den Schleyer.* Donnerwetter! was hängt denn da? ein Schleyer? sicher ist das noch ein Überbleibsel von einem Burgfräulein, das die Bären aufgefressen haben. Ich muß doch – *will den Schleyer wegnehmen.*

Erlinde *im Wasser* Laß den Schleyer hängen, oder –

Käsperle *bebt zurück* Was ist das für eine Stimme? *Sieht umher.* Ich seh' keinen Menschen – *ruft* Wer da? – Wo?

Erlinde *rechts* Hier?

Käsperle *wendet sich rechts* Wo? wo?

Erlinde *links* Da! da! –

Käsperle *zitternd* Auweh! auweh! wenn ich jetzt nur gleich bey dem Jagdgefolge wäre – Ich – ich werd vor lauter Angst nicht blasen können. – *Er bläst mit zitternden Tönen. Das Echo antwortet.* Ha, ha, ha! was ich doch für ein furchtsamer Haas bin – Es ist das Echo – *betrachtet den Schleyer* ich möcht' doch gern das Dings da als eine Beute nach Haus bringen. *Er greift darnach.*

Erlinde *im Wasser* Hüte dich vor dem Diebstahl – oder –

Käsperle In dem Gebüsch muß Jemand versteckt seyn, ich laß mir's nicht nehmen; *sieht umher.*
Die Nixen lassen sich sehen und lachen.

Käsperle *bleibt in voller Verwunderung stehen.* Die Madeln tauchen ja auf und unter wie die Tuckanteln – *stellt sich auf die Zehen* Jetzt hab' ich einen Kopf g'sehen – jetzt einen Arm – jetzt einen Fuß – und jetzt – pr! es wird mir ganz kurios – wenn sie den Schleyer haben wollen, so müssen sie heraus – *Er greift nach dem Schleier.*

Erlinde Laß den Schleyer hängen, oder –

Käsperle Den laß ich nicht hängen. Geht's heraus, wenn ihr das Herz habt! *Sie lachen* Ja – lacht, wie ihr wollt – nachlaufen könnt ihr mir nicht, und 3 Schritt bleib ich vom Wasser entfernt – also der Schleyer ist mein! *Er holt ihn herab.*

Huldas Stimme Unglücklicher! Was beginnst du!

Donnerschlag. Käsperle verwandelt sich in einen Bären. Die Nixen tauchen mit Hohngelächter unter das Wasser.

Vierter Auftritt.

Albrecht von Waldsee *kommt mit seiner Jagdlanze zurück, erblickt den Bären, und will ihn erlegen.*

Albrecht Was seh' ich? welch' eine wilde Bestie! *er legt auf den Bären an.*

Käsperles Stimme Kennt ihr mich denn nicht, edler Herr Ritter! ich bin ja Kaspar Larifari, euer Zechmeister –

Albrecht *zurückbebend.* Was hör ich? welche Zauberkraft umgiebt mich! Unglücklicher! durch welche feindliche Macht geriethest du zu dieser schrecklichen Umwandlung?

Käsperle Durch die Donaunixe! ich bitt' euch um alles in der Welt, rührt ja den Schleyer nicht an, oder die Nixe verwandelt euch in einen Pavian –

Albrecht Diesen Schleyer –? *Er nimmt ihn, der Bär verschwindet, und das Gebüsch verwandelt sich in eine offene Eremiten-Höhle. Man sieht Hulda mit Lilli, beide als Eremitinen gekleidet, neben einander sitzen, und Körbchen flechten.*

Fünfter Auftritt.

Albrecht. Hulda. Lilli.

Albrecht Was seh' ich? welch' eine sonderbare Erscheinung!

Hulda *ihn anblickend.* Was verlangst du hier, Fremdling! an einem Ort, den nicht leicht der Fußtritt eines Wanderers betritt – an einem Ort – ernsten Betrachtungen geweiht.

Albrecht Wer bist du?

Hulda Eine Eremitinn, die ferne von dem Getümmel der Welt ihr Erdenglück in stiller Einsamkeit sucht.

Albrecht Sonderbar! du scheinst mir noch in den Jahren blühender Jugend zu seyn, und so frühe kannst du schon die Menschen fliehen?

Hulda *kommt heraus* Junger Mann! unglückliche Liebe trieb mich an diesen Ort. – Ich beweine den Verlust eines Geliebten, meine Tochter den Verlust eines Vaters.

Albrecht Armes, unglückliches Mädchen! dein Geliebter verließ dich vielleicht?

Hulda Ach! wie gerne wollt ich ihm seine Untreue vergeben, wenn er sich nur entschlösse, daß ich ihn dreymal im Jahr sehen und umarmen dürfte.

Albrecht Dreymal im Jahr? *beiseite* Sprach nicht eben so die Donaunixe? *laut* Willst du mir nicht den Namen deines Geliebten entdecken? unglückliches Geschöpf!

Hulda Er nannte sich Albrecht von Waldsee.

Albrecht *entsetzend* Albrecht von Waldsee? unmöglich!

Hulda Erinnerst du dich nicht mehr jenes Köhlermädchens, das dich vor 4 Jahren so liebevoll in ihre Hütte aufnahm.

Albrecht *in höchster Verlegenheit* Ja – aber –

Hulda Dich täuscht meine Hülle, guter Albrecht! betrachte mich so –

Sechster Auftritt.

Sie wandelt sich in ein reitzendes Köhlermädchen um, **Lilli** *ebenso gekleidet, springt aus der Hütte.*

Albrecht *beiseite* Bey Gott! sie ists. *laut* Ich erinnere mich deiner mit frohem Herzen, liebes, schönes Mädchen!

Hulda Ha, ha, ha! hört doch, wie sich die jungen Herren ihre galanten Abentheuer in das Gedächtniß zurückschaffen können. Ja – ja – ich war eben das Köhlermädchen, dem ihr in jener Gewittervollen Nacht ewige Liebe geschworen habt.

Albrecht Und dieses liebenswürdige Kind?

Hulda Ist eure Tochter.

Albrecht Ich werde mich eurer annehmen. Morgen kehre ich zurück, und bringe euch Gold und Edelgesteine.

Hulda Morgen erst wollt ihr zurückkehren?

Albrecht Wie kann ich früher, da heute noch meine Vermählung mit Ritter Hartwigs Tochter gefeyert wird.

Hulda Ha, ha, ha – Vermählung – ohne Braut und Bräutigam. *lacht höhnisch.*

Albrecht Wie meynst du das?

Hulda Edler Herr! ihr werdet mir doch erlauben, heute eurem Hochzeitfeste beywohnen zu dürfen?

Albrecht Nimmermehr! willst du durch deine Gegenwart meine und meines Weibes Ruhe stören?

Hulda Herr Ritter! ich verlange eine Bitte von euch.

Albrecht Welche Bitte? –

Hulda Mich drey Tage im Jahr zu lieben.

Albrecht Unmöglich wirst du mich zwingen können, mein Weib zu betrügen.

Hulda Ha, ha, ha! als wenn wir Weiber uns nicht früher oder später an den Wankelmuth der Männer gewöhnen müßten.

Lied. Die Liebe muß zanken,
Sonst hat's nicht Bestand;
Und will sie auch wanken,
Reicht man sich die Hand.
Denn immer zu scherzen,
Da wird sie nicht neu,
Nie reizet die Herzen
Das stets Einerley!

Veränderung würzet
Uns jeden Genuß.
Die Liebe verkürzet
Bald Groll und bald Kuß.
Es muß schon dem Magen,
Ist man nicht mehr frey,
Im Eh'stand behagen
Das stets Einerlei. *ab.*

Albrecht Jawohl! das ewige Einerley im Ehestand – aber wer will, wer kann das ändern? Vorwärts – zum Ufer der Donau – dort will ich Aufklärung dieser räthselhaften Geschichte suchen. *ab.*

Siebenter Auftritt.

Gemach auf Hartwigs Feste.

Bertha. Bruno.

Bertha *allein* Schön war das Beginnen meiner Liebe. Rosen glaubte ich zu pflücken auf der Flur des Lebens, aber schon verwunden mich Dornen im Lenze meiner Jugend. O Albrecht! daß ich dich nie gesehen hätte.

Bruno So eben kommt des Ritters Leibknappe aus dem Forst zurück. – Ritter Albrecht hat sich von dem Gefolge getrennt – wir glaubten ihn schon auf der Burg zu finden.

Bertha Guter Bruno! wie lange ist es nun, daß du von der Feste des Ritter von Waldsee entfernt bist?

Bruno Sieben Jahre, edles Fräulein! ich begleitete ihn ehedem zu allen Turnieren und Fehden, die er unternahm –

Bertha Und ist dir nicht bekannt, daß Ritter Albrecht schon eine frühere Liebe unterhielt, noch ehe er um meine Hand warb.

Bruno Was fällt euch ein, holdes Fräulein! welcher böse Dämon setzte euch diese Grillen in den Kopf?

Bertha Ritter Albrecht, der mir heute noch am Altar ewige Liebe schwören soll, betrügt mich – unterhält eine Liebschaft mit einer andern Geliebten, dieß beweiset das Bildniß, das er auf dem Herzen trägt, und das ich erblickte, als ich ihn heute früh im Schlaf belauschte.

Bruno Ohnmöglich, Fräulein! ihr werdet euch irren. –

Bertha Und dann – was hältst du von der Spuckerey des Wasserweibchens, seitdem sich Ritter Albrecht auf unserer Burg aufhält?

Bruno So wird ihn doch der Böse nicht gar bestrickt haben, daß er sich mit Unholden in ein Liebesverständniß einläßt.

Bertha O, daß mich ein fürchterlicher Schwur bindet, nicht zu entdecken ein Geheimniß, das sich so tief in meine

Seele grub; *laut* Guter Mensch! suche ihn auszuspähen, aber vor meinem Vater mußt du ja alles geheim halten; der gute Greis würde mit Schrecken die Nachricht vernehmen, und Gram und Leiden würden seine ehrwürdigen grauen Haare mit Kummer färben *ab.*

Bruno Das will ich, edles Fräulein! euch glücklich zu sehen, ist der Wunsch, den ich mir von der Vorsicht erbitte. *ab.*

Achter Auftritt.

Donaugegend.

Ritter **Albrecht.** *Hernach* **Hulda** *als Nixe.*

Albrecht Unruhe treibt mich umher wie einen Wahnsinnigen. Nirgend habe ich bleibende Stätte – immer schwebt das Bild der schönen Hulda vor meinen Augen. – *Sie steigt aus den Wellen*

Hulda Sprichst du Wahrheit, lieber Albrecht? –

Albrecht Wen seh' ich? Hulda!

Hulda Holder Albrecht! deine Hand zittert – fürchtest du Hinterlist von einem Weibe, das dich so zärtlich liebt.

Albrecht Vergieb mir meine Ängstlichkeit – aber – du bist kein Wesen meiner Art – du bist –

Hulda Ein Weib bin ich – kannst du mehr verlangen?

Albrecht Ich bin ein Mensch, und du? –

Hulda Fürchtest du den Druck von dieser Hand? es ist der Druck sanfter Zärtlichkeit, – fürchtest du den Kuß dieser Lippen? es ist der Kuß des liebevollsten Sehnens. Schreckt dich das Klopfen dieses Herzens? es ist das Klopfen der süssesten Empfindungen in einem weiblichen Busen. –

Albrecht Sanft und reitzend klingt der süsse Nahme Hulda – aber dieser Nahme – er ist –

Hulda Mein Nahme so gut als Albrecht, der deinige ist – diesen Nahmen gab mir die himmlische Weihe meiner Schöpfung. Bin ich weniger ein Geschöpf des ewigen Schöpfers unserer Aller? Bin ich weniger als du – eine Kreatur des erhabenen Wesens aller Geister?

Albrecht Aber dein Geschlecht?

Hulda Ich gehöre zum Geschlechte der Nixen.

Albrecht Das ist es, was mich –

Hulda Was dich ängstige und schreckt! Ey, du kühner Mensch! fürchtest du, ich werde dich zerreissen und zerfleischen?

Albrecht Ach nein – Hulda! du bist ein besseres Wesen, als –

Hulda Als du eines bist? Willst du die Menschheit erniedrigen? Albrecht! Ich mache keine Ansprüche auf dein Erdenglück – ich überlasse dich den Armen deiner Bertha, von der du mit inniger Zärtlichkeit geliebt wirst. – So viele Tage des Jahres gehörst du deiner Gattin – nur drey Tage im Jahre sollst du mein seyn. –

Albrecht Drey Tage im Jahr?

Hulda O deine Bertha ist ein holdes, herrliches Mädchen, sie wird dich lieben rein und zärtlich – wird die Mutter meiner Tochter werden – die unerkannt dich als ihren Vater lieben wird.

Albrecht Mich – als ihren Vater? Hulda! ich sahe dich gestern zum erstenmal.

Hulda Albrecht! jenes arme Köhlermädchen –

Albrecht *entsetzt sich* Warest du? Ha! jetzt enträthselt sich die Vergangenheit meiner That – wenn aber mein Weib –

Hulda Sie erzieht das Kind als einen Findling, und du wirst dafür sorgen, ihr ja nicht den Vater desselben zu entdecken.

Albrecht Wenn sie aber zu erfahren sucht, wer des Kindes Vater ist?

Hulda Entdeckst du ihr das, so sind wir auf ewig geschieden, und all dein Glück würde von dir weichen. Deine Gattin würde eine grosse Thorheit begehen, und Unglück würde dich verfolgen, und so sehr ich dich liebe, so heftig würde ich dich hassen müssen.

Albrecht Laß allen Zweifel von deinem Munde wegküssen, schöne Hulda! ich werde der Probe der Verschwiegenheit nicht unterliegen, aber nun laß mich an deiner holden Seite –

Hulda Albrecht! – Noch steht der Vollmond nicht am Horizont! – bis dahin siehest du mich nicht wieder. *verschwindet.*

Albrecht *allein* Was ist das? sie liebt mich, und doch entwindet sie sich aus meiner Umarmung? – Ha! welche dunkle Zukunft harret meiner. *ab.*

Neunter Auftritt.

Kurze Waldgegend.

Minnewart. Fuchs. *Hernach* **Hulda** *als Wallfahrerinn mit* **Lilli.**

Minnewart Schon durch das dichteste Gesträuch kreuzten wir, und noch führt uns das Schicksal nicht auf seinen Fußpfad.

Fuchs Traun! wie ich auch so lange ausbleiben könnte, wenn ich heute noch meine Braut zum Altar führen sollte.

Hulda Schön willkommen, ihr schmucken Herren! Seyd gewiß von dem Jagdgefolge zurückgeblieben, das den jungen Ritter von Waldsee in den Forst begleitete?

Minnewart Könntest fast Recht haben, eben deßwegen zogen wir aus, um diesen Ritter aufzusuchen.

Hulda Geht nur im Frieden von dannen. Bald befindet er sich in den Armen seiner liebenden Bertha.

Fuchs Traun! Seyd mir ein wunderbares Geschöpf! Kennt ihr denn unsern Ritter Albrecht?

Hulda Ob ich kenne? – freylich kenne ich ihn, hab' ja ein kostbares Pfand von ihm in die Wahrung bekommen – da seht – *zeigt auf Lilli*

Minnewart Wie? das Kind –

Hulda Gab er mir in die Versorgung – mit der Bedingung, ihm dasselbe zurückzuschicken, wenn er sich verloben würde.

Minnewart Ich erstaune – des Ritters völliges Ebenbild!

Fuchs Ich bringe ihm das Kind nicht – die Braut wird verdammt grosse Augen machen, wenn man ihr eine Stunde nach der Verlobung eine solche Bescheerung nach Hause bringt.

Hulda Hier, diese Pergamentrolle wird euch und mich rechtfertigen.

Minnewart Welch ein liebenswürdiges Kind!

Lilli Nimm mich mit, lieber Mann, ich will dir auch folgen und hübsch fleissig und gehorsam sein.

Fuchs Hohls der Teufel! mag das kleine Geschöpfchen angehören, wem es will – ja – du gehst mit uns.

Minnewart Wir bringen das Kind zu unserer Herrschaft – und will es diese nicht behalten – dann behalten wir's, ziehen's uns groß, und wenn's einmal groß ist – wird es schon unsere Menschenliebe belohnen.

Canon von 3 Stimmen.

Wer Nothbedrängte gern erquickt,
  Dem müden Wandrer Ruh verleiht;
Den Dulder, den man unterdrückt,
  Mit Trost und Hilfe gern erfreut,
Der ist's, der selbst den Feind versöhnt,
Den Ehrennahmen: Mensch! verdient.

Alle drei

Die schönste Gabe der Gabe der Natur,
  Und wenn sie auch im Bettler wohnt,
Ein eldes Herz erhebt uns nur;
  Und der auf hohem Glücke thront,
Ist weiter nichts, als groß und reich,
Doch nicht dem edlen Manne gleich. *ab*

Zehnter Auftritt.

Gemach auf der Feste. In dem Zimmer steht ein Wandkasten.
Käsperle. *Hernach* **Salome.**

Käsperle Das weiß der Teufel, wo mein Ritter so lange bleibt. So wird ihn doch das verdammte Donauweibel nicht in ihr Wasser-Logis gezogen haben?

Salome Bislich da, du Landläufer du! Der Burgherr verlangt seinen Sohn von dir, du sollst ihm Rechenschaft geben, wohin er gekommen ist.

Käsperle Was weiß ich von meinem Herrn. Es wär' ja kein Wunder, wenn ihm ein Unheil begegnet wäre, die Nixen treiben ja ihr Wesen ganz erschrecklich mit unser einem.

Salome All dein Geschwätz frommt zu nichts. Wir wollen wissen, wo du den Ritter hingebracht hast. Unsere

Knechte haben ihn im ganzen Forst gesucht, und nirgends gefunden. Man hat sogar Verdacht, daß du ihn vielleicht könntest getödtet haben.

Käsperle *erschrickt* Wer – ich meinen Herrn umgebracht?

Salome Hilf Himmel! wie du erschrickst! – ja – ja – du hast kein gutes Gewissen – hier, hier in deinem Gesicht steht mit Blut der Nahme Mörder geschrieben.

Käsperle In meinem Gesicht? das wär' ja ein verdammter Streich!

Salome *beiseite* Ach – ich weiß nicht, warum ich so mitleidig gegen dich bin. *laut* Wenn – wenn ich freilich wüßte, von Herzen möcht' ich dich retten. –

Käsperle *bittend* Ach – thu sie das – liebe Jungfer Salome! mach' sie, daß ich mit Ehren aus der Burg komme.

Salome Wenn er sich in den Augenblick entschließt, sich eh'lich mit mir zu verbinden, so –

Käsperle Pfui Teufel! da laß ich mich lieber zwicken, und braten, so komm ich doch auf einmal aus der Welt.

Salome Willst du dich nicht entschliessen?

Käsperle Nein – Sapperment! Eh ich einen solchen Ehstands-Partikel ins Haus nehm, stirbt der Kaspar Larifari den Tod eines Helden.

Salome Wenn ich mich aber deiner erbarme?

Käsperle Nichts – sag' ich, gestorben muß es seyn.

Salome Und du willst dich nicht von mir retten lassen?

Käsperle *weinend* Herzlich gern, Jungfer Salome! aber heurathen kann ich sie nicht.

Salome Ich versprech dir auch goldene Tage – *sie verfolgt ihn* Reich mir deine Hand!

Käsperle *weinend* Alles in der Welt – aber heurathen kann ich sie nicht. – *beiseite* Das ist ja ein verdammter Streich, wenn ich nur wüßte, wohin ich mich retiriren soll.

Salome Komm in meine Arme! – *sie treibt ihn zu den Wandkasten*

Käsperle Wenn ich nur hier – *er öffnet den Wandschrank. Donnerschlag. – Lilli als Ungeheuer mit einer Keule. – Beyde zitternd Schritt vor Schritt ab, Lilli ihnen nach*

Eilfter Auftritt.

Minnewart. Fuchs.
Trompetenschall.

Minnewart. Hört ihr – nun geht es zur Trauung! Kaum daß der Ritter in die Burg ritt, machte der Vater Anstalt zur Vermählung – traun! wird heute noch baß lustig und froh zugehen, unserem lieben Burgfräulein zu Ehren.

Fuchs Wie aber mein Ritter aufschauen wird, wenn wir ihm den kleinen Findling überbringen werden.

Minnewart Hab ihn deswegen in die Wahrung gegeben, bis die Trauung vorüber ist.

Fuchs Das arme Fräulein!

Minnewart Je nun! zu geschehenen Sachen muß man das Beste reden. Thut doch manch lieb Weiblein ein Auge zu, um nicht immer mit Beyden die Verirrungen ihres Mannes zu begucken. Werdet einst auch in dieser Schule gewesen seyn, guter Alter! wie ihr noch jünger waret.

Fuchs War's – war's – aber jetzt – traun! bin meinem Weibe so treu, wie ein Geizhals seinem Goldkasten; – doch, guter Alter! sagt mir euer frohes Aussehen, daß ihr das Liebeln auch nicht bis zu euren grauen Haaren gespart habt.

Minnewart War euch in meiner Jugend ein munterer Knabe – sang und sprang den ganzen lieben Tag – und schielte mitunter fleissig nach den Töchtern des Landes – hört nur:

Romanze von 2 Stimmen.

Minnewart Als ich ein kleiner Knabe war
Quoll in mir frisches Blut.

Fuchs Ich lachte, scherzte immerdar,
Mir war so wohl zu Muth.

Beyde Ich spielte, sprang husch, hopsasa,
Und sang dabey mein: Tralala!

Minnewart Kaum war ich 17 Jahre alt,
Blieb' ich nicht gern allein.

Fuchs Da giengs hinaus in Feld und Wald
Husch über Stock und Stein.

Beyde Und kam ein Mägdlein mir zu nah
Sang ich ihr gleich mein: Tralala!

Minnewart Jetzt weil ich nicht mehr singen kann,
(Die Jugend ist verblüht!)
Fuchs So kräh' ich wie ein Wetterhahn,
Und klimpere mein Lied.
Beyde Und brumm' – kommt mir ein Weib zu nah,
So gut ich kann, mein Tralala. *Beyde ab*

Zwölfter Auftritt.

Rittersaal. Der Hochzeitszug beginnt.
Albrecht *mit seiner* **Braut.** *Alle übrigen* **Hochzeitgäste. Reisige.**
Chor.
Beginnt den frohen Hochzeittanz,
Und krönt mit dem geweihten Kranz
Die hochbeglückte Braut!
Am Tag der Freude nur geweiht,
Der ihr der Liebe Glück verleiht,
Dem Jüngling angetraut!

Bruno Edle Herren! draußen vor dem Saal steht ein gar feines Mägdlein, wohl angethan und mit einer goldenen Gnadenkette geziert. Sie hat eine Laute im Arm und nennt sich eine reisende Sängerinn. Sie fragt an, ob es ihr nicht vergönnt sey, sich vor der Gesellschaft hören zu lassen.

Hartwig Laßt sie hereinkommen. Wir wollen hören, was sie kann. *Die Türe wird geöffnet, Hulda tritt ein, als schwäbische Zitterschlägerinn. Sie neigt sich züchtig, stimmt ihre Zitter*

Dreyzehnter Auftritt.

Vorige. Hulda
Hulda Schönen guten Tag, ihr schönen Herren und Damen!
Hartwig Beym Ritter Georg! Sie ist schön!
Albrecht *beiseite* Gott! wen seh ich – es ist Hulda!
Hartwig Woher des Weges, schöne Maid?

Hulda Jetzt komme ich geradenwegs von dem Hofe des Pfalzgrafen Hugo, und habe mich dort wohl befunden.

Fräulein Hedwig Ganz gut! wo ist dein Vaterland?

Hulda Im schönen Neckarthal ist die Wohnung meines Vaters – ja – ja – da bin ich zu Haus.

Junker Also eine Schwäbinn! ich hätt's doch gleich an der Rundheit des Mädchens merken sollen.

Bertha Ziehst du schon lange in der Welt herum?

Hulda Seit einem Jahr reise ich umher, mir etwas zu verdienen, um eine Klause stiften zu können, und dann will ich eine Einsiedlerin werden.

Kaufingen Laß das bleiben. Nimm dir dafür einen Mann, und geniesse das Leben in Freuden.

Hulda Das wird nicht geschehen. *mit einem Seitenblick auf Albrecht* Man hat nur seine liebe Noth mit den Männern, *Sie lachen alle. Albrecht in größter Verlegenheit* sie wollen ihren Weibern nicht treu bleiben.

Hartwig Nun, so laß deine Kunst hören, schöne Maid!

Hulda Gleich – gleich, edler Herr! wills versuchen, ob ichs noch kann. *sie spielt und singt.*

Ballade

Ein Graf ritt aus auf Mädchenschau,
Zu kiesen eine feine Frau.
  Hier zogen schöne Hände
  Ins Liebesnetz behände –
Dort lacht ein schöner Rosenmund,
Hier lockt die Wange voll und rund,
  Welch Liebchen hold, welch Liebchen fein,
  Wähl' ich zur Allerliebsten mein?

Unter dem Ritornell tanzt sie

Was frommt dem Mann ein Purpurmund?
Was frommt die Wange voll und rund?
  Das schmeichelt nur den Sinnen.
  Durchsucht das Herz von innen –
Nur Edelmuth und Biedersinn
Lockt uns mit Macht zur Liebe hin.
  Ein gutes Herz wiegt alles auf,
  Wenn ihr das findet, schließt den Kauf!

Wie das Ende der Ballade ist, klimpert eine Saite ab. – Allgemeine Stille. – Sie heftet ihren Blick unverrückt nach Albrecht.

Hartwig Eine liebliche Stimme! Hast deine Kunst wohl gelernt, verdienst eine Belohnung.

Vierzehnter Auftritt.

Vorige. Minnewart. Fuchs *mit* **Lilli. Salome. Käsperle.**

Minnewart Edle, gestrenge Herren! da bringen wir euch ein Kind zum Hochzeitgeschenk –
Alle in allgemeinen Staunen.

Fuchs Hier diese Pergamentrolle wird euch Aufklärung gewähren.

Hartwig *liest* Dies Kind gehört edlen Eltern, die sich mit der Zeit melden werden. – Albrecht! Bertha! erzieht es zur Gottesfurcht und Tugend, und gebt ihm den Nahmen Lilli.
Sie sehen alle einander an.

Albrecht *beiseite* Gott! ich ahnde –

Lilli *zu Albrecht und Bertha* Sey mein Vater, lieber Ritter! und du sey meine Mutter.

Bertha Wir erziehen das Kind, lieber Albrecht!

Käsperle *beiseite* Das ist ein Weib ohne gleichen, die weiß sich in die Welt zu schicken.

Hulda hat indessen jede Miene Albrechts ausgespähet, und bleibt immer in dieser Stellung.

Junker Nun? wie ists denn mit dir? Hast du die Sprache verloren?

Alwart Mädchen! bist du stumm geworden?

Bertha Albrecht! und du sprichst kein Wort? Sie heftet ihre Blicke auf dich – frage sie doch –

Hulda *lacht aus vollem Halse* Ha, ha, ha! Rathet einmal, ihr schmucke Herren und Damen! was der Graf gethan hat –

Minnewart Keine Foppereien! Werft die unverschämte Dirne hinaus, die sich untersteht, eine edle Gesellschaft zu beleidigen. – *sie wollen sie umringen*

Albrecht Haltet ein – ich nehme mich des Mädchens an.

Hulda Ritter Albrecht! einen Becher Wein möcht ich von euch verlangen.

Albrecht Minnewart! einen Becher Wein für die Sängerinn!

Hulda Nicht so! aus eurer Hand will ich den Becher empfangen, euer und eurer Braut Wohlseyn zu trinken. *zitternd reicht ihr Albrecht den Becher. Hulda empfängt denselben und neigt sich dankend. Sie tritt ihm gegenüber.* Mächtig und groß – reich und hochgeehrt wird Albrecht der Waldseer-Graf glücklich leben mit seiner Ehgemahlin Bertha, der edlen Burgauerinn – bis – *lacht* ha ha ha! *Pause. Entfernter Donner.*

Alle Bis –

Aldaj *nähert sich Berthen* Schöne Braut! der Mond wechselt am Horizont – erlaubt mir, an eurem Hochzeittage den ersten Tanz mit eurem Verlobten zu machen.

Alle Ja – ja! das sey ihr vergönnt! Beginnet den Tanz! *Hulda tritt vor.*

Final-Musik

Hulda.

Es werde Albrecht hochberühmt und reich,
An Macht und Ehre sey ihm keiner gleich.

Chor.

Es werde Albrecht hochberühmt und reich,
An Macht und Ehre sey ihm keiner gleich.
Unter dem Chor trinkt Hulda, sie wirft den Becher weg, in lichten Flammen zischet der Wein auf und sprudelt in Feuerfunken über den Boden. Donnerschlag. Alle in einer Schreckensgruppe. Die Ritter ziehen die Schwerdter.

Alle Was ist geschehen! Wir sind verloren!

Hulda *Sie nähert sich Berthen und nimmt ihr den Brautkranz vom Kopf.*
Durch meine Macht sollt ihr verblendet seyn.
Die Erde beb' – die Mauern stürzen ein.
Denn anderswo wird diese Nacht
Der Liebe Opfer dargebracht!

Sie versinkt mit Albrecht. Dunkle Finsterniß umgiebt den Saal, Blitze durchkreuzen sich, und der Donner rollt schrecklich. Alles geht angstvoll umher.

Chor.

Der Donner rollt, die Erde zittert,
Die Feste wankt, vom Sturm erschüttert –
Die Blitze kreuzen durch die Luft,
Hinaus aus dieser düstern Kluft.

Sie wollen fort. Man hört den Ton einer Leyer, die vorige lärmende Musik zerfließt in eine schmelzende Harmonie, anfangs voller Chor, der immer mehr und mehr abnimmt, weil alle nach und nach von unwiderstehlichem Taumel hin und herwanken. Wie Lilli kommt, bleibt alles unverrückt stehen. Alle unter einander.

Chor.

Diese Töne himmlisch rein
Laden uns zur Ruhe ein.

Lilli.

mit der Leyer.

Donner und Orkane schweigen,
  Meiner Leyer Zauberton
Huldiget der Nixenweyhe
  Hier an meiner Mutter Thron.

Sie winkt, es erfolgt ein Donnerschlag. Nach diesem eine reizende Harmonie von blasenden Instrumenten. Die Bühne verwandelt sich in eine transparente Nixen-Grotte. – Albrecht liegt vor Hulden auf den Knien, die übrigen Nixen auf Stuffen erhöht halten Kränze über die beiden Liebenden.

Nixenchor.

Heil dir, du schönste der Bräute,
  Jauchzet aus trunkener Brust!
Liebe gewähre euch Freude,
  Segen mit himmlischer Lust!

Alles im Vordergrund bleibt bezaubert stehen.
Der Vorhang fällt.

EINE SCENE AUS DEM KASPERLE-THEATER

(1846)

Abb. 7: Johann M. Voltz, ›Volksfest bei Cannstadt‹, 1835.

Die Kasperle-Bude, dieser berühmte Musentempel, befindet sich auf dem Roßplatz zu Leipzig.
Der Unternehmer dieses Theaters ist ein glücklicher Mann; er braucht keinen Ober-Regisseur, zahlt keine Gagen und wird nicht durch Heiserkeiten seiner Acteurs in Verlegenheit gesetzt, rothe Zettel drucken zu lassen, und das Wort Kabale ist ihm ein Fremdwort. Seine Mitglieder sind alle lebenslänglich engagirt; es geht Alles bei ihm wie an einem Fädchen; er braucht keinen Souffleur und keinen Theatermeister, denn das Donnern übernimmt seine Ehehälfte und den Blitz schleudert sein Junge aus den Wolken herab. Ein Dreier Colophonium und ein Dreier Bärlapp, das sind die Tageskosten, und sonach wird für sechs Pfennige ein ganz respektables Gewitter gemacht.
Die Komödie ist schon angegangen. Kasper erscheint als Räuberhauptmann mit der Prinzessin Pumpfia auf der Scene.

*

Kasper Sag' an, Prinzessin, liebst Du mir?
Prinzessin Ich dächte was mich bisse.
Kasper Aurora! reiz' nicht meinen Grimm,
Du weißt, sonst setzt es Nisse!
Prinzessin Fernando nur besitzt mein Herz,
Und nie den Schwur ich löse.
Kasper Wie? der Infant von Jüterbogk?
Das wär' ja schauderöse!
Laß ab, sonst mach' ich ein Gedicht
In Prosa auf den Bösewicht.
Prinzessin Das kann ich nicht, das werd' ich nicht,
Und – klagtest Du vor'm Gericht.
Kasper Ha, welche Schmach! ha, welch ein Schumpf!
Es rieselt mir durch Mark und Strumpf.
Prinzessin Es kann nicht sein! –
Kasper Wie so?
Prinzessin Ich hasse
Dich wegen Deiner Kuppernase.
Kasper *hervorstürzend.*
Habt ihr's gehört, gehört, ihr Götter!
Ei, alle Hagel-Donnerwetter!
Sprecht hier nicht so verteufelt dumm,
Wo so ein propres Publikum,
Sonst bringe ich mit obrigkeitlicher
Bewilligung Euch Beide um.
Prinzessin *will auf die Kniee fallen, da aber der Faden zu kurz ist, mit geknickten Beinen*
O großer Kasper, habt Erbarmen!
Und schont wo möglich diesen Armen.
Kasper *mit wildem Blick*
Nischt! Ich hab' einmal Rachedurst,
Du oder Er – mir Alles Wurst.
Prinzessin O Kasper, greif in Deinen Busen!
Kasper Pack ein mit alle den Flattusen!
Prinzessin O Kasper, sei doch nicht so bös!
Kasper Hinweg, sonst werd' ich malitiös!
Prinzessin Wie? Du beharrst bei dem Gebot?

Kasper Schon morgen ist er mausetodt,
Und Du dazu, liebloses Weibsen;
Verkünd'ge ihm, was Kasper sprach,
Auch nicht ein Linschen lass' ich nach,
Geh', sag's ihm mündlich, oder – schreibs'en.
Die Prinzessin Pumpfia wankt ab; da sie an der Thür hängen bleibt, macht sie durch die Luft.

Kasper *Monolog.*
Blitze, donnere, graupele, Himmel! – Laß Schwefel regnen oder Stiefelwichse mit Vitriolöl, auf daß meine Rache gekühlt werde. Ha! daß ich gerade heute mein großes Schlachtschwert in der Schleifmühle haben muß. Himmel! gieb mir ein Bischen Donner, borg' mir eine Brabanter Elle Blitz, daß ich ihn schleudern kann auf die Prinzessin Pumpfia, die mir nicht lieben will. – Ha, sie kommt! Fassung! Fassung!

Prinzessin Was ich gelobt, ich halt' den Schwur,
Nicht kann ich von Fernando lassen.

Kasper Wohlan, es ist halb sieben Uhr,
Und darum muß ich kurz mich fassen.
Er zieht den Dolch.
Sieh' diesen Dolch, den bis zum Griffen
Der Scheerenschleifer erst geschliffen,
Er ist für Dich, drum lös' die Schwüre,
Sonst stoß' ich ihn Dir in die Niere.
Du zögerst noch? Du hoffst auf Gnaden?
Sein oder Nichtsein! Fort in Schaden!
Er ersticht sie. Starre Pause, nach welcher Kasper an die Lampen tritt. Kasper mit Pathos:
Dort liegt sie, mausetodt und stumm!
Nimm Dir, verehrtes Publikum,
Ein Beispiel an dem Bärenhäuter,
Und – sein's so gut – ich bitte d'rum:
Rekommandiren Sie mir weiter.
Kasper macht einen Knix. Der Vorhang fällt.

Adolf Glaßbrenner

›PROLOG DES AUTORS‹ UND ›PROLOG KASPARS‹ AUS ›KASPAR, DER MENSCH‹

Abb. 8: J. I. Grandville,
›Je l'aureai! tu ne l'auras pas . . . je l'aurai! tu ne l'auras pas bouhuu . . .!‹,
Karikatur auf Louis-Philippe, erschienen in Nr. 67 der Zeitschrift ›La Caricature‹.

Prolog.

Hochweises und höchstdummes Publikum:
Was hier in diesen lustigen Kömödien
Dein Ohr gewahren wird, Dein Aug' erlauschen,
Macht nicht auf Deinen Beifall Anspruch. Trommeln,
Pfeifen und zischen sollst Du, heulen, wüthen,
Und faule Aepfel werfen auf die Bühne!
So groß die großen Künstler, die Acteure,
Auch etwa spielen mögen, wird und muß
Dein gründlich-deutscher, kritischer Geschmack doch
Sich arg beleidigt fühlen. Denn der Autor,
Der tiefer noch als Aristophanes
Zu stellen, jagt, ablenkend von den lieben
Gewohnten Bahnen, über wilde Berge
Wildlachend in die Luft, in jene Luft
Der sogenannten Freiheit, wo Dir,
Vornehmes Publikum, der Athem ausgeht,
Und ihm, dem Dichter selbst, die Kraft gebricht,
Zur Höhe der höchst schätzenswerthen Frau
Birchpfeiffer aufzuschwingen sich, wie die,
Des neuen Lust- und Volksspiels grause Leere
An Inhalt, Poesie, Humor und Geist,
Durch bierkneipwitz'ge, knüppelrhythmische,
Wortspielerhabene Couplets zu decken.
Noch wen'ger ist in diesen Komödien –
Der christ- und hegel'schen gar nicht zu denken –
Von des rühmlichst bekannten Aristoteles
Einheit in Dreiheit her die Rede, und
Von Allem, was das Drama sonst zu fordern
Berechtigt ist, bewill'gen wir ihm kaum
So viel, als von des deutschen Volks Grundrechten
Des deutschen Volks grundrechtliche Beherrscher
Dem deutschen Volk gelassen haben. Hier
Herrscht Nichts als Willkühr und Verrücktheit. Hier
Hört, so zu sagen, »wirklich Allens auf«,
Was Form und Inhalt edelt. Ruh' und Ordnung
Der Poesie, wie jegliches Gesetz

Der Ethik und Aesthetik sind von ihm,
Dem schlechtgesinnt-unritterlichen Autor,
Auf's Aeußerste verletzt. »Vernunft wird Unsinn«,
Wahrheit zum Trug und Möglichkeit zur Hexe,
Und scheint euch Manches schlicht aus eurem Leben,
Schaut es nur näher an: es ist verrückt!
Stoff und Behandlung kämpfen um den Preis
Der Liederlichkeit, ihrer Dirne, die
Auf hohem Weinfaß sitzt und buhlerisch-
Verliebte Blicke auf die Ritter wirft.
Der Dialog ist ohne Schwung und Grazie,
Und – Charaktere? Nein, man glaubt nach Gotha
Sich hinversetzt, wo Freiheits-Reisende
In deutscher Einheit machten! Der Autor selbst
Zerreißt das Traumgespinnst der Poesie,
Steckt seine Narrenfratze durch und glotzt
Umher und grinzt. Der greise Anstand steht
Im Hemd und weint. Die gute, alte Sitte,
Mit dem zerfetzten Polizeirock knapp
Die Blöße deckend, wird von muntren Buben
Lachend verhöhnt. Beschränkter Unterthanen-
Verstand geht stolzen Haupts umher. Der Adel
Der Menschheit, er ist kaum zu sehen. Alles
Volk treibt gleichberechtigt durcheinander.
Die Weisheit floh; der Spott sitzt zu Gericht
Und spricht die kecke Sünde frei. Die Tollheit
Setzt sich die Krone auf! Mit Einem Wort:
Es ist Revolution und Anarchie
Im Reich der Dichtung ausgebrochen. Seht
Und hört nun den Spektakel, und spektakelt
Dreist mit, wenn's euch gefällt. Stört unser Spiel!
Je eher diese Puppenwelt zu Ende,
Je besser, ach, und wenn aus ihren Trümmern
Sich eine neue, schönre Welt erhebt,
In welcher statt des argen Unsinns endlich
Geist herrscht – am besten!
Eine Anerkennung
Wird doch der spätre aufgeblasene Staub,
Betitelt Mensch, uns nicht versagen, die:

Daß wir euch eher wild als – schlafen machten! –
Und Dies allein ist unser Zweck und Streben,
Die wir vor eurem Lobe nur erheben.

Nacht. In einem tiefen Kellergewölbe **Kaspar** *unruhig auf und abschreitend. Hinter dem Ofen ein Pudel.*

Kaspar:

Habe nun – nicht wie der Göthe'sche Faust,
Vor dessen ewigem Ringen
In diesem ewigen Ringe mir graust –
Hier vor, ein Klagelied zu singen.
Denn ich, ich habe die Philosophie,
Juristerei und Medicin
Und, heißa! auch Theologie
Durchaus studirt ohne großes Bemüh'n.
Ja, ich habe klar und leichtlich erkannt,
Daß es annoch damit steht wie es stand:
Daß die ganze Philosophenzunft
Schindet und martert die gesunde Vernunft;
Daß die Themiserablen Juristen,
Schon dem Wort nach halb Juden halb Christen,
Uns das Unrecht einer alten Welt
Als das Recht der lebendigen aufgestellt;
Daß in der Doctoren Stöcke goldnem Knopf
Mehr Wissen als in der Thoren Kopf;
Daß sie mit ihren Kräutern und Schelfen
Sicher nur dem Apotheker helfen,
Die Medizin-Bedienten lege artis sterben
Und die Kurmacher erwerben
Ihr Honorar von den Erben.
Und endlich erkannte ich, daß die Pfaffen
Uns das Schönste als Sünde verblaffen;
Daß die Herren Theologen logen,
Uns um den Himmel diesseits betrogen,
Und dafür alten Vettern und Basen:
Mit etlichen Phrasen und Paraphrasen
Einen jenseitigen zusammenblasen.

Knurre nicht, Pudel! Reactionär,
Treuhunds-Seele heraus, tritt her!
Glaubst Du, ich bedürfte, wie Faust, der Magister,
Der hungernde, durstende Weisheits-Philister,
Einige verschimmelte Zauberbrocken
Um – einen Hund vom Ofen zu locken?
Oho! Gespenster Deiner Sorte:
Aus der Hölle, dem Betsaal, vom Thron,
Von jedwedem Orte
Hol' ich und faß' ich sie schon
Mit einem einzigen Worte:
Ich ruf's in den Rachen Dir: Revolution!

KASPER SOLL GEHÄNGT WERDEN

Abb. 9: ›Cölner Hänneschen am 1. Mai 1848 – Apotheose‹, aquarellierte Tuschzeichnung, 1848.

*

Kasper *der soeben einen Totschlag verübt und das Opfer beseitigt hat, kommt singend:*
Lirum, larum, Löffelstiel! Löffelstiel!
Alte Weiber fressen viel!
Er rennt einer Gerichtsperson auf den Leib.

Richter He, mein Freund! Er hat soeben einen Menschen erschlagen. Dafür muß Er sterben.

Kasper Kowá kalläwu, Kattüffelslu?

Richter Ich sage Ihm, Er hat einen Menschen erschlagen. Dafür muß Er sterben.

Kasper *sehr rasch.* Kowá kallä wu, Katüffelslu? Pallä wu treck Hosen an? Pallä wu binn' Rosen an? Pallä wu Trepp rop? Pallä wu Trepp hendol? Wui wui wui! Nong nong nong! Klüten mit'n ganssen Barg Bulljong.

Richter Was? Kann Er kein Wort Deutsch?*

Kasper Ne, min gode Herr, keen Woort nich, keen Happen nich.

Richter Ei, Kerl, red' Er deutsch. Sonst werd' ich Ihm gleich mal die Zunge lösen lassen.

Kasper Och, worum will de Herr mi denn de Tung sniden loten? Ich bün doch keen Papagei.

Richter Ich sage dir, du wirst dein Leben verlieren.

Kasper *ins Publikum.* Wat seggt he? Ick sall min Leben verlehren? – Tjä, wenn ick den Herrn dat nu ok to Gefallen tuten taten täten un min Leben verleer, will de Herr mi denn ok hernachen mit seuken helpen, domit dat wi dat ok wedderfindt?

Richter Du hast einen Menschen erschlagen. Dafür mußt du sterben.

Kasper Starben sall ick? Ochhott, dat weur min Dood. *Weinerlich.* Do heff ick ok gor keen Tiet nich to.

Richter Ich sage dir, du mußt sterben. Du wirst gehängt werden.

* Andere Lesart: Ist Er vielleicht aus Paris? – Ne, ick bün dscha aus'n Klütjenstieg. (Straße der Vorstadt St. Pauli, jetzt in die Talstraße verschmolzen.)

Kasper Wat? starben sall ick? Ick, Kasper Rummelputt, de lüttje seute Kerl, sall starben? *Seufzt.* Min gode Herr, dat holl ick jo gor nich ut. Do bün ick jo veel to swach to.

Richter Hilft alles nichts. Du bist verloren. Du mußt sterben. *Ab.*

Kasper Ochhott, ochhott, wat fang' ick eenmol an! Ick sall starben. *Seufzt.* Au weih, au weih. Nu is min letztes Botterbrot smeert. Un von de lütten Rundstück warr ick erlöst. Ne, Kinners, wat wardt min Fro seggen, wen ick as so'n dodericken Minschen to Hus kom. Ick schäm mi jo rein all' de Ogen uten Kopp. Ick weet all, wat passeert. Mi reuhrt de Slag. Min Fro reuhrt de Slag. All de Nohbers reuhrt de Slag. Min Fro ehr Melkmann reuhrt de Slag. Den Melkmann sin Koh reuhrt de Slag. Oh, oh, oh! Wat wardt dat for'n beuse Slägeree afgeben. *Ab.*

Der Henker Jochen mit dem Galgen tritt auf, macht ihn zurecht.

Jochen So, so. Da schall he herin. De ohl Vagel, de ohl' Kasper. Jä, de hett all manch Unglück an'n Dag richt'. Nu schall he ut't letzte Lock bald pipen. – Hab! He kümmt all.

Kasper *singend.*

Groß – mudder is doot!
Groß – mudder is doot!
Jo, de is den Dübel doot,
De mag noch Köm, Speck un Brot!
Groß – mudder is – – – *Stößt sich am Galgen.*

Da–a–a! Junge, waß dat? *Beklopft und beguckt ihn oben und unten, hinten und vorn.* Jung, waß dat? Daß woll en Wegwieser no de Ferdinandstrot? Oder no Fuhlsbüttel?

Jochen Här mal, Kasper, kennst du dat Ding?

Kasper Jawoll, min Junge, dat kenn ick. Do fangt se bi mi to Hus de Kramsvagels in.

Jochen Nänä, Kasper, nänä! Dat is en Erhöhungsmaschin. Du brukst blos dinen Kopp in disse Schling' to stäken: Een, twee, dree, rutsch, büst du in'n Himmel.

Kasper Je, Jochen, is de Meuglichkeit wert. So gau geit dat? Du, denn leh mi dat Dings mol op veeruntwintig Stünn'. Min Fro seggt ümmer, se wull so geern mol no'n Himmel rin. Kann se sick jo mol billig denn' Spoß moken.

Jochen Ach wat, komm här, Kasper. Stäk dinen Kopp rin. Mak keen Umstänn'. Een, twee, dree, rutsch is't vorbi.

Kasper Junge! So gau geit dat? Denn wöölt wi dat mol befummeln. *Steckt seine Mütze in die Schlinge.* So –?

Jochen So is goot, Kasper. Sehr goot. Sehr goot! *Kasper zieht den Kopf heraus.* Oh, wat makst du dar for dummes Tüg? Du weerst so schön in'n Gang.

Kasper Tjä, Jochen, du sähst jo, so weur't goot. Ick meen, de ganze Spoß weur forbi.

Jochen Ach wat, versök man mal ordentlich, denn will't woll gahn.

Kasper Meenst du? Junge, das's jo en Spoß tom dodlachen. *Geht nahe heran, fummelt mit dem Kopf um die Schlinge herum.* Nee, Jochen, so geit't nich. Ick mutt 'n ornlichen Toloop nehm'n.

Jochen Ja, ja, loop man to.

Kasper *dreht sich um, nimmt einen Anlauf und stößt Jochen um. Dies wiederholt sich zwei- oder dreimal.* Ne Jochen, dat geit nich. Ick bün so kiddelig.

Jochen Ach wat, versök man ordentlich, denn will't woll gahn.

Kasper Ne, ich weet do keen Mau'n antosetten. Süh, Jochen, du büst doch ok'n Kerl wo Verstand in ehurt. Si doch so goot un wies' mi dat mol.

Jochen Nänänä, dat geit nich an. Nä, Kasper, nä.

Kasper Och, doh dat man. Ick geef di ok 'n Prü – – üntje!

Jochen Nänänä, Kasper, nä, nä!

Kasper Je, Jochen, ween keen Lust mehr hest, denn kannst jo man fleiten. Sast mi dat blos mol wisen.

Jochen Na, Kasper, weil du denn so'n Gootschlag Kerl büst un damit wi to En'n kamen, will ick di dat mal ordentlich wisen.

Kasper Jawoll, min gode Jochen, jawoll.

Jochen Sieh' So nimmst du dinen Kopp, stickst em na de Schling' herin. Is ja nix dabi. Is ja kinnerlicht. *Kasper dazwischen: »He kummt gor nich rin«.*

Kasper Also so mutt ick't moken?

Jochen Ja, grad so wi ick. Kiek di dat nu man orntlich an.

Kasper Jawoll, min lüttje Jochen. Jawoll, min Jochen. Loot mi mol ordentlich besehn. Also grod so wie du? *Zieht die Schlinge zu.* Ja, Jochen, do helpt keen Mulspitzen, dat mutt fleit sin. *Zieht das Seil auf und nieder.* Heuger rop, seggt Sanner, heuger rop! Junge, weur dat ober een beuses Stück Arbeit. *Zum Publikum.* So, nu nehm ick em mit to Hus un denn kok ick em in Swattsuhr. Denn is he nich to sehn. *Zieht den Galgen heraus.* Nu tellt mol mit: Een! *Die Jugend: »Een«.* Twe! *Die Jugend: »Twe«.* Drüttehalw! *Die Jugend: »Drüttehalw«.* Dreee! *Die Jugend hellstimmig: »Dree!« Kasper schwenkt den Galgen über den Kopf und zieht ab.*

Einige Einschaltungen, wenn Jochen gehängt ist, sind noch: »Süh, wo he grient! As'n Putt vull Müüs. Tjä du, mit Speck fangt man Müüs. – Nu bammel man los, Piepenreumers.«

Zuweilen pflegte früher auf den holsteinischen Jahrmärkten diese Szene damit zu schließen, daß – wie bei Punch and Judy – Kasper den toten Henker in einen Sarg packt, mit dem zwei Träger abziehen. Wiederholt hebt sich der Sargdeckel, wird dann wieder zugeschlagen und klemmt die Nase des Toten ein, der herausgeschaut hat. Aus Hamburg ist dieser Schluß nicht bekannt, wie es scheint.

Abb. 10: Johann Peter Lyser, Titelblattentwurf für ein Anekdoten- oder Liederlexikon, undatiert.

Franz Pocci

KASPERL UNTER DEN WILDEN

Ein kulturhistorisches Drama in zwei Aufzügen

Personen.

Kasperl Larifari.
Gerstlmaier, reisender Naturforscher.
Bürgermeister **Zipflberger.**
Schneck, Nachtwächter.
Ein Trommler der Bürgergarde.
Neptunus, der Meergott.
Mehrere wilde Insulaner in Tricot.
Ein Krokodil.
Ein Delphin.

Erster Aufzug

Afrikanische Inselgegend, im Hintergrunde das Meer. (Während der Ouvertüre, welche eine stürmische Musik sein muß, geht der Vorhang auf. Furchtbarer Sturm, Blitz und Donner. Ein Schiff wird auf den Wogen hin und her getrieben. Es schlägt ins Schiff ein, welches verbrennt und untergeht. Kasperl schwimmt auf den Wellen und steigt ans Ufer, während das Gewitter allmählich aufhört.)

Kasperl Na, da dank ich g'horsamst! Die Wasserpartie soll der Guckuck holen! Wie mir nur eing'fallen ist, nach Amerika auszuwandern? Ja richtig, weil mich mein Gretl so plagt und schikaniert hat. Eigentlich aber kann ich doch nix dafür, denn wie ich beim Grünen Baum am Hafen auf und ab gangen bin und schon wieder hab' umkehren wollen, hat mich ein Schiffskapitän beim Kragen packt und hat mir auf Englisch, was i aber nit verstanden hab', g'sagt: »Ju, ju, most werden Matroserl, ei nimm ju auf mei Schipp!« I hab' g'meint, des »ju« bedeut't »Juhe«, und bin glei mitgangen, weil i mir dacht hab', da werd's lustig hergeh'n. Auweh zwick! Das ist aber bald anders word'n. Zuerst haben's mir freilich ein' prächtigen Likör geben und ein Pfund Schinken und eine Portion gerösteten Walfisch und zwölf Haring und da hab' ich ein' Rausch kriegt; ich weiß nimmer, war's der Walfisch oder der Branntwein, der mir in Kopf g'stiegen ist – kurz, wie ich wieder von meinem Dus'l aufg'wacht bin, da hat der Kapitän schon mit einer Stangen in die See g'stochen g'habt, und ich war unter die Matrosen gepreßt, daß mir's Hören und Seh'n vergangen ist. Ja, das glaubt kein Mensch, was so eine Matrosenpresserei fürchterlich ist! Von allen Seiten wird man gedruckt. Na, da sind wir halt so fortg'fahren, oben blau, unten blau, nix als Himmel und Wasser, und wir mittendrein; mir ist's ganz blau vor die Augen word'n, und englische Prügel hab' ich auch genug kriegt, die tun grad so weh wie die boarischen. Endlich nach mehreren Tagen ist heut' das Donnerwetter kommen, als wenn d' Welt untergeh'n wollt, und wir alle samt dem Schiff. Ein Blitz, ein Schlag – jetzt war's vorbei; Gott sei Dank, hätt' ich net's Schwimmen g'lernt, wie's mich amal ausn Wirtshaus ins Wasser g'worfen haben, so hätten mich ohne Zweifel die Wellen des Ozeans verschlungen; – doch hier bin ich gerettet – aber pudelnaß wie aus'n Faß! Grausames Geschick oder eigentlich Ungeschick! denn das ist doch eine Ungeschicklichkeit, wenn man so mir nix dir nix von den Wellen an ein unbekanntes Land geworfen wird! Ha, Verzweiflung! Denn da wird's schwerlich ein Wirtshäusel geben, die Gegend sieht mir nicht danach aus! Auweh! da kommt schon ein ausgestopftes Krokodil auf mich losmarschiert! Ich mache mich aus'm Staub. *Läuft hinaus.*

Ein Krokodil marschiert über die Bühne, einige Papageien fliegen hin und her. Zwei Wilde kommen von verschiedenen Seiten herein.

Erster Wilder *mit Pfeil und Bogen.* Kro, kro!

Zweiter Wilder *mit einer Lanze.* Pu, pu, pu!

Erster Wilder Mumulibutzili, Krokodilli!

Zweiter Wilder Schiffi, schiffi, stechi, stechi!

Erster Wilder Wuliwulipumdara.

Zweiter Wilder Hungerli, nix freßi ganzi Tagi.

Erster Wilder I a, Diaboliverflixti.

Zweiter Wilder Muri, schnuri, prdibixti.

Erster Wilder Kokolimu, kokalimu.

Zweiter Wilder Mu, mu! *Beide ab.*

Professor Gerstlmaier. Wie Robinson mit einer Schürze von Palmblättern und einem großen, roten Parapluie.

Gerstlmaier Nun lebe ich schon ein Jahr auf dieser einsamen Insel unter dem achtundvierzigsten Grade südlicher Breite und widme mich unablässig dem Studium der Naturwissenschaft. Dank dem Zufall, daß mich die wilden Einwohner für ein höheres Wesen ansehen und als solches verehren, sonst hätten sie mich längst gefressen. Allein das ist ja der Vorteil der Männer der Wissenschaft, daß sie stets von einem verklärenden Nebeldunste umhüllt sind und von den Laien im allgemeinen, im vorliegenden Falle in specie von den Menschenfressern, als Halbgötter angesehen werden müssen! Noch bin ich aber mit meinen Forschungen nicht zu Ende; unerachtet der genauesten mikroskopischen Beobachtungen gelang es mir noch nicht zu entdecken, ob die Exkremente der Sepia annulata aus rein animalischen oder vegetabilischen Atomen bestehen, worüber ich bereits am achthundertsten Bogen einer ausführlichen Abhandlung arbeite. Noch ein paar Monate, und der preußische Dampfer Aquila, der mich hier auf Staatskosten ausgesetzt, wird mich wieder abholen. Es bleibt mir also nur noch kurze Zeit für meine Forschung. Wie dem auch sei, jedenfalls kehre ich, reich an Erfahrungen, mit einer Sammlung von 40 000 naturwissenschaftlichen Objekten nach Europa zurück. – Ei! was seh' ich da kommen? Eine Art Papagei? Ein Psittacus formosus? – Die Spezies scheint mir neu. Ich will mich etwas verbergen und beobachten. *Versteckt sich.*

Kasperl *tritt ein.* Schlapperdibix! das ist ja eine miserable Landschaft! Kein Wirtshaus weit und breit! Keine menschliche Seel'! Nix als Affen, Paperln und sonstige Menagerieviecher! Das ist ja zum Verhungern. Hätt' ich nit a paar Schnecken g'funden – leider ohne Sauerkraut! – – so wär' ich schon hin. Mein Magen kommt mir jetzt schon vor wie ein leerer Tabaksbeutel; mein Unterleib ist schon so eing'schrumpft, daß ich gar nimmer weiß, ob ich jemals einen Bauch g'habt hab'! Ja, was wär' denn das? – Der Kasperl ist doch nit zum Hungern und Dursten auf der Welt; ha – Schreckenszeit! Und wie komm ich denn wieder fort und nach Haus zu meiner Gretl! Ringsum Wasser und nix als Wasser! Wenn's nur wenigstens Bier wär'; allein dieses heimatliche Getränk scheint hier gänzlich unbekannt zu sein. Mich kommt schier die Verzweiflung an! Auweh, auweh! Wenn ich verhungern müßt – nein, das hielt ich nit aus, da ging ich eher zugrund!

Gerstlmaier *springt hervor und packt den Kasperl.* Halt, du entkömmst mir nicht!

Kasperl Herr Jemini! Was ist denn das?

Gerstlmaier *Kasperl festhaltend.* Ein herrliches Exemplar.

Kasperl Lassen S' aus, oder ich schlag' aus!

Gerstlmaier Ah, ich habe mich geirrt! Psittacus garrulus! Nur stillgestanden, Freundchen, bis ich dir die Flügel ein wenig gestutzt, damit du mir nicht mehr entkommst.

Kasperl Was fällt denn Ihnen ein? Flügel stutzen? Ich bin ja kein Vogel.

Gerstlmaier Das muß ich, als Gelehrter, besser wissen, wer du bist und zu welcher Spezies du gehörst.

Kasperl Nix Spezies, ich bedank' mich für den Spezi, der mich stutzen will. Nix stutzen und nix duzen, heißt's bei uns zwei! Verstanden?

Gerstlmaier Nun, du scheinst mir ein zahmes Exemplar, das vielleicht schon europäische Bildung genossen hat und wieder übers Meer hierhergeflogen ist.

Kasperl Bildung hab' ich nicht genossen, aber Bratwürsteln und Blaukraut genug; nur hierzuland' heißt's Hunger leiden. Jetzt aber: Wie kommen denn Sie daher in die abgelegene Insel? Ich bin wirklich froh, daß ich eine menschliche Physiognomie seh', obschon Sie wie a Narr ausschau'n.

Gerstlmaier Es ist die Frage, wer der Narr ist. Er ist also wirklich kein Papagei?

Kasperl Wär' nit übel! Ich bin nicht nur kein Papagei, sondern der Kasperl Larifari, pensioniertes Mitglied der europäischen Völkerwanderung und untergegangener Schiffsmatrose außer Dienst, nebenbei Privatier und Stiefelputzer; also wenn's mich als Bedienten brauchen können oder was, so steh' ich zu Diensten; aber ich seh' mehr auf gute Kost, als auf schlechte Behandlung und viele Arbeit. – So, jetzt wissen S' alles, was S' zu wissen brauchen, und überhaupt, wenn Sie ein ordentlicher Gelehrter sein wollen, so geben S' mir a Maß Bier als Drangeld.

Gerstlmaier Gut, gut – genug des Geplappers, drolliger Psittakus. Ich will dich in meine Dienste nehmen, denn ich werde dich wohl brauchen können in meiner Höhle.

Kasperl Was, in der Höll'? Nein, ich dank', da drin mag ich nix zu tun haben, da is der Teufel und sein' Großmutter!

Gerstlmaier Es ist ja nur eine Felsenhöhle, in der ich wohne und meine Sammlung von Naturalien aufbewahre.

Kasperl So? Kapitalien hab'n S', das laß ich mir g'fall'n; bei einem Kapitalisten mag ich schon Budienter sein, da fallt bisweilen was ab.

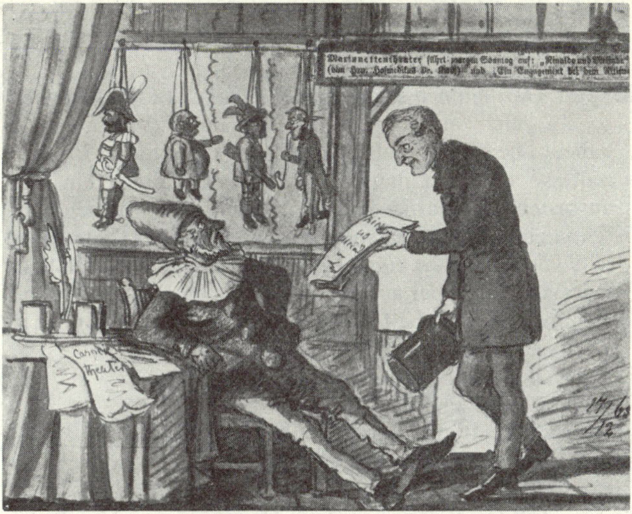

Abb. 11: Franz von Pocci, Pocci als Regisseur und Kasperl empfängt ein Manuskript von Lord Koch, das zur Aufführung kommt; einige Lords hängen als Marionetten auf der Bühne, Zeichnung, 1865.

Gerstlmaier So sind wir einig. Ich bin dein Herr, und du bist mein Diener.

Kasperl Ja, ich bin von nun an Ihr Kammerdiener oder vielmehr Ihr Höhlendiener, weil Sie keine Kammer zu busitzen scheinen tun.

Gerstlmaier Ich werde alles redlich mit dir teilen, obgleich die Bissen auf dieser Insel oft ziemlich schmal sind.

Kasperl Und ich werde auch alles redlich mit Ihnen teilen, besonders weil ich nix hab'; denn sonst tät ich's selber b'halten.

Gerstlmaier Nun kannst du gleich deinen Dienst antreten. Bleibe hier und warte, bis ich von meinem wissenschaftlichen Spaziergang zurückkehre, dann sollst du etwa meine Beute heimtragen.

Kasperl Wenn Sie einen Beutel haben, in welchem sich Geld bufindet, so können S' mir'n lieber gleich jetzt geben.

Gerstlmaier Bleibe nur hier; sollten sich Einwohner dieser Insel nähern, so versteck dich; denn du wärst verloren, im Falle sie dich entdecken würden.

Kasperl Das hab' ich schon wieder g'merkt; des ist halt auch so ein gelehrter Hungerleider, wie mir's z' Haus genug haben. Die sind überall z' finden, sogar auf dieser Insel da muß so einer rumlaufen. Aber jetzt will ich ein bißl ausrasten, das warme Klima tut mir gar nit gut; ich hab' schon einen Schlaf, als wenn ich zwölf Maß Bier getrunken hätt'. *Setzt sich, an einen Baum gelehnt.* So – ah! Da liegt man gar nicht übel auf dem indianischen Moos, so weich wie im – Feder – bett. *Schläft ein.*

Die beiden Wilden schleichen herbei.

Erster Wilder Kro, kro, kro!

Zweiter Wilder Pu, pu!

Erster Wilder Witzliwuzi.

Zweiter Wilder Wuziwitzli.

Erster Wilder Stritzliwixi.

Zweiter Wilder Karamalomilapitschipatschiwatschi.

Erster Wilder Witschiwatschi. *Die Wilden fallen mit Geschrei über Kasperl her.*

Kasperl Auweh, auweh, die Menschenfresser! Herr Professor, kommen S' mir zu Hilf'! Auweh! Auweh!

Erster Wilder Fressi fraßi!

Zweiter Wilder Guti Bissi!

Erster Wilder Spißibrati!

Zweiter Wilder Kro, kro, kro!

Die Wilden schleppen Kasperl hinter die Szene, mittlerweile kommt das Krokodil wieder und singt folgende Arie.

Krokodil

Ich bin ein altes Krokodil
Und leb' dahin ganz ruhig und still,
Bald in dem Wasser, bald zu Land
Am Ufer hier im warmen Sand.
Gemütlich ist mein Lebenslauf,
Was mir in Weg kommt, freß ich auf,
Und mir ist es ganz einerlei,
In meinem Magen wird's zu Brei.
Schon hundert Jahre leb' ich jetzt,

Und wenn ich sterben muß zuletzt,
Leg' ich mich ruhig ins Schilf hinein
Und sterb' im Abendsonnenschein.
Marschiert ab.

Die **Wilden** *schieben eine Feuerstelle heraus mit flackernder Flamme, ein Bratspieß liegt darüber. Es kommen noch andere* **Wilde** *dazu; unter schleppender Musik tanzen sie und singen folgenden Chor.*

Spißi, spaßi, Kasperladi,
Hicki, hacki Karbonadi.
Trenschi, transchi, Appetiti,
Fressi, frassi, fetti, fitti.
Schlicki, schlucki, Kasperluki,
Dricki drucki Mameluki,
Michi, machi Kasperlores,
Spißi spaßi tscha kapores.

Kasperl wird gebunden an Händen und Füßen herausgeschleppt.

Kasperl Auweh! auweh! potz Schlipperment, das wird mir zu arg. Ich bin ja ein Mensch und kein Kalbsbratl. Hört's auf, ihr rabenschwarzen, verdächtigen Individuen! Hört's auf! – Ich gelobe, daß ich nie mehr eine Maß Bier trinken will, wenn ich diesmal ungerupft durchkomm'!

Furchtbarer Donnerschlag, die Wilden laufen auseinander. In den Wellen erscheint der Meergott Neptun.

Meergott Neptun

Ich habe deinen Schwur gehört,
Mit welchem Rettung du begehrt;
Sieh' hier am Ufer den Delphin,
Er trägt dich übers Meer dahin.
Du kannst auf seinem Rücken schlafen,
Er bringt dich sicher in den Hafen.
Doch was du hast gelobet hier,
Den Schwur halt wohl und trink kein Bier.
Ich bin die Gottheit der Gewässer,
Das Wasser soll dir schmecken besser.
Dies sagt zu dir der Gott Neptun
Und kehrt zurück ins Wasser nun.
Versinkt.

Kasperl *befreit von seinen Banden.* Adie, adie, ich bedank' mich halt recht schön für meine Errettung aus den Händen und Rachen dieser menschenfleischappetitlichen, ungebildeten, indianischen Wildlinge! *Für sich.* Aber ang'führt hab' ich den Wassermayer doch! Ich hab' g'schwor'n, daß ich nicht eine Maß Bier mehr trink'; ja freilich, nicht eine, sondern möglichst mehrere, denn eine Maß hat mir ohnehin nie g'langt! Nun, auf! in das teure Vaterland! Mutig will ich diesen ausländischen Karpfen besteigen und mich seiner Entführung anvertrauen! Leb' wohl, schönes Eiland, auf dem ich aber keine Eierspeis 'gessen hab'! Leb' wohl, Naturforscher!

Er besteigt den Delphin, welcher unter sanfter Musik mit ihm fortschwimmt; Gerstlmaier erscheint auf einem Hügel am Ufer und schaut durch ein großes Perspektiv dem Kasperl nach.

Der Vorhang fällt.

Zweiter Aufzug

Stadt.

Morgendämmerung. Nachtwächter **Schneck** *mit Spieß und Laterne läuft herein und schellt an einer Haustüre.*

Schneck Aufg'macht! 'runterg'schaut! Aufpaßt! Weckt's den Bürgermeister auf! *Schellt immer stärker.*

Bürgermeister *mit der Zipfelmütze, öffnet ein Fenster und schaut herunter.* Was gibt's da drunten? Was ist das für ein Spektakel? Wer untersteht sich so an meinem Haus zu läuten, daß ich aus Schrecken beinah' aus'm Bett g'fallen wär'?

Schneck Ich bin's, Herr Bürgermeister.

Bürgermeister Wer ist dieses unverschämte Ich?

Schneck Der Nachtwachter is.

Bürgermeister Was? Er ist es, Schneck? Was gibt's, was gibt's? Warum so früh eine Meldung? Hätt's nit später auch Zeit g'habt?

Schneck Nein, nein! Kommen Euer Gnaden nur herunter, ich hab' was ungeheuer Wichtiges zu notifixieren.

Bürgermeister Wart Er nur, ich komme gleich hinab. *Macht das Fenster zu.*

Schneck Sipperment, sipperment, das ist eine G'schicht! Ich weiß gar nit, wo mir mein Nachtwachterkopf steht.

Bürgermeister *im Schlafrock.* Also schnell, was ist Besonderes g'schehn? Aber hätt' Er nicht das Ratskollegium zuerst aufwecken können? Warum mich aus meiner amtlichen Ruhe stören?

Schneck Ich bin schon bei alle Ratsherren g'wesen; aber der Herr Rat Faßlmayer hat's Podagra und kann nicht auf; der Rat Wurstmüller hat sich gestern, wie er vom Bier nach Haus gegangen ist, den Fuß überstaucht, weil er niederg'fallen ist, der Rat Grobhäusler ist im Kindbett, das heißt: seine Frau hat einen Buben kriegt, der kann nit aus'm Haus, und der Marktschreiber ist gar nit hier; der ist gestern nachmittags ins Gäu fort und noch nit wieder z'rück. Er muß ein paar Kälber kaufen, weil er zum Kirchtag Würstl braucht.

Bürgermeister Das ist doch fatal, daß Gewerbe und andere Allotrias so oft mit den Amtsverpflichtungen kollidieren! Also schnell, was gibt's?

Schneck Ja, Herr Bürgermeister, stellen S' Ihnen vor, wie ich da in der Zwielichten meinen letzten Nachtwachtergang mach' und übern Markt geh', seh' ich auf einmal einen furchtbar großen schwarzen Klumpen ober mir in der Luft! Ich hab' glaubt, es is der Teufel, und hab' mich gleich unter ein Obstlerstandl versteckt. Pumps!

Bürgermeister *fährt zusammen.* Erschreck Er mich doch nicht so!

Schneck Pumps, hat's tan, und wie ich hinschau, ist ein großer Vogel auf- und davong'flogen und auf'm Pflaster ist eine G'waltsfigur g'legen, die einen furchtbaren Seufzer getan hat.

Bürgermeister Nun, und was weiter?

Schneck Ich hab' mich vor Ängsten gar nimmer auskennt und bin davong'loffen. Nachher, wie mir nach und nach die Couragi wiederkommen ist, bin ich zu alle Ratsherrn 'rumg'rennt, na, das wissen S' ja, und zuletzt hab' ich Ihnen in meiner Todesangst aufgeweckt.

Bürgermeister Allerdings ein furchtbares Ereignis, das unser gutes Städtlein betroffen hat! Da muß alles aufg'weckt werd'n. Der Stadttrommler soll gleich herumtrommeln und Alarm schlagen, der Stadtturmer soll blasen, was er kann, und an den Glocken anschlagen; lauf Er auch gleich zum Spritzenmeister, daß die große Feuerspritzen ausruckt; man kann nicht wissen, was g'schieht. Ich will unterdessen meinen Amtsrock anzieh'n; dann hol Er mich wieder ab; denn unter solchen Umständen allein auszugeh'n, das könnt' gefährlich sein und wäre für den Bürgermeister auch nicht schicklich. So – jetzt lauf er, was er kann!

Schneck Ich lauf schon! Wenn mich nur das Ungeheur nit frißt. *Ab.*

Bürgermeister geht ins Haus, unterdessen ist es Tag geworden. Bald darauf beginnt das Geläute vom Turme, und der Turmwächter stößt ins Horn, der Stadttrommler marschiert über die Bühne und trommelt; der Lärm wird immer ärger.

Kasperl *läuft herein.* Schlipperdibix! Das ist a Metten, ich kenn' mich gar nit aus! Zuerst hat mich der indianische Stockfisch übers Meer getragen; an der europäischen Küste, i weiß nit, wie's dort heißt – bin ich ausg'stieg'n, eigentlich abg'stiegen. Kaum hab' ich ein bißl ausrasten wollen, denn mir war steinübel von der Seekrankheit, weil ich auf'm Meer nix als Austern g'fress'n hab' – so ist auf einmal ein ungeheurer Vogel herg'flogen, hat mich bei der Hosen packt und ist mit mir auf und davon, bis er mich vor einer halben Stund' mitten in das Stadtl aufs Pflaster niederg'setzt hat, daß alles kracht hat. Jetzt fragt sich's: Wo bin ich? Ich hab' mich vor lauter Überraschung nit umg'schaut und das Höllenspektakel macht mich ja ganz konfus. Ah, da kommt der Trommler wieder, den will ich fragen. *Trommler nähert sich.* Heda, sind S' a bißl stat auf ein Augenblick. Sag'n S' mir doch, was der Lärm bedeut't und wo ich bin?

Trommler Da müssen S' den Spritzenmeister fragen oder den Nachtwachter. Nach'n Reglement muß ich's Maul halten, wenn ich im Dienst bin. *Trommelt weiter, abgehend.*

Kasperl Schlipperment! Jetzt weiß ich soviel wie zuvor. *Nachtwächter kommt, um den Bürgermeister von seinem Hause abzuholen.* Heda! Guter Freund! Ich bitt' Ihnen, sagen S' mir doch – – –

Schneck Pst, Pst! Ich muß den Herrn Bürgermeister abholen und da darf i nix red'n, weil ich im Dienst bin.

Kasperl Brav! Das sind a mal verschwiegene Leut! Das heißt man das Amtsgeheimnis halten. *Bürgermeister kommt mit dem Nachtwächter aus seinem Hause.*

Bürgermeister Was ist da für ein verdächtiges Subjektum? Nachtwächter! gleich verarretieren! – Ei, was seh' ich, das ist ja der Musjeh Kasperl! Wie kommen denn Sie wieder her aus der Fremd'?

Kasperl Ah! Schnickel, Schneckerl! Das ist ja der Herr Burgermeister Zipflberger! Juhe, Juhe! Jetzt bin ich also wieder z'Haus und weiß net wie!

Bürgermeister Die Madame Gretl hat schon sehr nach Ihnen geschmachtet, weil Sie solang' ausblieben sind. Die wär' vor Sehnsucht beinah g'storben.

Kasperl Ei was? Da wär' ich lieber noch ein' halbe Stund' länger ausblieben!

Bürgermeister Ja, sag'n S': Wo war'n S' denn die ganze Zeit über?

Kasperl Auf der Wanderschaft weit hinten über's Meer. *Vornehmtuend.* Zuerst war ich Matrosenhauptmann auf einem zwölfpfünder Dreimasterdampfschiff, dann war ich Seegeschöpf und Meerungeheuer; hierauf Insulaner, Naturaliensammler und Bratl-Aspirant; sodann wieder Seefahrer und schließlich Luftfahrer, bis ich mich in meine liebe Vaterstadt per posteriorem wieder niedergelassen habe.

Bürgermeister Aber nein! Also sind Sie das Ungeheuer, welches heute nacht auf dem Marktplatze niederfiel?

Kasperl Dasjenige, welches nicht nur, sondern auch –

Schneck Die ganze Stadt in Alarm versetzt hat?

Bürgermeister *zu Schneck.* Das heißt, weil Er ein Hasenfuß ist! Es ist erschrecklich! Was werden die Leut' von uns denken?

Kasperl Vermutlich, was sie zuvor schon von dem hohen Magistrat gedacht haben: Nix rar's!

Bürgermeister Genug davon! Nachtwächter, jetzt geh Er und sag den Alarm wieder ab. Ich meinerseits will die Einwohnerschaft beruhigen. *Ab.*

Kasperl Und ich werde die Sehnsucht meiner Gretl beruhigen, aber zuvor will ich auf die vielen Strapazen 'nauf meinem Gevattersmann, dem Wirt »zum blauen Bock«, einen interessanten Besuch abstatten. Dieser ernste, bedeutungsvolle Gang ist mir vor allem von Wichtigkeit. Nachtwachter! und du gehst derweil zu meiner Gretl und bereitest sie auf die Rückkehr ihres getreuen Gatten vor. *Im Schauspielerton.* Sag ihr, ja sag ihr, wölchen unsöglichen Gefahren ich entgangen bin! Sag ihr, wie mein gattliches Hörz ihr aus dem »blauen Bock« entgegenschlägt! Sag ihr, ihr sag, sag ihr, ihr sag, wie ich zittere und ziböbe im Hinblick auf den Rückblick des Wiederblicks unseres zörtlichen Wüdersöhens und der Umschlingung der weitausgebreiteten Umspannung der liebenden Arme treuer verhältnismäßiger Gattenliebe und öhelicher Umstände. Oh, sag ihr –

Schneck Hör' auf, Kasperl, das kann ich mir ja nit alles merken. Weißt was? Ich geh' mit dir ins Wirtshäusl; da kannst mir's besser explizieren, nachher gehen wir miteinander zu deiner Gretl und die muß uns ein' Kaffee machen.

Kasperl Einen Kaffee machen, sehr Kaffee mit einigen Bretzeln und sonst noch was zum Eintunken. Juhe! Jetzt bin ich wieder z' Haus! Über's Meer mag ich nimmer, ich bleib' ein ruhiger Staatsbürger und nähre mich redlich.

Der Vorhang fällt.

Ende.

Abb. 12: Titelillustration zu Theodor Storms ›Pole Poppenspäler‹, Ende 19. Jahrhundert.

Arthur Schnitzler

ZUM GROSSEN WURSTEL

Burleske in einem Akt

Personen:

Der Direktor
Der Dichter
Der Wohlwollende
Der Bissige
Der Naive
Ein Bürger
Seine Frau
Zweiter Bürger
Seine beiden Töchter
Erster Skandalmacher
Zweiter Skandalmacher
Der Graf von Charolais
Der Meister
Ein Ringkämpfer
Ein Herr im Parkett
Ein Unbekannter im Blauen Mantel
Bürger, Soldaten, Kellner, Kinder etc.

Personen des Marionettentheaters:

Der Herzog von Lawin
Die Herzogin von Lawin
Der Held dieses Stückes
Der traurige Freund
Der heitere Freund
Liesl
Der düstere Kanzlist, ihr Vater
Ein Vetter Brackenburgs, ihr Bräutigam
Der Räsoneur
Ein stummer Herr
Ein zweiter stummer Herr
Ein totes Mädchen
Ein Diener
Der Tod

Im Wurstelprater. – Abend. – Den erhöhten Hintergrund der Bühne nimmt ein großes Marionettentheater ein, dessen Vorhang heruntergelassen ist, und das die Aufschrift trägt: »Zum großen Wurstel«. Seitlich links, schief gestellt, ein schmales, hohes Wursteltheater alter Konstruktion. Weiter vorn links, in die Kulisse hinein, ein Ringelspiel. Seitlich rechts, schief von rückwärts nach vorn, ein Staketgitter, dahinter ein Gasthausgarten, dessen Fortsetzung rechts in der Kulisse gedacht ist; rechts vorn hinter dem Gitter ein erhöhtes Podium. Vor dem großen Wursteltheater ein Klavier. Die Bühne wird großenteils von Tischen und Sesseln eingenommen; doch ist die Mitte freigelassen, so daß eine ziemlich breite Straße vom Marionettentheater bis zum Souffleurkasten führt. – Wenn der Vorhang aufgeht, großer Lärm. In der Ferne eine Militärmusik. Vor dem kleinen Wursteltheater, in dem eben eine Vorstellung stattfindet (zwei kleine Figuren raufen sich, beide werden vom Teufel geholt usw.), Kinder mit ihren Begleitern. Eine dicke Frau sammelt mit einer Blechtasse von den Zuschauern Münzen ein. Das Ringelspiel in Bewegung, mit Kindern und Erwachsenen. Auf dem Podium rechts endet eine Chansonettensängerin eben ihr Couplet. Applaus. – Die Tische großenteils besetzt; die Leute essen und trinken. – Der **Bürger** *und seine* **Frau,** *der* **Zweite Bürger** *mit seinen* **Zwei Töchterchen** *usw.,* **Soldaten, Bürger, Mädchen.** *Andere kommen eben; darunter der* **Bissige** *und der* **Wohlwollende.**

Der Wohlwollende Nun, wie wär's, wenn man sich hier niederließe?

Der Bissige Was gibt's denn da?

Der Wohlwollende O, eine neue Bude ... Ich kenn' sie wenigstens noch nicht.

Der Bissige Bude? – Kann sein ... Neu? Wird sich zeigen.

Der Naive *kommt mit Freunden.* Ah, schauts daher! Das ist ja was Neuchs? He, Kellner, ... Bier!

Kellner Bitte ... bitte sehr ...

Zwei halbwüchsige Burschen verteilen Theaterzettel an die Eintretenden. – Der Klavierspieler beginnt zu spielen; dann kommt der Direktor als Wiener Strizzi, stellt sich auf eine erhöhte Stufe vor dem Theater und spricht im Ausruferton (Wienerisch, zuweilen gezwungenes Hochdeutsch mit falschen Betonungen).

Direktor Meine Herren! Hier ist zu sehn das preisgekrönte allerneueste Figurentheater oder auch Marionettentheater genannt – ein Theater, welches fürderhin jeglichen Theaterbesuch endgültig überflüssig zu machen geneigt und anvertraut ist. Denn eine Betrachtung oder selbst Besichtigung des Theaterzettels beweist, daß hier für jegliches dramatisches Bedürfnis des geehrten Publikums in vollem Maße gesorgt und vertreten ist. – Auf diesem Theater tritt auf kein geringerer als der Herzog von Lawin, eine hochfürstliche und elegant gekleidete Persönlichkeit sowie seine rechtmäßige Gemahlin, ein hochmodernes Weib in Sensationstoilette, und noch nicht genug, haben wir vorrätig den Helden dieses Stückes, alsdann denjenigen, dem die ganze Handlung passieren tut, sowie dessen Freunderln, von denen der eine traurig, hingegen der andere kreuzfidel zu sein die Ehre hat. Damit nicht genug, tritt Fräulein Liesl auf, ein süßes Mödchen, um die sich mancherlei dröhen und begeben dürfte, und noch nicht genug, erscheint ihr leiblicher Vater, ein düsterer Kanzelist, ihr Bräutigam, auch Verlobter genannt, und eine Figur von überlegenem Verstand und schwarzem Vollbart, Räsoneur betitelt. Noch nicht genug, beteiligen sich an der heutigen Vorstellung zwei Herren, welche das Mäul zu halten haben und daher vom Dichter als stumm benannt werden. Damit nicht genug, haben wir vorrätig einen Ringkämpfer mit Orden und Riesenkraft, ein totes Mädchen, einen livrierten Bedienten, welcher die Türen aufzustößen hat, und das Neueste, was wir erst kriegt haben, einen Tod als Wurstel oder Wurstel als Tod, wodurch das Schauerliche dieses Dramas getilgt werden möchte und dürfte. Ferner zu bemerken: alle diese Herrschaften reden in Versionen, welche gereimt sind, wodurch das Banner der Poesie hochgehalten und keineswegs verleugnet wird. – – Herreinspaziert, meine Herren und Damen! Sofort beginnt eine neue Vorstellung, welche sofort beginnt.

Der Wohlwollende Das ist ein amüsanter Kerl.

Der Bissige Ich kenn' ihn . . früher war er Hutschenschleuderer . . . heutzutag wird schon jeder Theaterdirektor.

Der Wohlwollende Aber ich bitt' Sie – ein Puppentheater!

Der Klavierspieler *spielt weiter.*

Der Dichter *kommt mit dem Direktor nach vorn.* Ja, um Gottes willen! . . .

Direktor Was ist denn?

Der Dichter Die Leut' essen ja! . . . Das geht ja nicht! Das ist ja störend: da passen sie ja nicht auf!

Direktor Wenn sie hungrig wären, möchten sie erst recht nicht zuhören.

Der Dichter Aber das ist ja gegen unsere Verabredung. Ich hätt' wahrhaftig Lust, mein Stück zurückzuziehen!

Der Vorhang des großen Wursteltheaters hebt sich. Eine Waldlandschaft. Im Hintergrund sind alle Figuren aufgestellt; die Drähte, an denen sie gelenkt zu werden scheinen, sind sichtbar.

Der Naive Die sind oben ang'hängt! Ah, das is aber gut! *Zu den Freunden.* Schauts!

Held *tritt vor und singt mit Klavierbegleitung folgenden Vers.*

Ich spiel' in dem Stück mit
Und die Hauptroll' ist mein,
Man heißt mich einen Helden,
Ich muß ja keiner sein.

Er tritt in die Reihe zurück. – In gleicher Weise verhalten sich die folgenden Figuren.

Liesl I bin halt no ledig,
Und in Wien spielt die G'schicht',
So heißen s' mich süßes Mädel,
Ob i süaß bin oder nicht.

Herzog Ich wett' bei den Rennen
Und im Jockeyklub a,
Bin gebürtiger Herzog,
's waren solche schon da.

Herzogin Mir ist einer zu wenig,
Ganz besonders mein Mann,
So sagen s', i bin dämonisch,
Hab noch keinem was 'tan.

Zweiter Bürger *erhebt sich; zu seinen Töchtern.* Kommts, Madeln, das is nix für euch!
Erstes Mädel Aber Vatter, wir verstehn ja nicht, was das heißt.
Zweiter Bürger Alsdann, wann ihr nix verstehts, bleibn ma halt.
Die anderen Figuren *im Chor.* Wir spielen die Episoden,
Es tritt keiner hervor,
Drum unser Entreelied
Erweist sich als Chor.
Der Vorhang des großen Wursteltheaters fällt.
Der Naive Das war der erste Akt.
Der Wohlwollende *applaudiert.*
Der Bissige Sie haben's aber eilig.
Der Wohlwollende Mir g'fallt's halt.
Der Bissige Abwarten . . .
Der Naive Habts ihr die Schnür g'sehn?
Der Dichter *zum Direktor.* Die Stimmung ist ganz gut, nicht wahr?
Direktor *zuckt die Achseln.*
Der Vorhang hebt sich wieder.
Szene: Modern eingerichtetes Zimmer. Schreibtisch links. Ein Fenster auf die Straße, Tür rechts ins Vorzimmer, links ins Schlafzimmer. – Der Held dieses Stückes sitzt am Schreibtisch. Liesl hüpft herein, hält ihm die Hand vor die Augen.
Liesl Jetzt rat aber g'schwind, wer kann das sein?
Held Mein Schatz . . .!
Liesl Schatz, weiß ich nicht, aber dein.
Held Ja, laß es mich glauben.
Liesl Ich muß gleich fort.
Held Bleib, nur ein Kuß, nur ein liebes Wort!
Liesl No, was denn noch alls? Schau', was ich dir bring'. *Sie streut Blumen umher.*
Held Nun, du bist wirklich ein süßes Ding!
Liesl Und jetzt muß ich gehn.
Held So schnell?
Liesl Ja freilich. Ich muß ins Geschäft.
Held Nur einen Moment!

Liesl Ja, einen Moment . . . dann geht's wie neulich,
Und die Küsserei nimmt überhaupt kein End'!

Held Bist du mir drum bös'? *Lange Umarmung.*

Liesl Jetzt muß ich gehn.
Adieu! und am Sonntag auf Wiedersehn! *Ab.*

Der Bissige Alte G'schicht'! . . .

Der Wohlwollende Wieso denn?

Der Bissige Na, das süße Mädl – wachst mir schon zum Hals heraus!

Held *allein.* Auf Wiedersehn . . . Und schon ist sie fort
Und ahnt nicht, es war ihr Abschiedswort,
Und daß ich niemals mit ihr mehr, ach!
Nach Sievring fahr' und nach Weidling am Bach.

Der Wohlwollende Reizend! Es wird einem ganz heimlich!

Der Bissige Lokalkolorit!!! Da fallen Sie drauf hinein.

Der Naive *lacht.* Weidling am Bach! . . . *Zu seinen Freunden.* Könnts ihr euch erinnern? Da sind wir ja einmal draußen gewesen und haben Backhendl'n 'gessen.

Der Räsoneur tritt auf. Er ist schwarz gekleidet, hat einen schwarzen, langen Vollbart; gemessen und ernst. Er tritt nach vorn und verbeugt sich.

Der Bissige Was hat denn der für eine Maske? . . . Den müßt' ich kennen! . . . Das ist aber eine arge Geschmacklosigkeit!

Der Wohlwollende Wer soll's denn sein?

Der Bissige Ich weiß noch nicht . . . Aber ich komm' schon drauf! . . .

Der Räsoneur Ich bin der Räsoneur des Stücks,
Red' entweder geistreich oder nix.

Held *ungehalten.* Und da Sie zur Handlung nicht gehören,
Versuchen Sie wenigstens, nicht zu stören.

Der Räsoneur geht nach hinten, lehnt sich in die Fensternische, bleibt dort stehen.

Der Bissige Ah! Jetzt wird's satirisch!

Der Räsoneur tritt im Verlaufe der weiteren Handlung nur gelegentlich nach vorwärts, wenn er etwas zu reden hat. Im übrigen bleibt er von den Vorgängen vollkommen unberührt. Er kümmert sich um niemanden, und die andern kümmern sich nicht um ihn.

Held So viel will ich von mir verraten:
Zu Stimmungen neig' ich, nicht zu Taten,
Und sage statt weitern langen Berichts:
Ich bin der Held dieses Stücks, sonst nichts.
Und hab' ich dieses Amt erledigt,
So werd' ich, möglichst unbeschädigt,
In eine Schachtel grün gelackt
Mit größter Sorgfalt eingepackt.
Nicht neidenswert ist dieses Los,
Doch hab' ich einen Trost in meiner Truhe:
Bin ich auch eine Marionette bloß –
Neu ist die Schachtel doch, in der ich ruhe.

Räsoneur Jetzt aber frag' ich Sie aufs Gewissen,
Ob das nicht ich hätte sagen müssen.

Held Ich bitt' Sie, wollen Sie sich nicht setzen?
Zuweilen dürfen auch Helden schwätzen.

Der Diener *tritt auf.* Gnädiger Herr, soeben erscheint
Der ernste und der heitere Freund. *Ab.*

Ernster Freund, lang, sehr korrekt, dunkel gekleidet; Heiterer Freund, etwas korpulent, in bequemem Anzug, treten auf.

Heiterer *hüpfend.* O überaus lustige Existenz!
Mich freut der neuerwachte Lenz!

Ernster Mit düstrer Ahnung tret' ich ein –
Wozu mag ich geladen sein?

Räsoneur So sind bereits mit den Eintrittsworten
Die beiden glücklich charakterisiert:
Der Wurstel freut sich allerorten,
Der ernste Mann ist stets gerührt.

Der Bissige Das geht mir auf die Nerven!

Der Wohlwollende Das soll er ja . . . das ist ja eben der Witz!

Der Bissige Ein schlechter Witz!

Der Dichter *zum Direktor.* Mir kommt vor, die Leut' langweilen sich.

Direktor Ich hab' Ihnen g'sagt, Sie sollen die Figur hinausschmeißen. Noch heut vormittag hab' ich's Ihnen g'sagt.

Der Dichter Könnt' man vielleicht nicht noch jetzt –? . . .
Ich werd' g'schwind ein paar Verse streichen.

Direktor Aber schnell – schnell – eh's zu spät ist.
Der Dichter eilt nach hinten, erscheint hinten am Fenster und sagt dem Räsoneur etwas ins Ohr.

Held Ich hab' euch beide zu mir gebeten,
Als Zeugen sollt ihr mich vertreten.

Erster Wie? . . . ein Duell? . . .

Held Auf Tod und Leben.

Heiterer *einen Fuß in der Luft.* Heißa! Es kann nichts Fideleres geben!

Ernster Wann soll es stattfinden?

Held Ums Morgenrot.

Ernster Nun, wenn wir frühstücken, bist du längst tot.

Der Dichter *zum Direktor.* Is schon g'schehn!

Räsoneur *vortretend.* Es mag der Kaiser, mag der Bettler end'gen,
Des Lichtes freun sich weiter die Lebend'gen.

Der Dichter *greift sich an den Kopf.* Ich hab' ihm doch gesagt: er soll das Maul halten!

Held *zum Ernsten.* Du weißt es gewiß?

Ernster Ich sah dich heut nacht
Im Sarge liegen und umgebracht.

Held Ein Traum!

Ernster Die meinen erfüllen sich!

Held *zum Heiteren.* Und träumtest du auch so was Nettes? Sprich!

Heiterer Erzählt' ich, was ich heut nacht geträumt,
Dies Stück verböte man ungesäumt.

Räsoneur Hier wird ein Faun selbst durch Moral gebändigt,
Drum sind Billetts auch Jungfraun eingehändigt.

Held Ein unerklärliches Verhängnis
Bringt mich in tödliche Bedrängnis.

Ernster Erkläre dich!

Held Bin nicht frei von Schuld,
Hab' Mädchen verführt und Ehen gebrochen,
Doch durch des Schicksals besondere Huld
Ward ich nie erschossen und nie erstochen –
Und jetzt für eine, die nichts mir gewährt,
Für eine, die ich niemals begehrt,

Für eine, die ich noch nie gesehn,
Soll ich, ihr Freunde, von hinnen gehn.

Räsoneur Des Schicksals Rache geht verborgenen Pfad.
Und keiner kennt die Folgen seiner Tat.

Ernster Wer ist die rätselhafte Dame?

Held Herzogin von Lawin, so ist ihr Name.

Ernster und Heiterer geraten in die größte Aufregung, zucken hin und her.

Held Was ist euch?

Ernster Die Herzogin von Lawin?

Heiterer *beide Füße in der Luft.* Elendes Weib!

Ernster Was kümmert das ihn?

Heiterer Du kennst sie?

Ernster Und du –?

Heiterer Wie ist das gemeint?

Ernster Wir kennen sie beide –

Heiterer Gleich gut –?

Ernster Es scheint!

Die Drähte werden lockerer, der heitere und der ernste Freund scheinen ihren Halt zu verlieren.

Ernster und Heiterer Ich will . . . ich soll . . . ich kann . . .

Sie drohen zusammenzusinken und können nicht weiterreden.

Räsoneur Vorbei!
Wozu dies ganze Wehgeschrei?
Wenn ihr noch weiter Spektakel macht,
Legt man euch in die Schachtel und gute Nacht.

Ernster *mit langsam straffer werdenden Drähten.* Für diesmal haben wir kein Glück.

Heiterer *ebenso.* Getrost! es kommt ein anderes Stück!

Der Naive Habts ihr das verstanden? . . . In der nächsten Komödie spielen die die Hauptrollen.

Held Ich habe die Herzogin nie gesehn,
Doch will mir ihr Gatte ans Leben gehn.
Mich hält er, der ich's gewiß nicht bin,
Für den Geliebten der Herzogin.
Es schlug mir der Freche ins Gesicht,
Doch schwör' ich: die Herzogin kenn' ich nicht!

Ernster Er schwört . . .

Heiterer Ei was, ich schwüre auch!
'S ist unter Ehrenmännern Brauch.

Held Der Herzog wartet, es drängt die Zeit!
Pistolen – zehn Schritte – ich bin bereit!
Ernster und heiterer Freund ab.

Der Wohlwollende Es ist eine beißende Satire auf das Duell.

Der Bissige Mich beißt's vorläufig nicht.

Der Naive Ich bin neugierig, ob das Duell vorkommen wird.

Die Frau *zu ihrem Mann, dem ersten Bürger.* Wenn g'schossen wird, bleib' ich nicht da.

Erster Bürger Aber Schatzerl, reg' dich nicht auf ...

Der Dichter Diese Kunstpausen! ... *Zum Direktor.* Ich hab's Ihnen g'sagt, dieser Idiot ruiniert mir das Ganze!

Der Bissige Wenn jetzt wieder ein Monolog kommt, werd' ich unangenehm.

Der Wohlwollende Das wird Ihnen nicht schwer werden.

Der Bissige Was heißt denn das? ... Sind Sie der Bissige oder ich! ...

Held Daß meine beiden Sekundanten
sich als Rivalen jetzt erkannten –

Der Bissige *schlägt auf den Tisch.*

Held Bei dieser selben Herzogin,
Der ich ein gänzlich Fremder bin,
Und ich als Opfer fallen soll,
Das find' ich höchst geheimnisvoll.
Was aber fang' ich armer Mann
Mit meinen letzten Stunden an?

Räsoneur *tritt vor.* Den Frühling seh' ich lachen und winken,
Er will uns doch zu kurz bedünken –
Doch der, dem nur gehört ein Tag,
Weiß nicht, was er beginnen mag.

Direktor Ja, warum haben S' ihm denn das nicht g'strichen?

Der Dichter Das ist die schönste Stelle!

Direktor Merken Sie nicht, wie die Leut' unruhig werden? ... Jetzt stellen Sie sich nur vor, wenn die noch hungrig wären!

Der Dichter Bestien!

Der Naive Schauts, jetzt schreibt er ... Ah, das ist gut!

Held *hat sich an den Schreibtisch gesetzt und geschrieben.*
All meine Habe, Geliebte, sei dein,
Doch heute noch will ich dein Gatte sein.
Ad spectatores.
Denn ließ ich sie ohne dieses erben,
Sie müßte durch ihren Vater sterben,
Da dieser ein düsterer Kanzelist
Aus einer sehr alten Schachtel ist,
Auf jenseits von Gut und Böse pfeift
Und sozusagen nichts begreift.
Es klingelt.

Der Diener *tritt ein.* Es klingelt, ich öffnete die Tür,
Und dieses dämonische Weib steht vor mir. *Ab.*

Die Herzogin von Lawin *tritt ein; mit großartigen Bewegungen.* Ich bin die Herzogin von Lawin,
Der Sensationen Sucherin.
Der Herzog erschießt Sie morgen – bum!
Sie sollen wenigstens wissen, warum.
Sie sperrt die Tür ab.

Der Naive Jetzt sperrt s' gar ab! Gebts acht, Kinder, jetzt kann's gut werden!

Held Was tun Sie?

Herzogin Sie weilen nicht lang mehr auf Erden,
So lassen Sie schleunigst uns schuldig werden;
Ich liebe die Streiche, die wilden, die tollen,
O, machen Sie doch aus mir, was Sie wollen!

Zweiter Bürger Madeln, gehn wir, das is nix für euch!

Zweites Mädel Aber Vatter, wir verstehn ja nix!

Zweiter Bürger Alsdann, wann ihr nix verstehts . . .

Held Tief ist die Dunkelheit dieses Falles!
O Herzogin, wie kommt dies alles?

Herzogin Dich such' ich, seit ich suchen kann,
Nie liebt' ich einen andern Mann,
Zu Füßen lag mir das ganze Gelichter,
Reitknechte, Fürsten, Soldaten und Dichter,
Stets fand ich der andern Liebe nur,
Von meiner regte sich keine Spur.
Denn einen nur könnt' ich auf Erden lieben:
Dem ich die letzte wäre geblieben

Und der es weiß, daß an meiner Brust
Ihm brausend erblüht die letzte Lust.
Drum bist du der Schönste heut, der lebt,
Schön macht dich der Tod, der dich umschwebt,
Schön macht dich, daß du verloren bist
Und morgen alles zu Ende ist.
Was bist du so düster? Was bist du so still?
So mach' doch endlich aus mir, was ich will!
Sie wirft sich in seine Arme.

Held *nach einer kleinen Pause, sich von ihr entfernend.* Nur eines vergessen Sie, Herzogin:
Daß ich etwa nicht in der Stimmung bin.

Zweiter Bürger Madeln, gehn wir . . .

Mädeln Aber Vatter, wir verstehn ja nix!

Zweiter Bürger Aber ich schenier' mich für euch! . . . Gehn wir . . .

Herzogin *sieht den Helden zuerst groß an, dann lacht sie auf, wild und hysterisch; plötzlich horcht sie.* Der Herzog! Wohin, daß er mich nicht erblickt? *Sie flüchtet sich ins Schlafzimmer.*

Held In was für Schicksal bin ich verstrickt!

Dichter *zum Direktor.* Jetzt geht's gut! Die Szene hat gewirkt!

Direktor Zu spät! Alles Frühere hätt' heraus müssen!

Der Dichter Da hätt' man ja absolut nichts verstanden!

Direktor Aber unterhalten hätten sich die Leut'!

Der Diener *tritt ein.* Der Herzog von Lawin tritt ein,
Doch ist er keineswegs allein.
Er öffnet die Tür und läßt den Herzog und seine Begleiter eintreten. Dann verschwindet er wieder.

Die Mädeln Ah! . . .
Der Herzog, mit einer fabelhaften Eleganz gekleidet, und Zwei sehr korrekte Herren treten ein. Verbeugungen.

Herzog Sehr sonderbar ist dieser Schritt,
Drum bring ich mir zwei Herren mit.
Alle nehmen Platz.

Herzog Bin Herzog von Lawin genannt,
Bin glühend, stark und intressant.
In mir rinnt alter Helden Saft,
Ich übersprudle von Lebenskraft.

Er wendet sich zu den stummen Herren, die zustimmend nicken.
Und was ich sage, kann ich beweisen –
Ich zerbreche eine Stange von Eisen!
Der eine Herr nimmt eine Eisenstange aus seiner Brusttasche, reicht sie dem Herzog, der sie entzweibricht und die Stücke auf den Boden wirft.
Und käme der stärkste aller Ringer,
Ich werf' ihn nieder, bin sein Bezwinger!
Durch das Publikum auf der Bühne bahnt sich der Ringkämpfer den Weg; er ist nach Athletenart gekleidet, mit Pantherfell, zahlreichen Medaillen. Er geht auf die Marionetten-Bühne hinauf. Bewegung im Zuschauerraum.

Der Bissige Da hört sich schon alles auf!

Der Naive Der g'fallt mir! Bravo, bravissimo! Jetzt werden s' raufen! *Applaus.*

Der Dichter Das ist halt ihr G'schmack! Bestien!
Herzog ringt mit dem Ringkämpfer und wirft ihn nach kurzem Kampfe von der Bühne unter das Publikum hinab. Der Klavierspieler fällt vom Sessel. Gelächter.

Der Dichter Ja, um Gottes willen, was ist denn das!

Direktor Sein S' froh! Das kann Ihre ganze Komödie retten.
Der Ringkämpfer erhebt sich, wirft dem Publikum Kußhändchen zu, geht ab.

Herzog Und wenn ich lache, fallen sofort
Die Bilder herunter von jedem Ort.
Er lacht in zwei kurzen Stößen; die Bilder fallen von den Wänden.
Aus jeder Karte schieß' ich das Aß!
Der erste stumme Herr geht in die andere Zimmerecke, hält eine Karte in die Luft, der zweite stumme Herr reicht dem Herzog eine Pistole. Der Herzog schießt und trifft das Aß. Der eine stumme Herr zeigt die Karte dem Helden.
Wo ich hintrete, da wächst kein Gras . . .
Er tritt vor sich hin; die beiden stummen Herren treten in seine Nähe und bestätigen, daß tatsächlich kein Gras dort wächst.
Und niemals vergeht ein Tag, daß sich
Nicht irgendein Weiblein tötet für mich.

Ein Schuß fällt. Ein Herr tritt zum Fenster, winkt hinunter; man reicht ihm ein totes Mädchen zum Fenster herein. Er legt sie auf den Divan; sie trägt einen Zettel in der Hand; der Herr reicht dem Herzog den Zettel; der Herzog reicht ihn, ohne ihn zu lesen, dem Helden.

Held *liest.* Ich liebte den Herzog von Lawin,
Er liebte mich nicht – ich sterbe für ihn!
Auf einen Wink des Herzogs werfen die Herren die Leiche zum Fenster hinaus.

Herzog Doch wie ich stark und glühend bin,
So edel und gerecht von Sinn,
Und tat ich Unrecht einem Mann,
Erkenn' ich's ohne Zögern an.
In diesem Falle bin ich heut
Und tu', was mir mein Herz gebeut.
Daher ich zum Versöhnungszwecke
Hier meine Hand entgegenstrecke.

Liesl *tritt ein.*

Der Naive Das ist die, die gleich im Anfang vorgekommen ist.

Der Bissige Wie kommt denn die jetzt herein!?

Liesl Der Herzog!

Held Liesl, hört' ich recht?
Du kennst den Herzog!

Liesl Mir wird schlecht!
sie sinkt nieder.

Herzog *will gehen.*

Held Nicht einen Schritt aus dieser Tür!
Herzog! Sie kennen diese hier?

Herzog Zur Antwort bin ich nicht verpflichtet.

Held Sprich, Liesl, du! – Sie liegt vernichtet!
Ha! ahn' ich den Zusammenhang –
Für meine Liebe das der Dank!

Herzog Da Sie Ihr Schicksal nun verstehn,
Sei mir gestattet abzugehn.

Held Verzeihung, Herzog, nicht so schnell!
Jetzt fordre ich Sie zum Duell!

Herzog Es schlägt sich für seine Herzogin,
Doch nicht für ein Mädel der von Lawin!
Ab mit den zwei stummen Herren.

Held Hier liegt sie, wie vom Traum umnachtet,
In einer Ohnmacht hingeschmachtet,
Sieht aus, als könnt' sie bis fünf nicht zählen,
Und weiß doch so gut zu verraten, zu quälen!
Was tu' ich nur?
Es klopft innen von der Schlafzimmertür.
Die Herzogin!
Ha! ich vergaß – sie ist noch drin!
Nun fügt sich alles wunderfein,
Es wird ein seltnes Abenteuer, –
Nein, Liesl, ich bin auch nicht treuer,
Und nachher darf ich dir verzeihn.
Er geht zur Schlafzimmertür; die Herzogin kommt heraus.

Held Nun wollen wir kosen, küssen, tollen,
Jetzt machen Sie aus mir, was Sie wollen!

Herzogin Ich bitte, den Weg mir freizugeben!

Held O, Herzogin, Sie liebten mich eben!

Herzogin Wer sind Sie?

Held Ich bin des Stückes Held!

Herzogin Ich liebe nur einen, der morgen fällt! *Ab.*

Der Naive Warum denn? . . . warum geht sie denn fort? . . . Jetzt könnt' sie ja auf ihre Kosten kommen!

Der Dichter Das scheinen die Leute nicht zu begreifen!

Direktor Ich hab's Ihnen ja g'sagt. Es geht schief.

Der Dichter Und jetzt kommt noch der gefährliche Monolog!

Direktor Ihr ganzes Stück ist gefährlich. Mit dem Ringkämpfer hätt's schließen müssen.

Der Dichter Wie können Sie das sagen! Der Ringkämpfer ist uns doch im letzten Moment eingefallen; der gehört doch gar nicht dazu.

Direktor An Ihrem Stück ist überhaupt nur das gut, was nicht dazu g'hört!

Held Fort ist sie! War's nicht wie ein Traum?
Blieb' nicht ihr Duft, so glaubt' ich's kaum.
Und Liesl schlummert hier in Ruh'.
Ich frage nun: was sagt man da dazu?
Indem ich nämlich alles versteh',
Fühl' ich nicht Groll, nur leises Weh.

Liesl *schlägt die Augen auf.* Wo bin ich?
Held Bei mir.
Liesl Und der Herzog?
Held Ist fort.
Liesl Und ich tat dir weh –
Held Das ist das Wort.
Jetzt aber sag' mir: wie konntest du nur –?
Liesl Es war halt so schön! – Es ist meine Natur.
Der Naive Haha! es ist ihre Natur! Das ist eine!
Held O, rührendes Kind, wenn das Herz auch bricht,
Man kann dir nicht zürnen: du faßt es ja nicht!
Und daß du dem Herzog gehörtest, auch das
Nähm' ich gern als Symbol, – aber sag' mir, für was?
Liesl Du redst so gescheit, du bist ja so gut!
Sie sinkt ihm an die Brust.
Der Naive Hat ihm schon! Er heirat' sie doch noch!
Der Bissige Es ist einfach irrsinnig!
Der Wohlwollende Ich weiß nicht . . . ich weiß nicht . . . es steckt was drin . . .
Held Ha! – Liesl, hast du zu sterben Mut?
Liesl Warum denn?
Held Auf diese Weise allein
Kannst du mir wieder zu eigen sein,
Um also an des Geliebten Seiten
Entsühnt in den Weltenraum zu gleiten.
Liesl Nein, lieber nicht.
Held Wie süß! Wie dumm!
Liesl Nein! fällt mir nicht ein – ich bring' mich nicht um!
Held So weiche von hinnen – mich ekelt sehr!
Liesl Wie? ist es möglich – du magst mich nicht mehr?
Der Düstere Kanzelist tritt auf.
Liesl Mein Vater!
Kanzelist Ha! find' ich dich, trauriger Held!
Wir haben nichts, und ihr habt das Geld!
Wir schuften für euch, und ihr beutet uns aus,
Verführt unsre Töchter – wir warten zu Haus!
Held Du alter Mann – wie klingen deine Worte
So schal und sinnlos an des Jenseits Pforte.
Kanzelist An diesen Taugenichts sich fortzuschmeißen!

Held Es braucht nicht Schimpf, von hier sie fortzureißen.
Liesls Bräutigam tritt ein.
Held Schon wieder wer!
Liesl Mein Bräutigam!
Held Alle Wetter!
Wer sind Sie denn?
Bräutigam Von Brackenburg, ein Vetter.
Liesl O Jugendfreund, geduldiger, bist du es?
Verzeih und heirat' mich!
Bräutigam Gewiß, ich tu' es,
Seit Jahren steh' ich nur dazu bereit.
Hast du der Liebe Laufbahn nun beendet?
Liesl O lieber Franz, ich glaub', jetzt ist es Zeit!
Zu Vater und Bräutigam.
Zu euch gehör' ich, war bisher verblendet.
Alle drei ab.
Räsoneur Zum Alltag wieder, zum Geschäft, ins Amt,
Ein jeder kehrt zurück, woher er stammt.
Held Mich dünkt, ich büßte vieles ein –
Betrogen bin ich allseits und allein.
Nicht lebenswürdig scheint mir dieses Leben,
Zur ew'gen Ruhe will ich mich begeben.
Der Tod in schauerlicher Maske, dunkelverhüllt, tritt auf. Die Bürgersfrau fällt in Ohnmacht.
Erster Bürger So beruhig' dich doch!
Unruhe. Er führt seine Frau ab.
Der Dichter *zum Direktor.* Das hat grad noch gefehlt!
Held Wer bist du?
Tod Sieh mir ins Angesicht!
Held Hinweg! Mir graut!
Erster Skandalmacher *der bisher ruhig dagesessen.* Mir auch!
Einige lachen.
Andere *rufen.* Pst!
Tod Riefst du mich nicht?
Zweiter Skandalmacher Wer hat ihn denn gerufen?
Einige Pst!
Andere Recht hat er!
Der Dichter Verdammt!

Tod Ich bin der Tod –
Held Was willst du hier?
Erster Skandalmacher Haha!
Zweiter Skandalmacher pfeift.
Der Naive Kinder, jetzt wird's lustig.
Der Wohlwollende Die Leute haben doch keine Ahnung.
Der Bissige Wer hat keine Ahnung? . . . Recht haben sie . . . Man muß sich nicht alles bieten lassen! Wenn ich nicht so gebildet wäre, möcht' ich auch pfeifen!
Einige Ruhe!. . . Ruhe! Weiterspielen!
Direktor *auf den Stufen.* Ich bitte um Ruhe, meine Herrschaften!
Einige Bravo! Bravo!
Tod Ich bin der Tod –
Zweiter Skandalmacher Das hat er ja schon g'sagt! *Gelächter.*
Der Dichter Jetzt lachen sie gar!
Direktor Jetzt stellen Sie sich vor, man hätt' den Leuten nichts zu essen gegeben . . . da hätt' man Sie schon längst erschlagen.
Held Was willst du hier?. . .
Wie ich schon einmal die Ehre hatte, Sie zu fragen. *Gelächter.*
Der Dichter Was ist das!. . . Dieser Haderlump! Jetzt macht er sich über mich lustig.
Viele Pst! Pst!
Tod *überschreit alle.* Der dort ist unsterblich – ich komm' zu dir!
Es wird still.
Laß meine Tracht dich nicht erstaunen,
Mein Garderobier hat seltsame Launen.
Seitdem die Lebend'gen nicht mannigfaltig,
Erscheint der Tod höchst vielgestaltig.
Einige gehen. – Die Unruhe wird ärger. – Der Bissige pfeift.
Der Wohlwollende Und Sie wollen ein gebildeter Mensch sein?!
Der Bissige Was geht das Sie an?. . .
Einige Ruhe!. . . Ruhe!
Der Dichter Jetzt gehn die Leut' gar fort!

Direktor Die, die fortgehen, können wenigstens nicht pfeifen.

Der Wohlwollende *zum Bissigen.* Warum gehn Sie denn nicht, wenn's Ihnen nicht gefällt?

Der Bissige Halten Sie Ihr Maul!

Sie stehen auf.

Einige Hinaus! Ruhe!

Der Wohlwollende und der Bissige setzen sich wieder.

Direktor Ich hab's Ihnen g'sagt: Wenn der Schluß ernst wird, hilft's Ihnen nicht mehr, daß der Anfang ein Blödsinn war.

Der Dichter So schaffen Sie doch Ordnung... Was soll denn das heißen?... So eine Schmiere!

Direktor Jetzt werden Sie gar noch frech?

Marionetten schauen hinter den Kulissen hervor.

Der Naive Ah, schauts da her!

Der Dichter Ihre Puppen haben keine Disziplin, schaffen Sie Ordnung! Oder ich zünd' Ihnen Ihre Bude persönlich an!

Direktor Meine Herren!

Einige Ruhe! Hört!

Direktor *auf den Stufen.* Meine Herren! Alsdann, wenn sich das Wesen der Aufklärung im Hintergrund des Säkulums abspiegelt und die Kunst ihre Früchte trägt, bitte ich ergebenst ins Auge zu fassen, daß die Bühne das Abbild des Erdentreibens, auch Spiegel der Welt genannt, das Traurige nicht minder als das Lustige in ihr Bereich zu ziehen vorgibt, wohin auch unser Dichter, poeta vates, hinauszusegeln die Belustigung hat.

Viele Bravo! Bravo!

Andere Weiterspielen!

Tod *schreiend.* Lacht sich heut im eignen Haus
Publikum und Dichter aus,
Mag sich zum Beschluß im Reigen
Ehrlich auch der Tod erzeigen.

Er steht mit einem Male als Wurstel da.

Der Graf von Charolais und der Meister treten auf.

Meister So, lieber Graf, da wär' grad noch ein Platz für uns zwei.

Graf Bitte – nach Ihnen.

Meister Bitte sehr, ich weiß, was sich gehört. Sie kommen aus einem fünfaktigen Trauerspiel – ich nur aus einer dreiaktigen Komödie – also nach Ihnen.

Setzen sich.

Dichter Ja – um Gottes willen, was ist denn das! *Zum Direktor.* Schaun S' doch her.

Direktor Was sind denn das für Leut'?

Graf Zwei große Herrn! Wer sie erkennt, der grüßt!

Dichter Sie sollen doch wenigsten dafür sorgen, daß sich keine Figuren aus anderen Stücken in Ihr Wirtshaus setzen, während meines aufgeführt wird.

Ein Herr, der im wirklichen Parkett hinten sitzt, steht auf und ruft laut: Das ist ein Schwindel! – Die Leute auf der Bühne sehen alle hin, die Marionetten werden unruhig und schauen zum Teil über den Rand des Theaters hinaus.

Der Herr im Parkett Ein Schwindel! Darauf fall' ich nicht hinein!... Das ist eines ernsten Theaters unwürdig!...

Der Direktor *vor dem Souffleurkasten.* Mein Herr!

Der Dichter *auch ganz vorn, ringt die Hände.*

Der Herr *weiter nach vorn gehend.* Ich lasse mich nicht um den Schluß betrügen!... *Zum Parkett.* Es ist ja evident, dem Dichter ist kein Schluß eingefallen – der Skandal ist arrangiert!

Der Dichter Ich verbitte mir das!

Der Herr Wer redt denn zu Ihnen!...

Der Dichter Ich bin der Dichter!

Der Herr Ach was!... Sie!... Sie kommen ja auch nur vor!

Der Dichter Oho!

Der Herr Natürlich! Sie wissen schon, wen ich meine!

Direktor Und Sie?... He!... Sie!... Wollen Sie mir einreden, daß Sie ein wirklicher Theaterbesucher sind?

Der Herr Ich bitte!

Direktor Sie gehören da derauf... Vorwärts! rasch! *Er hilft dem Herrn auf die Bühne hinauf.*

Der Bissige Das ist ja der reine Zirkus! *Er geht ins Parkett hinunter.*

Der Wohlwollende Ich weiß nicht – es steckt was drin!

Held Narrenkappe, Pritsche in der Hand. . .
Weh! ist dies dein recht Gewand!
Gepfeife, Getrampel.

Der Graf Wie wird mir –? Hab' ich mich zerstreuterweise
In ein gefehltes Säkulum verirrt?
Doch nein –! Nicht ich! Es trieb mich hier herein –
Nun treibt's mich fort – wo werd' ich morgen sein? *Ab.*
Die Marionetten treten alle nach vorn.

Marionetten Nicht uns Arme laßt entgelten,
Schenkt uns weiter eure Huld –
Nur den Dichter dürft ihr schelten,
Nur der Dichter hier ist schuld!

Der Naive Gehört das dazu?

Der Dichter *auf den Stufen.* Das Spiel ist aus! Was für ein toller Spuk!
Wer schützt mich vor den eignen Scheingestalten?
Hinweg mit euch! es ist genug!
Wagt nicht, selbständig hier im Raum zu walten!
Und wenn ich so viel Seel' euch eingeblasen,
Daß ihr nun euer eignes Dasein führt,
Ist dies höchst frech und unvernünft'ge Rasen
Der Dank, der meiner Schöpferkraft gebührt?
Meister zupft ihn am Ohr. Wurstel! *Ab.*

Die Marionetten Ei, nun tun wir, was wir wollen!
Reden, singen, tanzen, tollen!
Publikum ist uns egal –
Alles geht nach unsrer Wahl!
Ist der Dichter ganz von Sinnen,
Laßt uns unser Spiel beginnen!
In diesem Augenblick tritt ein Mann auf, in einen blauen Mantel gehüllt, langes blasses Antlitz, schwarze Lockenhaare. Er trägt ein langes bloßes Schwert in der Hand. Er schreitet bis zu den Stufen hin und trennt mit einem Hieb alle Drähte. Die Marionetten stürzen zusammen und liegen auf dem Boden. Ringsum Staunen.

Der Dichter Wer bist du? Eh' du mir entschwindest, sprich!
Mein Rächer bist du – doch wie nenn' ich dich?

Der Unbekannte Du fragst zu viel. Was ich bedeuten mag –
Ich weiß es nicht. Seit manchem Erdentag

Bin ich verdammt, ein Rätsel mir und andern,
Die Welt nach allen Winden zu durchwandern.
Dies Schwert hier aber macht es offenbar,
Wer eine Puppe, wer ein Mensch nur war.
Auch unsichtbaren Draht trennt diese Schneide
Zu manches stolzen Puppenspielers Leide!
Er fährt mit dem Schwert über die ganze Bühne; alle Lichter verlöschen, und alle Menschen außer ihm selbst sinken zusammen.
Auch ihr?. . .
Da der Dichter sinkt.
Auch du?. . . Mir graut vor meiner Macht!
Ist's Wahrheit, die ich bringe, oder Nacht?
Folg' ich der Himmlischen. . . der Hölle Ruf?
Ist es Gesetz – ist's Willkühr, die mich schuf?
Bin ich ein Gott?. . . ein Narr?. . . bin euresgleichen?
Bin ich ich selber – oder nur ein Zeichen?
Er tritt ganz nach vorn.
Ja, wenn mein Schwert in loserm Arme hinge,
Weiß ich, wie's manchen, die ein Leid und Lüsten
Höchst fragevoller Wirklichkeit sich brüsten, –
Zum Parkett gewendet.
Wie's zum Exempel euch da unten ginge?
Er geht mit einem stolzen Blicke ab.
Sobald er fort ist, wird es licht, die Menschen erheben sich wieder; auch die Marionetten. Militärmusik ertönt wieder, der Dichter rennt aufgeregt auf und ab, der Direktor tritt wieder auf die Stufen und beginnt
Meine Herren, hier ist zu sehen. . . usw.
Unter ungeheurem Lärm fällt der Vorhang.

Hans Arp

kaspar
ist
tot

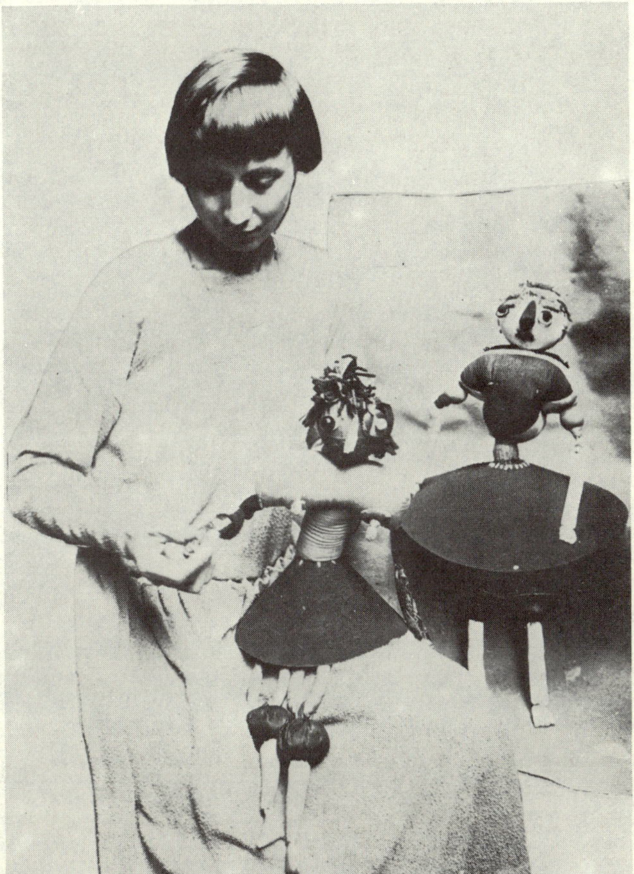

Abb. 13: Hannah Höch mit Dada-Puppen.

*

weh unser guter kaspar ist tot.
wer verbirgt nun die brennende fahne im wolkenzopf und schlägt täglich ein schwarzes schnippchen.
wer dreht nun die kaffeemühle im urfaß.
wer lockt nun das idyllische reh aus der versteinerten tüte.
wer schneuzt nun die schiffe parapluis windeuter bienenväter ozonspindeln und entgrätet die pyramiden.
weh weh weh unser guter kaspar ist tot. heiliger bimbam kaspar ist tot.
die heufische klappern herzzerreißend vor leid in den glokkenscheunen wenn man seinen vornamen ausspricht. darum seufze ich weiter seinen familiennamen kaspar kaspar kaspar.
warum hast du uns verlassen. in welche gestalt ist nun deine schöne große seele gewandert. bist du ein stern geworden oder eine kette aus wasser an einem heißen wirbelwind oder ein euter aus schwarzem licht oder ein durchsichtiger ziegel an der stöhnenden trommel des felsigen wesens.
jetzt vertrocknen unsere scheitel und sohlen und die feen liegen halbverkohlt auf dem scheiterhaufen.
jetzt donnert hinter der sonne die schwarze kegelbahn und keiner zieht mehr die kompasse und die räder der schiebkarren auf.
wer ißt nun mit der phosphoreszierenden ratte am einsamen barfüßigen tisch.
wer verjagt nun den sirokkoteufel wenn er die pferde verführen will.
wer erklärt uns nun die monogramme in den sternen.
seine büste wird die kamine aller wahrhaft edlen menschen zieren doch ist das kein trost und schnupftabak für einen totenkopf.

Jakob Haringer

DER BERÜHMTE KASPERL

Abb. 14: R. Teschner, Marionettendrama, Öl auf Leinwand, 1904.

Der berühmte Kasperl.

Der berühmte Kasperl machte, als er sich der Hauptstadt näherte, große Toilette.
Dann befahl er Nikodemus: nachdem er geneigt sei, sich gebührlich für die Residenzerei in Stand, Um- und Anstand zu setzen, soll er vorauslaufen und ihm auf den Schulen für drei Pfennig Bildung und, wo's zu haben ist, vielleicht um einen halben Pfennig Literatur und Kunst, aber hauptsächlich auf der Universität um eine Mark Backsteinkäs und um eine Mark Schwartenmagen kaufen.
Er wolle in der Schenke »zum Wildschwein« warten und inzwischen Wasser trinken.
»Halt«, fiel ihm ein, als Nikodemus fort war, »ich hätte ihm noch um einen Taler Ruhm anschaffen sollen, damit er die räsitänzliche Marktschnellpresse und die Domherrn gut einschmiert und sie wie Nachtigallen mein Lob singen.«
Und da es damals Mode war, philosophierte er: Es ist doch spaßig, hintennach wissen wir immer, was wir hätten reden und tun sollen – wenn's zu spät ist.
Und mit den philosophischen Gedanken geht's wie mit den Läusen, solang du eine hast, hast du dann immer auch zwei und mehrere. –
Aber Kasperl, ich, Xaver Dampfkessel, dessen bester Freund ein Popolizist, muß dich innigst bitten, hier nicht von L... zu reden, ich kann nur nette Leute brauchen, ich schreibe für ein honettes gebildetes Bublikumm, und das will was haben für sein Geld.
Und dann zieht mir höchstens mein Hofverlegerfriseur eine Ordnungsstrafe ab, und ich kann dann meiner Anny keinen Luftballon kaufen.
Um Himmels willen, rennt nicht zu der Gräfin Irene und sagt's der Anny dort, es soll ja eine Überraschung werden.
Teufel! jetzt hab ich mich verhaut, ich hab vor lauter Schreiben ganz vergessen, daß mich mein Freund, der Balthasar, schon sterben ließ: na, wer nichts wagt, gewinnt nichts. Frisch gewagt, ist halb zerronnen. Man muß das Eisen schmieden, solang es kalt ist, – wollt ihr noch mehr?
Überhaupt bin ich Laufbursche in der Irrenanstalt vom

göttlichen Herrn Professor Meier. Das ist eigentlich gerade soviel, wenn nicht noch mehr als gestorben. Na wir werden ja sehn. –

Also, der berühmte Kasperl, man kannte ihn sogar in der Schänke »zum Wildschwein«, ließ sich eben die siebente Maß Wasser bringen und schrieb dabei an seinem großen vüllosoßischem Standartwerk: Der Aufabüberoberunterkellnergang des Morgenvormittagnachmittagabendlandes.

Er schrieb da allerhand um einen Kreuzer über das Vergangene, das, was jetzt ist [DAS ist sehr viel! Xaver Dampfkessel], und die künftige Zeit, die zog er einfach an den Ohren herbei.

Das schönste dabei waren die Aphorismen.

Nachdem ich mit dem Autor gut befreundet, habe ich ihm einige gestohlen und, auf daß der Setzer etwas mehr Arbeit hat, zu spät in die Kirche kommt und mehr Stundenlohn bekommt, soll er's von mir aus, und euch ist's doch auch recht? das heißt, euch muß's einfach recht sein, nur setzen.

Also: Befehlen kann ICH, gehorchen ist schwer... ICH, ja! aber die Mitwelt ist ja immer geistlos und . . . ich habe, nachdem ich nicht gelebt hab, nur mehr eins zu besorgen: Bratwürstl essen und zu sterben, dann sind meine irdischen Kommissionen erledigt, und ich kann mit Palmwedeln ins Himmelreich einziehn . . . als ich sah, daß es nicht gehn wollte, GING ich endlich selbst . . . Viele erringen MEIN Wohlgefallen nur durch ihr Mißfallen . . . ICH sorge für MEIN Vergnügen, die andern und Dummen ums tägliche Brot . . . das grausamste, giftigste Tier ist der Spießer. Er tötet alle Menschen, die keine Tiere sind. Seine ganze Nation ist mit HURRA und Blödheit verseucht . . . man glaubt mir gar nicht, welch unsäglicher Trost in dem elenden simplizianischen Wörtlein: tja, es ist nun halt mal so im Leben, . . . Philosophen wie ICH, Kinder und Irrsinnige wundern sich über gar nichts . . . ich verzichte gern auf die zweite Qualität, bekomme ich die beste nicht . . . ach, nur gar zu oft hat mein Herz in einem Maul voll Phrasen Platz . . . An dem großen Kasimir Pressack finde ICH nur das eine zu tadeln, daß er noch nicht gestorben, und so ist ihm noch reichlich

Gelegenheit geboten, sich glänzend zu blamieren . . . Gestern habe ich bei einem Hausierer die zehn Gebote gepachtet. –
Und dieser selbe seltene, geistvolle, kluge (ich habe diese Dreieinigkeit von einem großen, modernen Kritiker abgeschrieben, der wenn's wüßte!!) Kopf, dieser Kasperl Larifari also, der so prächtige zündende, kernige, mannhafte, formvollendete Sätze findet, der die Sprache wie ein Instrument beherrscht (do. abgeschrieben) verirrt sich, wagt sich, erkühnt sich (do. zusammengekerrt) in einem Kapitel zu der (dies Wort habe ich nun zur Abwechslung vom Doktor gestohlen) blödsinnigen Äußerung:
Ich weiß nicht mehr, was ich mit mir anfangen soll, das kommt davon, wenn man soviel mit sich anfängt.
Seht, lobt doch euren Xaver ein wenig: hab ich nicht brav erst den dummen Kasperl in seinen blödsinnigen Memoiren bestohlen und nun, hab ich nicht brav kritisiert?
So muß man's machen! Ich hoffe, mich lesen recht viele Gimpelnasiasten, Staatskommissarsgreise und andre Säuglinge; man kann wirklich recht viel lernen in meinen Universalschriften (erst mein Neues Kochbuch sollten Sie lesen, da hab ich jedes Wort gestohlen, kaufen Sie sich's, Sie ersparen sich drei ganze Lexikon.)
Ich hoffe auch noch, daß sich bald das Kulitituministrantenterium an mich wendet und mich beauftragt und natürlich bezahlt, ein Lesebuch für Taube zu schreiben.
An mir soll's nicht fehlen, was tut man nicht alles, wenn man liebt. –
Während ich dies meiner Privatsekretärin diktiere, hatte man inzwischen dem Aktionär Lotschensepperl vor jedem Haus des Königreichs riesige prächtige Denkmäler mit Löwen, Kreuzen, Halbmonden, Kochlöffeln, Sonnen und Eichenlaub errichtet.
Der oberste Oberreichsdichteroberkellner konnte gar nicht genug Inschriften ersinnen; lauter schöne, eine immer schöner fabriziert als die andere. Einem andern wären sie längst ausgegangen, aber da sieht man so recht wieder, was ein Talent, ein Genie ist. Es geht halt nichts über Viehzucht- und Ackerbauhochschulbildung. Also:

Dem unvergeßlichen Helden des Vaterlandes! Das Großvaterland verdankt ihm alles! Auf dem Kartoffelfelde der Ehre gefallen! Ruhe noch sanfter als sanft!
Seine Freunde, der Fliegenleim, der Hinterfotzingerlali, der Hoppeigichttoni, der Trottelhold, der Affenschmalz, der Flohlöwe, der Veilchendarm, der vom Ähäh, der von der Bar, der Hyronimus vom Löschblatt, der gräferne Käskuchen von Kuhwede (merkt ihr's, das tu ich ihnen zum Trotz an, die werden sich rasend ärgern, daß ich sie bloß »der« tituliere) zwackten natürlich das Geld zu den Pyramiden dem braven Volke ab, aber man muß sagen, daß es viele gern gaben, denn sie waren sehr erfreut, daß Lotschensepperl von ihnen erlöst und ins Himmelreich zu seinen Ahnen eingegangen.
Ja, stellt euch nur mal den kolossalen, monumentalen, horizontalen, famosen Eindruck von diesen imposanten Denkmälern vor. Es war wirklich ein erhabener, erhebender Anblick, besonders für Unsre liebe Jugend.
Die war ja freilich nun an Pyramiden gewöhnt. Denn jede Familie im Königreich hatte bedeutende, berühmte Männer, und auf jedem Hausdach standen die enormen Reiterstandbildnisse. Es ist ja wurscht, was sie waren, ob Metzger, Schuhriemenverkäufer, Dichter oder Lokomotivführer. »Die Hauptsache ist, daß eine Mannschaft etwas leistet, es ist streichwurstig was!« sagt der große Staatsmann – wißt ihr vielleicht, wie er geheißen hat?
Und könnt ihr euch etwas Schöneres denken als diese Millionen alten und neuen Kehrichttonnen [nur zu, Xaver, die merken's ja doch nicht] stündlich frisch mit Fahnen, Blumen und Lorbeerblättern begossen.
Es gab viele Mittel, um zu einem Denkmal zu kommen – (entschuldigt, daß sie noch nicht aufhören, ich weiß, ihr seid alle schon auf Salomon und die Lore erpicht, aber ich kann euch nicht helfen: Denkmäler sind eins von meinen Spezialfächern und empfehle ich mich anbei gebührend den hochgeschätzten Denkmalsausschüssen).
Selbstverständlich waren sie alle sehr schwer. Man brauchte zum Beispiel, und das ist noch was von der ganz leichten Sorte, nur seinen besten Freund erschlagen [bei so einem

kannst du's leicht tun, der wehrt sich fast gar nicht], von dem man Speise und Trank nahm, oder man ging in eine Vorstadt und wartete, bis so einem dahergelaufnen, landfremden Element einem lasttragenden Arbeiter der Schweiß auf der Stirn stand, dann erdrosselte man ihn, oder man ging in eine Kirche, holte sich sechs hungernde arme, alte Weiblein heraus, schoß sie nieder und sagte dann: sie hätten für das Wohl der Müllerhansinegertotten oder der Schusternazizulus gebetet.

Ja, es herrschte ein schon erzengelscher Zustand unter den – na, ich will euch nun endlich den Namen sagen – Kulimulilazipaziern.

Denn Streitigkeiten gab es dank den zwölftausendbillionentrillionenunddreizehn Verordnungen vom seligen Lotschenpepperl, inzwischen war er gerade zu Rom heilig gesprochen worden, nicht mehr.

Hatte einer wirklich einen Feind – Gott, ja, was nennen wir nicht alles Feind; zum Beispiel, hat man uns die Wahrheit gesagt oder Geld geliehn, hierher gehören auch all die Schufte, die uns Gutes getan, oder gab uns einer kein Geld mehr für Schnaps, Mädchengeschenke, Zigaretten, so ging man einfach bloß zum nächsten Schand-Darm und sagte: Herr Kaiser, der da drüben, der so still in seiner Kammer hockt, ist ein Hochwasserniederverräter. –

Oder man brauchte bloß auf dem Marktplatz recht laut »krukru« oder »trara« oder »lolo« oder »bumbum« oder »hurra« oder »marmelad« schrein, dann schrien sofort alle Kulimulilazipaziburger mit, hoben ihn auf ein Kalbsbratentablett, und er bekam sein Denkmal.

Infolge der enormen Nachfrage erfand man eigene Schlagmaschinen. Die gesamten Aktien dieses erfolgreichen Unternehmens hatte alle – so lese ich gerade im berühmten Neuesten amerikanischen Börsten- und Welt- und Geld-Dotschenblatt – der noch berühmtere Hinterfotzingerlali (und extra geb ich ihm seinen Minister- und Richtertrichtergelichter-Titel nicht) aufgekauft. Man stellte sich darauf. Durch eine sinnreiche Maschinerie bekam man einen ganz kleinen Schlag mit einem Riesenhammer und – war kaputt.

Es war ja ein Vergnügen zu sterben. Vierzehn Minuten darauf hatte man sein Kriegerdenkmal.
Sogar den Jakob Harringer sein Denkmal konnten sie sich anschauen.
Diese genialen Schlagmaschinen (K. R. P.) wurden überall in allen Rat-, Schul-, Bier-, Feuer-, Schlacht-, Café-, Pfarr- und sonstigen öffentlichen Freudenhäusern zu lächerlich billigen Volkspreisen abgegeben.
Andern, und das waren viele, das waren natürlich die tapfersten Kulimulilazipazier, bekamen ihr Leibdenkmal auf diese famose Weise: sie gingen mit ihren Nationalfedern um ihre edle Lorbeerstirne zu den Müllerhansinegertotten und Schusternazizulus und sangen jedem laut ins Ohr: bin i net a schena Kulimulilaziburga.
Das ärgerte diese, und sie griffen natürlich sofort ins Portmonäh, nur damit sie den schönen sanften Lanolininterpentinbenzinfridolin wieder losbrachten.
Das waren aber dafür auch die edelsten Kämpfer und Rekken für die Kulimuli- – na, ihr wißt's jetzt schon – Sache.
Mit dieser Auslandsspende kauften sie sich Hosenträger, Backsteinkäs, Zacherlin, Maggi-Suppenwürfel, Leibbinden, Feuerspritzen, dreiviertel Pfund Königreicher und Sauerkraut.
Also um euch nun wieder weiterzuerzählen – halt, noch was Wichtiges fällt mir eben ein, es paßt zwar nicht hierher, aber für was sind wir denn modern, und gerade weil's nicht hierher paßt, find ich, daß es hier recht hübsch sich ausnimmt: hat vielleicht wohl eine Leserin ein wenig Liebe für micht übrig und eine Dreizimmerwohnung, dann schreib sie mir gleich, natürlich EINGESCHRIEBEN. Sie kann mir auch gleich – das nimmt sich noch hübscher aus – Geld und Devisen hineintun. Ich möcht mir schon lang wieder mal Komiker ansehn und Karussell fahren. Sie braucht ihn nur an den Verleger meiner weltberühmten Familien- und Hausärztinbibel senden. Bitte nicht an den Verleger vom Räubermärchen, der sitzt, den haben nämlich die Hedwikiuskurtiusmalöhriaten entführt und möchten ihn unbedingt, aus Strafe, weil er so was druckt, erst braten und marinieren und dann – ja, ihr glaubt gar nicht, wie zäh so ein Luder, pardon:

Verleger, mit der ältesten, krummen und schielenden Tochter vom Minister Wastlmeier Baron von Zipfelhuber verheuraten.
Der Drache wird ihm schon das Räubermärchenverlegen austreiben. –

Walter Benjamin

RADAU UM KASPERL

(Hörspiel)

Abb. 15: Titelblatt zu Heft 1 der Reihe ›Proletarisches Kasperle Theater‹, Berlin 1922.

Personen:

Kasperl
Herr Maulschmidt, Sprecher am Rundfunk
Der Speisewirt
Der Karussellmann
Der Budenbesitzer
Der Schießbudenmann
Der Löwenwärter
Puschi, Kasperls Frau

Außerdem: Herr Mittmann und Herr Gericke vom Rundfunk; Stationsvorsteher; Lipsuslapsus, ein Geist; der erste und der zweite Schütze; Kinder und Tiere.

*

Man hört Pfeifen und Tuten von Schiffssirenen.

Kasperl Das ist aber mal ein nebliger Morgen.

Von neuem eine Sirene.

Kasperl Die Ohren möchten die einem zerreißen mit ihrem Getute. Haben eben auch kein leichtes Leben, die Schiffe, bei so einem Nebel. Daß meine Frau, die Puschi, grad heut mich hat auf den Markt schicken müssen. Einen Flunder will sie haben, einen Flunder 8 Zentimeter lang. Daß ich es nur nit vergeß. Und fetter sollt' er sein als das letzte Mal. 8 Zentimeter, oh weh, und mein Zentimetermaß hab ich daheim vergessen – wär ich nur erst auf dem Markt. Der Markt, wo ist denn der überhaupt? Autsch, da wär ich beinah ins Wasser marschiert, bei dem Nebel. Nichts kann man sehen bei dem Nebel. – Wenn man aber nichts sehn kann, woher seh ich denn da den Nebel? Mir scheint, auch den Nebel kann man vor lauter Nebel nicht sehn. – Seh ich den Nebel nun oder seh ich ihn nicht? – Wenn ich ihn nicht seh, dann müßt ich doch anderes sehn. – Und wenn ich ihn seh, dann seh ich eben, dann kanns nicht neblig sein.

Herr Maulschmidt Au, zum Donnerwetter noch mal! Können Sie denn nicht die Augen aufmachen? Müssen Sie denn die Leute umrennen?

Kasperl Wie kann ich die Leut denn umrennen? Ich kann sie doch gar nicht finden, bei diesem Nebel.

Herr Maulschmidt Das möcht Ihnen so passen, mich vor den Bauch stoßen und dann noch grob werden.

Kasperl Warum kaufen Sie nicht ein Nebelhorn, wie die andern Herren?

Man hört wieder eine Sirene.

Herr Maulschmidt Bei Ihnen ists wohl nicht richtig?

Kasperl Sperrens die Ohren doch auf! Hörens nicht, wie der Herr da getutet hat? Dem kann sowas nicht passieren.

Herr Maulschmidt Sie sind ja nicht recht gescheit. Das war doch ein Dampfer.

Kasperl Von mir aus könntens auch im Wasser liegen, Herr Nachbar.

Herr Maulschmidt Wer sind Sie denn überhaupt? Sie impertinenter Geselle!

Kasperl Bitt schön, wem hab ich die Ehre, mich vorzustellen?

Herr Maulschmidt Maulschmidt.

Kasperl Wer sind Sie?

Herr Maulschmidt Maulschmidt.

Kasperl Das nimmt mich aber wunder, Herr Nachbar. Seit wann werden denn Mäuler geschmiedet? Ich dachte, sie werden höchstens gestopft.

Herr Maulschmidt Sie Rüpel, Sie! Ich bin nicht Maulschmidt, ich heiße so.

Kasperl Ja, Herr Nachbar, ich hab Sie doch halt gefragt, wer Sie sind.

Herr Maulschmidt Was Sie sind, meinen Sie?

Kasperl Was Sie sind, wer Sie sind, das kann man mir jetzt eh schon den Buckel lang rutschen.

Herr Maulschmidt Unterstehen Sie sich nicht! Ich bin nämlich eine Respektsperson.

Kasperl Für eine Speckperson scheinens mir ziemlich mager.

Herr Maulschmidt Ich gedenke nicht, meine Zeit länger mit Ihnen zu verlieren. Marsch! Ihren Namen her und dann auf die Wache! Also, sage mir Freundchen, wo stammst Du her?

Kasperl Ich stamme aus meinem Vaterland.

Herr Maulschmidt So, wie schreibt sich denn der Herr des Landes?

Kasperl Der schreibt sich mit Tinte auf Papier.

Herr Maulschmidt Nein, meine Geduld ist um. Wollen Sie mir Ihren Namen jetzt sagen oder nicht?

Kasperl Wenns nicht so neblig wär, wüßtet Ihr ihn schon längst, Herr Nachbar.

Herr Maulschmidt Was soll das heißen? Tragen Sie Ihren Namen vorn aufgemalt?

Kasperl Das nicht, aber ich habe einen bunten Rock.

Herr Maulschmidt So sind Sie also Soldat?

Kasperl Das grade nicht. – Aber wissen Sie was, Herr Nachbar, ich werde Ihnen meinen Namen zu raten geben.

Herr Maulschmidt Wie soll ich denn Ihren Namen raten? Das sind ja Possen.

Kasperl Wartens, Herr Nachbar. Also mit Nachnamen, da schreib ich mich Sperl. Und mein Vorname der fängt sich mit einem K an.

Herr Maulschmidt Ihr Vorname kann mir gestohlen werden. Also jetzt marsch auf die Wache, Herr Sperl!

Kasperl Dann führens Ihren Herrn Sperl nur ab. Der bin ich aber nicht.

Herr Maulschmidt Zum Teufel, Sie habens mir doch eben gesagt.

Kasperl Meinen Vornamen, den brauchen Sie eben doch.

Herr Maulschmidt Da soll der Teufel draus klug werden. *Das folgende in allmählicher Steigerung vorgebracht. Zum Schluß als Freudenruf der Entdeckung.*
KSperl – – Kas-perl – – Kasperl!!!

Kasperl. Jawohl, Herr Nachbar, ich wäre nämlich der Kasperl.

Herr Maulschmidt Aber so ein Glück, Kasperl. Das ist ja ein Freudentag. So lange hab ich Dich schon gesucht.

Kasperl Gesucht hättet Ihr mich, Herr Nachbar? Warum denn?

Herr Maulschmidt Kasperl, ich muß Dir ein freudiges Geheimnis offenbaren: Ich bin nämlich der Sprecher des Rundfunks.

Kasperl Ei was, sieh da, sieh da, ei was!

Herr Maulschmidt Und seit langem ist es eine meiner höchsten Obliegenheiten, Dich, Kasperl, den erfahrenen, berühmten Freund der Kinder vor das Mikrophon zu bringen.

Kasperl Dös gibts fei net.

Herr Maulschmidt Wie, Kasperl, höre ich recht? Die hohe feierliche Ehre, im Rundfunk zu sprechen, wolltest Du ausschlagen?

Kasperl Freilich!

Herr Maulschmidt Aber warum denn?

Kasperl Ja wissens, Herr Nachbar, wenns das wissen wollen, das könnt ich Ihnen schon sagen.

Herr Maulschmidt So sprich, o Kasperl!

Kasperl Ich hab Sie doch recht verstanden, Herr Nachbar? Daß Sie vom Rundfunk sind.

Herr Maulschmidt Gewiß doch.

Kasperl Ja wissens, wenn die Funken da so rund rum springen und ich möcht einen fangen, da brennt ich gleich lichterloh.

Herr Maulschmidt Kasperl, Du weißt ja nicht, was der Rundfunk ist. Folge mir auf dem Fuße und ich zweifle nicht, bald wirst Du anderen Sinnes werden!

Kasperl Ich werd mirs halt unterwegs überlegen.

Straßenlärm.

Kasperl *nach einer Weile:* Sehns, Herr Nachbar, das eiserne Gitter? Indem, daß wir daran entlang spazieren, will ichs mir an den Stäben abzählen.

Man hört ihn nun immer an den Stäben anschlagen.

Kasperl Sprechen werd ich – nicht sprechen werd ich – sprechen – nicht sprechen – sprechen – nicht sprechen – sprechen – nicht sprechen – sprechen – nicht sprechen – sprechen.

Herr Maulschmidt Blick um Dich, Kasperl, angelangt wären wir!

Kasperl Was? Dieser garstige Kasten?

Herr Maulschmidt Das Rundfunk-Palais.

Kasperl Da sind ja mehr Fenster als man zählen kann. Da werden die eingesperrt, wo Rundfunk hören müssen?

Herr Maulschmidt Folge mir, Kasperl, und ich will Dir alles erklären.

Pause.

Kasperl *leise:* Ganz angst und bang wird mir vor lauter Stille.

Herr Maulschmidt Pst, pst, hier darf man nicht sprechen.

Kasperl Ich denk, zum Sprechen habns mich kommen lassen.

Herr Maulschmidt Hier herein, Kasperl!

Kasperl Hier ists lustig. Was habens denn da für kleine Käfige? Haltens da Mäuse drin?

Herr Maulschmidt Das sind doch die Mikrophone, Kasperl. In so ein Mikrophon sollst Du jetzt gleich herein sprechen.

Kasperl Was passiert dann?

Herr Maulschmidt Dann hört man Dich auf der ganzen Welt.

Kasperl Auch in Putzingen? *Bei Seite.* Da wohnt der Seppl, dem wollt ich schon lang meine Meinung sagen.

Herr Maulschmidt Natürlich, gleich werden wir einschalten.

Kasperl Wenn ichs mir überleg, möcht ich erst mal zuhören.

Herr Maulschmidt Gewiß, Kasperl, mit Vergnügen. Dresden, Posen, Brünn, Mailand, Brüssel, Kassel, Linz, London, Wien, Riga, Breslau – was Du nur willst. Dreh nur hier an der Scheibe, dann hörst Dus! Um Gotteswillen, Kasperl, nicht so!

Man hört eine Minute lang Fading-Geräusche.

Kasperl Mir scheint, das ist alles eins. Geschossen wird überall.

Nochmals Fading-Geräusche.

Das ist ein Krachen, da komm ich nicht gegen auf.

Herr Maulschmidt Herr Mittmann, Herr Gericke, kommen Sie schnell mal rein! Schalten Sie ein. Kasperl spricht.

Kasperl Das hört jetzt der Seppl in Putzingen.

Herr Maulschmidt Ich denk schon. – Alles fertig, Herr Mittmann?

Stimmen Ruhe, es spricht jetzt Kasperl.

Kasperl Wenns nur nicht gar so weit wär nach Putzingen. Da möcht ich mir noch die Kehle anfeuchten, daß der Seppl mich gut versteht.

Herr Maulschmidt Wenns weiter nichts ist, gleich hol ich Dir aus der Kantine ein Helles.

Kasperl So, das wär fein. Das scheint mir der richtige Augenblick. *Räuspert sich.* Du miserabliges Mistviech, Du! Elende Kreatur! Hörst mich? Wer hat Dir das angeschafft, daß Du den Flurschütz hast rufen müssen? Grad, wie ich auf dem Pflaumbaum gesessen bin. Dös wer ich Dir heimzahln. Du Sakramentskerl, Du elendiglicher! Komm Du mir nochmal vor die Finger! Dir hab ich eine Watschn zurechtgelegt, da besinnst Dich –

Telefonläuten. Fräulein: Hier Fernamt. *Stimme:* Jawohl. Ich verbinde. *Neue Stimme:* Polizeipräsidium Putzingen. Dort Rundfunk?

Herr Maulschmidt Um Himmelswillen! Ausschalten! Unterbrechen! Der Malefizkerl, der Kasperl, der Halunke. Ein Hundeleben, kaum hat man den Rücken gekehrt ... Herr Mittmann! Herr Gericke! Haltet ihn! Haltet ihn! Tot oder lebendig, ich muß ihn haben, den Kasperl.

Türenschlagen, Scheppern von Scherben. Neues Telefonläuten. Dazwischen Autohupen. Rufe: Da vorn! Um die Ecke!

Herr Maulschmidt Fort ist er. Aber wir kriegen ihn noch. Das wär ja gelacht.

Pause.

Kasperl Uff! Uff! Da kann einer außer Atem kommen. Nun, Gottseidank, hier habe ich einen ruhigen, abgelegenen Platz gewonnen. Hier kann ich verschnaufen. Verschnaufen? Gut gesagt, Kasperl. Eigentlich wär es nun höchste Eisenbahn, daß ich nach Haus komme. Ein wahres Wunder, daß ich den Fisch immer noch bei mir trage. Und die Puschi, die wird schon Hunger haben. Nein, wirklich höchste Eisenbahn.

Er wiederholt in sinnierendem Ton.

Eisenbahn, Eisenbahn, was ich sage, da scheint sie ja gerade zu sein. Das ist doch der Bahnhof. Teufel. Teufel. Halb drei. Aber da muß doch der Zug nach Tuntenbühl bald abgehn. Da wolln wir doch einmal gucken, wer heut alles nach Tuntenbühl reist.

Man hört den Schall und das Getrappel von Schritten.

Was ist das nur für ein Trappeln. Da hat wohl wer Angst, den Zug zu versäumen. Was sehe ich, das ist ja ein ganzer Haufen? Und da vorn einer, der kommt mir bekannt vor. Wenn das nur am Ende der Herr Maulschmidt nicht ist.

Herr Maulschmidt Hallo! Hallo! Da ist er, da läuft er. Das könnt ihm so passen, nach München und dann auf und davon.

Andere Stimmen Aber diesmal kriegen wir ihn. Den wollen wir mal hoppnehmen. Jetzt heißts, die Beine in die Hand genommen.

Kasperl Mir scheint, jetzt wirds brenzlig. Wer doch auf solchem Bahnhof sich auskennte! Der könnt sicher irgendwo unterschlupfen. Ich versuchs mal mit der Gepäckabgabe.

Herr Maulschmidt Und einer muß unterm Gepäck nachsehen, ob er sich da nicht verkrochen hat.

Kasperl O weh! Mit dem Gepäck, das ist scheinbar nichts. Wie wärs mit dem Wartesaal?

Herr Maulschmidt Und Sie, Herr Gericke, in den Wartesaal! Und daß Sie mir ja unter allen Tischen nachsehn!

Kasperl Im Wartesaal scheints also auch nicht geheuer. Das beste wär, ich stell mich hier hinter den Pfeiler.

Maulschmidt Und Sie, Herr Mittmann, daß Sie mir ja hinter allen Pfeilern nachsehn!

Kasperl Ich pfeif aus dem letzten Loch.

Man hört den Pfiff einer Lokomotive.

Kasperl Mir scheint, hier gibts für mich nichts zu pfeifen. Wie wärs, wenn wirs mit dem Klopfen versuchten? Vielleicht kann diese Glastür mir helfen?

Er klopft.

Kasperl Keine Antwort.

Er klopft stärker, alles bleibt stumm. Man hört die Tür knarren.

Kasperl Nett sind die Leute in so einem Bahnhof. Sperren die Türen erst gar nicht zu.

Pause.

Ei, was liegt denn für eine Mütze da auf dem Tisch? Eine hübsche rote Mütze mit Schirm. So eine hat doch der Xaverl, der wo in Hutzelsheim Stationsvorstand ist. – Kasperl, die Mütze, die steht Dir nicht übel. Nur die Spiegel, die müßtens hier sauberer halten. Und das hübsche Stäbchen da auf dem Tisch, das wollen wir nur gleich mitnehmen. Kasperl, hat der Herr Lehrer schon immer gesagt, Du brauchst das Stöckchen nötiger als jeder andere.

Man hört wieder die Stimmen der Verfolger: Fort ist Kasperl. Verschwunden. Sicher im Zug. Aber diesmal soll er uns nicht entwischen.

Bahnhofsgeräusche.

Der Stationsvorsteher Meine Mütz, meine Mütz! Hat keiner meine Mütze gesehen? Aber nur Geduld, sie wird sich doch finden. Gott sei Dank, daß ich noch zehn Minuten Zeit hab, bis ich mein Abfahrtssignal geben muß.

Kasperl Alles einsteigen!

Maulschmidt Was, wir fahren schon los? Haben Sie den Kasperl gefunden, Herr Gericke?

Gericke Grad will ich gehn, im Speisewagen nachschaun. Wenn er da nicht ist, müssen wir schnell wieder aussteigen.

Kasperl Abfahren!

Man hört den Pfiff der Lokomotive und das Geräusch der anziehenden Maschine.

Kasperl So, die Luft wäre rein. Wollen wir mal sehn, daß wir uns ein bißchen erholen. Wie wäre es mit einem kleinen Spaziergang, Herr Kasperl? – Ganz einverstanden. – Das ist nett. Ich wußte ja, immer bin ich mit mir selbst einverstanden. So jemand findet man nicht alle Tage, der immer mit allem einverstanden ist. Da will ich die Gelegenheit wahrnehmen und mich noch ein bißchen mit mir selbst unterhalten: Schönes Wetter, Kasperl, nicht wahr? –

Die Antworten immer vom gleichen Sprecher, aber in Baß.

Schönes Wetter. –

Hätt ich gar nicht gedenkt, nach so einem nebligen Morgen. Oder Du? –

Da wär ich gar nicht auf den Gedanken gekommen, daß heut noch so schön wird. Siehst Du, das hab ich mir gleich gedacht, daß Du Dir das nicht gedacht hast. –

Und ich hab mir gleich gedacht, daß Du das gleich denkst, daß ich das gar nicht gedacht hätt. –

Was, Du willst mich wohl frotzeln? –

Was unterstehst Du Dich? Aber ich will Dir nur eines sagen, ich habs schon lang satt, immer mit Dir einer Meinung zu sein. –

Du kriegst eine Watschn.

Eins, zwei, drei.

Man hört einen Knall, dieselbe Stimme, die unmittelbar vorher gesprochen hat, schreit:

Au! – Mir scheint, die Watschn, die hab ich mir selbst gegeben. Das tut nicht gut, wenn man Streit mit sich selbst hat. Sei gescheit, Kasperl, hör lieber zu, was sie dort für Musik machen.

Jahrmarktslärm. Aus dem Lärmen der Drehorgeln, den Stimmen der Ausrufer, dem Klingeln der Karussells löst sich die Stimme des chinesischen Speisewirts heraus, dessen Anpreisung als kunstreiches Rezitativ mit einer diskreten Musikbegleitung, Flöten oder Kastagnetten, vorzutragen ist.

Der chinesische Speisewirt Ich bin ein chinesischer Speisewirt. Ich komme aus China. Von Jugend auf habe ich nichts Rechtes vor mich gebracht. Nun habe ich auf den Jahrmärkten ein Wein- und Speisehaus aufgemacht. Weder Verlust noch Gewinn hat man hier im Auge, sondern einzig die Bequemlichkeit der Kunden. Alle Sorten von Speisen sind hier vorrätig. Hört zu, ich zähle sie Euch alle auf: in Wasser gekochtes Huhn, in Öl gebackne Fleischklöße, hart und knusprig, mit viel Zucker bestreut, geräucherten Schinken, Seegurken, Schwalbennester, große Stücke Hammelfleisch mit fünferlei schönen Gewürzen; nachdem ich mit diesen Speisen fertig bin, komme ich zu den Reisspeisen. Will man Reis- oder Weizenmehl, wer von Mehl bereitete Speisen will, kann auch die fertig haben. Außerdem gibt es auch trocknen Reis, nach dem Essen schenke ich eine Tasse Tee ein. – Herrn Gäste, ob Ihr Geld habt oder keines, Ihr könnt ruhig näher treten. Nur ein Kleidungsstück braucht Ihr mir zum Pfande zurückzulassen, dann kreide ich Euch die Zeche an.

Kasperl Ei, das hab ich mir ja schon lange gewünscht, endlich mal chinesisch zu essen. Die Chinesen, die essen doch faule Eier und Regenwürmer. Herr Koch, bitte schön, meine Mütze; dafür möcht ich eine Portion großes chinesisches Hochzeitsessen.

Der Speisewirt Ihre Mütze kann ich nicht nehmen, mein lieber Herr. Solche Mützen, wie Sie haben, trägt man weder in Europa noch in China. Und soviel ich auf der Welt schon herumgekommen bin, Mützen mit Schellen habe ich noch nirgends gesehn.

Kasperl Darum keine Feindschaft, Herr Nachbar, für ein schönes chinesisches Essen können Sie auch meine Jacke haben.

Der Speisewirt Ja, aber sehn Sie denn nicht mein Schild hängen, geflickte Sachen nehmen wir nicht.

Kasperl Nun, dann kriegt Ihr was, was Ihr bestimmt nehmt.

Der Speisewirt Was wäre denn das, mein Herr?
Man hört einen Knall.

Kasperl Eine Watschn.

Der Speisewirt *bricht in ein langes kunstvolles Gejammer aus, etwa: aueiaueiaueiauei.*

Kasperl Das ist eine hübsche Sprache, chinesisch.
Man hört die Glocke des Karussels.
Bitt schön, ich wollt mal fragen, was eine Fahrt kostet.

Der Karussellmann Eine Fahrt kostet fünf Pfennig.

Kasperl Und da muß man danach dann raus?

Der Karussellmann Ja natürlich, dann muß man raus.

Kasperl Aber wenn ich mich in ein Schiff setz . . .

Der Karussellmann . . . mußt Du auch raus.

Kasperl Aber auf einen Elefanten, da kann ich doch droben bleiben?

Der Karussellmann Da mußt Du für zwei Fahrten bezahlen.

Kasperl Aber dann mag ich noch längst nicht raus.

Der Karussellmann Also, wie lang willst Du denn fahren?

Kasperl Ich dacht so ein Stündchen.
Man hört zwischendurch hin und wieder die Karussellmusik und das Läuten.

Der Karussellmann Dann mußt Du halt neun Billetts nehmen.

Kasperl Und was könnt das kosten, Herr Nachbar?

Der Karussellmann Neun mal fünf tät das kosten, scheint mir.

Kasperl *zögernd, ratlos:* Ja so, Herr Nachbar, ja so.

Der Karussellmann Nun, woran fehlts denn?

Kasperl Ich möcht mirs halt aufschreiben.

Der Karussellmann Bitte, schön, bitte sehr.

Kasperl Was tät ich denn da am besten zuerst schreiben, Herr Nachbar?

Der Karussellmann *ungeduldig:* Fünf mal neun ist fünfundvierzig. Stimmts?

Kasperl *langsam:* Fünfundvierzig, das schreib ich mal auf, da fang ich mit einem V an.

Der Karussellmann Schreibens doch ganz einfach 4 und 5.

Kasperl Ja, die 4, das hab ich doch mal gewußt, wie man 4 schreibt.

Der Karussellmann Bitte schön, ich schreibs Ihnen vor:

Einen Strich von oben nach unten, noch einen von links nach rechts und zum Schluß noch einen von oben nach unten, macht 4.

Kasperl Macht drei.

Der Karussellmann Macht vier.

Kasperl Macht drei.

Der Wortwechsel beschleunigt sich. Kasperl zählt auf: ein Strich und noch ein Strich und noch einer – macht vier, macht drei *usw.*

Der Karussellmann Wenn ichs Ihnen doch sage, daß das eine Vier ist. Habens denn nichts in der Schule gelernt.

Kasperl Dös könnt Ihnen so passen, die Leut frotzeln. Erst habens gesagt einen Strich, dann sagens noch einen Strich und dann sagens zuletzt nochmal einen. Das macht drei. Und das werdens gleich sehen, wie das drei macht. *Man hört den Knall von drei Backpfeifen.* Eine Watschn und noch eine Watschn und noch eine Watschn. Dös macht drei Watschn. Dem hätten wir das Rechnen mal ausgetrieben.

Der Wortwechsel geht in eine Keilerei über.

Nach einer Pause:

Kasperl Aber das Karussell freut mich gar nicht mehr. Hören wir lieber, was es hier nebenan gibt.

Durch den Jahrmarktslärm die Stimme eines Budenbesitzers:

Der Budenbesitzer Eingetreten, meine Verehrtesten! Nähergetreten, meine Damen und Herren! Was sagt Ihnen der Anblick dieses Zeltes, verehrte Anwesende? Ahnen Sie etwas beim Anblicke dieser meiner schlichten Hütte? Und doch, meine Damen und Herren, dürfen Sie sie nicht verwechseln mit den niederträchtigen Schwindelbuden, die hier rings herum vor Ihnen sich auftun. Denn dies, meine Damen und Herrn, dieses schlichte Zelt ist die irdische Niederlassung des Geistes Lipsuslapsus, des Unsichtbaren, Allwissenden, großen Zaubermagiers, welcher sich, meine Damen und Herrn, eine Ehre und ein Vergnügen daraus machen wird, Ihre werte und angenehme Zukunft Ihnen vorherzusagen. Fragen Sie ihn um Rat, meine Herrschaften, Lipsuslapsus entdeckt verlorene Gegenstände, gibt Ihnen fremde Sprachen im Schlaf, deutet Ihnen Träume, löst Ihnen Schulaufgaben.

Kasperl Schon so lange wollt ich ein braveres Leben führen, vielleicht, daß dieser unsichtbare Geist mir dazu verhilft.

Der Budenbesitzer Bravo, junger Mann! Seien Sie sicher, daß er Ihnen dazu verhelfen wird. Links herein, bitte schön, links herein! Bitte, die zwanzig Pfennig für meine schlichte Hütte nicht zu vergessen.

Pause.

Kasperl *leise* Etwas feucht ists hier drin. Sieht mir eigentlich mehr nach einem Gewölbe aus. Mir wird ganz sonderbar zu Mute. Aber ich glaube, ich muß mich vernehmen lassen.

Das folgende Echospiel muß durchaus feierlich und getragen herauskommen, insbesondere müssen die Antworten sich als Widerhall aus der Ferne kennzeichnen.

Kasperl Erlaube mir, Lipsuslapsus, daß ich Dich über mein späteres Leben befrage.

Lipsuslapsus *das Echo* Frage!

Kasperl Welchen Weg soll ich betreten, um späterhin nicht über mich zu weinen?

Lipsuslapsus Einen!

Kasperl Wie soll ichs anfangen, meine Fähigkeiten zu prüfen?

Lipsuslapsus Prüfen!

Kasperl Soll ich nicht vielleicht die Weltweisheit studieren? Denn was ist der Mensch ohne Philosophie?

Lipsuslapsus Vieh!

Kasperl Doch man hungert dabei. Kann man leben von seinem Genie?

Lipsuslapsus Nie!

Kasperl Ist es also nötig, daß ich mir einen einträglichen Beruf suche?

Lipsuslapsus Suche!

Kasperl Die Rechtswissenschaft ist eine mühselige Straße, die will ich andere wandern lassen.

Lipsuslapsus Andere lassen!

Kasperl Nun, so werd ich Doktor.

Lipsuslapsus Tor!

Kasperl Scheint Dir denn die Medizin nicht sehr erfreulich?

Lipsuslapsus Freilich!

Kasperl Und wichtig für das Leben?

Lipsuslapsus Eben!

Kasperl Was fehlt denn zu eines Arztes Glück?

Lipsuslapsus Glück!

Kasperl Nun, dann werde ich Staatsmann werden. Will Dir das auch nicht gefallen?

Lipsuslapsus Fallen!

Kasperl Ja, Lipsuslapsus, da hast Du wohl recht. Da mag es Fallen geben, in die schon mancher Klügere fiel.

Lipsuslapsus Viel!

Kasperl So nehm ich mir eine reiche Witwe.

Lipsuslapsus Weh!

Kasperl Dann hab ich doch Geld, was hindert mich, daß ich mich freue?

Lipsuslapsus Reue!

Kasperl Was soll ich denn also tun, um mir Geld ohne Reue zu erwerben?

Lipsuslapsus Erben!

Kasperl *man merkt am Ton der Stimme und an Geräuschen, daß er wieder im Freien ist.* Aus diesem Geist ist nicht klug zu werden. Das war nicht das richtige. Außerdem hab ich da so einen Verdacht, ich glaube, dem Budenmenschen, dem werd ich seinen Geist jetzt mal ausbleuen.

Man hört jetzt wieder die Stimmen der Verfolger.

Erste Stimme Grade sah ich ihn durchflitzen, Herr Maulschmidt.

Zweite Stimme Diesmal werden wir den Halunken schon kriegen.

Andere Stimmen Links herum, Herr Mittmann! Und Sie verlegen ihm rechts den Weg! Schnell, Herr Gericke! Sehn Sie, da läuft er ja! *Man hört Schüsse.*

Stimme des Schießbudenbesitzers Hier meine Herren, hierher, aufgepaßt, meine Herrschaften! Einmalige Gelegenheit wird Ihnen hiermit geboten, in meinem Amusement die Welt mit einem Schuß wieder in Ordnung zu bringen. Beachten Sie bitte mein Tableau, mein Tableau garantiert original Puppen- und Wunderwerke: Hier dieser Vater,

Sie brauchen ihn nur ins Schwarze zu treffen, setzt sofort mit dem Fuß die kleine Wiege in Bewegung, in der sein Jüngstes liegt. Und wenn Sie dahinten rechts den Geiger ins Schwarze treffen, so fängt er an, die Fidel zu spielen, daß Ihnen Hören und Sehen vergeht. Haben Sie den Mohren gesehen, der da vor der verschlossenen Pforte wartet? Treffen Sie ihn in die kleine Zehe und meine Herren, Sie erleben es, daß die Pforte vor Ihren staunenden Augen aufspringt, und Sie sehen das Innere des Sultanpalastes in seiner Pracht und in seiner Herrlichkeit. Wenn Sie aber ein edles Werk tun und einen Gefangenen aus seinem Kerker befreien wollen, meine Herren, so brauchen Sie nur sein Kerkerfenster zu treffen und im Nu wird er sich hinaus und ins Freie schwingen. Dieses, meine Herren, ist das achte Weltwunder, Doktor Knallböllers internationale berühmte Schießbude.

Die Rede wird hier unterbrochen von neuerlichem Stimmengepolter der Verfolger wie oben. – Dazwischen, wie auch schon während der Rede des Schießbudenbesitzers, hört man ab und zu Schüsse fallen.

Der erste Schütze Au, Du, Gustav, ich nehm mir den Bären aufs Korn. Der tanzt, wenn man ihn trifft.

Der zweite Schütze I wo, Mensch, nicht doch, der da hinten ist knorke. So einer ist mir noch in keiner Bude vorgekommen.

Der erste Schütze Und wie natürlich der aussieht. Da möchte man doch direkt drauf schwören, daß er nicht gemalt ist.

Der zweite Schütze Ich kann bloß den schwarzen Fleck nicht finden, wo man drauf schießen muß.

Der erste Schütze Mensch, Gustav, was meinst Du, was kann denn der, wenn man ihn trifft?

Der zweite Schütze Das wollen wir doch gleich mal feststellen.

Man hört das Knacken des Hahns.

Kasperl Gnade, meine Herren, Gnade. Bitte schießen Sie nicht, meine Herren. Gnade für Kasperl.

Der erste Schütze Ich denk, der Affe laust mir. Die Puppe kann sprechen.

Kasperl Meine Herren, ganz ergebenst gestatte ich mir, darauf hinzuweisen, ich bin nämlich keine Puppe. Infolge bedrängter Umstände bin ich leider genötigt gewesen, hier als Puppe unterzutreten.

Der Schießbudenbesitzer *sehr laut* Ruhe! Hier wird nicht gequatscht! Was unterstehen Sie sich, Unordnung in meinen Betrieb zu bringen. Wer sind Sie denn überhaupt?

Kasperl *beiseite* Die Luft ist rein. Die Bande ist abgezogen.

Stimmen der Verfolger Nicht zu finden. Wir sind wieder mal die Lackierten.

Kasperl Bitte sehr, Herr Schießereidirektor, ich wollte hier nur mal meine Kunst zeigen. Hier ist ein Groschen. Geben Sie mir mal ein Gewehr.

Der Schießbudenbesitzer Bitte sehr, bitte schön.

Kasperl Haben Sie hier nichts mit Musik?

Der Schießbudenbesitzer Aber natürlich. Wir haben hier ein kleines Rundfunkorchester. Wenn Sie den Kapellmeister treffen, hören Sie die Ouvertüre zu der Oper »Plimplamplasko« oder »Der verzauberte Affenprinz«.

Man hört einen Schuß, darauf eine lustige Spieluhrmusik, die schließlich wieder im Jahrmarktslärm untergeht.

Kasperl Das wär alles ganz schön und gut, wenn ich nur nicht beim Lipsuslapsus meinen Flunder vergessen hätte. – Da ist guter Rat teuer. Der Markt ist schon lange aus, wo kann ich jetzt einen Fisch herkriegen? Ohne Fisch darf ich der Puschi nimmer nach Hause kommen. – Da kommt mir eine Idee. Wie wärs Kasperl, Du wolltst Dir doch längst schon den zoologischen Garten anschaun? Nur nicht gezaudert! Ein Satz, da sind wir über der Mauer.

Klatscht in die Hände. Nun keine Zeit verloren, da unten am Teich da werden wir unsern Fisch schnell fangen.

Stimmen der Kinder Heda, Kasperl, hallo, hallo, Kasperl, hörst Du uns nicht? Komm doch her!

Das erste Kind Kasperl, was machst Du denn hier?

Kasperl Ach, guten Tag. Tag, Hans. Ja weißt Du, ich. . . eigentlich wollte ich. . . nämlich. . . Weißt Du was, ich bin gerade hier, wieder mal ein bißchen Tiersprache zu studieren.

Das erste Kind Was? Du lernst hier Sprache?

Kasperl Nein, weißt Du... eigentlich, ich kann nämlich schon alle. Nur bei den Meerschweinchen, da fehlen mir noch ein paar Worte. Darum bin ich eigentlich hierher gekommen.

Das erste Kind Au, Kasperl, wenn Du die Tiersprache kennst, da mußt Du aber gleich mitkommen. Da mußt Du uns gleich erzählen, was die Tiere überall sagen.

Stimmen der Kinder Mitkommen! Mitkommen! Erst zu den Affen! Nein, zum Rhinozeros! Quatsch! Mensch! Bei den Raubvögeln soll er anfangen!

Ein kleines Mädchen Kasperl, sei lieb, komm mit zu den Antilopen!

Kasperl Kinder, Kinder, nur immer sachte. Eins nach dem andern. Wie wär es denn, wenn wir hier bei den Füchsen und Wölfen anfangen?

Stimmen der Kinder Ja, fein, einverstanden! Machen wir!

Man hört Wölfe heulen und Füchse bellen. Nach einer Pause

Stimmen der Kinder Nun, Kasperl, was reden die? Sag doch was, Kasperl!

Kasperl Also die reden... Ja, da werdet Ihr Euch ja wundern. Die unterhalten sich nämlich davon, was sich jeder, wenn er mal tot ist, am liebsten für seinen Pelz wünscht.

Stimmen der Kinder Das verstehn wir nicht, Kasperl. Was soll das heißen?

Kasperl Also, seht mal. Da ist zum Beispiel der kleine Fuchs mit dem zerrissenen schäbigen Fell, der sagt: am liebsten möchte er später, wenn er mal tot ist, auf dem Tornister eines Soldaten sitzen und mit dem in den Krieg ziehen.

Stimmen der Kinder Und der Wolf da, was sagt denn der?

Kasperl Der Wolf, der möchte am liebsten als Fußmatte in ein Försterhaus mitten im Wald kommen.

Stimmen der Kinder Und der süße kleine Blaufuchs? Was sagt der?

Kasperl Der hat sich sein Lebtag gewünscht, die Menschen einmal aus der Nähe kennenzulernen. Und nun möchte er später ein Muff werden, in den ein kleines Mädchen die Hände steckt.

Stimmen der Kinder Weiter, Kasperl! Hierher, Kasperl! Zu den Affen! Was sagen die?

Man hört das Grunzen und Schreien der Affen.

Kasperl Ihr müßt aber still sein! Die Affensprache ist schwer. Ich kann sie sonst gar nicht verstehen.

Das erste Kind Ach, die Affen, die haben glaub ich gar keine Sprache.

Stimmen der andern Kinder Ruhe!

Kasperl Ja, das ist eine merkwürdige Geschichte. Ihr seht doch den großen Pavian, der auf dem Baume zu oberst sitzt. Der hält den jüngern Affen grad eine Rede, in der ermahnt er sie streng, daß sie sich ja immer affig benehmen, wenn sie Menschen in ihrer Nähe haben. Und sagt, je dümmer ihr euch anstellt, desto besser.

Das erste Kind Warum denn?

Kasperl Ja, das fragen die Affen ihn auch eben. Und wißt Ihr, was er da antwortet? Damit die Menschen nicht wissen, wie klug wir sind und nicht merken, daß wir auch eine Sprache haben, denn sonst würden sie uns zwingen, zu arbeiten.

Das erste Kind Und was sagen sie noch?

Kasperl Ja, jetzt unterhalten sie sich über die Vorteile und die Nachteile der Gefangenschaft. Und die meisten sind ganz zufrieden damit, weil sie Nahrung haben und Spielgefährten und einen warmen Käfig, in dem sie vor Regen und Kälte geschützt sind.

Man hört ein paar schrille Schreie von einem Affen.

Das erste Kind Und der kleine Affe? Was sagte der eben?

Kasperl Der ist mit den andern nicht einverstanden. Das wäre, sagt er, ganz schön und gut, aber nichts kann ihn darüber trösten, daß er hier in dem Käfig immer nur Affen und wieder Affen um sich sieht und höchstens mal Menschen und daß er alle Affen und alle Menschen gern für den Anblick eines einzigen Papageis oder einer Giraffe oder sogar des kleinsten Schmetterlings geben würde.

Man hört wieder Grunzen.

Kasperl Habt Ihr den Orang Utan da drin grunzen hören? Der sagt, das sei überhaupt eine Ungerechtigkeit, warum denn die Schmetterlinge im Zoo keinen Käfig haben.

Das erste Kind *flüsternd* Wißt Ihr was, ich glaube der schwindelt. – Kasperl, was reden denn da die Elefanten?

Kasperl Ach, die sind unzufrieden, weil der Sperling heut noch nicht da war, der ihnen jeden Morgen die Neuigkeiten von den andern Tieren erzählt.

Das erste Kind Frag ihn mal, Kasperl, wies seinem Baby geht.

Kasperl brummt etwas; dann

Kasperl Er sagt, es hat heut früh schon zehn Flaschen getrunken.

Die Kinder Hat ja gar kein Baby. Is ja nich wahr.

Das erste Kind Kasperl, was schreien denn da die Löwen?

Kasperl Die rechnen sich grade aus, der wievielte heute ist.

Das erste Kind Frag sie doch mal, ob sie nicht Bonbons haben wollen!

Kasperl stößt ein paar kleine Schreie aus; dann

Kasperl Furchtbar gern, sagen sie.

Die Kinder Die fressen keine Bonbons. Is ja Schwindel. *Immer lauter* Alles Schwindel! Schäm Dich, Kasperl! Pfui, Kasperl! Mach, daß Du weiterkommst! *Pfiffe und Schreie.*

Der Wärter Die Kinder, die sind heut wieder mal ganz außer Rand und Band. Eine Plage mit diesen Jören. – Ach, das Leben ist schwer. – So stoß ich nun meinen Karren mit Fleisch vor mir her, aber seit mein großer Löwe Moholy vorige Woche gestorben ist, freut mich die ganze Fütterung nicht mehr. Wie fehlt mir doch sein tiefes freundliches Brüllen, wenn ich mich mit der Vespermahlzeit seinem Käfige näherte. Wie fehlt mir das Funkeln aus seinen wilden Augen und der Anblick des wirbelnden Sands, den sein Schweif vom Boden des Käfigs peitschte. Aber welch ein Trost ists all in dem Kummer, daß die gütige Direktion meiner untertänigen Bitte Gehör schenkte und unsern braven Moholy hat ausstopfen lassen. So bleibt mir wenigstens der Anblick des leeren Käfigs erspart und sehe ich nur ein Stückchen von seiner Tatze im Hintergrunde des Käfigs – denn man hat ihn ganz hinten hinterm Verschlag verborgen, damit ihn die Sonne nicht ausbleicht. – Sehe ich nur dieses Stückchen Tatze, so wird mir schon wohler. Aber was stehe ich hier und schwatze, nur weiter, meine Runde ist noch nicht halb vollendet.

Die Stimmen der Verfolger Laßt den ganzen Zoo absperren! Hier im Zoo muß der Kasperl sein! Polizei anrufen! Diesmal kriegen wir ihn bestimmt. Heda, Kinder, wo ist der Kasperl?

Kasperl Dieser entsetzliche Maulschmidt. Da ist er mit seiner Bande schon wieder. Schnell sind die Kerls zurückgekommen. Keine ruhige Minute hab ich gehabt, seit ich mich mit dem Rundfunk einließ. Hätt ichs nur bleiben lassen. Jetzt ist guter Rat teuer. Halt! Was seh ich? Der Löwenkäfig. Sagte mir Puschi nicht gestern erst, daß sie da einen ausgestopften Löwen drin haben? Ausgestopft oder lebendig, immer noch besser, als die Schwefelbande auf meinen Fersen. Mut gefaßt, Kasperl, hinein und die Türe hinter dir zugeschlagen!

Das folgende aus einem Innenraum.

Kasperl Füttern und Necken verboten. – Ich glaub, den könnt ich füttern soviel ich wollte, wenn einer mal ins Gras gebissen hat, schmeckt ihm nichts mehr.

Die Stimmen der Verfolger wie oben.

Kasperl Da rückt er schon an, der Herr Maulschmidt. Aber diesmal will ichs ihm zeigen.

Das folgende nicht mehr im Innenraum.

Kasperl Jawohl, meine Herren, bitte ergebenst, näherzutreten. Nehme hier gern Besuch entgegen. Eintritt frei, meine Herren! Und mein Freund wird sich freuen, Sie zu begrüßen. Gestatten Sie, daß ich hintergehe und ihm Bescheid sage.

Nun wieder aus dem Innenraum: wildes Löwengebrüll.

Herr Maulschmidt Gott bewahre uns, der Löwe.

Kasperl *aus dem Innenraum.* Ja, mein Freund ist ganz einverstanden, gestatten Sie, daß ich Ihnen die Tür öffne, er wird herauskommen und Ihnen den Weg zeigen.

Sowie Kasperl ausgesprochen hat, läßt er langsam zunehmendes Löwengebrüll ertönen.

Die Stimmen der Verfolger Um Himmelswillen, er läßt den Löwen heraus! Rette sich wer kann! Zu Hilfe! Zu Hilfe!

Die Stimmen verlieren sich.

Kasperl *schlägt eine teuflische Lache an.* Für heute, meine Herren, hätten wir uns, denk ich, zum letzten Male gesehn.

Pause.

Kasperl Hallo, Taxi!

Straßenlärm.

Chauffeur! Firlefanzgasse 1-12, aber schnell!

Stimme des Chauffeurs Muß ein Irrtum sein, lieber Herr, da gibts doch nur zwei Häuser.

Kasperl Aber bei meinem, da zählen die Fenster mit, los!

Straßenlärm, nach einiger Zeit der Knall einer Explosion. – Pause. – Glockenläuten.

Kasperl Hab ich aber geschlafen. Das ist doch das Glockenspiel von Sankt Katharin. Sechs Uhr abends und ich lieg noch im Bett?

Frau Puschi Nicht so laut sprechen, Kasperl, Du mußt Dich schonen. Gehts Dir schon besser?

Kasperl Kreuzfidel bin ich wieder.

Frau Puschi Ach, lieber Kasperl, wenn ich denk, wie sie Dich mir gebracht haben. Das Bein verbunden, auf einer Bahre.

Kasperl Davon mag ich nichts hören. Das ist schon vorüber. Das tut gar nimmer weh. Sag mir lieber, was all die Pakete da zu bedeuten haben.

Frau Puschi Die haben Dir die Kinder gebracht, die heute mit Dir im Zoo waren.

Kasperl Zeig doch her, Puschi!

Während der folgenden Aufzählung hört man das Rascheln von Papieren. Der Inhalt der Pakete wird abwechseln von Kasperl und von Puschi ausgerufen.

Kasperl und Puschi Eine Schachtel Schokoladenzigarren. – Ein Revolver aus Marzipan. – Eine Puppe aus Krokant. – Eine Standuhr aus Schokolade. – Einen Krampus aus Backpflaumen. – Eine bunte Schüssel. – Eine Biskuitvase. – Ein Pfefferkuchen-Haus. – Einen Säbel aus Kandiszucker.

Kasperl Soll ich erst den Revolver essen oder den Säbel?

Frau Puschi Den Revolver will ich.

Kasperl Du kriegst den Krampus.

Frau Puschi Nein, die Standuhr. Die will ich als Suppe essen.

Kasperl Angefangen wird mit der Vase, die ist die Vorspeise.

Frau Puschi So geht das nicht, Kasperl. Ich bin die Hausfrau, ich muß das Menü machen.

Kasperl Du hast recht, und ich muß einen Plan machen.

Frau Puschi Was für einen Plan mußt Du denn machen?

Kasperl Wegen dem Herrn Maulschmidt.

Frau Puschi Was brauchst Du denn einen Plan für den?

Kasperl Daß ich mir überleg, wenn ich den wieder treffe, wie ich dem hübsch nach der Reihe die Knochen zerbrech.

Frau Puschi Aber, Kasperl!

Kasperl Anfangen könnt man vielleicht mit dem Schlüsselbein. Ich denk mir das nett, mit dem Schlüsselbein anfangen. Dann könnt ich mir denken, daß schon das Schienbein dran käme. Jetzt wenn ich nur wüßt, das rechte oder das linke. Beide möcht ich ihm nicht zerbrechen. Das wär gemein. – Nachher möchten sich aber die Rippen beleidigt fühlen, wenns ganz bleiben. Da müßt man fein zählen, daß man nicht die falsche Rippe zerbricht. Wieviel Rippen mag der Herr Maulschmidt haben? Was meinst, Puschi, wo der nämlich so lang ist, hat er wenigstens zwanzig.

Frau Puschi Aber, Kasperl, das gibts ja gar nicht. Jeder Mensch hat nur zwölf Rippen.

Kasperl Rippen hin, Rippen her. – Aber sag mal, Puschi, wie war das mit dem David und mit dem Goliath?

Frau Puschi Das hast doch in der Schul gelernt, Kasperl.

Kasperl Ich mein halt nur, der wo umfiel. War das der David?

Frau Puschi Das war der Goliath.

Kasperl Alsdann ist mein Plan schon fertig. – Du mußt Dir nur einen Karren borgen.

Frau Puschi Wozu brauch ich denn einen Karren?

Kasperl Du wirst gleich hören. – Der Herr Maulschmidt, wenn ich ihm alle Rippen gebrochen hab, dann kann er doch nicht mehr gehn.

Frau Puschi Wahrscheinlich kann er das nicht.

Kasperl Alsdann! Dann fahren wir ihn eben im Karren. Und nun werd ich dir sagen wohin. Wir fahren ihn auf den Markt. Da wo das Denkmal von dem Herrn Kules steht, der wo den Löwen erschlagen hat. Da lehnen wir den Herrn Maulschmidt gegen, und wenn sich die Leut versammelt haben, dann gehst Du mit dem Teller herum, und ich sing die ganze Geschichte, so wie sie gewesen ist. Paß mal auf, das Lied hab ich eben gemacht.

Rezitativ in der Art einer Moritat.

Weil die Puschi ihm befohlen
Einen Fisch ihr zu besorgen
Macht sich Kasperl auf die Sohlen
Das war ein finsterer Nebelmorgen.

Es klopft.

Frau Puschi Wer ist denn das?

Herr Maulschmidt Ich komme nur, dem Kasperl ein Kuvert abzugeben.

Kasperl Teufel! Das ist doch schon wieder dieser Herr Maulschmidt.

Herr Maulschmidt Guten Tag, Kasperl. Freut mich zu sehn, daß es schon wieder gut geht. Freut mich auch, Dir dies überbringen zu dürfen.

Kasperl Ein Kuvert?

Frau Puschi Ein Kuvert?

Herr Maulschmidt Und was erst darin ist.

Frau Puschi Tausend Mark!?

Herr Maulschmidt Honorar vom Rundfunk.

Kasperl Vom Rundfunk?! Der mich fast in den Tod gehetzt hätte?

Herr Maulschmidt Dafür hat er nun auch sein Ziel erreicht.

Kasperl Was soll das bedeuten?

Herr Maulschmidt Das bedeutet, Kasperl, daß Du im Rundfunk gesprochen hast, wenn Du es auch nicht weißt.

Kasperl Das muß wohl im Schlafe gewesen sein.

Herr Maulschmidt Nicht im Schlafe, aber im Bett.

Frau Puschi Im Bett?

Herr Maulschmidt Wer zuletzt lacht, lacht am besten. Wir vom Rundfunk sind noch schlauer als Du. Während Du in der Stadt Deine Schandtaten verübt hast, haben wir heimlich hier in Deinem Zimmer unter dem Bett ein Mikrophon aufgebaut, und nun haben wir alles, was Du gesagt hast, auf Platten und hier habe ich Dir gleich eine mitgebracht. Hört nur zu:

Es kommt nun gewissermaßen auf der Platte, aber in der Tonfärbung etwas entstellt, der obige Text:

Platte . . . Der wo den Löwen erschlagen hat. Da lehnen wir den Herrn Maulschmidt gegen, und wenn sich die Leut versammelt haben, dann gehst Du mit dem Teller herum, und ich sing die ganze Geschichte, so wie sie gewesen ist. Paß mal auf, das Lied hab ich eben gemacht.

Weil die Puschi ihm befohlen
Einen Fisch ihr zu besorgen
Macht sich Kasperl auf die Sohlen
Das war ein finsterer Nebelmorgen.

Kasperl Jetzt hab ich zum ersten Mal gehört, wie der Rundfunk ist.

Frau Puschi Und ich zum ersten Mal gesehen, wie ein Tausender ausschaut.

Kasperl und Frau Puschi Und wir danken auch schön, Herr Maulschmidt.

Glockenspiel wie oben.

Herr Maulschmidt Habe die Ehre! Auf Wiedersehn allerseits! Ich muß mich nämlich sputen, wir haben jetzt eine Übertragung aus Pumpernickel. Das ist mal ein lustiger Tag gewesen.

Joachim Ringelnatz

KASPERLE-VERSE

Seid ihr alle da?
Ja??
Dann schreit einmal hurra.
Denn, geliebte Kinder,
ich bin der
Kasperle und bin wieder da.
Bin vergnügt, seid ihr es auch.
Lacht ein Loch euch in den Bauch
Aber gebt dabei recht acht,
daß ihr nicht danebenlacht.

Wer hier stört und wer nicht gut
aufpaßt, kriegt eins auf den Hut.

Ratet einmal, wer ich bin.
Aber seht nicht näher hin.
Bin ich nicht die schönste Frau?
Jung und frisch wie Morgentau?

Ha! Ihr lacht! – – Mama hat recht:
Ach, was sind die Menschen schlecht!

Rechts rum fahren! Licht einschalten!
Namen nennen! Ruhe halten!
Weitergehn! Nicht stehenbleiben!
Rechts anschließen! Unterschreiben!
Paß vorzeigen. Fünf Uhr drei
wiederkommen sechsten Mai
vierten Stock nach Zimmer zwei.

Ach, wie wär's um euch bestellt,
wär kein Schutzmann auf der Welt!

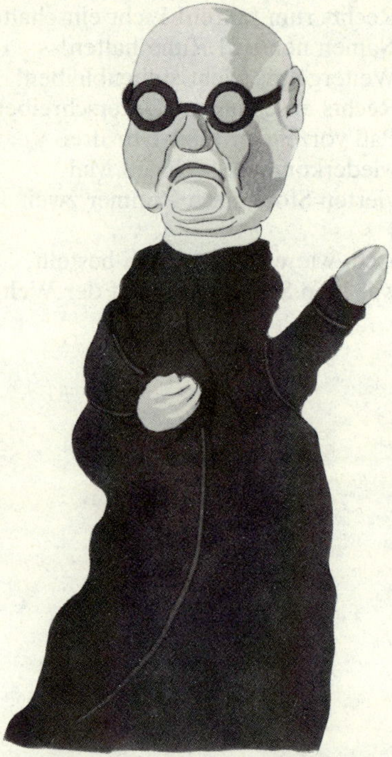

Ich, seit meiner Jugendzeit
suchte stets Gelehrsamkeit.
Liebe Kinder, ihr versteht
nicht, was mir im Kopf rumgeht.
Denn ihr seid, das will ich sagen
dümmer als ein Straußenmagen.

Hört mir zu und zweifelt nicht,
weil aus mir die Weisheit spricht.

Liebe Kinder, seid recht gütlich,
denn sonst werd ich ungemütlich.
übt Geduld und Nächstenliebe,
sonst gibt's Hiebe!

Werte Herrschaften, Freunde oder Kameraden!
Ich stelle mich hiermit
ihnen vor, und trinke auch gern ein Bier mit,
wenn sie mich dazu einladen.

Ich bin der weltbekannte,
sogenannte Tippelmax.
Mein Herz ist weich wie Wachs.

Ich werde viel gesucht
(meistens von der Polizei).
Hab die Ehr! Bin so frei!

Verzeihen Sie meine zerrissenen Sohlen.
Ein Auto ist mir noch nie gestohlen.
Ich mache die moderne Mode
nicht mit. – Nach meinem Tode
erbt Gottseidank
kein Mensch von mir einen Kleiderschrank.

Verehrte Herrschaften, ich suche Stellung.
Ich bin das Dienstmädchen Klossblond aus Meissen.
Ich kann allerbeste Zeugnisse aufweisen.
Letzte Stellung verließ ich nur wegen Schwellung
meiner Backe. – Ich weiß, warum sie lachen:
Ich habe vergessen, einen Knicks zu machen.

Ich bin der von der Hölle entsandte
Teufel. – Willkommen, ihr Schwefelbande!

Ich hoffe, daß ihr lügt, stehlt und recht schlecht seid,
damit ihr mir für die Hölle recht seid,
wo alle Menschen, die Böses taten,
von uns gequält werden, dann gebraten,
dann durchgedreht durch die Fleischhackmaschinen
und ewig so weiter, wie sie es verdienen.

Ich bin der Doktor Mysteriös.
Ich kann zehn Jahre schweigen.
Wenn man mich reizt, kann ich sehr bös
meine Zähne zeigen.

Ich bin ein Zauberer von Beruf.
Ich kann aus zerbrochenen Tassen
Gold machen und aus einem Pferdehuf
eine Palme wachsen lassen.

Ich habe lang auf dem Monde gehaust.
Ich kann ganz plötzlich verschwinden,
daß niemand mich jemals wird finden.
Ich kann auch lügen, daß allen graust.

Empfehle mich Ihnen mit Handkuß.

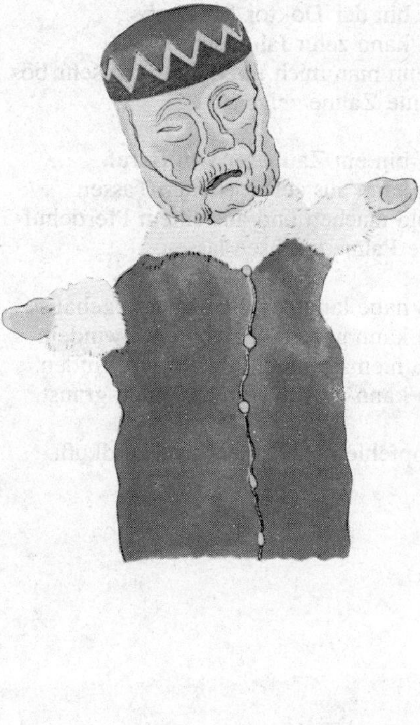

Liebe Leute, ihr tut mir so leid!
Ich danke euch, daß ihr gekommen seid.
Euer alter König wünscht euch guten Morgen,
wollte sagen: Guten Abend. – Macht euch nicht Sorgen!
Und geht jetzt beruhigt nach Haus,
ihr Getreuen und Braven!

Euer alter König
zieht sich jetzt die Stiefel aus
und geht schlafen.

Ich bin, wie sie wissen, ihre Durchlaucht
Prinzessin Knöllchen. – Ich bin so zart,
daß: wenn mich ein Mann anhaucht,
wächst mir sofort ein Bart.

Hab aber noch nie einen Mann gesehn,
denn ich bin streng bewacht.
Zehntausend Soldaten, die Tag und Nacht
mein Schloß umstehn,
lassen keinen Mann herein.

Mein Herz ist aus Seide und Elfenbein.

Was sagt ihr da? Ihr kennt mich nicht,
den Dienstmann Kümmelhärchen?
Na seht mir doch mal ins Gesicht.
Ist das nicht wie ein Märchen?

Daß ich mal Droschkenkutscher war,
dann Boxer mit sechs Preisen
und dann Portier, das ist doch klar
und will noch nichts beweisen.

Doch wenn ihr mir einen Auftrag gebt
(und sie gut Trinkgeld geben),
so irgendwas, wo man schwer hebt,
dann werdet ihr was erleben!

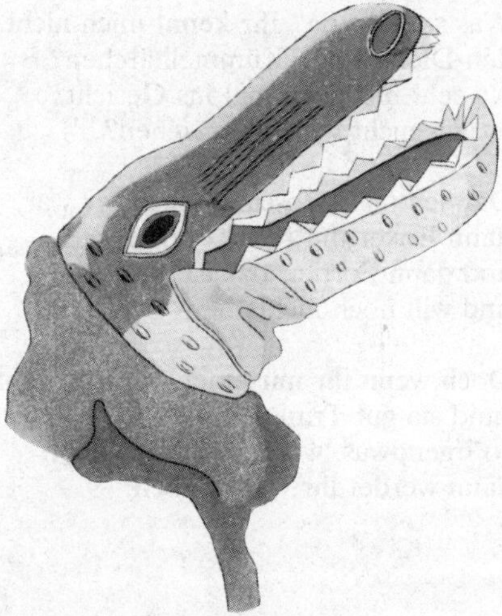

Ich bin das Riesenkrokodil.
Meine Großmutter war ein Drachen.
Ich verschlucke, wenn ich will,
einen Esel und noch größere Sachen.

Ich liege oft tausend Jahre still
und klappere dann mit den Zähnen.
Ich bin das Riesenkrokodil.
Ich kann entsetzlich gähnen.

klapp klapp
schnapp schnapp
uohahhh . . .

Ich bin der Tod. Ich trinke weder Wein
noch esse ich Kuchen,
noch sonstwas. Ich bin nur Gebein.
Aber ich muß jeden Menschen einmal besuchen,
um ihn – früher oder später –
dorthin zu holen, wohin Mütter und Väter
und manches Kind
schon lange geholt worden sind.

Dort werden die schlechten ausgelesen.
Aber die andern, die gut gewesen,
kommen wieder fröhlich hervor,
so Kasperle mit dem goldnen Humor.

Brrrrrr!

Ich komme und gehe wieder,
ich, der Matrose Ringelnatz.
Die Wellen des Meeres auf und nieder
tragen mich und meine Lieder
von Hafenplatz zu Hafenplatz.

Ihr kennt meine lange Nase,
mein vom Sturm zerknittertes Gesicht.

Daß ich so gern spaße
nach der harten Arbeit draußen,
versteht ihr das?
                                        Oder nicht?

Max Kommerell

DAS VERBESSERTE BIRIBI

Erste Szene

Biribi *allein, Laute von sich gebend. Der* **Polizist** *tritt auf und singt.*

Polizist Ich bin der Polizist,
Ich bleibe fest.
Wer und was einer ist,
Stelle ich fest.
Ich bin die Polizei!
Der Reiche, der hoch stolziert,
Der Arme, der darbt und friert,
Madame, die sich schminkt und ziert,
Der Hausknecht, der Stiefel schmiert:
Wer auch und was er sei –
Er wird notiert. *Er stößt mit dem Fuß an das Biribi.*

Hopla! Eine Person, von der der Staat nichts weiß! Grün angezogen – offenbar eine Livree. Ich notiere: Wuchs langgestreckt, Hautfarbe grün, Haare rot, Geschlecht männlich – denn es hat so felsige Züge – oder doch wohl eher weiblich? denn es verläuft in einer Wellenlinie. Ich notiere: Geschlecht zweideutig? Profil jugendlich – es lächelt im Zickzack. Jetzt will ich es ausfragen. Wie heißen Sie?

Biribi *mit schrecklicher Stimme.* Biribi.

Polizist Ich höre gut. Sie brauchen nicht so zu brüllen. Ihr Beruf?

Biribi Ungeheuer.

Polizist Vater?

Biribi Biribus.

Polizist Mutter?

Biribi Biriba.

Polizist Was tun Sie hier?

Biribi Ich wese.

Polizist Ihr Geschlecht?

Biribi *nach einigem Stottern.* Bleibt dahingestellt.

Polizist Womit bestreiten Sie Ihren Unterhalt?

Biribi Mit Prinzessinnen.

Polizist Es gibt hier nur eine. Und wenn Sie die nicht bekommen?

Biribi Wawiluwaluwatsch Wiluwahuhu!

Polizist Was ist denn das für eine Sprache?

Biribi Meine Sprache.

Polizist Buchstabieren Sie!

Biribi *buchstabiert und schnappt nach jedem Buchstaben nach dem Polizisten.*

Polizist Werde höheren Ortes Meldung erstatten und nicht verfehlen anzuzeigen, daß Sie nach einer hohen Obrigkeit geschnappt haben.

Zweite Szene

Der **König** *auf seinem Thron.* **Polizist** *tritt ein.*

König Ungeschliffener Störer meiner königlichen Stimmung! Wozu bin ich König, wenn das Um-mich nicht auf das In-mir gestimmt ist? Heute schwinge ich in cis-moll! Der Anfang der Mondscheinsonate erklingt, wenn ich mich von meinem Throne erhebe – *Er erhebt sich etwas und sogleich ertönt das genannte Stück, um wieder abzubrechen, sobald der König wieder sitzt.* Und der Kuckuck in meiner Kuckucksuhr pfeift den cis-moll-Dreiklang. Er hat sich bei meinem Haushofmeister zu erkundigen, der immer weiß, welche Stimmung Parole ist. Draußen in der Garderobe sind zwei Dutzend cis-moll-Pantoffeln bereit, denn der Staat ist Musik und ich will nicht, daß sich etwas zwischen das königliche Herz und die Pantoffeln meiner Untertanen dränge!

Polizist Ich bin so außer Atem, daß ich keine Zeit hatte, die cis-moll-Pantoffeln anzuziehen. Ihro Gnaden, es liegt ein Ungeheuer in der Landschaft! *Er zieht sein Protokoll heraus.* Name Biribi, Hautfarbe grün, Geschlecht sächlich, Profil jugendlich. Benebst, daß es nach einer hohen Obrigkeit geschnappt hat.

König Dieses schiene mir verzeihlich.

Polizist Wie Ihro Gnaden befehlen.

König Da ich heute zur milden Schwermut neige, erlaube ich dem Ungeheuer in meiner Landschaft zu liegen, bestimme jedoch, daß es sich mein Wappen auf seinen

Bauch malen lasse. *Da sich der Polizist räuspert.* Was gibt es da zu räuspern?

Polizist Vergaß zu melden, daß das Ungeheuer nur von Prinzessinnen lebt.

König Was tut es aber, wenn wir ihm unsere Prinzessin nicht zu fressen geben?

Polizist Fragte ich auch. Es sagte nur: Wawiluwaluwatsch Wiluwahuhu.

König Also das will es tun? Wawiluwaluwatsch Wiluwahuhu? Was ist denn das für eine Sprache?

Polizist Seine Sprache.

König *entsetzt.* Ich weiß nicht, was es ist – ich ahne nur: Es ist entsetzlich! Ich schlafe ein mit Wawilu, ich wache auf mit Waluwatsch, ich fahre aus meinen Träumen mit Wiluwahuhu. Der ganze Hof soll nachdenken, wie das vermieden werden kann. Er ist entlassen. *Polizist ab.* Bibi, mein Täubchen, komm!

Dritte Szene

Der **König** *und Prinzessin* **Bibi.**

Bibi Was denn Papa?

König Ein Ungeheuer liegt in der Landschaft, das sich nur vom Fleische der Prinzessin nährt. Ich frage dich: Willst du dich etwa von ihm fressen lassen?

Bibi Ja, Papa, von Herzen gern.

König Warum mir diese befremdliche Antwort?

Bibi Ich bin lebensmüde. Es ist mir recht, wenn es mich frißt.

König Das hast du von mir geerbt. Wehe, mein Blut, mein Blut! Und warum dies, mein Kind?

Bibi Ich bringe meine Rechnungen nicht heraus, und meine Bandfinken haben die schnelle Katrine. Was tut das Ungeheuer, wenn ich mich nicht fressen lasse?

König Wawiluwaluwatsch Wiluwahuhu.

Bibi Wawiluwaluwatsch Wiluwahuhu!

König Fühlst du, was das heißt, in seinem ganzen Umfang?

Bibi Ich fühl's. Das muß unter allen Umständen vermieden werden, daß ich mich fressen lasse, ist eine Kleinigkeit dagegen. Ich besuche jetzt den Tod, damit er mir etwas geläufiger wird.

König Warte, ich sehe nach im Adreßbuch. *Liest vor.* »Magnus Tod, Dr. nat., Knochensplittergasse 368, Hinterhaus.« Ich schlafe ein mit Wawilu, ich wache auf mit Waluwatsch, ich fahre aus meinen Träumen mit Wiluwahuhu.

Bibi Das muß unter allen Umständen vermieden werden.

König Ich lasse dich ziehen, wenn auch mit Wehmut, du warst immer ein frühreifes Kind.

Vierte Szene

Die Wohnung des **Todes.** *Prinzessin* **Bibi** *klopft an die Türe.*

Tod Herein.

Bibi Nicht wahr, Sie sind der Herr Tod? Ich bin die Prinzessin Bibi.

Tod Freut mich.

Bibi Sie sind doch zum – wenn man stirbt?

Tod Jawohl.

Bibi Ich wollte gern sterben. Und da wollte ich mich vorher etwas an Sie gewöhnen. Nämlich – das Ungeheuer will mich fressen. Aber Sie sind gar nicht schön!

Tod Es ist auch nicht meine Aufgabe, schön zu sein.

Bibi Ich meine – jetzt, wo ich Sie näher kenne, mag ich nicht mehr sterben.

Tod Du darfst auch nicht. Ich habe keinen Auftrag.

Bibi Wer gibt dir denn Aufträge?

Tod Der Himmel.

Bibi Da hat es also der Himmel wieder mal richtig gemacht. Aber was tun wir nur mit dem Ungeheuer?

Tod Eben kommt der Teufel. Verstecke dich, und du wirst's hören.

Man hört das Stampfen des Teufels, der unter folgendem Gesang auftritt.

Teufel Der Teufel hat Langeweil,
Weil die Leut brav worden sind.
Er hält Maulaffen feil,
Teufels Großmutter kratzt ihm den Grind.

Tod Guten Abend, Teufel: Übrigens hast du hier nichts mehr zu suchen, da niemand mehr in die Hölle kommt. Die Bösen tut man ins Besserungsheim, und wenn sie dort hunderttausend Jahre gewesen sind, werden sie reif für den Himmel.

Teufel Ja, nicht einmal auf die Bösen ist mehr Verlaß! Zur Zeit arbeite ich bei dem Zauberer Miraspalabras. Soll tüchtig sein, aber die Zauberer haben schlechte Aussichten; das Holz, aus dem die Zauberstäbe geschnitzt werden, ist ausgegangen. Ich warte, bis das Biribi stirbt, das alte Leckermaul. Es hat schon arg das Zahnweh, weil das Prinzessinenfleisch die Eckzähne so angreift. Jetzt wird es bald seine letzte Prinzessin gefressen haben. Ich glaube nicht, daß der liebe Gott Wert auf seine Seele legt. Ich freue mich schon. Morgen hält es seinen Fraß –

Tod Wenn man es nicht zum Lachen bringt.

Teufel Wieso zum Lachen bringt?

Tod Hast du denn keine Naturgeschichte gehabt? Ungeheuer mit grüner Haut und roten Haaren fressen Prinzessinnen, bis sie jemand zum Lachen bringt.

Teufel O, das wird schwer halten. Das Biribi ist viel zu dumm, um über irgend etwas zu lachen. Übrigens bekomme ich es so oder so. Adieu Tod!

Tod Servus Teufel!

Der Teufel ab. Bibi kommt aus dem Versteck und fällt dem Tod um den Hals.

Bibi Tausend Dank!

Tod Bitte keine unangebrachten Zärtlichkeiten. Der Tod ist nicht zum Vergnügen da.

Bibi Ach so, pardon. Einen Gruß von Papi.

Tod Danke sehr, werde nächstens vorsprechen.

Fünfte Szene

Der **Chinese.**

Chinese Was die Menschen nur reden. Wahre Weisheit kommt mit wenig Worten aus. Ich brauche bloß drei Sätze, um allen alles zu sagen. Ich sage entweder: »Weiß schon alles« oder »vielleicht auch im Gegenteil« oder »das dürfte wohl das Richtige sein«. Ich bin so weise, daß ich sonst gar nichts zu sagen brauche.

Der König klopft an und tritt herein.

Chinese Weiß schon alles.

König *verschnaufend, aufgeregt.* Biribi – meine Tochter hat gehorcht – beim Tod – zum Lachen bringen – sonst frißt – wer kann da helfen? Nur der Weiseste im ganzen Land.

Chinese Vielleicht auch im Gegenteil.

König *verduzt, dann von einem Gedanken erhellt.* Aha! Also der Dümmste im ganzen Land. Das ist Kasperle. Kasperle muß Biribi zum Lachen bringen.

Chinese Das dürfte das Richtige sein.

König Ausgezeichnet. Ich schicke Polizei zu Kasperle, Kasperle spricht bei Ihnen vor, damit Sie ihm einen Rat geben. Ich bin Ihnen unendlich verbunden. Sie sind gescheiter als wir alle.

Chinese Das dürfte das Richtige sein. *König ab.*

Sechste Szene

Der **Zauberer** *und der* **Teufel.**

Der Zauberer Polokruz, polokruz!

Teufel *erscheint.* Zim, zim!

Zauberer Ich liebe Bibi, liebt sie noch jemand außer mir?

Teufel Ja, Kasperle!

Zauberer *lacht gellend.* Und seine Aussichten?

Teufel Sind gut, wenn er Biribi zum Lachen bringt.

Zauberer Kann ich das hindern?

Teufel Du mußt sein Gelächter einfangen und tot machen.

Zauberer Ist das ein Tier, oder so was?

Teufel Viel, viel kleiner als ein Mäuschen – ein unsichtbarer Etwas. Man hört's nur, man sieht's nicht, greift's nicht – 's ist in ihm drin.

Zauberer Können wir es in eine Falle locken?

Teufel Ja, wenn er schläft. Dann geht's durch seinen offenen Mund spazieren und dringt in fremde Schlafstuben ein, kitzelt die Leute am Bauch und amüsiert sich, bis Kasperle wieder aufwacht. Dann hat es wieder Dienst. Jetzt schläft er gerade.

Zauberer Gut, ich locke es heran, und du mach, daß du es verschluckst.

Man hört ein fernes, leises Gekicher, das näher kommt und anschwillt, die ganze Tonleiter auf und ab lacht und schließlich dröhnt, wie ein mächtiger Baß. Der Zauberer und der Teufel laufen ihm nach, wollen es mit den Händen fangen, stolpern, laufen sich selbst in die Arme, sehen in die Luft hinauf usw.

Zauberer *faßt den Teufel an die Ohren.* Ich hab's, ich hab's!

Teufel Ach was – das bin doch ich, der Teufel.

Zauberer Ach so. Pardon.

Teufel *faßt den Zauberer an seinem Hintern. Ich hab's! Ich hab's!*

Zauberer Ach was, das ist doch mein Hintern!

Teufel Oh, entschuldigen Sie, mein Allerwertester! – In der Luft ist's, in der Luft ist's, dicht über Ihrem Kopf!

Zauberer Was in der Luft ist, dafür hab' ich einen besonderer Merks. Ich hex' es in mich hinein. Passen Sie auf: Jau, jau, julu, ratz, ratz, ratz, bum. So jetzt mach' ich's Maul auf und fress' es.

Er fängt an, mit ganz hoher Stimme zu kichern und sich zu schütteln.

Teufel Was ist mit Ihnen? Warum kichern Sie so? Ihre Stimme ist verändert. Ich kenne Sie nicht mehr. Woher diese verspätete Kindlichkeit? Und warum schütteln Sie sich so gewaltsam?

Zauberer Ich muß, ich muß. Das Gelächter Kasperls ist in mir. Es poltert und purzelt mir durch die Därme, es zerreißt mich noch. Hihi, haha, hoho! Achtung, Achtung! Jetzt fährt's mir hinten hinaus als ein Wind! Fangen Sie's rechtzeitig auf, sonst geht's durch. *Er dreht dem Teufel sein Hinterteil zu. Dieser ist emsig mit Gesicht und Händen daran beschäftigt; sodann richten sich beide in die Höhe, der Teufel schüttelt sich vor Lachen.* Sehen Sie, so tut das! Ich weiß wohl, daß es nicht Ihre Natur ist, so albern zu kichern.

Teufel *lachend.* Ich spür's in meinen Nasenflügeln, beißen-

der als das stärkste Kraut aus den Schnupfdosen der Hölle. Hatsi, hatsi! Jetzt rutscht's mir durch den Kehlkopf – als ob ich ein paar Dutzend Heuschrecken verschläng'. Da, da! Jetzt schüttert es hohl aus meinem Bauch. Boxen Sie es tot!

Der Zauberer nimmt einen großen Anlauf, und boxt ihm eins in den Bauch. Gelles Gelächter.

Teufel Das sitzt! Es hat sich soeben totgelacht! O, o! Es ist hin, ich bin auch hin.

Zauberer *wirft sich weinend über ihn.* Stirb nicht, du mein unersetzlicher Liebling.

Er muß mitten im Heulen laut auflachen und wechselt ab zwischen Geheul und Gelächter.

Teufel Was ist denn das? Mir scheint, ich bin noch da; aber ich muß sagen, das war eine sonderbare Totenklage. Ich wüßte nicht, was Sie an meinem vermeintlichen Tod so lächern konnte!

Zauberer Nicht ich, nicht ich. Als ich Sie umarmte, ist das Gelächter wieder in mich hineingeschlüpft. – Jetzt lacht es auf einmal so dreckig, ich weiß nicht warum. Hä, hä, hä!

Teufel Scheußlich! Ich will es auf mein Horn nehmen, ich will es spießen.

Er nimmt einen Anlauf und rennt dem Zauberer sein Horn in den Bauch.

Zauberer *umsinkend.* Ich habe gelebt.

Teufel *ihn beschnuppernd.* Er stinkt schon, gleich nehm' ich ihn mit. Doch was ist das?

Sie lachen beide abwechslungsweise unbändig und in allen Tonarten; indem einer auf den andern losrennt, den andern boxt, packt, verbleut, würgt.

Zauberer Jetzt ist's in mir.

Teufel Nein in mir. Da, da!

Sie rennen mit den Köpfen aneinander und sinken um. Totenstille.

Der Polizist tritt auf.

Polizist Ich höre Stimmen. Wer sind Sie? Was singen Sie hier für ein Duett? Ist es forte, dann ist es eine Ruhestörung, ist es piano, dann ist es ein Geheimbund! Ich verhafte Sie! Keine Widerrede – oder Sie können das Übrige als

Leichen sagen. Wer sind Sie? *Er kommt näher, greift sie an.* O je, es sind schon Leichen – und welch ein Unglück! Ich kann sie nicht feststellen. Leichen an sich sind nichts Schlimmes. Eine angemessene Zahl von Todesfällen liegt im Interesse der städtischen Verwaltung. Aber eine Leiche, die nicht festgestellt ist, das darf nicht vorkommen, solang ich im Amt bin. Ausländer sind's, man sieht's an der Gesichtsfarbe. Wertgeschätzte Leichen, werdet nur einen Augenblick lebendig, damit ich eure Personalien feststellen kann! Nichts. Ach was, ich werf' sie ins Wasser, dann bleibt alles streng vertraulich. Es gibt keinen Staat ohne ein Staatsgeheimnis. *Er nimmt beide Leichen unter den Arm. Sie zucken heftig.* Was, Halbheiten, noch bis in den Tod hinein? Wer tot ist, ist tot. Halbtote werden hier nicht geduldet. Ins Wasser mit Euch! *Die Leichen zucken wieder.* Still gelegen! Fast hätte ich gesagt: Stillgestanden, ihr Leichen. Aber eine Leiche hat keinen Stand mehr, das ist klar. Deswegen gibt es da auch keine Standesunterschiede. Ich hab' mich also ganz richtig ausgedrückt. So, jetzt sind wir gleich am Wasser. *Die Leichen zucken noch heftiger.* Was zu viel ist, ist zu viel! *Er stößt ihre Köpfe aneinander, bis sie sich nicht mehr rühren.* Es genügt nicht, tot zu sein – es gehört auch Haltung dazu! Ich glaub' schon, daß auch eine Leiche mal was kitzelt. So eine Mücke, die weiß nicht, ob die Nase, auf die sie sich setzt, eine Nase des Lebens oder eine Nase des Todes ist. Aber was eine anständige Leiche ist, die beherrscht sich.

Man hört in der Ferne lachen, Kasperle tritt auf. Der Teufel und der Zauberer springen auf die Füße und suchen das Weite.

Teufel Das Lachen ist da – alles, nur das nicht!

Zauberer Die Lachpest, die Lachpest! So lange diese ansteckende Krankheit hier wütet, bleibe ich außer den Grenzen des Reiches.

Kasperle Was war denn mit denen?

Polizist Eigentlich sind es zwei Leichen, wenigstens waren sie's bis dato. Aber sie benahmen sich dabei so, daß man sie unmöglich ernst nehmen konnte. Wir verlieren wenig

daran, wenn sie über die Grenze gehen. Empfehle mich.
Polizist ab.

Kasperle So was ist mir noch nie passiert. Ich wachte auf und wartete wie gewöhnlich auf meinen ersten lustigen Einfall, um aufzustehn und ihn auszuführen; aber ich blieb ernst, wie eine Blutwurst. Ich erzählte mir selber die schönsten Schnurren und sah dabei in den Spiegel – aber mein Mienenspiel spielte überhaupt nicht mehr. Schließlich rasierte ich mich und machte dabei eine wahre Leichenbittermiene. Da hörte ich ganz von fern – man sollt's nicht glauben, wenn 's nicht wahr wäre – mein eigenes Gelächter; ganz genau wie ich lache, aber aus mir draußen. Ich sah, wie mein Gesicht sich andächtig verklärte und jetzt erst gewann ich mein Gelächter lieb und wußte, was ich an ihm hatte – da's von mir weg war, und wieder zu mir herkam. Es sprang an mir hinauf, wie ein Hundel – war das eine Wiedersehensfreude! Vor Staunen sperrte ich das Maul auf – da flog es gleich hinein, und jetzt ist's in mir drin und rumort in mir, daß mir der Bauch wackelt. Hahaha. Noch nie war mir so lächerlich zu Mut wie jetzt, das ist grad die richtige Stimmung für's Biribi.

Siebente Szene

Polizist *und* **Kasperle.**

Polizist Stillgestanden, Kasperle! Sofort Chinesen fragen, wie man Ungeheuer zum Lachen bringt. Jeden Tag, den es noch nicht lacht, bekommst du zehn hinten drauf. Habe Befehl, dir sogleich zehn im Vorschuß zu verabreichen. Achtung! Rumpfbeugen nach vorn, geradeaus, das hintere Gesicht mir zugekehrt, ohne mit einer Wimper zu zucken!
Er zählt ihm zehn auf, Kasperle schreit jedesmal.

Polizist Linksum kehrt! Vorderes Gesicht mir zugewendet! Wirst du in allem dem Chinesen gehorchen?

Kasperle Jawohl, ich will. Wo ist denn das Ungeheuer?

Polizist *sehr laut.* In der Landschaft.
Läßt ihn stehen.

Achte Szene

Der **Chinese** *und* **Kasperle.**

Kasperle Empfehlung, alter Chinese! Du bist der Weiseste, ich bin der Dümmste. Da passen wir gut zusammen.

Chinese Das dürfte wohl das Richtige sein.

Kasperle Denk dir, ich soll Biribi . . .

Chinese Weiß schon alles.

Kasperle Du weißt schon alles? Das ist gut. Da brauch' ich mich nicht zu plagen, wo mir so das Sprechen so sauer fällt. Gelt, Chinese, wenn ich mir so ein kleines Räuschlein antrinke, dann kann ich Biribi am besten zum Lachen bringen?

Chinese Oder auch im Gegenteil.

Kasperle Wie – muß ich's etwa nüchtern tun?

Chinese Das dürfte das Richtige sein.

Kasperle O Prinzessin Bibi! Daß dem Liebsten zuliebe immer das Schwerste verlangt wird! Aber aus Liebe bleibt sogar ein Kasperle nüchtern!

Chinese *eigentümlich nickend.* Das dürfte das Richtige sein.

Kasperle Ich bin wohl entlassen?

Da der Chinese noch immer nickt, geht er ab, folgende Verse singend.

Du alter Chinesenkopf
Machst mich ganz schüchtern!
Nun werd' ich armer Tropf
Aus Liebe nüchtern.

Neunte Szene

Frau **Schlampampe** *allein.*

Schlampampe Wo nur mein süßer Kasperle bleibt! Wären wir doch endlich verheiratet. Als Frau sehne ich mich so sehr nach einem regelmäßigeren Zustand. Aber ach, eine bange Ahnung sagt mir, es wird nichts damit. Der Planet der Liebe stand mit anderen Planeten in ungenauen Verhältnissen, als Frau Schlampampe zur Welt kam. Als Witwe wurde ich geboren, als Jungfrau werde ich sterben.

Polizist tritt ein, Kasperle daherschleppend.

Polizist Da, Sie! Passen Sie künftig besser auf Ihren Mann auf, er ist wieder knallvoll. Hundert Ganze habe ich ihm verabreicht und nicht einen einzigen hat er gespürt. Sein Hinterteil ist in einem unbewußten Zustand. Eines muß ich sagen: So – *auf Kasperle deutend* – bringt man kein Ungeheuer zum Lachen.

Schlampampe Wie soll ich denn auf ihn acht geben, wenn ich noch nicht mit ihm verheiratet bin.

Polizist In diesem Staat wird geheiratet! Merk Sie sich das! *Er wirft Kasperle hin und geht ab.*

Schlampampe *ihn beobachtend* Wie süß du schnarchst im Mondenschein, o Kasper! Wie der Schlaf deine Züge veredelt! O daß du doch im Wachen ein ebenso ruhiges Leben führen würdest, wie ich es dich im Schlaf tun sehe! Warum darf ich dir meine zartesten Gefühle nur gestehen, wenn du schläfst und sie nicht hören kannst? Und dich, wenn du wach bist, nur schelten? Doch würdest du eines dieser Worte vernehmen, so wäre es mit allem meinem Einfluß auf dich vorbei. Jetzt gehe ich beiseite, um einsam in meinen Empfindungen zu schwelgen. Du könntest sonst erwachen, und ich müßte wieder deine alltägliche Schlampampe sein.

Sie geht weg, folgende Verse singend.

O! Den man liebt, zu schlagen,
Sobald er wacht –
Nur wenn er schläft, zu sagen,
Nur kaum, nur sacht,
Was man für ihn empfinde,
Ist über meine Kraft!
O Liebe – o du blinde,
Dem Schlafenden entdeckte,
Dem Wachenden versteckte,
Zwecklose Leidenschaft!

Prinzessin Bibi tritt an den schlafenden Kasper heran.

Bibi Da schnarcht er und riecht nach Schnaps! So kann er mich nicht erlösen.

Kasperle *erwachend* Bist du ein Geist?

Bibi Nein, Bibi. Trinke nicht mehr, bring Biribi zum Lachen und ich heirate dich! *Ab.*

Kasperle Welche Engelsstimme hat mir gelispelt? Und gar von Heiraten! Aber was wird Schlampampe dazu sagen?

Schlampampe *hereinstürzend* Das!

Haut ihm eine herunter, Kasperle flieht.

O, daß ich ihm nie meine wahren Gefühle zeigen kann!

Biribi schleicht herein.

Biribi Ich sah doch hier die Prinzessin hereingehen! Diese dumpfe Wohnung ist ganz erfüllt von dem Wohlgeruch ihres köstlichen Fleisches. Hier ist sie; das beste ist, ich fresse sie gleich.

Biribi frißt Schlampampe und geht ab.

Kasperle *stürzt herein.* Hurra, Biribi fraß Schlampampe, ich heirate Bibi.

Zehnte Szene

Biribi *windet sich in Schmerzen. Es seufzt schwer, während man* **Kasperle** *von weitem lachen hört.*

Biribi Mein Inwendiges ist in Gärung. Ein paar Prinzessinnenknochen stehen quer in meinem Bauch. Merkwürdig harte Knochen – man könnte denken, daß ich mich vergriffen habe. Doch damit trete ich mir selbst zu nahe.

Kasperle mit seinem Prügel, laut lachend.

Kasperle Ha, ha, ha, das ist ein Einfall! *Den Prügel schwingend.* Mein Zahnstocher für's Biribi! Das bringt's zum Lachen! Ha, ha, ha!

Biribi Er lacht und ich leide. Oder lacht er, weil ich leide? O Leben unter den Menschen! So lacht nur, wer weiß, daß ich ihn nicht fresse. *Zu Kasperle.* Du Elender, der du dein Leben nur meinem wählerischen Geschmack zu danken hast . . . fräße ich alles und wäre ich nicht Spezialist –

Kasperle Hab' dich nicht so! Schlecht ist dir's, das ist alles. Hast Zahnweh? Ich hab' dir nen Zahnstocher mitgebracht! *Zwängt ihm den Prügel in das Maul.* Hurra, du lachst!

Biribi Wie gründlich verkennst du mein Mienenspiel. Die Natur hat die Linien meines Mundes zu seltsamen Krümmungen verzogen, so daß ich eine Art von stehendem Lächeln habe, das nicht übel zu meiner wortkargen Feierlichkeit paßt, zumal wenn ich wie jetzt verdaue. In einer gewissen Weise lächle ich immer oder nie, nicht wie du aus dem Stegreif! Ich habe Stil. Er ist mir so zur Gewohnheit geworden, daß ich ihn gerne los wäre.

Kasperle *für sich.* Es ist teufelsmäßig schwer, diese steinerne Kröte zu kitzeln. Meine Schlampampe sagt immer, am lächerlichsten sei ich, wenn ich gerührt bin. Ich muß mich stark rühren. *Zu Biribi.* Du pfeifst aus dem letzten Loch, ich schicke dir einen Seelsorger. *Ins Publikum.* Jetzt tu' ich mir was Schwarzes um, daß ihr's alle wißt! Aber nicht dem Biribi sagen. *Ab.*

Biribi Leider weiß ich genau, daß er selber kommen wird. Ach, würde ich nur einmal überrascht! So liege ich hier im großen Stil der Langeweile, den ich ach nur allzu gut beherrsche. *Es singt in schleppendem Tempo.*

Ich Krokodil
Bin ein Reptil
Von hohem Stil.
Ich lernte viel
Vom Sphinx-Profil
Am Nil, am Nil!

Nil, Nil! Wie sagt der Lateiner? Nil admirari, ja da liegt es.

Kasperle, als Beichtiger mit einer schwarzen Schärpe und verstellter Stimme.

Kasperle Liegt dir eine geheime Schuld auf dem Magen?

Biribi *mürrisch.* Es muß so was sein. Bisher war ich nach dem Genuß einer Prinzessin immer aufs innigste mit mir selber ausgesöhnt. Ich sagte ich, wenn ich du sagte, in einer rein inwendigen Vermählung ohne Zeremonie. Ihre Säfte süßten mein Krokodilblut und ich befahl mir herrisch und gehorchte mir demütig im ungetrübtesten Glück, das dauerte bis zur nächsten Mahlzeit. Auch jetzt fühle ich mich zu zweien, aber das andere keift und bestreitet mich aus mir selber. Vielleicht sollte ich einen Nahrungswechsel vornehmen und künftig nur noch Käsperle fressen. Sie, Herr Beichtiger, kennen gewiß einen Mann dieses Namens?

Kasperle *heult laut auf.* O unglückseliger Ka –

Biribi Meinst du mich?

Kasperle Kanarienvogel wollte ich sagen.

Biribi Kanarienvogel?

Kasperle Es war nur eine zärtliche Bezeichnung für Krokodil. Das mit den Käsperle schlag' dir aus dem Kopf! Das sind gefährliche Burschen. Ich kenne einen, der eine verwerfliche Neigung für Prinzessinnen hat. Er würde mit den dir einverleibten Personen dieses Standes gar sonderbare Tänze aufführen, und du hättest Unfug, wenn ich so sagen darf, in deinem eigenen Hause! *Für sich.* Himmel, schon wieder werde ich witzig, statt mich zu rühren! Ich kann mir den Druck auf deinem Gewissen nicht anders erklären, als daß du von deiner Art gelassen und eine alte Schachtel statt einer jungen Wachtel gefressen hast.

Biribi *für sich.* Wie tief der Mann sieht! Ja, mein Magen ist mein Gewissen! Hier liegt es. Sollte er noch tiefer gesehen haben, sollte ich wirklich statt ... wie, Biribi? Wenn ich's bloß denke ... schon die Möglichkeit ...

Kasperle *für sich.* Halt! 's ist nix. Das Viech grübelt, statt daß es lachen tut. Jetzt einen Einfall her! Ich hab's! *Zu Biribi.* Sind Sie eigentlich, wenn ich offen fragen darf, männlichen oder weiblichen Geschlechts?

Biribi *dumpf aufheulend.* Das weiß ich nicht. Das habe ich mich noch nie gefragt. Du führst mich an den Abgrund des fürchterlichsten Rätsels.

Kasperle *mit Gewicht.* Hier hilft kein Seelsorger, hier hilft nur der Arzt. *Ab.*

Biribi Obwohl ich weiß, daß wieder er selbst kommen wird, will ich doch tun, als wüßt' ich's nicht. Vielleicht löst er mir in seiner Torheit dies fürchterlichste aller Rätsel.

Kasperle tritt auf mit einem Doktorhut.

Kasperle *für sich.* Bisher konnte ich nur zeigen, was ich gelernt habe, das war Kinderspiel. Jetzt muß ich zeigen, was ich nicht gelernt habe. Da wird's fürchterlicher Ernst. *Zu Biribi.* Das, was Sie – Herr, Frau, oder Fräulein Biribi, von Natur sowieso tun, befehle ich Ihnen jetzt ausdrücklich: Liegen Sie auf dem Bauch! Ich klopfe Sie ab, das gehört zu meinem Beruf. Darum Geduld.

Während Kasperle nach jedem Klopfer mit seinem Prügel das Ohr an Biribi legt, verwendet eine kleine Zwischenmusik folgende Motive: Nach starkem Klopfen ein zorniges Fauchen, worauf Kasperle kleinlaut wird und bescheiden klopft mit mehrfachem da capo.

Kasperle Dieser Rücken ist gegen meine feinsten Klopf- und Horchkünste gewappnet. Auf den Rücken! Den Bauch zeigen!

Wieder Musik. Nach einigem zarten Klopfen ein derber Schlag, fürchterliches Gefauche.

Kasperle Aha, da sitzt's! Mein Herr, Sie sind Weib, und dazu schwanger! Hebamme her, Hebamme! ... Einen Augenblick, ich will nur die Hebamme holen. *Im Abgehen.* Ich will tun, als ob ich mit der Hebamme spräche. In Wien nennen sie mich Laroche. Und bei den Griechen gab's einen Mann mit einem langen Bart, der hieß La Rochefoucauld. So will ich heißen. Das macht Eindruck.

Kasperle stellt ein Scheingespräch an hinter der Szene, zwischen sich und der angeblichen Hebamme.

Kasperle *unsichtbar, nach Bedarf mit natürlicher und verstellter Stimme.* Heda, Frau Butterbämme! – Was denn, mein sehr geehrter Herr La Rochefoucauld? – Kommen Sie, kommen Sie, ein ungeheurer Fall! Ein Krokodil, das über sein eigenes Geschlecht nicht unterrichtet war, ist durch die Natur belehrt worden, daß es sich infolge hoher Schwangerschaft für eine Frau zu halten habe. – Was fällt Ihnen ein, Herr La Rochefoucauld? Sie muten mir zu, bei einer solchen Mißgeburt Hand anzulegen? – Keine Hebamme darf darüber grübeln, wem sie zur Geburt verhilft. Tun Sie, was Ihres Amtes ist! Denken Sie sich in die Lage dieses Tieres! Seine Losung ist: Gebären oder Verzweifeln!

Biribi *für sich, nachdem es lange aufmerksam zugehört hat.* Diesmal sind es wirklich zwei!

Kasperle *mit der Stimme der Hebamme.* Gut, auf Ihre Verantwortung, Herr La Rochefoucauld. Obwohl mir schwant, daß das, was ich hier gebären helfe, besser drin bliebe, als herauskäme.

Biribi Das sind echte Hebammenworte. Es ist durchaus nicht Kasperles Sprechweise.

Kasperle *noch hinter der Bühne.* Da ist sie schon. Ich bin jetzt nicht mehr nötig.

Kasperle tritt auf in einem Rock und redet mit der Stimme der Hebamme.

Kasperle Da bin ich schon. Er ist jetzt nicht mehr nötig. *An Biribi herumtappend.* Für Krokodile, die durch den Genuß von Prinzessinnenfleisch schwanger wurden, haben wir eine ganz neue Methode – wir beschleunigen die Geburt durch Kitzeln. *Kitzelt Biribi. Kille, kille, kille.*

Biribi *lacht tief und dröhnend.* Wie's mich lächert – ein ganzes Erdbeben! Mein Stil ist in Gefahr! Ho, ho, ho! Mein Stil!

Er speit Schlampampe aus.

Hoho, ich fraß Schlampampe statt der Prinzessin! Da lachen die Sphinxe.

Kasperle *stößt einen Schreckensruf aus und vergißt dabei seine Stimme zu verstellen.*

Biribi Speiend gebar ich. Meine Geburt heißt Schlampampe und meine Hebamme heißt Kasperle! Hohoho! Mein Stil, mein Stil! Ich bin nicht mehr ich. Kasperle du hast meinen Stil gebrochen, ich bin dir verfallen für immer. Tu mit mir, was du willst.

Schlampampe Was hab' ich gelitten! *Zu Kasperle.* Mein Herzallerliebster, heirate mich!

Kasperle Nie und nimmer. Da dich Biribi fraß, bist du tot, und ich verfüge frei über meine Hand. Wenn es dir beliebt, jetzt einfach wieder auf die Welt zu kommen, so bist du ein neuer Mensch und hast mit der seligen Schlampampe nichts zu tun. *Er erhebt dröhnend die Stimme.* Biribi, heirate Schlampampe!

Biribi heult auf und will weglaufen.

Kasperle Dageblieben!

Schlampampe Zwar kann man das, was mit mir geschah, keine Geburt nennen, denn ich hab' ja schon alle meine Zähne. Aber doch magst du recht haben, Kasperle! Ich bin nicht mehr, die ich war. Man wohnt nicht ungestraft so lange im Bauch eines andern Wesens. Da gehen Veränderungen mit einem vor, und wenn sich auch noch das Wesen, in dem seinem Bauch man wohnt, verändert, so verändert man sich erst recht. Ich spür' es an dem Geist, der jetzt über mich kommt und mich weissagen läßt, obwohl ich es nie gelernt habe. Ich rede mit Zungen –

Kasperle Als ob du sonst mit was anderem geredet hättest!

Schlampampe Laß mich! Ich kenne dich nicht! Ich rede mit Zungen: Dieses ägyptische Wüstengeschöpf hat in einer unfaßlichen seelischen Wiedergeburt seinen granitenen Ernst zu einem süßen Lächeln gedämpft. Ägyptischer Tiefsinn ward griechische Heiterkeit, und ich – ein deutsches Herz – fliege dir zu, und weiß nichts mehr von meinem vorigen Leben.

Sie versucht Biribi zu umarmen, das ihr jedoch den Schwanz statt des Kopfes hinstreckt.

Kasperle An diesen Worten seh' ich, daß du nicht Schlampampe bist. Sie hatte zwar eine große Seele, aber einen beschränkten Verstand.

Elfte Szene

König *und* **Schlampampe.**

König Sie versteht sich also freiwillig dazu, das Biribi zu heiraten?

Schlampampe Ja, weil es dieselben schönen roten Haare hat, wie Kasperle! Diese roten Haare sind eine sanfte Überleitung von meinen früheren, lockeren Verhältnissen zu dem neuen und ewigen Bande. Seit ich in Biribi's Bauch war, sehe ich die Welt anders und sehne mich unbeschreiblich nach dieser Geborgenheit.

König Gut, ich werde der Schirmherr Ihrer Liebe sein. Geh' Sie, Schlampampe, ich bin Ihr allergnädigster König.

Schlampampe mit einem Knix ab.

König *ruft.* Biribi!

Kasperle tritt auf, Biribi am Leitseil führend.

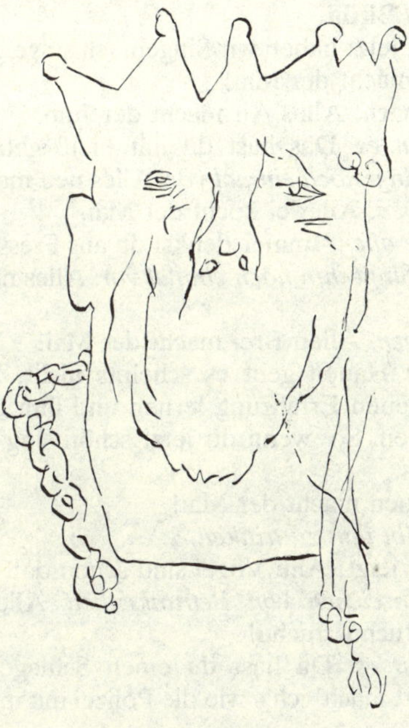

Kasperle Da ist es schon, und ich bin auch dabei; ohne mich kann es nicht mehr auftreten.

König Biribi heiratet Schlampampe.

Biribi *mit entsetzlichem Gebrüll.* Nie und nimmer!

König Kasperle, prügle es, bis es sie heiraten will.

Kasperle Herr König, wenn ich mir eine Bemerkung erlauben darf – bloß mit Prügeln ist es nicht getan. Sein Gemüt muß man verbessern. Es muß Singstunden nehmen und beten lernen!

König Eine treffliche, feinsinnige Bemerkung! Hiermit ernenne ich dich zum Biribibesserer mit höchsten Vollmachten. Ich verbleibe dein gnädigster König.
Winkt, Kasperle ab.

Zwölfte Szene

Kasperle *und* **Biribi.**

Kasperle So, jetzt haben wir Singen, ich singe dir vor. *Singt.* Alles neu macht der Mai!

Biribi singt nach. Alles Alt macht der Juni.

Kasperle *haut es.* Das hast du mit Fleiß getan, Mistvieh, lausiges! *Singt noch einmal vor.* Alles neu macht der Mai.

Biribi *wie oben.* Allerlei kocht der Mai.

Kasperle *wie oben.* Immer denkst du ans Fressen. Dicksack stinkiger! *Singt ihm noch einmal vor.* Alles neu macht der Mai.

Biribi *wie oben.* Allen Brei macht der Mai!

Kasperle Mit Hauen geht es scheints nicht. Ich muß aus meiner eigenen Erfahrung lernen und ihm das Gute reizend machen. So, wenn du jetzt schön singst, bekommst du Schnaps.

Biribi Alles neu macht der Mai!
Kasperle gibt ihm zu trinken.

Kasperle So, jetzt: Alle Vögel sind schon da!

Biribi *mit Anzeichen von Betrunkenheit.* Alle Flegel sind schon da. Juchu! Juchu!

Kasperle *haut es.* Da hast du einen Schlegel für deinen Flegel. Jetzt mach' ich's wie die Polizei mit mir. Zuerst die

Haue! *Haut es.* Jetzt noch einen Schnaps, und dann sing schön die Tonleiter!

Biribi *singt die Tonleiter.*

Kasperle Gut gebrüllt, Biribi! Jetzt haben wir Religion. Sag dein Abendgebet.

Biribi Müde bin ich Känguruh.

Kasperle Du bist doch kein Känguruh, du bist doch ein Biribi.

Biribi Müde bin ich Biribi.

Kasperle Nein, du Idiot, so heißt es doch nicht. Müde bin ich, geh' zur Ruh!

Biribi Ich bin klein.
Mein Herz ist rein,
Am liebsten fress'
Ich eine Prinzeß.

Kasperle haut es ganz furchtbar, Biribi singt laut heulend die Tonleiter auf und ab. Kasperle haut es immer mehr.

Biribi *heulend.* Ich will alle Gebetlein richtig sagen, ich will auch Schlampampe heiraten.

Man hört Glocken läuten.

Kasperle Brav Biribi, und da hast du noch einen Schnaps! Horch, schon läuten die Kirchenglocken! Jetzt müssen wir beide schnell zur Hochzeit! *Ab.*

Ende

Hans Carl Artmann

die liebe fee pocahontas oder kasper als schildwache

Abb. 16: George Cruikshank, Punch and Judy, um 1825.

personen:

kasper als privater in der armee der nordstaaten
ein farbiger trainsoldat erster klasse namens johann
der koch, ein dicker mensch namens johann
der herr hauptmann, ein böser mensch namens johann
die liebe fee pocahontas
die schöne frau des herrn hauptmann
der onkel sam, welcher aber auch johann heißt
ein waldhornist der nordstaaten, der sich johann nennt
der präsident johann linkoln, welcher aber nicht auftritt

ort und zeit:

erster auftritt: auf einem eroberten camp der conförderierten in der landschaft georgia im jahre 1865

zweiter aufzug: auf einer schönen waldlichtung in dem staate nord dakota und ebenfalls im jahre 1865, jedoch einen tag später

schilderhaus in der nähe eines lieblichen marsfeldes. der **kasper,** *angetan mit einem viel zu großen uniformrock, marschiert seinen säbel schwingend auf und ab. er sieht aus wie ein kleiner bub, der den rock seines vaters angezogen hat. musik: ›the american patrol‹ . . .:*

kasper soldaten, ach soldaten, ja die müssen früh aufstehn, um auf der lauer zu liegen oder auch schildwacht stehn. und kommt der herr hauptmann spät abends noch vorbei, dann denkt er sich: granaten, mord, potzpulver, blitz und blei . . .

eine hyäne jault in der nähe. der kasper erschreckt fürchterlich und streckt den säbel abwehrend vor sich hin:

kasper geld oder leben, halt werda, auf und nieder, eis und schnee, kind und kegel, rax und max, gold und eisen, rühr dich und stoß, wenn du dich traust!!

die hyäne hört zu jaulen auf. der kasper beruhigt sich wieder allmählich:

kasper ich glaub, das war wieder einmal überhaupt nichts. immer das gleiche regenschirmchen! oder vielleicht war's nur die schöne mietzekatze von der frau hauptmännin . . .

über dem marsfelde geht der mond als großer, gelber lampion hoch:

kasper ui jegerl, schon wieder ein neuer feind! warum geben sie mir denn auch nur so einen dummen, eisernen sabel? so weit schieß ich ja mein leben doch nie mit ihm, daß ich diesen chineserischen zeppelin da treffert! muß ich denn allerweil warten, bis mir die ganzen ungeheuer da an leib und kragen rücken?

er stellt sich ganz verängstigt in das schilderhäuschen und wartet ab:

kasper geh ich jetzt raus, dann sieht er mich, bleib ich drin, dann kommt akkurat wieder der hauptmann vorbei und schreit mir die farb aus dem gesicht und sich selber eine aufs eigene, weil ich nicht da heraußen steh, wie's der befehl vom herrn präsident linkoln ist. was soll da ein mensch mit seiner angst ums leben anfangen? mei gott, ich tät wirklich wahr am liebsten auf eine gaslatern kraxeln, wenn eine da wär. aber was soll man machen? die verflixte kasern liegt ja mitten auf dem land und noch dazu in einem abgebrockten kukurutzfeld!

ein gemeiner negersoldat kommt mit dem schaukelpferd des herrn hauptmann vorbei. dieses ist gar schön mit spiegelchen, goldtroddeln und prima Ia flitterwerk geschmückt und wurde aus einem ringelspiel der landschaft georgia während eines gefechtes erobert:

negersoldat he, du sohn einer zwergratte, willst du wohl nicht salutieren wie sich's bei die soldaten gehört, eh?

kasper was glaubst denn du, du rauchfangkehrerrawutzel? glaubst ich grüß einen, der gerade so viel und so wenig ist als ich!? geh heim zu deiner mamma und sag ihr, daß sie ein rechtes schweindel ist, weil sie dich nie mit der seif gewaschen hat . . .

negersoldat kusch, kasper, und gehorch, was dir dein vorgesetzter zu sagen hat: und daß du's auch weißt, ich bin trainsoldat I. classe, also um einen grad höher, zweitens führ ich hier das pferd von unserem herrn hauptmann und das steht in lieutenantsrang und drittens, wer zu mir sagt, daß er weißer wär als ich, der wird auf befehl des herrn präsidenten stante pede aufgehängt. so! und nun geh ich weiter, weil der hauptmann seinem lieben schimmel selbst den hafer geben will . . .

er zieht mit seinem pferd weiter und verschwindet:

kasper schwarzer mohrl!

er kommt wieder aus dem schilderhaus hervor und sieht nach dem mond:

kasper es könnt auch der mond sein. aber trotzdem: der schaut mir zu verdächtig nach papier aus! mir ist allers papier verdächtig und suspekt! das einzige papier, was ich mag, wär ein wurstpapier wo noch die wurst drin ist . . . das wär himmlisch. aber so ein himmelskörper und ich mit dem eisernen sabel, der mir halbert die hand abreißt? o nein, kasper, du hast dich da in ein rabiates abenteuer eingelassen . . . und ist einmal kein feind nicht da, dann kommt der liebe herr hauptmann und versalzt einem die guten linsen . . . ja, das tut er, der schlechte hamlet der!

ein dicker koch mit weißer mütze kommt mit einem großen topf herzu:

koch kasper, deine ration!

kasper was gibt's denn heute, lieber johann!

koch gute linsen, kasper . . .

er schöpft ihm einen kochlöffel trockene linsen in die breitgehaltene menageschale:

kasper und ein fleisch gibt's keines, lieber johann?

koch da mußt du dir schon auf den hintern greifen, dann hast ein fleisch . . .

der koch geht wieder ab:

kasper immer selbstverpflegung bei die soldaten. das ist ein schlimmes geld . . . na ja, dann also . . .

er greift sich an den hintern und macht ein langes gesicht:

kasper hab ich mir eh gleich gedenkt: nichts mehr da! jetzt muß ich meine guten linsen wie einen laib trockenes brot essen. o weh, mir staubt schon die gurgel im voraus!

der hauptmann kommt. er hat einen walroßschnurrbart und sehr rote wangen:

kasper habt acht, tag und nacht, schlicht schlacht, haut und haar, falsch und wahr, sieben jahr! melde gehorsamst, herr hauptmann, privater kasper auf schildwacht für die union!

hauptmann wie heiß ich denn, kasper, antwort!

kasper der hauptmann heißt herr johann!

hauptmann: gut, kasper . . . weil du das gewußt hast, kriegst du auch einen löffel salz für deine guten linsen . . .

er nimmt einen salzbeutel hervor und schüttet dem kasper eine handvoll davon in die linsen:

hauptmann so, da hast einen guten löffel für deine guten linsen . . .

der kasper sagt säuerlich:

kasper danke . . .

hauptmann na, freut's dich nicht mehr? he, antwort, du gartenzwerg!

der kasper antwortet nicht sogleich. der hauptmann schlendert ihm den am boden stehenden topf fort. die linsen springen lustig in das marsfeld:

hauptmann so! und wann du noch was essen willst, so greif dir auf den hintern ... und jetzt: habtacht! linxum! rechtsum! halt! sakragewalt, ich werd dir schon noch deine waden nach dem wind richten ...

er marschiert wieder ab:

kasper wann er mir das noch einmal macht, dann schreib ich auf seine zimmertür »der hauptmann ist blöd« ... oder ich schneid seinem pferd den schweif ab ... oder ich sag zu seiner frau »du hur, du ...« oder ich nimm sie ihm gleich weg und leb mit ihr in einem holzhaus, oder ich steche ihm mit meinem eisernen sabel ein loch in bauch, daß ihm das blut ausrinnt wie einer abgestochenen sau ... ja, das wären halt so schöne sachen, was ich meinem lieben herrn hauptmann antun möcht. johann heißt er, genau wie der koch. alle heißen sie johann und nur ich bin der kasper. und weil sie alle johann heißen, deshalb glauben s alle, daß sie den krieg gewinnen. aber ich, der kasper, weil ich mein einziger namensvetter bin, bin bei ihnen immer der spion! alle soldaten sollten kasper heißen, dann gäbs gleich keinen krieg mehr und der präsident johann müßtert vom fleck weg abdanken und ich nehmert mir dem hauptmann seine frau als die meinige zum schlafen nach haus ...

ein quadratmeter kukurutzfeld als tarnkappe nähert sich langsam dem schilderhaus. der mond flimmert orangerot in der dunklen nacht, eine nachtigall schlägt und die grillen zirpen:

kasper wenn mir jetzt nicht der magen so krachert, wär mir im moment ganz angenehm zu mute. so schön warm ist's heute nacht, hinlegen möchtert man sich und auf was warten, na ja, so ein kasper ist ja auch ein lieber mensch, nicht nur die herren johanne ...

eine stimme ausdem tarnkukurutzfeld kasper, bist du da?

kasper ja freilich, wo denn auch sonst. ich heiß ja nicht johann! moment, wer ist denn das? der feind? oho, auslassen, ich ergib mich eh schon!!

das kleine kukurutzfeld teilt sich und eine indianische fee mit federschmuck und einem bärenfell als umhang steigt heraus in das mondlicht:

fee fürcht dich nicht, kasper, ich bin eine gute fee!

kasper guten abend, miss fee, gut daß sie es sind . . . ich hab schon glaubt der mister feind . . .
fee deine feinde, kasper, sind auch meine feinde. aber mir können sie nichts antun, ich blas sie alle gleich weg wie die federn von einem kuckuck . . .
kasper ja du liebe fee, das möchtert ich halt auch gern tun können, meine feind so leicht wegblasen! aber wie's bei mir ist, werden sogar die leichtesten daunen zu federn von einer kirchenuhr . . .
fee nun, kasper, das soll jetzt ein ende haben, denn du hast dein glück gemacht . . .
kasper ja, wenn's wahr ist?
fee es ist schon wirklich wahr, kasper! darauf kannst du dich verlassen . . .
kasper und du bist auch wirklich wahr eine fee und keine frau spionin von die conförderierten?
fee ich bin die gute fee pocahontas und die conföderierten wie die unionisten können mir den buckel hinunterrutschen, wenn sie wollen . . .
kasper o du gute pocahontas, das täten die sicher gern; laß s nicht, ich bitt dich drum!
fee ich hab's ja nicht wörtlich gemeint, kasper. und wenn sie es nur probieren täten, dann wachserten mir gleich ganz scharfe krokodillenzähne aus dem rückgrat . . .
kasper gelt, pocahontas, und da müssert dir dann mein lieber herr hauptmann hinunter mit dem nackten hintern, und der koch und der schwarze mohrl, der was immer das pferd führen tut?!
fee ja, kasper, da täten sie sich schön aufreißen, gelt?!
kasper ha ha, das vergönnert ich ihnen aber schon recht!
fee nun hör aber zu, kasper, was ich dir sagen will: wenn du meine hilfe brauchst, dann sollst nur rufen: ›pocahontas erscheine als das und das‹? und als was du mich herbeirufst, als das will ich kommen und dir helfen . . .
kasper ja sowas und noch was, das ist heut schon was . . .
fee was soll denn das heißen, kasper?
kasper weißt, pocahontas, ich kann's halt nicht so recht glauben, daß 's du wirklich da bist. vielleicht bin ich nur eingeschlafen und träum nur in mein wachterhäuserl und

jetzt oder gleich beutelt mich der herr hauptmann bei die ohren auf!

fee du bist schon der ungläubige thomas, kasper. aber: greif einmal in deine rocktaschen . . .

der kasper greift in die rechte tasche und holt einen spagatknäuel heraus, an dem eine alte zwirnspule und allerhand anderer kram hängt:

kasper ja, pocahontas, was soll ich da damit anfangen?

fee nicht das, mein ich. in die linke taschen sollst greifen . . .

kasper greift in die linke rocktasche und zieht einen neuen silberdollar heraus. er schreit zuerst auf, als hätte er einer kröte an den bauch gegriffen:

fee was schreist denn so, dummer kasper?!

kasper das ist ja kalt wie der bauch von einer krot . . . aber, aber . . . juhuu, jetzt bin ich reich und du, liebe fee pocahontas, eine wirkliche fee!

fee na, siehst du's jetzter? aber . . . was hast du denn eigentlich da vorher aus deiner rechten taschen herausgezogen? darf ich das einmal anschauen?

kasper ui jegerl, jetzt hat s das schnürlzeug dersehen. ich schäm mich gleich . . . weißt, liebe pocahontas, wann man so tag um tag und nacht um nacht auf der wach stehn muß, da wird einem so fad . . . da hab ich, langweilig wie's war, mit einem spagatschnürl gespielt und allerhand zeug dran bunden . . . da!

die fee nimmt die behängte schnur fast wie ein heiligtum in die hand, sie zittert sogar ein wenig:

fee kasper, du bist ja ein künstler! wie schön das ist!

sie hält das zeug ins mondlicht und betrachtet es verklärt:

fee kasper, so etwas schönes hab ich mein ganzes leben noch nicht gesehen, mir zittert direkt das herz, wenn ich es angreif, das sind ja eingefangene mondstrahlen, kasper . . .

kasper gefallt's dir, pocahontas? und ich hab schon denkt, du wirst mich auslachen oder mir gar den dollar wieder wegnehmen?

fee aber kasper, wie kannst du nur sowas denken!?

kasper weißt was, pocahontas? kannst es haben, das schnürl, wann's du willst . . .

fee aber kasper, das ist ja ein schatz . . .
kasper na ja, du bist ja auch einer . . .
fee kasper, ich dank dir! da laß ich mir sofort ein extrawigwam bauen, damit ich diese lieben mondstrahlen drinnen aufhängen kann . . . komm her, kasper, ich geb dir gleich ein busserl vor freud!
sie küßt den kasper, der vor staunen seinen säbel verliert:
kasper na sowas, da schau ich ja!
die fee geht wieder in ihr kukurutzfeld zurück und sagt, bevor sich die maiskolben hinter ihr schließen:
fee vergiß mein nicht, kasper! und wann du mich brauchst, dann ruf nur: ›pocahontas erscheine als das oder das‹ . . .
das kukurutzfeld verschwindet auf rädern. kasper wieder allein. er hebt seinen säbel auf:
kasper ich werd mich einmal in die nasen zwicken. werd ich dann nicht munter, sondern bin es eh, dann greif ich in meine linke taschen. ist dann auch noch der silberne dollar drinnert, so weiß ich, daß allers wirklich wahr und nicht derlogen ist. . . soo . . .
er kneift sich in die lange nase:
kasper auweh, das gspürt man!! also muß ich jetzt munter sein . . . so. und jetzter linke taschen . . . uaaaah!! brrrr!! hilfe!!!
er fährt bestürzt aus der rocktasche. dann greift er noch einmal vorsichtig und beglückt lächelnd zurück und holt ganze hände voll silberner dollars heraus:
kasper ha, ich bin ein glücklicher mensch. ja, ich sag euch es: wer tät nicht seine freud dran haben, wann er weiß, daß seine linke jankertaschen das silberbergwerk von amerika ist . . . sakragewalt, leute, ich bin der reichste mann der welt!
er beginnt fröhlich einen bornpipe zu tanzen, daß der mond wackelt. musik: ›tomorrow morning‹ und ›the cuckoo's nest‹:
kasper heissa kathreinerle, schnür mir die schuh! ich brauch nimmer in den wilden westen reiten, ich hab meine mine schon im sack! oh, du grenzenlose möglichkeit, die was ich bei mir trage . . . morgen kauf ich mir die ganze kompanie mitsamt dem herrn hauptmann . . .
der hauptmann hat sich unversehens angeschlichen und

ertappt kasper bei seinem bärentanz. die musik bricht sofort ab, so auch kasper:

hauptmann ha! du abreißkalender schreist mir ja, daß man dich bis ins conföderierte lager hinüberhört . . . karierter spion du, suspekte roßhaarmatratze, verdächtiger schweißsocken . . . an die wand stellen und schießen lassen wie einen ziegenbock . . .
wie heißt du denn, verdammter rebell? antwort!!

kasper *kleinlaut*
ja, weiß der herr hauptmann das nicht mehr?

hauptmann mein wissen ist macht! ich weiß alles, aber dich hab ich gefragt und da hast du stracks zu antworten!

kasper ich bin der kasper, privater zweiter classe . . .

hauptmann hohoo! der kasper . . . kasper der spion von georgia! eingehen wirst in die geschichte dieser staaten als einer der sieben kapitalhalunken, die gegen mich rebelliert haben. wärst grad der sechste . . .

kasper *muckt etwas auf*
herr hauptmann, ich bin kein kapitalhalunke! ich bin der kleine kasper und . . .

hauptmann schloß vors maul, du bist ein halunke und auch der spion von georgia, wer nicht johann heißt, ist ein verräter . . .
er holt seinen salzbeutel hervor und gibt dem kasper eine schöpfkelle voll:

hauptmann da, friß, vogel, oder ich laß dich noch heut durch die wurstmaschine, du wurstel! na, wird's bald?

kasper bitte nein, herr hauptmann johann. ich werd sonst ganz heiser und könnt am end nimmer »halt werda!« rufen . . .

hauptmann am end brauchst du nimmer rufen, da bist du eh schon hin . . . friß, zaunkönig, oder ich ruf meinen herrn hund!!
kasper müht sich hustend und spuckend das salz hinunterzuwürgen. der hauptmann hält sich den bauch vor lachen und krümmt sich genau wie der kasper:

kasper kutz kutz kutz!

hauptmann jawoll, so war's schon etwas besser . . . weißt du überhaupt, was du jetzt gefressen hast? antwort!!

kasper meersalz, herr hauptmann . . .
hauptmann mehr salz willst du? hohohoo!! das kannst schon haben! da komm her, du salzwurm du!
kasper nein, nein! das ist ein irrtum, herr hauptmann johann, ich hab ja ein salz aus dem großen meer von amerika gemeint . . .
hauptmann habtacht! herrgschautt! maul auf!!
kasper befolgt die befehle schön militärisch und bekommt noch einen schöpfer salz in den mund geschoben. er gibt unartikulierte laute von sich:
hauptmann ha, schmeckt das salz? ja, ja, ich tu einen jeden seckieren, sagen meine gegner, aber in wirklichkeit versalz ich nur jedem, was nicht johann heißt, die linsen . . . o ja, wer nicht johann heißen tut, der ist gegen mich und wird erobert . . . so, und jetzt bedank dich schön bei deinem herrn hauptmann . . . nu, wird's!
kasper *sehr gepreßt.* danke, herr hauptmann johann . . .
hauptmann habtacht! linxum! rechtsum! marsch und . . . aufgepaßt auf den feind . . .
er geht ab. kasper zeigt ihm eine lange nase nach und wirft ergrimmt den säbel zu boden und tritt auf ihm herum. dieser zerbricht. kasper schreckt zusammen:
kasper knax? knax! knax . . . knaxknaxknaxknax! der sabel ist ab! na, dann gfreu dich du schöne welt, wann das der johann sieht . . . hoffentlich kommt er nicht gleich wieder zurück! der laßt mir das blöde tranchiermesser glatt auffressen, wann er merkt, daß ich's zerbrochen hab . . . aber was, ist ja schon allers beim teufel . . .
die grillen beginnen wieder stark zu rufen:
kasper warm ist's schon wieder. eine so schöne nacht könnt's sein, wann der hauptmann da nicht wär . . .
schlägt sich plötzlich erkennend vor die stirne
ja krutzikaputzi, bin ich aber ein schafskopf! ich hab ja ganz vergessen, daß ich ein reicher mann bin und eine gute fee pocahontas habe, die was mir jeden wunsch von die augenbrauen herunterlest! fort mit dem grauslichen herrn johannsjanker!
er zieht seinen uniformrock aus und wirft ihn ins schilderhaus. das geld klingelt durch die stille nacht:

kasper haltaus! nur die montur!

er beginnt das herausgefallene geld aufzulesen und nimmt das übrige aus der rocktasche. dann reißt er einen großen zettel, der ein brustbild und die aufschrift ›wanted‹ aufweist von der wand des schilderhauses, wickelt damit den zerbrochenen säbel ein und wirft ihn zu der abgelegten montur:

kasper soder mit himbeer und zitron, das wär erledigt! und jetzter:

po ca hon tas, erscheine als ein krokodil!

man hört das unheimliche rasseln eines krokodils und pocahontas erscheint mit einem krokodilskopf:

kasper *jault auf.* uaaah!! *er springt entsetzt umher.* krokodil, verschwind!

pocahontas mit dem echsenkopf verschwindet:

kasper ui jegerl, hab ich mich aber gefürcht . . . ein alligator, wirklich wahr! aber . . . ich bin doch schon ein dummer mensch . . . es war ja eh die liebe pocahontas und die hättert mir ja sowieso nichts getan . . . ich werd sie anders erscheinen lassen!!

po ca hon tas, erscheine als ein kuckuck . . .

pocahontas erscheint mit einem überdimensionalen kuckuckskopf. eine kuckucksuhr schlägt dazu sehr laut:

kasper *jault wieder auf.* ui jegerl, ui jegerl, hilfe! der geier ist da!! geier verschwinde!

pocahontas mit dem kuckuckskopf verschwindet jedoch nicht und kommt näher. der kasper jault noch mehr und schlägt vor angst einen purzelbaum:

kasper geier verschwinde . . . oder wann's sein muß: kuckuck verschwinde!!

pocahontas mit dem kuckuckskopf verschwindet wieder:

kasper *sammelt sich.* was schrei ich denn auch gleich geier, wann's ein kuckuck sein soll? na ja, aber ausgschaut hat er aber so, der kuckuck . . . ja, und dabei war's ja eh nur die liebe fee pocahontas . . . ich bin halt ein rechter waldesel . . . aber als was soll ich sie denn dann rufen? gesagt hat sie: rufe mich ›pocahontas, erscheine als das und das!‹ alsdann, probieren wir es halt . . .

po ca hon tas, erscheine als das und das!

ein sturmwind bricht los, der mond verlöscht, es ist ein richtiger hexensabbath. man hört in der sausenden luft die stimmen, oder besser gesagt, die stimmkarikaturen von eseln, kröten, katzen, stuten, affen, kakadus etc. etc. der kasper ist nur mehr ein bloßes schemen in der dunkelheit, gerade daß man noch sehen kann, wie er sich die ohren zuhält:

kasper um gottes willen, was ist denn da los? die welt geht unter! arche noa zu hilf, alle leut auf die bäum, ich derstick in dem wind . . . *endlich.* das und das verschwindets!

der lärm verstummt mit einem schlag, der mond geht auf und die grillen zirpen wieder wie vorher:

kasper *rappelt sich vom boden hoch.* krutzikaputzi, jetzt hab ich meiner seel glaubt, der teixel hat mich schon beim genack . . . na sowas? na die liebe fee pocahontas hat mir da was sauberes eingepackt in mein namenstagsstanitzel! was soll ich denn rufen? ich hab's! ich laß sie selber kommen . . . ich laß sie als das liebe fräulein pocahontas herkommen . . . daß mir das nicht schon früher eingefallen ist? ich bin halt ein rechter wurstel . . .

po ca hon tas, erscheinen's!

sie erscheint nicht:

kasper no, was ist denn das wieder? will's nicht oder kann's nicht?!

po ca hon tas, erscheinen sie!

sie erscheint nicht:

kasper ja gehorsamster diener, ist heut die uhr stehnblieben? einmal ruf ich noch und wann dann das rabenbratel nicht daherkommt, so laß ich sie als osterhasen erscheinen. dann hat sie die schand . . .

po ca hon tas, erscheine!

das kukurutzfeld rollt sanft an und teilt sich. pocahontas erscheint und geht auf den kasper zu:

fee ja lieber kasper, seit wann sind wir denn per sie?

kasper wieso per sie, das sind wir ja eh nie gewesen . . .

fee zweimal hast gerufen: pocahontas, erscheinen sie . . . beim dritten mal wär ich beleidigt gewesen und gar nimmer gekommen. hin und her jagen kannst du einen auch schon, du kasper . . .

kasper geh, du liebes indianerl, sei mir nicht bös und gib mir ein schönes busserl . . .

die fee pocahontas küßt den kasper herzhaft, daß es schnalzt:

kasper saprament, das hat aber geschnalzt, direkt den atem hat's mir weggenommen . . . ja, ich muß sagen, du bist schon eine liebe fee pocahontas!

fee so. und was hast für einen wunsch, du dummer kasper? sag ihn, er soll gleich geschehen . . .

kasper weißt, liebe fee pocahontas, du bist halt so ein schönes fräulein und so eines möcht ich halt auch gern haben . . .

fee wie kommst du denn auf so eine idee, kasper!

kasper nun, zuerst hab ich die idee ja auch gar nicht gehabt. aber jetzt, wos du mir das busserl gegeben hast, da ist mir mein versalzener mund wie voller honig und kristallzucker geworden . . .

fee ja, und was willst du da haben . . .

kasper dich, wann's gingert . . .

fee nein, lieber kasper, das geht nicht. stell dir vor, wann ich mit allen meinen schützlingen ein verhältnis anfangert, wo tät ich denn da hinkommen!

kasper no dann halt dem herrn hauptmann seine schöne frau!

fee siehst du, kasper, das ist vernünftig. nur mit der vernunft kommt man weit. gespaßig, daß grad ich sowas sag, aber wann einer so närrisch ist wie du, dann muß er sich schon ein stückerl von der vernunft jeden tag zum frühstück abschneiden!

kasper ich schneid gleich jetzt zum nachtmahl, pocahontas, weil ich eh noch keines gegessen hab. also: dem herrn hauptmann johann seine frau möchtert ich halt gar so gern haben!

fee gut. sie schlaft zwar schon, aber ich kann sie dir stante pede herfliegen lassen . . .

kasper juhuu, jetzt setz ich mein herrn hauptmann ein paar hörndln auf, daß ihn morgen früh beim apell die ganze mannschaft für einen sechzehnender hält! da wird's aber einen hallo und ein geknall geben . . .

fee red jetzt nicht so viel, kasper, sondern schneuz dir schön deine nasen, damit du wie ein anständiger, dezenter liebhaber ausschaust, denn die frau hauptmann wird gleich da sein!

kasper schneuzt sich lautstark und versucht, sein gesicht mit dem gleichen taschentuch zu reinigen:

fee ho kus po kus eins zwei . . .

kasper haltaus pocahontas! noch nicht!

fee warum denn? willst du noch einmal schneuzen . . . tät auch nicht schaden . . .

kasper nein, liebe fee, geschneuzt bin ich schon für vierzehn täg im voraus, aber . . .

fee aber?

kasper weißt, pocahontscherl, ich denk mir halt, die schöne frau hauptmann wird einen feinen, rosaroten hintern haben . . .

fee ja, kasper, das ist schon leicht möglich . . . und?

kasper ja, da habe ich mir gedenkt, sie kann doch nicht so in dem stoppelfeld liegen, direkt leid müsserts einem tun und schad wärerts außerdem . . .

fee du bist ein guter kasper, kasper!

kasper gelt ja, liebe fee pocahontas?! wie wärs jetzt, geld hab ich ja ein ganzes taschenbergwerk voll, wann ich ein schönes, großes bett kaufen tät? weißt so eines mit messingene kugeln und stangeln!

fee das geht schon, kasper. ich werd dir halt einen herrn schicken, der sowas zum billig verkaufen hat. aber handel ein bißerl mit ihm, er wird zuerst mehr verlangen als die ganze liegerstatt wert ist . . .

kasper ah was! kost's was kost . . . hauptsach, ich hab für meine schöne frau hauptmann ein gute unterlag und der schlechte johann sein hirschgeweih am plutzer!

fee well, kasper, dann geh ich wieder, der vertreter mit dem bett wird gleich anrücken, und wann du was brauchst, dann schreist halt schnell, gelt?

kasper ich dank dir schön,liebe fee pocahontas . . . und krieg ich noch ein busserl zum adjö!?

fee nein, nein, das führen wir gar nicht ein! dazu hast ja jetzt ohnedies die schöne frau hauptmann . . .

kasper o ja . . . ist eh wahr . . . behüt dich halt gott, du saubers madel!

fee dich auch, kasper . . . und schneuz dich vorher immer schön, das haben wir frauen gern . . .

die fee pocahontas steigt in ihr feld und fährt ab. kasper macht einen kopfstand, springt wieder auf und beginnt lustig zu tanzen. musik: ›hartigan's fancy jig‹:

kasper *im takt der melodie.* ratatam ratatan taratam etc.

die musik verklingt und bei den letzten takten taucht der onkel sam, welcher aber auch johann heißt, auf. er hält eine lange schnur in der hand, deren ende man jedoch nicht sieht. er schaut genau so aus, wie er aussieht: zylinder weiß mit blauen sternen, ziegenbart, hageres gesicht, gestreifte breite hosen etc. unter dem frack trägt er einen halfter mit zwei colts:

onkel sam ah, musik und fröhlichkeit, recht so, herr kasper! ein schöner, gesegneter abend und der honiggelbe mond . . . direkt zum hineinbeißen . . .

kasper ein bißerl weit weg ist er halt. aber ich hab einen anderen, kleineren mond in aussicht, juhuu!

onkel sam oh, ich sehe! sie haben sich wohl verlobt, ha, stimmt es? geben sie's zu, junger mann . . . o ja! es ist nicht gut, daß der mann allein sei . . .

kasper no ja, wann sie's eh schon wissen . . . ich wart nämlich auf meine liebe fräulein braut . . .

onkel sam ausgezeichnet, ausgezeichnet, das trifft ja zusammen wie zucker und zimt! da werden sie ja auch ein fabelhaftes, mit allem komfort ausgestattetes messingbett brauchen, eh?

kasper ja, mit komfort braucht es ja grade nicht zu sein. haben sie keines mit bleib da? das tät ich ihnen gleich abkaufen, kost's was kost!

onkel sam aha, eines mit bleib da wollen sie? alles vorrätig, lieber herr kasper . . .

kasper bravo! sie sind ein akrobat, der was bei jeder gelegenheit den richtigen sprung parat hat. wo ist das betterl?

der onkel sam zieht an seiner schnur und das bett rollt auf gummirädchen in die szene:

onkel sam hereinspaziert, hereinspaziert . . .

kasper . . . jetzt wird getanzt und musiziert! jujhuu! was kostet der gspaß?

onkel sam dreißig dollár!

kasper dreißig dollár? *beiseite.* ich hab hundert haben sie kein besseres, herr?

onkel sam ich habe alles!

kasper her damit!

onkel sam ab durch die mitte!

das bett fährt wieder zurück. man hört nach seinem verschwinden eine glocke bimmeln, dann kommt das selbe bett, dieses mal aber mit rosafarbenen schleifchen geschmückt, wieder angefahren:

onkel sam sechzig dollár . . . der überschuß erlaubt es uns!

kasper ja das ist ja etwas anderes! eine schäferei auf radeln . . . ist sie auch gut gefedert!?

onkel sam rostfreier einsatz, herr kasper, sie können ruhig ins bett machen . . . und prima Ia roßhaar . . . da . . .

er läßt sich ins bett fallen und federiert. dann springt er hinein und übt wie ein parterreakrobat auf dem sprungbrett. er springt wieder herunter und baut sich selbstbewußt vor kasper auf:

onkel sam was sagen sie?

kasper ein schönes bett, das ist schon wahr! das gibt kontra wie beim kreuzschnapsen!!

onkel sam für sechzig dollár ist es geschenkt . . .

kasper zählt die sechzig dollar ab und betrachtet immer wieder das bett. er gibt onkel sam das geld:

onkel sam gratuliere, sie haben einen prima Ia kauf gemacht, herr kasper! alles gute zur vermählung . . .

er geht ab. kasper springt in das bett und deckt sich bis zur nase zu:

kasper *er federiert.* das gibt kontra, sakrament!!

eine hyäne heult wieder:

kasper schrei zu, ich lieg im bett und da gibts dich eh nicht, du luderviech!

es wird ein wenig dunkler, da sich einige wölkchen vor den mond geschoben haben. die schöne frau hauptmann mit nachthäubchen und etwas zu kurzem schlafhemd, eine sehr anziehende puritanerin, kommt in die szene. sie hat die hände nach art der mondsüchtigen vorgestreckt und geht direkt auf das bett zu:

kasper krutzikaputzi, die fräulein braut im negligée!

die frau hauptmann stößt einen leichten schrei aus und erwacht:

frau himmel, wo bin ich?

kasper fast schon in guten händen . . .

frau ich war im bett . . .

kasper naja, bist halt herausgefallen . . . kommst halt wieder herein . . .

frau der mond scheint so schön schön . . .

kasper ei ja, da hast schon recht, du herziges wutzerl!

er steigt aus dem bett und schleicht an der frau hauptmann vorbei zum schilderhaus und schiebt es aus der szene:

kasper soder, jetzten findet er nimmer her, der schlechte nero!

die frau hauptmann ist in ihrer noch immer etwas mondsüchtigen haltung bis ans bett gekommen und fällt hinein:

frau mmmmmmmaaaaaa!

kasper *zurückkommend.* aha, die fräulein braut ist schon serviert . . .

er springt zu ihr hinein und deckt sich und die frau hauptmann zu. das bett bewegt sich federnd:

frau du bist ja der kasper, ich weiß es eh . . .

kasper und du die frau hauptmann, ich weiß es aa!

frau du bist aber schon ein böser herr kasper . . .

kasper und du auch eine schlimme frau hauptmann!

frau was ist denn das, was du da hast, kasper . . .

kasper und was ist denn das, was du da hast, frau hauptmann?

frau wie der mond aber heute leuchten tut, kasper . . .

kasper ganz heiß ist er, frau hauptmann . . .

frau ist ja sommer . . .

kasper o ja!

man hört wieder die ›american patrol‹. gleich darauf marschiert der hauptmann in die szene. er hält zackig:

hauptmann habtacht! linxum, rechtsum . . . ruuht! ja wo ist denn das wachterhaus hingekommen? soll ich mich wirklich wahr geirrt haben . . .? dreihundert schritt nördlich, zwanzig schritt wieder zurück und dann noch einmal dreizehn nach westen . . . sakragewalt! kasper!!

der kasper läßt sich aus dem bett fallen und legt sich blitzschnell darunter:

kasper fix laudon, grad jetzt kommt er!

die frau hauptmann beugt sich aus dem bett und ruft:

frau uhuu, mauserl!

hauptmann johanna! ja was treibst denn du da hier?

frau ei, johann . . . weißt du, der mond zieht mich immer aus dem bett und da weiß ich halt nie, wo ich hingeh . . .

hauptmann du liegst ja eh im bett! ja, träum ich denn auch?

er geht zum bett und legt sich hinein:

hauptmann da ist es ja ganz warm da!

frau ja, mein liebes mannderl, ich hab dir es halt vorgewärmt, damits du keinen schnupfen derwischst!

hauptmann das ist aber schön! uaah, bin ich müd . . . chrr chrr . . .

er beginnt zu schnarchen. das bett rollt aus der szene. kasper liegt da und schaut perplex. neben ihm steht ein schöner nachttopf:

kasper wo bin ich??

ende des ersten aufzuges. der vorhang fällt, geht jedoch nach einigen augenblicken wieder auf:

es ist heller morgen. kasper liegt in der gleichen stellung wie zu ende des ersten aufzuges; ein schnurrbärtiger waldhornist der union tritt in die szene und bläst den weckruf:

kasper *wird munter und reibt sich die augen.* wo bin ich, lieber spezi?

waldhornist im zweiten aufzug, mister, auf, auf!!

kasper krutzikaputzi, das hätt ich beinah verschlafen. ich dank dir, guter trompeter, bist ein braver bursch . . .

waldhornist ich bin kein trompeter nicht, mister . . .

kasper ja sowas! aber dann sag mir sogleich, was du dann für einer bist. eine blasen tust du ja trotzdem in der hand halten . . .

waldhornist du sollst wissen, ich bin ein waldhornist der union und das, zu dem was du blasen sagen tust, das ist mein liebes waldhorn. darauf kann ich dir die ganz schönsten stückeln von nordamerika herunterblasen!

kasper das ist aber lustig, lieber spezi. ein so was möchtert ich halt auch gern können . . . wie heißt du denn oder wie tust dich denn schreiben?

waldhornist ich heiße johann und schreiben kann ich leider nicht, nur lesen. hast dir denn nicht vorstellen können, daß ich johann heiß? schau ich denn aus als wie ein spion . . .

kasper ui jegerl, wie schaut denn so ein spion aus?

waldhornist wie die ausschauen, das weiß ich selber nicht, wirklich wahr. aber unser herr hauptmann hat gesagt, wer nicht johann heißt, der gehört nicht zu uns . . .

kasper ah so . . . ja, da hast aber glück gehabt, daß dir dein lieber herr vater und deine liebe frau mutter diesen ausbündig praktischen namen vom herrn pfarrer über die augen haben schütten lassen . . .

waldhornist ja, du kannst schon recht haben . . . meine schuld aber wird's schon nicht gewesen sein. ich hab eh recht geplärrt, so haben sie mir immer derzählt, wies mich getauft haben . . .

kasper wird schon seine gründ gehabt haben, daß du so plärrt hast . . . vielleicht ist dir das wasser in die augerln geronnen?

waldhornist du, weißt was?

kasper nein, ich weiß nix . . .

waldhornist nein, ich mein halt, daß du herhören sollst!

kasper ohrwascheln hab ich, also hör ich dir zu . . .

waldhornist ich heiß gar nicht johann . . .

kasper das ist aber schlimm . . . wirst ein recht ein gewürgst haben, wann sie dir da draufkommen . . .

waldhornist ah woher! wer kann denn mir das beweisen?

kasper bist ein gescheiter kerl, waldhornist!

der hauptmann taucht plötzlich schleicherisch auf und erblickt die beiden:

hauptmann hierher, hornist!!

der waldhornist spring sofort vor den hauptmann und bringt sich erschrocken in militärische stellung:

waldhornist *mit dem horn salutierend.* tötörötötöö! waldhornist zweiter classe johann zur stelle!

hauptmann ruht! was neues?

waldhornist soeben mit dem waldhorne zum aufstehen geblasen, herr hauuptmann!

hauptmann sakrament ohne end! und ist denn schon einer aufgestanden?

waldhornist so weit ich sehen kann, herr hauptmann, nur der mister da!

der hauptmann erblickt den kasper, erkennt ihn aber nicht, da dieser die montur abgelegt hat:

hauptmann ha! was ist denn das für ein suspekter zivilist da? schaut ja aus wie vom zirkus . . . wie heißen sie denn, mann?

kasper ich schreibe mich hans wurst, herr offizierer!

hauptmann hans wurst? wie? also heißt er johann wurst, ha?! einen hans gibt es keinen, weil sowas nicht im kalender steht . . .

kasper nun, meinetwegen, so bin ich halt der johann wurst, wann's schon sein muß!

hauptmann ja schauts euch einmal her! ich glaub bei ihnen da stimmt was nicht recht . . . mir kommt vor, wie wann sie sich für ihren namen schämen täten? sie verschleiern mir was! *sieht den nachttopf und gibt diesem einen leichten fußtritt.* und was soll denn das da sein?

kasper ah, das?

hauptmann jawoll, das!

kasper ah, das da?! jasoo! das ist mein alletagshut, lieber herr offizierer. ein altes stück, was ich von meinem seligen herrn vattern geerbt hab . . .

hauptmann ich weiß nicht recht, ob sie mich da nicht recht belügen, ha! mir kommt das ehender wie ein nachtscherben vor . . . *blickt den nachttopf sehr inquisitiv an.*

kasper ja, das könnt schon sein, weil ich ja für gewöhnlich eh immer den scherm aufhab!

waldhornist waldhornist zweiter classe johann bittet den herrn hauptmann auf die kleine seite treten zu dürfen!!

hauptmann dageblieben, hornist! saufen oder schiffen, das können s . . . durschsuchen sie diesen lausigen zivilisten.

vielleicht hat er geheime nachrichten der conföderierten in der taschen!

waldhornist *durchsucht den kasper, welcher sehr kitzlich tut.* sei mir nicht bös, lieber freund, aber befehl ist etwas, was man muß . . .

hauptmann hat er was bei sich, der suspekte zirkusmensch?

waldhornist ich glaub nein, herr hauptmann, nur . . . ganz neue dollár . . .

hauptmann aha, sehr verdächtig! so, jetzt schauen sie einmal ins innere dieses scherbens. vielleicht ist dort eine geheime inschrift oder ein marschbefehl der conföderierten eingraviert!

der waldhornist hebt den nachttopf auf und schaut genau in sein inneres:

hauptmann na, sehen sie was, waldhornist zweiter classe?

waldhornist nein, herr hauptmann, nur einen gelben belag!

hauptmann versteht sich auch . . . und draußen?

er sieht den topf von außen an und beginnt zu lachen:

hauptmann ha, was soll das gelachter? der krieg ist eine ernste sache!

waldhornist zu befehl, herr hauptmann, aber es steht da so eine ganz gelungene inschrift drauf . . .

hauptmann *zu kasper.* aha, hab ich sie überführt? spion! lesen sie, waldhornist, was steht drauf?

der waldhornist nimmt eine große franzschubertbrille hervor:

hauptmann zu was setzen sie sich denn die augengläser auf? wenn sie schon gelacht haben, dann brauchen sie ja eh keine mehr zum lesen!

waldhornist wenn der herr hauptmann den befehl gibt, daß ich laut lesen soll, muß ich die augengläser aufsetzen, weil in meinem soldbuch steht, daß ich ein brillenträger bin . . .

hauptmann lesen sie schon!

waldhornist meinem herzlieben johann . . .

hauptmann was???

waldhornist meinem herzlieben johann steht drauf, und beim lieben hat der maler das e beim ie vergessen!

hauptmann *entreißt dem hornisten den topf und starrt diesen an.* sakramordkreuzschrapnellundaufruhr!! das ist ja das nachtgeschirr, was mir meine liebe frau zum vorigen namenstag geschenkt hat ... wie kommt der her? *packt kasper an der brust und beutelt ihn.* antwort, herr wurst!

kasper ui jegerl, wie soll ich denn das wissen, herr offizierer, er ist halt dagelegen ...

hauptmann und zuerst sagen sie, er wär ein uraltes erbstück von ihrem unseligen herrn vattern?

kasper das hab ich gar nicht gesagt, das ist eine lug!

hauptmann ha, überführt! sie haben sich widersprochen!

kasper nix da widersprochen. ich hab gesagt: von meinem seligen herrn vattern ...

hauptmann hoho! und das sollt vielleicht nicht ein ganz quatralierter widerspruch sein? ganz gleich, ob selig oder unselig, von ihrem vattern wär er, haben sie gesagt ...

kasper na, darf man vielleicht nichts mehr sagen? und außerdem hab ich gar nie nicht einen vattern gehabt, ätsch!

hauptmann wie das? oh blasphemie!! wache!!

kasper man lernt nie aus! ich hätt mir nie gedenkt, daß es ganz kurzum blas für mi heißt, wann einem der esel im galopp verloren hat ... ja dann sei's drum; blas mir halt die ›waldeslust‹, lieber spezi, wanns schon sein muß ...

der hauptmann jault hysterisch auf und rauft sich, nachdem er sein käppi zu boden geschleudert hat, die haare. der waldhornist hebt mit der ›waldesruh‹ an, die vögel zwitschern lieblich, und nach einigen augenblicken, der hauptmann schreit noch immer nach der wache, ruft kasper:

kasper pocahontas erscheine als wache!!

die halbnackte pocahontas erscheint sofort in der szene. sie trägt das blaue käppi tief in die stirne gezogen und hält einen schußbereiten karabiner in der hand:

hauptmann *hebt sein zu boden geworfenes käppi auf und ruft zur vermeintlichen wache.* nehmen sie diesen zirkusmenschen sofort fest! er ist ein spion der conföderierten!

fee *mit diskantem baß.* zu befehl, herr hauptmann!

sie packt den kasper beim arm und führt ihn ab:

kasper *im abgehen.* auslassen, ich bin unschuldig!

der waldhornist setzt mit einer neuen strophe der ›waldesruh‹ an. der hauptmann wird plötzlich versonnen und hört zu:

hauptmann ja, johann, schön kannst du halt schon spielen . . . ganz weich wird man da dabei!

indessen kommt der schwarze mohr, also zur zeit die echte wache, und baut sich vor dem lauschenden hauptmann auf:

negersoldat *ebenfalls mit käppi und karabiner.* trainsoldat erster classe johann zu stelle!

hauptmann *schon zu tränen gerührt.* die macht der musik!

negersoldat trainsoldat erster classe johann wie befohlen zur stelle!

hauptmann mein gemüt hat flügerln, der stille wald, die bäum, der abendwind . . . man möchtert direkt schwammerlsuchen gehn . . .

negersoldat *sehr laut.* herr hauptmann, trainsoldat erster classe johann wie befohlen zur stelle!

hauptmann *fährt auf.* kusch jetzt oder du kriegst einen gulaschschöpfer voll salz!

der negersoldat salutiert erschrocken und will sich aus dem staub machen. der waldhornist bricht sein spiel ab. der hauptmann plötzlich, als erwachte er:

hauptmann halt! dageblieben! ja sag einmal, du schwarzer mohrl, jetzt warst ja grad da und da kommst mir schon wieder . . . ja wo hast denn den spion gelassen? ha? antwort!

negersoldat spion? was für ein spion? zu befehl herr hauptmann, ich hab keinen spion nicht gehabt!

hauptmann keinen spion nicht gehabt? keinen zirkusreiter mit einer roten nasen und einer zipfelhauben? ja, wer hat denn dann . . . verrat!!!!

negersoldat verrat!!!!

waldhornist *ganz kleinlaut und wenig begeistert.* verrat . . .

hauptmann waldhornist stoß in dein waldhorn! alarm!!

der waldhornist stößt in sein horn und bläst zum angriff. hauptmann und negersoldat stürzen ab; der negersoldat mit vorgerichtetem karabiner, der hauptmann mit gezogenem säbel. der waldhornist bläst noch einige augenblicke, setzt aber dann mit einem quäkenden ton ab und sagt:

waldhornist wann die wüßten, daß ich in wirklichkeit abraham heißen tu!!

dunkel. zuerst leise, dann jedoch immer mehr anschwellend

indianertrommeln und whoopeegeschrei. langsam wird es wieder hell. man sieht ein schönes wigwam und davor ein herziges birkenbäumchen. dem bäumchen gegenüber steht eine art ortstafel alten stils mit folgender legende: State of North-Dakota in the year of 1865. kasper und die fee pocahontas, die nun wieder ihren federschmuck trägt, kommen aus der luft oder auch über eine jakobsleiter in die szene:

kasper krutzikaputzi, jetzt hat's mir aber anständig den adam verlegt, wirklich wahr, mir ist die luft bei derer fliegerei ärger ausgangen als gestern, wie du mir das busserl gegeben hast.

fee was du nicht sagst, kasper! ich hätt mir schon vorgestellt, daß meine küsse gewaltiger sind als mancher sturm. oder wie?

kasper ja freilich, freilich. es wird halt die höhenluft gewesen sein, die mit ihrer blauen hand mir das maul zugehalten hat, daß ich halt gar keine luft hab schöpfen können.

fee nun, jetzt kannst ja wieder genug schöpfen. da in dieser gegend hast du die schönste waldesruh und dein herr hauptmann kann lang suchen, bis er dich hier findet.

kasper piff paff puff! *ahmt mit den händen das schießen mit dem gewehr nach.* und da liegt er schon, der kasper, und der hauptmann und der koch und der grausliche schwarze mohrl reiben sich die händ . . . nein, nein! das machert einem besseren menschen schon gar keine freud . . .

fee na siehst du's! und jetzt murr nicht, dort hast ein schönes zelt, da kannst den ganzen tag indianer spielen, konservendosen und einen schlüssel dazu hast für ein ganzes jahr, und bis dahin ist der ganze blöde krieg vorbei und dann kannst auch wieder nach haus zu deinem vattern und deiner mutter . . .

kasper nein, liebes pocahontscherl, zu meinem vattern nicht!

fee ja ist er dir denn schon gestorben?

kasper das nicht! er ist ja noch gar nicht auf die welt gekommen . . . mich hat nämlich . . .

fee der esel im galopp verloren!

kasper krutzikaputzi, bist du aber ein gescheites madel!

fee so! jetzt hab ich für dich gemacht, was ich können hab. ab jetzt kannst du dir nichts mehr wünschen. du mußt halt schaun, daß du selber mann genug bist, wann dir was dazwischen kommt . . . behüt dich gott, kasper und bleib gesund . . .

kasper *umfaßt hastig ihre hüften.* haltaus, pocahontscherl, nicht so schnell!

fee willst noch was?

kasper ja . . .

fee aber dann geschwind, ich hab noch was anderes zu tun, als deine nasen anzuschaun . . .

kasper weißt, mir wird da bald fad werden, wann ich so mutterseelenalleinig hausen muß . . .

fee kannst ja indianer spielen oder die vogelsprach lernen oder auf die bäum kraxeln und findst mi nit schrein . . . ich muß schon sagen, du bist mir ein recht unzufriedener nußknacker . . .

kasper sakrament, du liebe fee pocahontas, du bist schon recht ungerecht! zuerst schickst mir einen vertreter, der was mir ein wunderschönes, nagelneues messingbett mit rosarote mascheln um sechzig dollár verkauft, dann fallt mir die liebe frau hauptmann von selber unter die tuchent, sagt zu mir ganz zutraulich: »ich weiß ja eh, daß du der kasper bist« und busselt mich dabei ab wie einen haubenstock . . . ja, ich gib's zu, ich bin verwöhnt . . . aber wann man halt einmal einen zuckerstrietzel gegessen hat, so schmeckt einem eben kein schwarzes weckerl nicht mehr . . . ich bitt dich, pocahontas, sei fesch, bring mir noch ein einziges mal die liebe frau hauptmann da her. ein bett brauch ich eh da nicht, weils gras von selber wachst . . .

fee na ja, weils du mir die schönen mondstrahlenschnürl gegeben hast und so schön bitten tust. die schöne frau hauptmann sollst halt noch haben . . .

kasper als beilag, gelt?

fee als was du dein nachthemdengerl haben willst, ist mir ganz gleich; kannst dir's ja unter einen regenschirm stellen, damit's dir nicht schimplig wird, wann's einmal regnet . . .

kasper maria und johanna, jetzt ist sie gar eifersüchtig!

sie geht ab, die vögel beginnen zu zwitschern und in der ferne hört man den jig ›haste to the wedding‹. plötzlich kommt ein großer reisekoffer auf rädern angefahren und bleibt vor kasper stehen:

kasper ja da schau ich ja! die post geht einmal regelmäßig . . . ja was ist denn das schönes?

der koffer geht auf und die frau hauptmann steigt mit häubchen und negligée heraus:

frau ja grüß dich gott, lieber kasper, wie geht es dir denn?

kasper ich dank dir recht schön, liebe fräulein braut! aber wie geht es denn dir?

frau ja weißt, ich schlief immer so unruhig, weil mir bei meinem herr hauptmann immer von salzstangeln träumt . . . und da bin ich halt wieder einmal aus meinem bett herausgeflogen und, wie's halt grad so zugeht, direkt in den reisekoffer da!

kasper und jetzter bist da?!

frau wies da's siehst: ja!

kasper juchee, du gute fee! jetzt kann ich wenigstens zu zweit indianer spielen und die vogelsprach lernen und auf die bäum kraxeln und findst mi nit schrein!

frau gibst mir kein busserl, weil ich halt schon da bin?

kasper no, so komm halt her, du sauberes nachthemdenengerl und halt schön, damit ich nicht ausrutsch und dich vor lauter verliebtheit ins ohrwaschel beiß!

frau da . . .

er küßt sie, daß es schnalzt:

kasper soder mit himbeer und limoni, das hat aber geschmeckt . . . direkt besser als gurkensalat, und über den hab ich noch meiner lebtag nichts kommen lassen . . . und jetzt sag mir schön, wies du eigentlich heißt, du rabenbratel?!

frau johanna, genau so wie meine mutter und groß- und urgroßmutter . . .

kasper *komisch entsetzt.* verrat! spionerie!! allarme!!! waldhornist stoß ins waldhorn!!!

auf das geschrei des kaspers erscheint tatsächlich der waldhornist. bläst ihm jedoch die ›waldesruh‹:

kasper *gerührt.* sakradi, der blast mir ins gemüt! meiner seel, mein herz kriegt flügerln, der stille wald, der hirsch röhrt dumpf aus dem röhricht *es wird abend.* die lieben bäum und der kuckuck, der abendwind *der gelbe mond geht wieder auf.* der mond geht auf, man möchtert direkt schwammerln suchen gehn . . .

frau du, kasperl?

kasper ja, was denn, johannerl?

frau sag nimmer johanna zu mir! ich heiß ja in wirklichkeit greterl genau so wie meine mutter und groß- und urgroßmutter schon geheißen haben . . .

kasper weißt was, greterl? gehn wir schwammerlsuchen . . . *sie gehen engverschlungen ab. der trompeter beendet seine strophe. dann setzt er ab und spricht sehr deklamatorisch:*

waldhornist die macht der musik!

er setzt wieder an und beginnt, indem der vorhang fällt, eine neue strophe der ›waldesruh‹.

wenn der vorhang zu ist, hört man einen auf tonband aufgenommenen frenetischen applaus, der erst nach einiger zeit allmählich ausklingt.

Abb. 17: Schichtls Fantoches Fantastiques, chromolithographisches Schaustellerplakat, 1910.

Textnachweise und Copyrightvermerke

Triumph Römischer Tugendt und Tapferkeit oder Gordianus der Große. mit Hanß Wurst . . . aus: Wiener Haupt- und Staatsaktionen, hrsg. v. Rudolf Payer von Thrun, in: Schriften des Literarischen Vereins in Wien, Bd. 10 u. 11, 2 Bde., Wien 1908, Bd. 1, S. 3 ff.

Der aufs neue begeisterte und belebte Bernardon etc., aus: Barocktradition im österreichisch-bayrischen Volkstheater, hrsg. v. Otto Rommel, in: Deutsche Literatur in Entwicklungsreihen, Bd. 1: Die Maschinenkomödie, Leipzig 1935, S. 71 ff.

Etwas für Kasperls Gönner, aus: G. Gugitz. Der Weiland Kasperl Johann La Roche, Ein Beitrag zur Theater- und Sittengeschichte Alt-Wiens, Wien, Prag, Leipzig 1920, S. 83 ff.

Wolfgang Amadeus Mozart, Die Liebes-Probe, aus: Mozart, Briefe und Aufzeichnungen, Gesamtausgabe, hrsg. v. Wilhelm A. Bauer und Otto Erich Deutsch, Bd. 4, Kassel, Basel etc. 1963, S. 168 ff.

Joachim Perinet, Kaspar, der Fagottist, oder: Die Zauberzither . . . aus: Barocktradition, op. cit., Bd. 1, S. 206 ff.

Karl Friedrich Hensler, Das Donauweibchen, aus: Barocktradition, op. cit., Bd. 2, Leipzig 1936, S. 97 ff.

Eine Scene aus dem Kasperle-Theater, aus: Charivari, Reclam Verlag, Leipzig, Jg. 1846, S. 3380 f.

Adolf Glaßbrenner, Prolog des Autors und Prolog Kaspars, aus: Kaspar, der Mensch: Hamburg 1850.

Kasper soll gehängt werden, aus: J. E. Rabe, Kasper Putschenelle, Historisches über die Handpuppen und Althamburgische Kasperszenen, Hamburg 1912, S. 138 ff.

Franz von Pocci, Kasperl unter den Wilden, aus: Pocci, Lustiges Komödienbüchlein, München 1921, S. 37 ff.

Arthur Schnitzler, Zum großen Wurstel, aus: Schnitzler, Gesammelte Werke, Theaterstücke Bd. III, Berlin 1912, S. 23 ff.

Hans Arp, Kaspar ist tot, aus: Hans Arp, Hugo Ball u. a., Dada, Gedichte, Dichtungen der Gründer, Zürich 1957, S. 10. Erstdruck – in Prosaform gedruckt – 1919 in der Zs. ›Dada‹, Zürich 1919.

Jakob Haringer, Der berühmte Kasperl, aus: Haringer, Das Räubermärchen, Frankfurt/Main 1925, S. 50 ff.

Walter Benjamin, Radau um Kasperl, aus: Benjamin, Drei Hörmodelle, Frankfurt/Main 1971, S. 87 ff. Als Druckvorlage diente ein hektographiertes Aufführungsexemplar der Sendung, Anfang März 1932.

Joachim Ringelnatz, Kasperle-Verse, Berlin 1954, Neuausgabe, Zeichungen: Eugen Schmidt. © Henssel Verlag, Berlin 1951.
Max Kommerell, Das verbesserte Biribi, aus: Kommerell, Kasperlespiele für große Leute, Krefeld 1948, S. 5 ff., mit Illustrationen von Robert Pudlich. © Scherpe Verlag Krefeld 1948.
H. C. Artmann, Die Liebe der Fee Pocahontas . . ., aus: Artmann, Die Fahrt zur Insel Nantucket, Theater, Neuwied u. Berlin 1969, S. 263 ff. Entstanden: 3. 4. & 6. März 1961. © Thomas Sessler Verlag GmbH, Wien 1969.
Der Abdruck der urheberrechtlich geschützten Texte und Abbildungen erfolgte mit freundlicher Genehmigung des genannten Verlags.

Bildnachweise

Abb. 1, 9 u. 15 aus: Das Hänneschen läßt die Puppen tanzen, Kölner Geschichtsjournal 1, 1976, Historisches Museum, Köln, S. 16, S. 36, S. 24.

Abb. 2 aus: Rudolf Sieczynski, Altwiener Volkskomiker, Wien 1947, S. 16/17.

Abb. 3, 6, 7, 8, 14, 16 u. 17 aus: Günter Böhmer, Puppentheater, Figuren und Dokumente aus der Puppentheater-Sammlung der Stadt München, München 1969, S. 33, S. 57 (Abb. 1), S. 18, S. 60 (Abb. 7), S. 62 (Abb. 11), S. 21, S. 64 (Abb. 14).

Abb. 4 aus: Wolfgang Amadeus Mozart, KV 558.

Abb. 5 aus: Gustav Gugitz, Der Weiland Kasperl (Johann La Roche), Ein Beitrag zur Theater- und Sittengeschichte Alt-Wiens, Wien, Prag, Leipzig 1920, S. 256/257.

Abb. 10 aus: Sammlung I. Aufsesser, Auktionskatalog der Fa. Amsler & Ruthardt Nr. XCI, Berlin, März 1912, S. 162/163.

Abb. 11 aus: Franz Wolter, Franz von Pocci als Simplizissimus der Romantik, München 1925, S. 19.

Abb. 12 aus: Theodor Storm, Pole Poppenspäler, hrsg. v. H. Wolgast, Braunschweig (1898), Titelillustration.

Abb. 13 aus: Hannah Höch, Collagen aus den Jahren 1916–1971, Ausstellungskatalog der Akademie der Künste, Berlin 1971, Innentitelseite.

Abb. 18: Originalbeitrag.

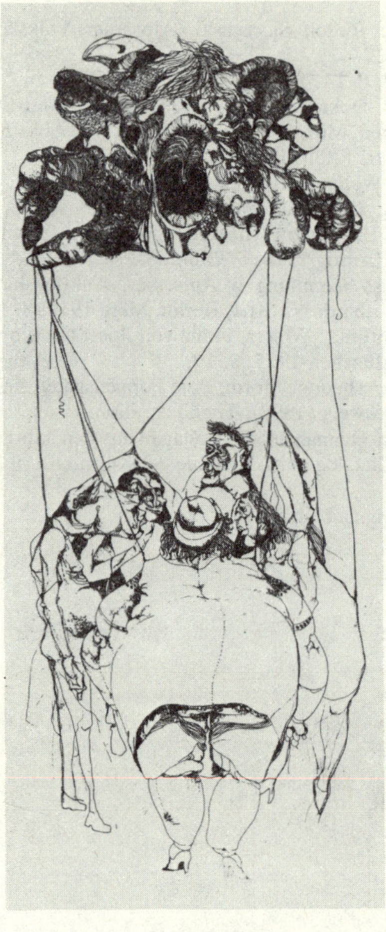

Abb. 18: Hans Günter Schirner,
›Vorurteil‹, Radierung, 1977.

Kaspers Wiederkehr: vom Grafen Pocci zu H. C. Artmann

Nachwort von Karl Riha

Im ›Vorwort zu den zu druckenden neusten Marionettenspielen‹ – datiert auf den 26. Dezember 1873 – rekurriert Franz Graf von Pocci auf die Wirkung seiner Kasperl-Komödien bei »kleinen Herrn und Damen« und »großen Leuten« – und kommt wie folgt auf den poetischen Wert seiner Stücke zu sprechen:

Solche Stücke zu verfassen
Ist doch keine Kleinigkeit;
Kritisier'n und Bleibenlassen –
Dazu findet man wohl Zeit.
Sagen die erhab'nen Lichter:
›Ach! Das sind nur Kinderei'n!‹
Laden wir die großen Dichter
Derlei selbst zu machen ein!

Die Idee als solche, den alten Lustspiel-Kasper neu zu beleben, geht hinter die Revolution von 1848/49 zurück. Wir finden die Figur auf zwei Festkalender-Titelblättern von 1834 und 1842 aus der Zeichenfeder Poccis; und für die Revolutionsjahre berichtet der Enkel, die ersten Kasperlstücke seien 1849 für den alljährlichen Sommeraufenthalt Poccis und seiner Kinder auf Schloß Ammerland verfaßt worden: den Kindern und Dorfbewohnern »spielte mein Großvater in seinem Schlosse auf einer improvisierten Bühne hinter einer spanischen Wand aus dem Stegreif lustige Kasperlszenen vor«. Erhalten hat sich davon lediglich ein Umschlag mit einer Federzeichnung, Kasperl vor einem Bierkrug, mit der Unterschrift ›Marionettentheater 1848/49‹: der Deckel diente später zur Aufbewahrung der Manuskripte zum ersten Band der Lustigen Komödienbüchlein, das 1859 im Druck erschien. 1861, 1869, 1871, 1875 und – posthum – 1877 sollten dann die Bändchen zwei bis sechs folgen.

Die seltsame Konstellation von Adel und einfachem Volk wiederholt sich in München, wo nach 1858 – durch die kräftige Mithilfe Poccis – das Kasperl-Marionetten-Theater Joseph Schmids zur stehenden Einrichtung wird: der General von Heideg löste damals gerade sein Marionettentheater auf, »da er meinte, seine Kinder seien dem Spielen entwachsen«, die Freunde aber, die an den sonntäglichen Spielen ihr Vergnügen gefunden hatten, versuchten, die bestehende Einrichtung zu retten und ihre Fortführung zu sichern. Durch die Vermittlung des Advokaten Hirneis wird der Aktuar Schmid gewonnen. Graf Pocci – seit seinem ›Neuen Kasperltheater‹ von 1855 auch außerhalb Ammerlands einschlägig bekannt – erklärt sich bereit, Stücke zu liefern, er besorgt auch das neue Theater-Domizil: die Marionettentruppe findet Unterschlupf beim Schlossermeister Kölbel in der Prannersgasse. Pocci wohnt am Maximiliansplatz, also in unmittelbarer Dult-Nähe, wo der Jahrmarktskasper zu den stehenden Unterhaltungsnummern gehört; er ist ein »aufmerksamer Zuschauer« dieser Dultattraktion, möchte aber selbst – wie er 1873 anmerkt – etwas höher greifen und den Kasperl der »gemeinen Sphäre«, in der er sich bisher auf der Straße und in der Budenwelt des Jahrmarkts bewegte, »entrücken«: »Ich machte aus ihm den humoristischen Realisten, dessen Lebenszweck so ziemlich lediglich Essen und Trinken, vermied aber dabei alles Zotenhafte, selbstverständlich um so mehr, da ja das Theater zunächst die Kinder als Publikum hatte, obgleich es allmählich nicht minder von Großen gefüllt war«.
Einen weiteren aufschlußreichen Hinweis erhalten wir aus dem Prolog zum zweiten Bändchen der Kasperlkomödien. Kasper ist dort in einem goldenen Ei verborgen, das ein Gockel dem Zauberer Negrocephalus gebracht hat; der ruft:

So öffne dich, du gold'nes Haus
Versteckter Geist, tritt nun heraus!

Kasperl sprengt die Eihülle und stellt sich u. a. wie folgt vor: »Auch habe ich noch einige Überbleibsel von einer halben Portion sogenannter romantischer Poesie im Sack, die ich auf dem Tandelmarkt selber um 12 Kreuzer gekauft hab' und die meinen alten, guten, guten Freund, den Herrn Clemens Brentano, Gott hab' ihn selig, umgebracht hat«. In der Tat rekurriert Pocci häufig auf Sagen und Märchen, wie sie die Romantiker liebten: so finden wir – aus den Märchen der Brüder Grimm – ›Rotkäppchen‹, ›Zaubergeige‹, ›Aschenbrödel‹ und ›Drosselbart‹ wieder oder – den Fabeln Perraults nacherzählt – ›Blaubart‹, ›Muzl, der gestiefelte Kater‹, ›Hänsel und Gretel‹ und ›Dornröschen‹; mit seiner ›Undine‹ bezieht er sich direkt zurück auf Fouqué. Dabei handelt es sich für Pocci um keine toten romantischen Relikte, sondern um höchst lebendige thematische Vorwürfe, die noch im Prozeß ihrer dichterischen Veränderung stehen, wie etwa folgende Modifikation des ›Rotkäppchen‹ zeigt: der Wolf ist hier ein verzauberter Sohn der Waldfee, sein Freund, der Zwerg Gübich, ist in einen Mops verwandelt. Das Stück endet mit der Entzauberung der beiden Helden und ihrer Wiederverzauberung ins Reich der Phantasie:

Rotkäppchen: Wer bist du, schöne Frau? und du, schöner Jäger? Bin ich denn selbst verzaubert?

Waldminne: Verzaubert bist du nicht, aber du bist in das Reich der Phantasie versetzt.

Heriwolf: Und in die Märchenwelt. Komm mit mir auf mein Schloß! Deinen Kindern und Kindeskindern magst du einst selbst erzählen, das Märchen vom ›Rotkäppchen‹.

Es entspricht dieser romantischen Doppel-Brechung des Märchens, das dann auch allerlei satirisch-karikaturistische Zeitbezüge in die Stücke aufgenommen werden können. So verbirgt sich etwa im ›Dornröschen‹ hinter dem Dichter Lautenklang Emanuel Geibel, der als Lyriker auch dramatische Ehrgeize hatte; im ›Kasperl als Turner‹ parodiert der Dichter den Germanisten Maßmann als Professor Barrenreck, die ›Undine‹ enthält Anspielungen auf Richard Wagner u. a. m. Gerade die phantastischen und satirischen Momente – und ihre Kombination – machen deutlich, daß Pocci eben nicht, jedenfalls nicht ausschließlich als der Begründer jenes literarisch gehobenen Kinder-Kasperltheaters zu gelten hat, als welcher er später gern gesehen wurde. Die romantisierende Haltung und die Tendenz, das Derbe der komischen

Figur ins Humoristisch-Realistische zu wenden, verbindet ihn mit allgemeinen Tendenzen der deutschen Literatur nach der gescheiterten Revolution von 1848/49 und stellt ihn in den entsprechend literarischen Vergleichsrahmen: die Apostrophierung der Kinderphantasie ist in dieser Hinsicht für die breitere Wiederentdeckung der Phantastischen – vergleichbar ähnlichen Wiederentdeckungen im zwanzigsten Jahrhundert, etwa bei Christian Morgenstern – nur ein Vorwand. Es geht generell um die Rückgewinnung des Wunderbaren als einer eigenen Imaginationsform, des Zauberhaften und Närrischen in der Tradition des Märchens und des Schwanks – und um den Spaß als entlastendes Moment, ganz in der Art, in der sich Kasperl im ›Prolog zur Eröffnung des Marionetten-Theaters‹ am 5. Dezember 1858 seinem Münchener Publikum selbst vorstellt, ›Freies Feld, im Hintergrund die Stadt München‹:

Kasperl: (der schon aus den Kulissen hervorgeschaut hat). Ja, was wär' denn das? Eine Komödi und der Kasperl nit dabei? Das wär was Neues. Sitzt das ganze Schauspielhaus voller Publikum, vorn die Kleinen, nachher die Größeren, Butzeln sind auch dabei, und da sollt' der Kasperl fehlen? Schlipperdibix! Mein altes Recht lass' ich mir nit nehmen! Wo eine Komödi ist, da muß der Wurstl auch dabei sein, damit's auch manchmal lustig hergeht; denn bisweilen muß der Mensch sein Gspaß haben, damit er sich nicht z'Tod weint in der traurigen Welt, wo Not und Elend oft aus und ein spazieren.

Vor allem aber werden Sprachwitz und Sprachkomik, die tausend Wechselspiele des Sichverhörens und Mißverstehens, die seit jeher mit der Kasperl-Figur verbunden sind, in ihre alten Rechte eingesetzt. Auch dafür gibt der ›Prolog‹ – nun im Dialog des ›Kasperls‹ mit dem ›Münchner Kindl‹ – ein promptes Beispiel:

Münchner-Kindl: Marsch, fort an deinen Platz! Du sollst jetzt den Vorhang aufziehn und die Lampen putzen.

Kasperl: Also die Lampen aufziehen und den Vorhang stutzen? Das kann gleich gescheh'n; aber vorher brauch' ich ein paar Bratwürstlein und eine Maß Bier.

Münchner-Kindl: Du fangst schon mit Dummheiten und

Konfusionen an, da werd' ich dich nicht lange mehr brauchen können.
Kasperl: Ich hab' meiner Lebtag keine Konvulsionen g'habt und bin ein kreuzg'sunder Kerl.
Münchner-Kindl: Merk' nur auf, was ich dir sage. Ich hoffe, daß du dich gut aufführen wirst.
Kasperl: Ich kann mich nicht selber aufführen, wenn die Komödi aufgeführt wird. Kurz und gut –
In Poccis romantisierender, die groben Späße mildernder Behandlung der Figur liegt der Hauptunterschied zum Dult-Kasper, der wie alle Jahrmarkts- und Straßenkasper ein rechter Prügelkerl ist und vor allem dadurch imponiert, daß er sich durch nichts und schon gar nichts erschröcken läßt, sich immer wieder aus den Schlingen zieht, die man ihm wirft, sich mit List jeder Verfolgung entzieht und munter über seine Widersacher – ob Ritter, ob Tod, ob Teufel – triumphiert. Noch eine Spur kruder als der Münchner Dult-Bruder ist der Hamburger Reeperbahn-Kasper ausgefallen, wie ihn 1912 – schon nicht mehr nach der lebendigen Tradition – Johannes Rabe als ›Kasper Putschenelle‹ porträtiert und dokumentiert hat. Theodor Storm jedenfalls läßt in seiner Erzählung ›Pole Poppenspäler‹ den Mechanikus und Puppenspieler Joseph Tendler nicht aus Hamburg, sondern aus der »Residenzstadt München« anreisen; ähnlich wie bei Pocci agiert hier der Kasper – »gelber Nankinganzug«, die Nase »groß wie eine Wurst«, »Pardauz« hier, »Pardauz« dort – in Märchen-, Legenden- und Volksbuchstücken à la ›Pfalzgraf Heinrich und heilige Genoveva‹ oder ›Doktor Fausts Höllenfahrt‹. Der kindliche Held der Stormschen Erzählung gerät als faszinierter Zuschauer so sehr in Kasperlbegeisterung, daß ihm schließlich der Tendlersche »Haupt- und Prinzipalkasperl« nicht mehr genügt: »für den meinigen«, heißt es, »ersann ich noch drei weitere, nie dagewesene und höchst wirkungsvolle Gelenke, er sollte seitwärts mit dem Kinn wackeln, die Ohren hin und her bewegen, und die Unterlippe auf- und abklappen können; und er wäre auch jedenfalls ein ganz unerhörter Prachtkerl geworden, wenn er nur nicht schließlich über all seinen Gelenken schon in der Geburt zugrunde gegangen wäre«.

Bekanntlich endet die Geschichte mit einer völlig deprimierenden letzten Puppenspielaufführung Meister Tendlers, deren Scheitern das rohe Publikum mit Ausrufen kommentiert wie: »Hurra! Kasper is dod! Lott is dod. Die Komödie ist zu End‹!« Als man den toten Puppenspieler wenig später zu Grabe trägt, fliegt ihm über die Kirchhofmauer – aus der Faust eines Dorf-Lausbuben – die arg ramponierte Kasperl-Figur in die Grube nach.
Dieser Schluß von Storms ›Pole Poppenspäler‹ steht symbolisch für den Niedergang und letztlich das Aussterben des Puppenspiels als eines Wandergewerbes, das über einen langen Weg ein wichtiges Stück ›Volkskunst‹ repräsentiert. Es ist Poccis Verdienst, dem von eigener Verrohung wie von fremder Ausrottung bedrohten Straßen- und Jahrmarktskasper noch einmal ein festes Theaterhaus geboten und dann auch dazu beigetragen zu haben, daß sich diesem ›lustigen Allerweltskerl‹ die Kinderstuben öffneten: bald schon industriell gefertigte Kasperltheater und Kasperlpuppen bilden seit der Jahrhundertwende ein festes bürgerliches Kinderspielzeug. – Nicht anders als der historische Bänkelsang, mit seinen Schauerballaden und Moritaten eine andere zentrale Unterhaltungs-Kunst des Jahrmarkts, feiert jedoch auch der Kasperl zeitlich unmittelbar parallel zu seiner endgültigen Vertreibung aus der Welt der Buden und Zelte eine überraschende literarische Wiedergeburt. Analog zum stilisierten Bänkelsang Frank Wedekinds und Bertolt Brechts kann man vom stilisierten Puppenspiel bzw. stilisierten Kaspertheater sprechen. Freilich handelt es sich um keinen ähnlich geschlossenen Trend, aus dem sich geradezu ein fester Literaturtypus ableitet, sondern mehr um versetzte Einzelbeispiele, deren jedes sich zunächst in seinem eigenen Rekurs aufs historische Muster und damit in seinem eigenen Recht behauptet.
Voll zum Plädoyer für eine neu-phantastische, aus den Verrücktheiten der Assoziation und des Zufalls, dem Witz und der Komik der Sprache sich entwickelnde Poesie gerät die Wiederaufnahme der Kasperl-Figur und Kasperl-Dramatik dem Gegenwartsautor H. C. Artmann. Der Dramenband ›die fahrt zur insel nantucket‹ von 1969, eine Sammlung der

zum Teil schon in den fünfziger und dann vor allem in den frühen sechziger Jahren entstandenen Arbeiten, enthält mehrere Kasper-Stücke, darunter ›die liebe der fee pocahontas oder kaspar als schildwache‹, in den amerikanischen Bürgerkrieg hineinspielend, Georgia und Nord-Dakota im Jahr 1865, und, als beabsichtigt-unbeabsichtigtes ›fragment‹, ›die hochzeit caspars mit gelsomina‹, dieses mit dem Motto: »hier sehen sie, was sie noch nie gesehen haben und auch nie sehen werden!« Vom Prolog der Schwarzen Köchin, die dem »hochzuverzehrenden publikum« einige leckere Menschenfresserrezepte zum besten gibt (etwa: »ein mittelgroßer handelsvertreter wird sauber enthaart« etc.), bis zum abrupten Schluß mit dem Wiederauftauchen des Menschenfressers Sapristi di Mangiatutti persönlich, hält das Stück das gegebene Versprechen voll ein. Die unterströmige, verlorengegangene Tradition wird heraufgeholt, als habe es nie einen Riß gegeben: ein »wunder im trivialen«, das dann auch für andere Wiederentdeckungen Artmanns, vor allem für seine moderne Mundart-Lyrik gilt, die stellenweis ähnlich in den schwarzen Humor läuft. In ›punch‹ folgt Artmann in der Szenenfolge und bis in den Wortlaut hinein Rabes Aufzeichnungen zum Hamburger ›Kasper Putschenelle‹ sowie der englischen Stück-Fassung ›Punch and Judy‹, die 1828 der englische Literarhistoriker Payne Collier nach dem Diktat des eingewanderten italienischen Puppenspielers Piccini aufgezeichnet hat, doch befreit er sich immer wieder durch Akte der poetischen Willkür, gibt so dem Ganzen die poetische Freiheit zurück und stellt sich unter eine »primär artistische Perspektive«, deren deutlichstes Zeichen vielleicht die Mischung mit anderen Theater- und Dramenassoziationen zu einer Art Collage ist. In der ›hochzeit caspars‹ mit der Menschenfresserstochter Gelsomina sind – in deutlicher Anspielung auf Shakespeares ›Hamlet‹ – als doppelter Beistand Rosmarin und Güldenkraut mit von der Partie. Mit seinen Schauplatzverlagerungen an konkrete historische Orte und auch an die Gegenwart heran, wenn er etwa zum Schluß der ›fee pocahontas‹ aus der amerikanischen Soap-Opera »frenetischen applaus« vom Tonband übernimmt, ist Artmann auf keine außerpoetische Bindung des Kasper-Geschehens

aus; er stellt an ihm lediglich das heraus, »was sich aus historischer Distanz dem ästhetischen Blickwinkel erschließt: das Obsolete, das Seltsame, das Surreale, das Übertriebene – Eigenschaften, die zum Eindruck des Poetischen zusammenschießen und ihn doch zugleich auch voraussetzen«. Der Dichter versucht gar nicht, so Mechthild Rausch in ihrem Aufsatz ›Punch und Putschenelle‹, »den toten Kaspar wiederzubeleben« – das wäre Krampf und verfehlte Aktualisierung –, »sondern zitiert ihn und beschwört ihn in einem artistischen Ritual«.
Der Einladung Poccis, es ihm im Schreiben von Kasperlstükken nachzutun, verfängt bei den »großen Dichtern« erst nach der Jahrhundertwende, allen voran Arthur Schnitzler mit seinem Marionettenstück ›Zum großen Wurstel‹, 1906 in Wien uraufgeführt. Eine erste Fassung – ausdrücklich mit dem Titel ›Marionetten‹ – ging jedoch bereits 1901 in Ernst von Wolzogens ›Buntem Theater‹ (›Überbrettl‹) über die Bühne, und diese Aufführung unterstreicht den Zusammenhang mit der modernen Kabarettbewegung, die ihrerseits auf die neuen Tendenzen der satirisch-karikaturistischen Presse verweist, für die hier nur 1896 die Gründung des ›Simplicissimus‹ stehen soll. Die Auffassung vom Spiel-Charakter des Theaters, die in Österreich ohnedies nie ganz verloren gegangen war, gewinnt in den neunziger Jahren des neunzehnten Jahrhunderts neue Aktualität als Gegensetzung zum naturalistischen Drama. Mit der Entdeckung des Absurden und Grotesken erhält diese Opposition dasselbe Gewicht für die weitere Entwicklung des modernen Dramas, wie sie dem ›sozialen Drama‹ Gerhart Hauptmanns zukommt. Als ›comédie humaine‹ hat Oskar Seidlin den ›Großen Wurstel‹ bezeichnet und die Verbindung zur Generalthematik des Schnitzlerschen Werks wie folgt gezogen: »So wie Schnitzlers Menschen Marionetten in den Händen eines seltsamen und launischen Schicksals sind, so wird der Dichter selbst zur machtlosen Puppe in den Händen seiner eigenen Gestalten«, – man denke an Pirandello. »Blindheit des Willens, eine der Grundschwächen der Schnitzlerschen Menschen, ist des Autors eigene Grundschwäche. Auf das Köstlichste hat er sie persifliert in der Farce ›Zum großen Wurstel‹, wo die

Marionetten des Puppenspiels ihrem eigenen Autor frech ins Gesicht lachen und ihre Kunststückchen aufführen, so wie es ihnen Spaß macht und nicht wie ihr Dichter es ihnen vorschreibt. So wie die Geschöpfe des Schöpfers Hand entgleiten, weil keine Planung, kein Wille sie festhalten kann, so gleiten Schnitzlers Gestalten in das Nichts, weil kein Wille, keine Planung ihrem Leben Richtung geben kann. Was vom menschlichen Leben bleibt, ist in der Schnitzlerschen Perspektive eine traurige Hanswurstiade, eine tragische Posse, in der jede Absicht zum gegenteiligen Ziel führt, die edle Intention sich als tödlich erweist, der äußere Aufwand als eine sinnlose Geste, nur dazu geeignet, den Untergang zu beschleunigen«. Dementsprechend erscheint der Kasper – oder ›Wurstel‹ – hier als Tod. Weil alle im Theater, selbst die Zuschauer, zu Marionetten geworden sind, kann er sich auf seinen punktuellen Auftritt am Ende des Stücks beschränken, wo er das Wirrwarr von Bühnengeschehen und Lärm im Publikum – vergeblich – zu überschreien sucht:

Lacht sich heut im eignen Haus
Publikum und Dichter aus,
Mag sich zum Beschluß im Reigen
Ehrlich auch der Tod erzeigen.
(Er steht mit einem Male als Wurstel da.)

Der literarhistorische Bezug liegt für Schnitzler in der Komödie der Frühromantiker, bei Tiecks ›Gestiefeltem Kater‹ etwa. – ›Volksbücher‹ und ›Volkslieder‹, besonders aus ›Des Knaben Wunderhorn‹, finden sich unter der Lektüre, die Hans Arp als besonders relevant für seine Dichtungen nach 1914 angibt: »Einen großen Einfluß übten auf mich Kindergedichte und Kinderzeichnungen aus. Durch sie wurden verwandte Welten in mir erweckt«. Reflexe lassen sich in Arps großer Lamentatio ›Kaspar ist tot‹ wiederfinden, die in den Züricher Dada-Jahren ums ›Cabaret Voltaire‹ entstanden ist. In der Toten-Klage kommt ein verlorener Weltzustand zur Sprache, die magische Bedeutung der lustigen Figur – ihre »schöne große seele« – wird hinter dem Verlust sichtbar: dabei eskaliert, analog zum sprachschöpferischen

Unsinn Kaspars, der Autor selbst zum Sprachschöpfer und gelangt zu »ungewöhnlichen Wortverbindungen«. Über den textrelevanten Zusammenhang von Erstem Weltkrieg und Dada-Zürich schreibt Arp – aus seiner Sicht: »Angeekelt von den Schlächtereien des Weltkrieges 1914, gaben wir uns in Zürich den schönen Künsten hin. Während in der Ferne der Donner der Geschütze grollte, sangen, malten, klebten, dichteten wir aus Leibeskräften. Wir suchten eine elementare Kunst, die den Menschen vom Wahnsinn der Zeit heilen, und eine neue Ordnung, die das Gleichgewicht zwischen Himmel und Hölle herstellen sollte«.
›Der berühmte Kasperl‹ des modernen Vaganten Jakob Haringer, den Theodor W. Adorno aphoristisch-treffend »eine Mixtur aus Verlaine und Infantilismus« genannt hat, ist ein Einzelkapitel aus der größeren, 1925 erschienenen Erzählung ›Das Räubermärchen‹. Aber das ganze Buch hat die Widmung: »In ewiger Erinnerung an den toten Kasperl Larifari, der mich in seliger Kinderzeit so überglücklich lachen ließ«; und das ›Vorspiel‹ nimmt sich aus Kasperl Larifaris Memoiren das Motto: »Je dümmer ich gewesen bin, desto mehr Glück hatte ich in der Welt«. Das Ganze, in der Tradition der Unsinns-Poesie von Morgenstern zu Schwitters hin stehend, ist eine seltsame Verquickung des Vorstellungsvorrats der Kindermärchen mit Hindeutungen auf konkrete Personen und Zeitereignisse wie überhaupt auf die politische und gesellschaftliche Lage der Weimarer Republik, wobei es keineswegs die Funktion des Märchens ist, die Wirklichkeit zu idyllisieren, sondern – das zeigen Kapitel wie ›Erstes Zwischenspiel: Die Polizei‹ oder ›Im Zuchthaus‹ – gerade auch dazu, äußerst beklemmende Sachverhalte offenzulegen. Ein besonderes Charakteristikum sind die phantastischen Spracherfindungen und Wortkettenkombinationsschöpfungen, wie etwa die, die aus den Lesern von Romanen der Hedwig Courths-Mahler höchst frappierend bombastisch-lächerliche »Hedwikiuskurtiusmalöhriaten« macht. Es entspricht der naiven Kompliziertheit oder komplizierten Naivität dieser Dichtung, daß wir in ihr – über die oben schon genannten hinaus – einer Menge literarischer Anspielungen begegnen: auf Paul Scheerbart, den Vater

aller modernen phantastisch-grotesken Literatur in Deutschland, oder Frank Wedekind, der mit den satirischen Lehrer-Namen ›Fliegenleim‹ und ›Affenschmalz‹ aus ›Frühlings Erwachen‹ herbeizitiert wird. Der Schluß der Erzählung, eine Art Revolutions-Utopie, macht den Hofnarren und den »weisen Kasperl Larifari« zu »Kaiser und Minister und Papst«: »Und sie regierten von den Altanen ihre Untertanen zu deren Wohlleben und Zufriedenheit. Und wenn sie nicht gestorben sind, leben sie heute noch«.

Die beiden Texte, die in unserer Auswahl auf Haringer folgen – ›Kasperle-Verse‹ von Joachim Ringelnatz und Walter Benjamins Hörspiel ›Radau um Kasperl‹ –, liegen ihrer Entstehung und Veröffentlichung nach am Ende der Weimarer Republik. In der Vornotiz zu den ›Kasperle-Versen‹, die erst 1939, also fünf Jahre nach dem Tod des Dichters, als Buch erschienen, heißt es: »Die Verse schenkte Joachim Ringelnatz zu den Figuren, die Doktor Eugen Schmidt in Baden-Baden an Weihnachten 1933 für seine Kinder geschnitzt hatte und die in den vorliegenden Zeichnungen von ihm wiedergegeben sind«. Ringelnatz hat, wie Walter Pape in seiner Monographie berichtet, immer auch ein Stück Kasperl-Leben gelebt: »Immer mußte er seinen Freunden und Bekannten etwas vorspielen (...). Die ›Streiche‹ (...) füllen viele Ringelnatz-Erinnerungsaufsätze der Zeitgenossen; wir kennen die Geschichten, wie er die ›Blumen im Teppichmuster mit der Gießkanne‹ begießt, wie er ein Butterbrot an die Decke wirft, das auch längere Zeit kleben bleibt, wie er zur Freude von Kindern, die ihre Suppe nicht essen wollen, mit der flachen Hand in seinen Teller schlägt und die Suppe umherspritzt usw.« Er hat »eine echt kindliche Freude an seltsam klingenden Wörtern«: »Einmal findet er das Wort ›Heulüftchen‹ reizend, ›das ich demnächst dichterisch verwerten will‹, dann lernt er wieder tagelang ein unsinniges, von ihm erfundenes Wortungeheuer auswendig: ›Orotschesweskiforrestowskiofurchtbariwucharisumaniusambaripipileikakamankabudibabalutschistaneilemamittararakandara‹«. Bereits im ›Geheimen Kinder-Spiel-Buch‹ von 1924, das 1931 den Titel ›Kinder-Verwirr-Buch‹ bekommt, wird das Kasperltheaterspielen apostrophiert –

Kind, spiele! (. . .)
Spiele Theater: ›Dornröschen‹
Und ›Kasperl mit Schutzmann und Krokodil‹!

– und wie folgt in den größeren Bezugsrahmen gestellt, der für ›Kinder von 5 bis 15 Jahren‹ wie Erwachsene gleichermaßen gilt:

Spiele! – Doch immer bleibe
Freundlich zu allem, womit du spielst.
Weil alles (auch tote Gegenstände)
Dein Herz mehr ansieht, als deine Hände.
Und weil alle Menschen (auch du, mein Kind)
Spielzeug des lieben Gottes sind.

Der Kasperle leitet, wie es sich gehört, die ›Kasperle-Verse‹ ein; dann folgt, der Reihe nach, das stehende Personal der Kasper-Komödien von Großmutter und Polizist bis Krokodil und Tod – und zuletzt der Dichter Joachim Ringelnatz selber im Matrosenanzug und mit den blauen Augen. Die einzelnen Rollen stellen sich vor, beschreiben, charakterisieren sich, treten aber in keinen Spiel-Zusammenhang; es versteht sich, daß sich der Autor auch sonst Brechungen herausnimmt, die leicht über dem Niveau des Kinderpuppenspiels liegen, freilich ohne sich ihm zu entfremden.
Das Kasperl-Hörspiel von Walter Benjamin – 1932 in einer vom Verfasser selbst besorgten Inszenierung über den Südwestdeutschen Rundfunk mit Sitz in Frankfurt ausgestrahlt – gehört in einer Reihe literarischer Rundfunkarbeiten, die zu Beginn der dreißiger Jahre – meist in Kooperation mit anderen Autoren – entstanden und gesendet worden sind. Als Publikum war bei ›Radau um Kasperl‹ hauptsächlich an Kinder gedacht, weshalb denn auch Kinder in dem Stück auftauchen und zum Kasperl in direkten Kontakt treten, wenn er ihnen – auf seiner Fluchttour in den Zoo (wohl der Berliner Zoo) geraten – die Sprache der Tiere erklärt. Bekanntlich war Benjamin ein Sammler älterer Kinderbücher und Kinderspielsachen, der dann auch relativ konstant die einschlägige Literatur verfolgt hat. Aber nicht nur auf

diesem Weg – wie sie sich in die Kinderliteratur des neunzehnten Jahrhunderts hinübergerettet haben – war er mit den Haupteigenschaften seiner lustigen Person vertraut. In seinen ›Lob der Puppe‹ betitelten »kritischen Glossen« zu Max v. Boehns ›Puppen und Puppenspiele‹ von 1929 kommt Benjamin auf das Schwigerlingsche Marionettentheater zu sprechen, dessen Aufführungen er 1918 in Bern gesehen hat; eins der Stücke, die er ausführlicher beschreibt, ist ein ausgesprochenes Kasper-Stück: »Kasperl kommt tanzend mit einer schönen Dame herein. Plötzlich, wie die Musik gerade am süßesten spielt, klappt die Dame ein, verwandelt sich in einen Luftballon, der Kasperl, weil er ihn aus Liebe festhält, in den Himmel entführt. Eine Minute bleibt die Bühne ganz leer, dann kommt Kasperl mit einem furchtbaren Krach heruntergefallen«. In einem Brief aus dem Jahr 1933 hat Benjamin selbst das eigene Stück vom »technischen Gesichtspunkt« her für »bemerkenswert« erklärt und meint damit wohl die aufs neue Medium bezogene Dramaturgie, die mit den diversesten Geräuschen arbeitet, alle möglichen Schalleffekte nutzt und technische Möglichkeiten wie die der Wiederholung eines eben gesprochenen Textes von der Schallplattenaufnahme her einbezieht: ihr kommt ganz wesentlich zu Hilfe, daß man ja im Kasperl-Theater immer auf der Sprach- und Sprechebene agiert, Handlungen aus den Mißhelligkeiten der Worte und Sätze entwickelt und obendrein das ganze gespielte Stück mit seinen Verwicklungen als lediglich geträumt ausgeben kann.
Das vorletzte Stück unserer Sammlung, das letzte hier zu besprechende, ist Max Kommerells ›Das verbesserte Biribi‹, neben zwei anderen Stücken – von denen eines bereits 1940 in der Zeitschrift ›Neue Rundschau‹ veröffentlicht worden ist – Teil des 1948 aus dem Nachlaß publizierten Sammelbandes ›Kasperlespiele für große Leute‹. »Die Stücke«, merkt Arthur Henkel in seinem Nachwort an, »die in Kommerells Lebenskreis eine eigene Berühmtheit genossen, sind, obwohl sie oft auch vor Kindern ihre Probe bestanden, Kasperltheater ›für große Leute‹, indem sie freilich die Kindlichkeit in uns anreden, die noch nicht ganz die Lust am drastischen Spiel verlernte. Damit setzt Kommerell eine ehrwürdige, erst

im Laufe des 19. Jahrhunderts zur bloßen Jahrmarktsbelustigung für Kinder herabgesunkene Tradition wieder in ihre alten Rechte ein. Aber nicht in der Weise der (stofflich gesehen) barocken Aktionen des Puppenspiels des 17. und 18. Jahrhunderts, auch nicht in einer Erneuerung romantischer Zauberspiele, wenngleich etwa in der ›Roten Hand‹ allerlei Raimundsches und Nestroysches geistert, sondern in witzigen und zugleich perspektivisch veränderten Übernahme des schlichten ›Personals‹ des Kasperltheaters der Kinder. Kasperle und sein Weib, dem Kommerell den Grimmelhausenschen Namen Schlampampe leiht, der Polizist, das Krokodil, König, Prinzessin, Chinese, Tod und Teufel, später um die Welt der Tiere vermehrt und im kleinen Welttheater der ›Roten Hand‹ um die Zauberer und Geister, erscheinen hier in einem doppelten Sinne spielerisch gehandhabt. Darin liegt die Originalität dieser Spiele, daß sie, abseits der Bemühungen, das barocke, romantische oder lokalvolkstümliche Puppentheater zu erneuern, vom Personal des Kinderkasperles ausgehen, das (vergleichbar nur mit den Figuren der commedia dell'arte) in erstaunlicher Hartnäckigkeit der Typik auf den Jahrmärkten Deutschlands wie im Jardin de Luxembourg Anlaß immer neuer, meist nicht gerade sehr geistreicher dramatische Variationen ist. / Was dort aber als entwicklungsloses, eine primitive Fabel umrankendes Spiel naiver Typik erscheint, verwandelt sich hier in ein brechungsreiches, geistreich-dreistes Spiel mit dem Spiel«.

Diese ausführliche Notiz nimmt die Anmerkungen auf, die Norbert Miller in seiner Einleitung zum Wiener Kasper des achtzehnten und frühen neunzehnten Jahrhunderts und seinen Vorläufern gemacht hat; sie schlägt aber auch Verbindungen zu unseren Anmerkungen, die den Kasper-Adaptionen vom Grafen Pocci aufwärts bis zu H. C. Artmann galten. Kommerell war ein excellenter Literaturwissenschaftler – und von daher liegt es nah, den Anspielungsreichtum seiner ›Kasperlespiele‹ zusammenzubringen mit seinen wissenschaftlichen Ausrichtungen: auf Jean Paul vor allem, Grillparzer, Hofmannsthal, Cervantes, Calderon, commedia dell'arte und auch auf die Deutung des Goetheschen ›Faust‹, der doch ein Puppenspiel unter seinen Quellen hat. Es ist aber mehr als Belesenheit und aus ihr entsprungene »geschmeidige Kunst der Auslegung«, die sich hier bewahrheiten. Das Verhältnis von nachschöpferischer Rezeption und neuschöpferischer Produktion ist komplizierter, als es der Begriff der Nachahmung zu fassen vermag. Vielleicht sagt da ein Bild mehr aus! Im hier abgedruckten ›Verbesserten Biribi‹ nimmt Kommerell die Kasperl-Figur nicht einfach bei einem ihrer literarisch fixierten Merkmale, sondern läßt sie erst langsam zu sich selbst finden, indem er die hübsche Idee entwickelt, daß das verlorengegangene Gelächter erst wieder zu ihr zurückfinden und in ihr heimisch werden muß. Das nimmt den Leser – auch den von heute – in die Figur hinein und macht ihn in ihr lebendig. Und was wäre denn ein Buch mit Kasperstücken, bei dem nicht – schlipperdibix etc.! – der Kasper selbst das letzte Wort hätte:

Kasperle: So was ist mir noch nie passiert. Ich wachte auf und wartete wie gewöhnlich auf meinen ersten lustigen Einfall, um aufzustehn und ihn auszuführen; aber ich blieb ernst, wie eine Blutwurst. Ich erzählte mir selber die schönsten Schnurren und sah dabei in den Spiegel – aber mein Mienenspiel spielte überhaupt nicht mehr. Schließlich rasierte ich mich und machte dabei eine wahre Leichenbittermiene. Da hörte ich ganz von fern – man sollt's nicht glauben, wenn's nicht wahr wäre – mein eigenes Gelächter; ganz genau wie ich lache, aber aus mir draußen. Ich sah, wie mein Gesicht sich andächtig verklärte und jetzt erst gewann ich mein Gelächter lieb und wußte, was ich an ihm hatte – da's von mir weg war, und wieder zu mir herkam. Es sprang an mir hinauf, wie ein Hundel – war das eine Wiedersehensfreude! Vor Staunen sperrte ich das Maul auf – da flog es gleich hinein, und jetzt ist's in mir drin und rumort in mir, daß mir der Bauch wackelt.

Geschichten, Sammlungen, Märchen und Abenteuer

Aladin und die Wunderlampe
Aus dem Arabischen von Enno Littmann. Mit Illustrationen einer französischen Ausgabe von 1001 Nacht von 1865/66. it 199

Ali Baba und die vierzig Räuber
und die Geschichten von den nächtlichen Abenteuern des Kalifen aus 1001 Nacht. Aus dem Arabischen von Enno Littmann. Mit Illustrationen einer französischen Ausgabe von 1001 Nacht von 1865/66. it 163

Allerleirauh
Viele schöne Kinderreime versammelt von H. M. Enzensberger. Mit Abbildungen. it 115

Hans Christian Andersen. Märchen
Mit Illustrationen von Vilhelm Pedersen und Lorenz Frølich. Aus dem Dänischen von Eva-Maria Blühm. Drei Bände in Kassette. it 133

Ambrose Bierce. Mein Lieblingsmord
Erzählungen. Aus dem Amerik. von G. Günther. it 39

Gottfried August Bürger. Wunderbare Reisen zu Wasser und zu Lande. Feldzüge und lustige Abenteuer des Freiherrn von Münchhausen
Mit Holzschnitten von Gustave Doré. it 207

Wilhelm Busch. Kritisch-Allzukritisches
Gedichte. Ausgewählt von Theo Schlee. Mit Illustrationen von Wilhelm Busch und einem Nachwort des Herausgebers. it 52

J. H. Campe. Bilder-Abeze
In 23 Fabeln und illuminierten Kupfern. Herausgegeben und mit einem Nachwort von Dietrich Leube. it 135

Lewis Carroll. Alice hinter den Spiegeln
Mit Illustrationen von John Tenniel. Übersetzt von Christian Enzensberger. it 97

Lewis Carroll. Alice im Wunderland
Mit 42 Illustrationen von John Tenniel. Übersetzt und mit einem Nachwort von Christian Enzensberger. it 42

Geschichten, Sammlungen, Märchen und Abenteuer

Lewis Carroll. Briefe an kleine Mädchen
Aus dem Englischen übersetzt und herausgegeben von Klaus Reichert. Mit Fotografien des Autors. it 172

Lewis Carroll. Geschichten mit Knoten
Herausgegeben und übersetzt von W. E. Richartz. Mit Illustrationen von Arthur B. Frost. it 302

James Fenimore Cooper. Lederstrumpf
Bearbeitung der Übersetzung von E. Kolb durch Rudolf Drescher. Mit Illustrationen von D. E. Darley. it 179/180/181/182/183

Alphonse Daudet. Tartarin von Tarascon
Die wunderbaren Abenteuer des Tartarin von Tarascon. Mit Zeichnungen von Emil Preetorius. it 84

Daniel Defoe. Robinson Crusoe
Mit Illustrationen von Ludwig Richter. it 41

Charles Dickens. Oliver Twist
Aus dem Englischen von Reinhard Kilbel. Mit einem Nachwort von Rudolf Marx und 24 Illustrationen von George Cruikshank. Vollständige Ausgabe. it 242

Die großen Detektive
Detektivgeschichten mit Auguste Dupin, Sherlock Holmes und Pater Brown. Herausgegeben und mit einem Nachwort von Werner Berthel. Mit zeitgenössischen Illustrationen von George Hutchinson. it 101

Alexandre Dumas. Der Graf von Monte Christo
Mit Illustrationen von Pavel Brom und Dagmar Bromova. Zwei Bände. it 266

Die Erzählungen aus den Tausendundein Nächten
Einleitung von Hugo von Hofmannsthal. Vollständige Ausgabe in zwölf Bänden. Nach dem arabischen Urtext der Calcuttaer Ausgabe aus dem Jahre 1839 übertragen von Enno Littmann. Mit farbigen Miniaturen. it 224

Geschichten, Sammlungen, Märchen und Abenteuer

Ein Fisch mit Namen Fasch
und andere Gedichte und Geschichten von Menschen und anderen Menschen. Mit vielen Bildern zusammengestellt von Elisabeth Borchers. it 222

Manuel Gassers Köchel-Verzeichnis
Kulinarische Erinnerungen und Erfahrungen mit vielen seltenen Rezepten. Mit Illustrationen von Heinz Edelmann. Vierfarbendruck. it 96

Manuel Gasser. Die Küche meiner Tante Mélanie
Französische Hausmannskost von anno dazumal. Mit Illustrationen von Boris von Borodine. it 192

Gebete der Menschheit
Religiöse Zeugnisse aller Zeiten und Völker. Herausgegeben von Alfonso M. di Nola. Zusammenstellung und Einleitung der deutschen Ausgabe von Ernst Wilhelm Eschmann. it 238

Grandville. Bilder aus dem Staats- und Familienleben der Tiere
Zwei Bände. Mit einem Nachwort von Karl Riha. it 214

Wilhelm Hauff. Märchen
Band I und II. Herausgegeben von Bernhard Zeller. Mit Illustrationen von Theodor Weber, Theodor Hosemann und Ludwig Burger. it 216/217

Zum Kinderbuch
Betrachtungen. Kritisches. Praktisches. Herausgegeben von Jörg Drews. Mit einem Index der Benjaminschen Kinderbuchsammlung und Illustrationen aus alten Kinderbüchern. it 92

Kinder- und Hausmärchen gesammelt durch die Brüder Grimm
Mit den Zeichnungen von Otto Ubbelohde und einem Vorwort von Ingeborg Weber-Kellermann. Drei Bände. it 112/113/114

Das große Lalula
und andere Gedichte und Geschichten von morgens bis abends für Kinder. Zusammengestellt von Elisabeth Borchers. Mit Illustrationen. it 91

Insel taschenbücher
Alphabetisches Verzeichnis